中国自贸试验区大事记

2013—2023

10年

武义青◎主编

光明日报出版社

图书在版编目（CIP）数据

中国自贸试验区大事记：2013—2023 / 武义青主编 . --北京：光明日报出版社，2024.9. -- ISBN 978-7-5194-8278-7

Ⅰ. F752

中国国家版本馆 CIP 数据核字第 2024ZM4883 号

中国自贸试验区大事记：2013—2023

ZHONGGUO ZIMAO SHIYANQU DASHIJI：2013—2023

主　　编：武义青	
责任编辑：许　怡	责任校对：张　丽　温美静
封面设计：中联华文	责任印制：曹　净

出版发行：光明日报出版社
地　　址：北京市西城区永安路 106 号，100050
电　　话：010-63169890（咨询），010-63131930（邮购）
传　　真：010-63131930
网　　址：http://book.gmw.cn
E - mail：gmrbcbs@gmw.cn
法律顾问：北京市兰台律师事务所龚柳方律师

印　　刷：三河市华东印刷有限公司
装　　订：三河市华东印刷有限公司
本书如有破损、缺页、装订错误，请与本社联系调换，电话：010-63131930

开　　本：170mm×240mm	
字　　数：424 千字	印　张：27
版　　次：2025 年 1 月第 1 版	印　次：2025 年 1 月第 1 次印刷
书　　号：ISBN 978-7-5194-8278-7	
定　　价：99.00 元	

版权所有　　翻印必究

本书编委会

名誉主任：黄群慧
主　　任：武义青
副 主 任：刘海云　李　清
委　　员：（按姓氏笔画排列）
　　　　　刘晓军　刘海云　李　清　连文生
　　　　　武义青　孟广文　黄芳芳

主　　编：武义青
执行主编：刘海云　李　清
副 主 编：黄芳芳

本书编写组

成员及撰稿人：（按姓氏笔画排列）

王可意　左晓曼　冯笑凡　刘　盼
刘海云　李　雪　李　清　李　婧
李其鹏　李泽坤　杨岱岩　张　涵
陆静诗　武　岳　孟广文　郝国基
胡　彤　钱　琪　黄芳芳　黄敬惠
路子涵

序　言

自2013年9月上海自贸试验区正式设立以来，中国自贸试验区建设已走过10个年头。10年间，中国已形成拥有22个自贸试验区及海南自由贸易港的"雁阵"，构建起覆盖东西南北中的改革开放创新格局，有力地推动了各地区的经济发展和改革开放，为我国区域发展注入了新的活力。

回首这10年，22个自贸试验区涌现出许多个第一，充分发挥了自贸试验区作为改革开放"试验田"的作用。上海自贸试验区首创的国际贸易"单一窗口"成为全球数据处理量最大的地方。国际贸易单一窗口，服务企业数超过60万家，处理全国1/4的进出口贸易量和上海每年4000万个集装箱吞吐量。目前，上海口岸整体通关时间已从200个小时以上大幅压缩至50个小时左右。

2013年，上海自贸试验区推出了中国第一张自贸试验区外资负面清单。在自贸试验区推出了第一张外商投资准入负面清单，迈出了外资准入前国民待遇加负面清单管理模式第一步。经过7次缩减，条目越来越少，由最初的190项缩减到现在的27项，制造业条目已经归零。同时，服务业开放持续扩大，这代表着开放领域越来越宽。我们还在海南自由贸易港推出了第一张跨境服务贸易负面清单，实现了服务贸易管理模式的根本性变革。

10年来，自贸试验区已成为高质量发展的示范引领高地。依托我国超大规模市场优势，立足自身资源禀赋，吸引全球优质资源要素，推动高端产业不断集聚。2022年，21家自贸试验区高新技术产业实际利用外资同比增长53.2%，增速远超全国平均水平，吸引、集聚功能凸显。各自贸试验区、自由贸易港围绕自身战略定位和区位优势，服务国家重大战略的能力不断增强。2023年上半年，全国21家自贸试验区实际进出口总额3.7万亿元，同比增长8.4%，高出全国平均水平6.3%。自贸试验区以不到千分之四的国土面积，贡献了占全国18.6%的进出口总额。

10年来，自贸试验区已成为深层次改革的开路先锋。自贸试验区坚持以制度创新为核心，推动规则、规制、管理、标准等制度型开放。率先实施了"证照分离"、外商投资准入体制改革，创设了第一批自由贸易账户等，很多"第一"在这里实践、探索，然后再复制到全国。目前，中国22个自贸试验区累计有302项制度创新成果在国家层面复制推广，其中以国务院发函等方式集中复制推广的自贸试验区改革试点经验共7批，合计167项。涉及投资便利化、贸易便利化、金融开放创新、事中事后监管、国企改革等方面，促进了改革红利的持续释放。

本书以编年体的形式，详细记录了从2013年到2023年这10年间有关自贸试验区建设的大事，详尽回顾了我国自贸试验区所走过的10年路程，这是对过去10年我国自贸试验区进行的一次全面的回顾。不仅是对我国自贸试验区成果的整理，也是对10年来不断扩大的对外开放的一次记录。通过对这些成果的回顾，我们可以更好地认识自贸试验区在新格局中的地位和作用。过去的10年，是我国经济社会发展进程中极不平凡的10年，回首10年自贸试验区的建设发展，既是对过去的回顾，也是对未来的期待。

黄群慧
2023年11月

前　言

自2013年8月，国务院批准设立中国第一个自贸试验区——中国（上海）自由贸易试验区开始，截至目前，我国已经成立了22个国家级自贸试验区，包括10个沿海自贸试验区、8个内陆自贸试验区和4个沿边自贸试验区。在10年自贸试验区的实践与探索中，我国自贸试验区建设基本完成了"由点到线、由线及面"的全方位布局，构建起"东中西协调、南北兼顾、江海陆边联动"的对外开放新格局。

自贸试验区作为中国改革开放的试验田在中国经济发展中发挥的作用越来越显著。10年来，自贸试验区作为国家改革的"试验田"，大胆试、大胆闯、自主改，在深耕细作中茁壮成长。以不到千分之四的国土面积，贡献了占全国18.4%的外商投资和18.6%的进出口贸易额。各地自贸试验区围绕自身战略定位和区位优势，持续深化差别化探索，加大压力测试，有力地推动了自贸试验区的深化改革创新。自贸试验区为促进贸易和投资便利化进行了一系列管理模式创新，在金融领域针对投融资汇兑便利化开展了诸多探索，向全国复制推广了一大批改革创新经验，在引领我国对外开放和深化改革方面发挥了重要作用。

恰逢中国自贸试验区建设十周年之际，全面总结自贸试验区的发展历程，梳理走过的历史，具有重要意义。本书是首部全面总结2013—2023年中国自贸试验区建设发展的一本工具书，具有重要的史料价值。本书以时间为轴，全面系统地梳理了中国自贸试验区10年来走过的历程；打破了各自贸试验区的界限，完全以时间为序，还原历史，资料客观准确。本书可供相关领域的实际工作者和理论工作者以及对自贸试验区感兴趣的广大读者参考，也可作为相关专业学生的参考书。

第十四届全国政协委员、中国社会科学院经济研究所所长、中国社会科学院大学经济学院院长、《经济研究》主编黄群慧研究员在百忙之中为本书作序，编委会在此表示衷心感谢。

本书编委会

2023 年 11 月

目 录
CONTENTS

2013 年中国自贸试验区大事记 1

3 月 1

7 月 1

8 月 1

9 月 2

10 月 3

11 月 4

12 月 4

2013 年中国自贸试验区小结 5

2014 年中国自贸试验区大事记 8

1 月 8

2 月 9

3 月 9

4 月 10

5 月 11

6 月 11

7 月 12

8 月 12

9 月 13

10月	13
11月	14
12月	14
2014年中国自贸试验区小结	16

2015年中国自贸试验区大事记 ... 19

1月	19
2月	20
3月	22
4月	23
5月	26
6月	27
7月	29
8月	32
9月	34
10月	35
11月	36
12月	38
2015年中国自贸试验区小结	40

2016年中国自贸试验区大事记 ... 43

1月	43
2月	45
3月	46
4月	48
5月	50
6月	52

7月 ……53
8月 ……54
9月 ……57
10月 ……58
11月 ……59
12月 ……61
2016年中国自贸试验区小结 ……62

2017年中国自贸试验区大事记 ……64
1月 ……64
2月 ……66
3月 ……67
4月 ……70
5月 ……74
6月 ……77
7月 ……81
8月 ……85
9月 ……88
10月 ……91
11月 ……94
12月 ……97
2017年中国自贸试验区小结 ……100

2018年中国自贸试验区大事记 ……103
1月 ……103
2月 ……106
3月 ……107

4月 108
5月 112
6月 114
7月 117
8月 119
9月 120
10月 122
11月 125
12月 127
2018年中国自贸试验区小结 130

2019年中国自贸试验区大事记 132

1月 132
2月 134
3月 135
4月 136
5月 139
6月 142
7月 143
8月 147
9月 151
10月 155
11月 161
12月 166
2019年中国自贸试验区小结 171

2020年中国自贸试验区大事记 ... 174

- 1月 ... 174
- 2月 ... 177
- 3月 ... 178
- 4月 ... 182
- 5月 ... 188
- 6月 ... 192
- 7月 ... 197
- 8月 ... 201
- 9月 ... 206
- 10月 ... 212
- 11月 ... 216
- 12月 ... 221
- 2020年中国自贸试验区小结 ... 223

2021年中国自贸试验区大事记 ... 225

- 1月 ... 225
- 2月 ... 229
- 3月 ... 233
- 4月 ... 239
- 5月 ... 245
- 6月 ... 250
- 7月 ... 255
- 8月 ... 261
- 9月 ... 265
- 10月 ... 272

- 11月 ... 276
- 12月 ... 282
- 2021年中国自贸试验区小结 ... 288

2022年中国自贸试验区大事记 ... 292

- 1月 ... 292
- 2月 ... 295
- 3月 ... 298
- 4月 ... 302
- 5月 ... 308
- 6月 ... 314
- 7月 ... 318
- 8月 ... 323
- 9月 ... 327
- 10月 ... 332
- 11月 ... 335
- 12月 ... 339
- 2022年中国自贸试验区小结 ... 344

2023年中国自贸试验区大事记 ... 346

- 1月 ... 346
- 2月 ... 349
- 3月 ... 354
- 4月 ... 358
- 5月 ... 363
- 6月 ... 368
- 7月 ... 374

8月	381
9月	387
10月	391
11月	395
12月	397
2023年中国自贸试验区小结	397

中国自贸试验区制度创新十年成就与未来展望 400

附录　中国自贸试验区重要文件索引 408

后　记 412

2013年中国自贸试验区大事记

3月

3月31日,国务院总理李克强在上海调研期间,考察了位于浦东的外高桥保税区,并表示鼓励支持上海积极探索,在现有综合保税区基础上,研究如何试点先行,建立一个自由贸易园区试验区。

7月

7月3日,国务院总理李克强主持召开国务院常务会议。会议上原则通过了《中国(上海)自由贸易试验区总体方案》。

8月

8月16日,国务院常务会议提出,为推进中国(上海)自由贸易试验区加快政府职能转变,探索负面清单管理,创新对外开放模式,会议讨论通过拟提请全国人大常委会审议的关于授权国务院在中国（上海）自由贸易试验区等国务院决定的试验区域内暂停实施外资、中外合资、中外合作企业设立及变更审批等有关法律规定的决定草案。

8月17日，国务院正式批准设立中国（上海）自由贸易试验区。

8月26日，商务部部长高虎城在十二届人大常委第四次会议上作了关于提请审议《关于授权国务院在中国（上海）自由贸易试验区等国务院决定的试验区内暂停实施有关法律规定的决定（草案）》说明。

8月30日，第十二届全国人民代表大会常务委员会第四次会议表决通过《全国人民代表大会常务委员会关于授权国务院在中国（上海）自由贸易试验区暂时调整有关法律规定的行政审批的决定》，授权国务院在上海外高桥保税区、上海外高桥保税物流园区、洋山保税港区和上海浦东机场综合保税区基础上设立的上海自贸试验区内，对国家规定实施准入特别管理措施之外的外商投资，暂时调整《中华人民共和国中外合资经营企业法》和《中华人民共和国中外合作经营企业法》规定的有关行政审批。上述行政审批的调整在三年内试行，对实践证明可行的，应当修改完善有关法律；对实践证明不宜调整的，恢复施行有关法律规定。本决定自2013年10月1日起施行。

8月，习近平总书记在主持召开中央政治局会议时指出，建立中国（上海）自贸试验区，是党中央从国内外发展大势出发，统筹国内国际两个大局，在新形势下推进改革开放的重大举措，要努力把试验区建设好、管理好，发挥示范带动、服务全国的积极作用。

9月

9月18日，国务院下达了《国务院关于印发中国（上海）自由贸易试验区总体方案的通知》。该总体方案就总体要求，主要任务和措施，营造相应的监管和税收制度环境，扎实做好组织实施等主要环节做出了明确的要求。

9月26日，工商总局批复同意《中国（上海）自由贸易试验区试行新的营业执照方案》，并在中国（上海）自由贸易试验区试行新的营业执照。

9月29日，中国（上海）自由贸易试验区在外高桥正式挂牌成立，当天国家有关部门及上海市领导为第一批入驻自贸试验区的企业和金融机构代表颁发了证照。首批入驻自贸试验区的有25家企业和11家金融机构。

10月

10月9日，中国（上海）自贸试验区迎首票试点货物，开启"先入区、后报关"的新模式，车辆过卡入区平均时间从6分钟缩短至30秒。

10月15日，上海市财政局、上海海关、国家税务总局上海市税务局联合发布《关于中国（上海）自由贸易试验区有关进口税收政策的通知》（财关税〔2013〕75号）。

10月22日，中国（上海）自由贸易试验区仲裁院正式揭牌。

10月24日，上海市卫生和计划生育委员会、上海市商务委员会、上海市工商行政管理局根据《全国人民代表大会常务委员会关于授权国务院在中国（上海）自由贸易试验区暂时调整有关法律规定的行政审批的决定》和《医疗机构管理条例》《上海市医疗机构管理办法》《中国（上海）自由贸易试验区管理办法》等有关法律、法规、规章，制定了《中国（上海）自由贸易试验区外商独资医疗机构管理暂行办法》。

10月28日，根据《全国经济普查条例》《国务院关于开展第三次全国经济普查的通知》（国发〔2012〕60号）和《上海市人民政府关于本市开展第三次经济普查的通知》（沪府发〔2013〕9号）精神，中国（上海）自由贸易试验区将开展第三次经济普查。

10月29日，据《京华时报》报道，10月1日至27日，中国（上海）自贸试验区分局设立登记企业208户，与去年同期辖区内设立44户企业相比，增加了近4倍。

10月30日，上海市教育委员会、商务委员会、人力资源和社会保障局以及工商行政管理局联合发布《中国（上海）自由贸易试验区中外合作经营性培训机构管理暂行办法》。

11月

11月1日，袁志刚在格致出版社、上海人民出版社出版《中国（上海）自由贸易试验区新战略研究》。

11月3日，张高丽前往中国（上海）自由贸易试验区考察建设进展情况。

11月5日，中国（上海）自由贸易区法庭挂牌成立。

11月26日，据《经济参考报》报道，作为首批入驻上海自贸试验区的项目之一，上海唯一的国家跨境贸易电子交易试点——"跨境通"电子商务平台正式进入试运行阶段。

11月28日，据新华网报道，目前有约6000家企业办理了核名手续，等待入驻上海自贸试验区，截至11月22日，上海自贸试验区共办结新设企业1434家；上海自贸试验区2014版负面清单正在征求意见，有望进一步缩短。

12月

12月2日，中国人民银行出台《中国人民银行关于金融支持中国（上海）自由贸易试验区建设的意见》，就金融支持上海自贸试验区实体经济发展、便利跨境投资和贸易等方面提出了30条意见，推出4大举措支持上海自贸试验区建设。

12月5日，中国（上海）自由贸易试验区与迪拜空港自由区签署合作备忘录，完成首笔跨境人民币双向现金池业务。

12月24日，上海市质量技术监督局印发了《上海市质量技术监督局自由贸易试验区质量技监工作改革措施》。

12月28日，上海自贸试验区跨境电子商务试点平台"跨境通"正式上线。

2013年中国自贸试验区小结

2013年是我国自由贸易试验区建设元年，自贸试验区从上海起步，是我国进一步改革和提高对外开放经济水平的"试验田"，具有示范带动的重要作用，服务全国的历史使命，上海自贸试验区敢为人先，大胆创新，打造了以开放促改革、以改革促发展的生动样板，推动了我国全面改革开放制度的创新。建立中国（上海）自由贸易试验区，是党中央、国务院做出的重大决策，是深入贯彻党的十八大精神，在新形势下推进改革开放的重大举措，对加快政府职能转变、积极探索管理模式创新、促进贸易和投资便利化，为全面深化改革和扩大开放探索新途径、积累新经验，具有重要意义。

2013年8月27日，早在上海自贸试验区设立前夕，习近平总书记主持召开中共中央政治局会议并明确指出，建立上海自贸试验区，是党中央从国内外发展大势出发，统筹国际国内两个大局，在新形势下推进改革开放的重大举措，要努力把试验区建设好、管理好，发挥示范带动、服务全国的积极作用。

上海自贸试验区是我国在划定区域内主动让门户打开，在我国制定的规则下世界上所有国家均可以在划定区域进行自由投资和贸易。将上海自贸试验区作为一个对接的小窗口，在一定程度上将国际上的高商业水准映射到整个中国制造和服务业。在一个较小的限定范围内进行开放实验，可以降低风险。上海自贸区以"一国之内"自由贸易区的形式出现，对我国的转口贸易、离岸贸易具有积极推动作用。

上海自贸试验区并非零起点，无论是在货物的进出管理方面还是在关税、外汇管理方面在当时都已具备了一定的基础和积累了一定的经验。作为高度开放的外向型经济区域，其综合了区位优势、腹地经济优势、港口基础优势、物流枢纽优势和城市综合优势，已经具有雄厚的产业基础。2012年，外高桥保税区、外高桥保税物流园区、洋山保税港区和上海浦东机场综合保税区合计完成进出口总额1130.5亿美元，比上年增长14.5%；税务部门税收429.0亿元，比上年增长11.8%；商品销售额10998.1亿元，比上年增长13%；物流企业经营收入4041.4亿元，其中物流业收入816.9亿元，比上年增长18.1%。

设立上海自贸试验区的主要目的在于"按照先行先试、风险可控、分步推进、逐步完善的方式，以开放促改革，通过制度创新，形成我国与国际投资、贸易通行规则相衔接的基本制度框架"。上海自贸试验区是本届政府力图推动改革，打造中国经济"升级版"的战略举措。

依据国务院批准的《中国（上海）自由贸易试验区总体方案》和《中国（上海）自由贸易试验区管理办法》，上海自贸试验区的区域功能主要有4方面：

一是推进服务业扩大开放和投资管理体制改革。上海自贸试验区借鉴了国际通行规则，探索建立了负面清单管理模式，最大限度地为服务业发挥突破政策限制，为金融、航运、商贸服务、专业服务、文化服务、社会服务等6大服务业领域开放措施提供了一揽子解决方案。上海自贸试验区积极倡导培育贸易新兴业态和功能，加快培育跨境电子商务服务功能，形成了具有国际竞争力的投资管理体制。

二是推动贸易转型升级，创新监管服务模式。上海自贸试验区化繁为简、减少政府行政干预，让市场和企业具有更大的发展空间，突破了现有监管机制，构建了比较完善的离岸金融体系和完善的制度监管框架体系，形成了企业自律的新机制。

三是深化金融领域开放。2013年9月，上海自贸试验区设立当月，历史性地推出我国第一张外商投资准入负面清单，为外商投资管理方式进行了根本性变革。上海自贸试验区将成为中国进一步对外改革开放的催化剂，它的成功意味着中国经济在"小门"打开之后，将"大门"打开，中国将从"半开放型"经济迈向开放型经济，意味着中国将以自贸试验区为突破口逐渐打开贸易和资本的大门。

四是建立了与国际投资和贸易规则体系相适应的行政管理体系，培育国际化、法治化的营商环境。上海自贸试验区的设立有力地推动了政府由管理型政府向监管高效便捷的行政服务型政府转变。行政体系的转变在上海自贸试验区的基础上，与国际贸易规则相结合，不仅给外商提供了规范、法治的营商环境，而且发挥了示范带头作用，具有扩展性和可复制性。

作为中国首个自贸试验区，上海自贸试验区坚持解放思想、先行先试，尤其是紧紧抓住自贸试验区建设的基本定位和关键环节，在全国率先开展了外商投资负面清单、"证照分离"、国际贸易"单一窗口"、货物状态分类监管、自由贸易账户、宏观审慎的金融综合监管制度、分类综合执法等一系列重大基础性改革，上海自贸试验区以制度创新为核心，重点是投资、贸易、金融和事中事后监管四大领域的改革，要求是"可复制、可推广"，为全国深化改革和扩大开放提供了可借鉴的制度和改革经验。

2014年中国自贸试验区大事记

1月

1月2日，在2014年福建省政府工作报告中提出，要主动对接上海自由贸易试验区政策，整合优化各类海关特殊监管区，推动在福建省设立自由贸易园区。

1月6日，中国（上海）自由贸易试验区挂牌第100天。国务院发布《国务院关于在中国（上海）自由贸易试验区内暂时调整有关行政法规和国务院文件规定的行政审批或者准入特别管理措施的决定》，以及工信部与上海市人民政府联合发布《关于中国（上海）自由贸易试验区进一步对外开放增值电信业务的意见》。

1月17日，在中国（上海）自由贸易试验区试点扩大国际船舶运输和国际船舶管理业务外商投资比例，保护投资者合法权益。同时，召开亚太营运商计划推进会。

1月24日，上海市法人一证通在中国（上海）自由贸易试验区新增服务受理点。

1月28日，上海自贸试验区税务分局挂牌。同时，税务部门推出的7项全新举措将在新成立的自贸试验区税务分局逐步推行。其中包括实行专业化集中审批、试行窗口"一站式"审批、取消部分前置核查、拓展区域通办、推行网上办税、建立无障碍沟通平台及探索试行电子发票。

2月

2月1日，福建省委、省政府决定由省商务厅牵头，整合平潭、厦门、福州相关区域，开展福建自由贸易园区申报工作。

2月9日，安徽省商务厅厅长曹勇接受《新安晚报》记者专访时表示，将以合肥、芜湖、马鞍山三市打包申报设立安徽（合芜马）自由贸易试验区。

2月18日，央行上海总部在上海自贸试验区组织召开支付机构跨境人民币支付业务启动仪式，标志着上海市支付机构跨境人民币支付业务正式启动。

2月21日，经中国人民银行总行批复同意，就支持中国上海自由贸易试验区扩大人民币跨境使用发布细则。

2月26日，中国人民银行上海总部召开政策发布会，宣布从3月1日起放开中国（上海）自贸试验区小额外币存款利率上限。

2月28日，经国家外汇管理局批准，国家外汇管理局上海市分局按照服务实体经济、深化外汇管理改革、有效防范风险、"成熟一项、推出一项"原则，在自贸试验区实施外汇管理政策措施。

3月

3月1日，福建省商务厅牵头完成福建自由贸易园区总体方案初稿，广泛征求各有关部门和专家学者意见。

3月5日，上海发布多项金融支持自贸试验区建设政策细则，截至目前，已有"第三方支付机构、人民币跨境使用、利率市场化、反洗钱和外汇管理创新"等5方面细则发布。

3月6日，据新华网报道，国务院总理李克强3月5日在十二届全国人大二次会议上两次提到"中国上海自由贸易试验区"，并且提出建设好、管理好中国上海自由贸易试验区，形成可复制可推广的体制机制，并开展若干新的试点。

3月17日，上海自贸试验区洋山1线开通，连接洋山保税港区、深水港商务广场、临港生活配套区和16号线滴水湖站。

3月25日，上海自贸试验区发布九大金融创新案例。

3月，习近平总书记在参加全国两会上海代表团审议时强调，建设自由贸易试验区，是党中央为推进新形势下改革开放提出的一项重大举措。要牢牢把握国际通行规则，加快形成与国际投资、贸易通行规则相衔接的基本制度体系和监管模式，既充分发挥市场在资源配置中的决定性作用，又更好发挥政府作用。要大胆闯、大胆试、自主改，尽快形成一批可复制、可推广的新制度，加快在促进投资贸易便利、监管高效便捷、法治环境规范等方面先试出首批管用、有效的成果。要扩大服务业对外开放，引进国际先进经验，提高服务业能级和水平。在自由贸易试验区要做点压力测试，把各方面可能发生的风险控制好，切实防范系统性风险特别是金融风险。

4月

4月1日，上海自贸试验区管委会总部迁至临港，溢出效应带动洋山开发。

4月8日，上海国际经济贸易仲裁委员会（上海国际仲裁中心）《中国（上海）自由贸易试验区仲裁规则》正式颁布，并于2014年5月1日起施行。

4月15日，中华人民共和国工业和信息化部印发的《中国（上海）自由贸易试验区外商投资经营增值电信业务试点管理办法》正式出台。

4月22日，上海自贸试验区再推14项海关监管新政，"先进区、后报关"覆盖全区。

5月

5月1日，经福建省委、省政府批准，《福建自由贸易园区总体方案（征求意见稿）》报有关国家部委征求意见。

5月5日，据《中国日报》广东记者站报道，从中美联泰大都会人寿保险有限公司获悉，该公司日前得到上海保监局的批复同意筹建上海自贸试验区支公司。

5月13日，上海出入境检验检疫局在中国（上海）自由贸易试验区范围内全面推行进口货物预检验制度。

5月16日，上海自贸试验区跨国公司总部外汇资金集中运营管理首批试点银企合作签约仪式举行。

5月22日，中国人民银行上海总部发布《中国（上海）自由贸易试验区分账核算业务实施细则（试行）》和《中国（上海）自由贸易试验区审慎管理细则（试行）》。

5月23日，习近平总书记考察上海自贸试验区时强调，上海自由贸易试验区是块大试验田，要播下良种，精心耕作，精心管护，期待有好收成，并且把培育良种的经验推广开来。

5月27日，上海市浦东新区人民法院自贸试验区诉讼与非诉讼相衔接的商事纠纷解决机制正式启动。

5月28日，上海自贸试验区举行"融资租赁产权交易平台启动仪式"，自贸试验区管委会副主任简大年为自贸试验区融资租赁产权交易平台揭牌。

6月

6月5日，《福建自由贸易园区总体方案》由福建省政府正式行文报送商务部。

6月9日，上海自贸试验区启用新版进出境货物备案清单。

6月10日，位于中国（上海）自由贸易试验区的斯凯孚（SKF）东北亚分拨中心正式落成启用。

6月18日，上海市质量技术监督局自贸试验区分局的综合服务大厅建成并正式投入运行。

7月

7月1日，上海市政府公布《中国（上海）自由贸易试验区外商投资准入特别管理措施（负面清单）（2014年修订）》。特别管理措施由190条调整为139条。

7月10日，上海进一步推进落实自贸试验区金融创新，第二批金融改革9大案例发布。

7月19日，上海自贸试验区服贸展示交易中心、上海现代服务业资产交易中心启动。

7月22日，首家外资医院初定上海自贸试验区，计划设立7大国际领先医疗中心。

7月24日，新华社报道，上海出入境检验检疫局宣布，国家认监委已批复同意在上海自贸试验区进一步深化外商投资认证机构的审批和监管改革。

7月25日，为自贸试验区提供地方立法保障的《中国（上海）自由贸易试验区条例》，获上海市第十四届人大常委会第十四次会议表决通过，2014年8月1日起施行。

8月

8月5日，经过系统升级与优化部署，即日起正式在上海自贸试验区内全面推广"即查即放"现场查验放行模式。

8月14日，上海自贸试验区土地启动"二次开发"，提高土地节约集约利用。

8月20日，亚马逊公司正式入驻上海自贸试验区，全面开展跨境电子商务业务。

8月22日，好莱坞影视落户上海自贸试验区，引入好莱坞娱乐文化内涵。

9月

9月1日，上海自贸试验区洋山保税港区"区港直通道"正式启用。

9月2日，中国（上海）自由贸易试验区正式启动官方客户端、英文网站，自贸试验区境外投资服务平台也正式上线。

9月4日，国务院印发《关于在中国（上海）自由贸易试验区内暂时调整实施有关行政法规和经国务院批准的部门规章规定的准入特别管理措施的决定》（国发〔2014〕38号）。

9月7日，商务部与福建省在厦门召开联席会议，商务部部长高虎城，福建省委书记尤权，省领导陈桦、叶双瑜等参加会议。会议议定启动福建自贸园区省部工作机制。

9月26日，上海自贸试验区一周年新闻发布会召开，介绍上海自贸试验区运行一周年来的情况以及取得的成果。

10月

10月1日，经国家质检总局检验司批复同意，《中国（上海）自由贸易试验区进出口商品检验鉴定机构管理办法》在上海自贸试验区正式实施。

10月10日，上海自贸试验区管委会举行了"中国（上海）自由贸易试验区企业创新案例发布会"。

10月25日，由中国（上海）自由贸易试验区协同创新中心主办的主题为"自贸区试验与开放型经济新体制"的第二届申江论坛上，全国政协常委、民建中央副主席、上海市政协副主席周汉民应邀做了题为"回眸一周年，改革更向前——纪念上海自贸区运行一周年"的演讲。

11月

11月2日，上海世博园盛迎国际高参——第26次上海市市长国际企业家咨询会议在世博中心举行。上海市市长杨雄发表题为《坚持制度创新 加快推进中国上海自由贸易试验区建设》的主旨演讲。

11月12日，中共福建省委书记尤权主持召开福建省委专题会，研究福建自贸试验区工作。

11月13日，商务部召集福建、广东、天津三省市会议，高虎城部长传达了中共中央、国务院关于自贸试验区试点精神，研究推进第二批自由贸易试验区工作。福建省领导陈桦以及广东省、天津市领导参加了会议。

11月29日，福建省与商务部在北京召开福建自贸试验区总体方案专家座谈会，征求福建自贸试验区总体方案意见和建议。

12月

12月1日，国务院决定设立中国（广东）自由贸易试验区。

12月1日，上海自贸试验区人才大厦公共服务大厅正式设立了社会保险服务窗口和就业促进服务窗口。

12月6日，福建省委、省政府正式成立中国（福建）自由贸易园区推进工作领导小组，福建省委书记尤权任组长。领导小组下设办公室，挂靠省商务厅，省商务厅厅长黄新銮兼任领导小组办公室主任。

12月9日，上海海关宣布在中国（上海）自由贸易试验区开展"自主报税、自助通关、自动审放、重点稽核"作业模式试点，这标志着海关在上海自贸试验区实施的23项改革措施全面落地。

12月12日，李克强总理主持召开国务院常务会议，明确在天津、福建、广东开展第二批自贸试验区试点。

12月12日，中央决定设立天津自贸试验区，试验区总面积为119.9平方千米，主要涵盖3个功能区，天津港片区、天津机场片区以及滨海新区中心商务片区。

12月13日，商务部王受文部长助理召集广东、天津、福建、上海四省市和全国人大法工委、国家发改委、财政部等相关部委，研究四省市设立自贸试验区事宜。

12月14日，国务院办公厅召开会议，研究四省市自贸试验区实施范围和法律授权调整事宜。

12月20日，福建省委书记尤权主持召开省委专题会，研究福建省自贸试验区方案、机构设置。

12月21日，国务院印发《国务院关于推广中国（上海）自由贸易试验区可复制改革试点经验的通知》（国发〔2014〕65号）。

12月22日，福建省委书记尤权召开省委常委会，研究福建自贸试验区工作。

12月24日，国务院常务会议研究审议广东、天津、福建三省市自贸试验区实施范围和法律调整授权。

12月28日，第十二届全国人民代表大会常务委员会第十二次会议表决通过《全国人民代表大会常务委员会关于授权国务院在中国（广东）自由贸易试验区、中国（天津）自由贸易试验区、中国（福建）自由贸易试验区以及中国（上海）自由贸易试验区扩展区域暂时调整有关法律规定的行政审批的决定》，决定授权国务院在中国（广东）自由贸易试验区、中国（天津）自由贸易试验区、中国（福建）自由贸易试验区以及中国（上海）自由贸易试验区扩展区域内暂时调整《中外合资经营企业法》《中外合作经营企业法》《台湾同胞投资保护法》规定的有关行政审批，但是国家规定实施准入特别管理措施的除外。本决定自2015年3月1日起施行。

12月28日，第十二届全国人大常委会会议通过决定，正式确定广东、天津、福建自贸试验区范围，上海自贸试验区范围扩展至陆家嘴金融片区、金桥开发片区及张江高科技片区。

12月29日，中国（上海）自由贸易试验区扩区后的首次集体采访举行。

12月30日，福建省委书记、省自贸试验区工作领导小组组长尤权主持召开福建自贸试验区工作领导小组第一次会议，传达学习习近平总书记在中央政治局常委会研究自贸试验区有关事项时的重要讲话精神，研究部署推进福建省自贸试验区建设工作。

12月31日，国务院以国函〔2014〕178号文，批复设立福建、天津、广东自由贸易试验区。

2014年中国自贸试验区小结

2014年是中国自贸试验区设立的第二年，中国自贸试验区从一家发展到四家。上海自贸试验区对标国际先进水平，试点运行全国首个国际贸易"单一窗口"，联通海关、检验检疫、海事和边检4个部门，建立以高效便利海关监管为核心的贸易管理模式，有力地支撑贸易强国建设。

2013年上海自贸试验区的负面清单共涉及18个行业，制定了190条特别管理措施。2014版的负面清单中外商投资特别管理措施减少到139条，比2013版负面清单减少51条，调整率达26.8%，其中实质性取消14条管理措施，放宽19条管理措施，进一步开放比率为14.7%。从开放领域来看，涉及制造业、采矿业、服务业、建筑业等多个领域。

自贸试验区以制度创新为核心，进行了一系列首创性实践，实现了一系列突破性进展。一是自贸试验区推动境外投资管理方式实现根本性变革。2014年10月，商务部颁布实施新的《境外投资管理办法》，减少了商务部负责的约98%的境外投资核准事项；同年12月，国家发展和改革委员会发布《境外投资项目核准和备案管理办法》。两个办法明确了对企业境外投资实行备案和核准管理的要求，标志着境外投资管理从"核准为主"向"备案为主，核准为辅"转变，规定除涉及敏感国家和地区、敏感行业的境外投资项目，其余境外投资项目一律实行备案管理，相关审核手续大幅简化，实现部分权限从中央向地方下放。

二是率先探索试点自由贸易账户体系。探索自由贸易账户等一批开创性举措，建立了"一线审慎监管、二线有限渗透"的资金跨境流动管理基础性制度，打通了企业境外融资渠道，降低了融资成本，为稳妥推进资本项目可兑换进行了有益探索。自由贸易账户已经成为上海自贸试验区金融制度创新的核心基础设施，在服务实体经济、扩大金融市场开放与风险防控方面取得了良好的效果。目前，自由贸易账户体系进一步复制推广至海南、天津、广东等地，成为全国自贸试验区（港）进行跨境资金管理制度创新的重要载体。

三是率先推进利率市场化改革。利率市场化改革要有合理的金融结构、发达的金融市场和健全的金融监管体系。上海自贸试验区在2014年提出构建事中事后监管的基本制度，作为改革试点，深化金融开放创新，促进实体经济发展。中国人民银行放开中国（上海）自由贸易试验区小额外币存款利率上限，在全国率先实现外币存款利率的完全市场化。自贸试验区的先行先试将为在全国推进小额外币存款利率市场化积累可复制、可推广的经验，并为下一步深入推进利率市场化改革打好坚实基础。

四是改革创新贸易监管制度。上海自贸试验区建立了以便利化和国际化为特征的贸易监管制度框架，搭建了以国际贸易"单一窗口"为代表的跨部门统一监管模式，促进内外贸一体化。建立安全审查机制、反垄断审查机制、企业年度报告公示制度、信用管理体系、综合执法体系和部门监管信息共享机制，提高政府服务管理透明度。完善法治保障，建立知识产权保护机制。充分发挥了自贸试验区的示范带动作用。

在2014年全国两会上，习近平总书记强调自由贸易试验区要尽快形成一批可复制、可推广的新制度，加快在促进投资贸易便利、监管高效便捷、法治环境规范等方面先试出首批管用、有效的成果，并切实防范系统性风险。

上海、广东、天津、福建4家自由贸易试验区在政府职能转变、调整政府与市场关系、服务市场经济、减少政府过度行政干预方面做了大量的改革，形成一系列可复制、可推广的成功案例，提高了政府管理的工作效率，在一定程度上带动经济的发展。同时，在贸易自由、投资便利和金融自由化方面也做了一些有益和有效的探索，带动周边地区的经济发展和经济开放活动。一大批改革开放制度创新成果复制推广到全国，有效发挥自贸试验区作为改革开放试验田的作用。

2015年中国自贸试验区大事记

1月

1月4日，福建省委书记尤权主持召开省委专题会，研究审定福建自贸试验区总体方案。

1月4日，福建省向商务部报送《中国（福建）自由贸易试验区总体方案》（征求意见稿）。

1月7日，《中国（福建）自由贸易试验区总体方案》由商务部办公厅和省政府办公厅联合行文征求国家相关部委意见。

1月8日，为推进中国（上海）自由贸易试验区建设，上海市在自贸试验区开展平行进口汽车试点。

1月8日，上海市工商行政管理局、上海市行政审批制度改革工作领导小组办公室、中国（上海）自由贸易试验区管理委员会印发《在中国（上海）自由贸易试验区深化推进工商登记前置审批改为后置审批工作实施方案》的通知。

1月13日，中国（上海）自由贸易试验区放开在线数据处理与交易处理业务（经营类电子商务）外资股权比例限制。

1月14日，福建省领导陈桦等赴国台办、财政部就福建自贸试验区方案进行汇报沟通。

1月15日，福建省委组织部举办"自贸试验区建设与进一步扩大开放"专题培训班，学员对象包括福建省自贸试验区工作领导小组成员单位主要负责人，福州、厦门、平潭综合试验区主要领导以及承担自贸试验区建设的主要负责人。

1月16日，支树平在上海自贸试验区经验交流会上讲话，学好用好上海自贸试验区经验。

1月16日，国家质检总局在上海召开自贸试验区创新制度复制推广会，在会上获悉，各部门共有61项上海自贸试验区制度创新在全国复制推广，其中质检系统11条。

1月21日，据中国新闻网报道，商务部新闻发言人沈丹阳介绍，2014年上海自贸试验区合同外资金额约占上海市的三成，金融、文化等自贸试验区扩大开放措施引领上海市引资快速增长，服务业利用外资占比超过九成。

1月21日，据《深圳特区报》报道获悉，20日召开的全省发展和改革工作会议透露，广东自贸试验区预计2月26日或28日正式挂牌。另外，从现在起至2月3日，《中国（广东）自由贸易试验区管理办法》（送审稿）向社会公开征求意见。

1月29日，新华网报道国务院近日印发《关于推广中国（上海）自由贸易试验区可复制改革试点经验的通知》，对上海自贸试验区可复制改革试点经验在全国范围内的推广工作进行了全面部署。

1月29日，经上海市政府批准，上海市财政局印发了《关于完善自贸试验区跨区迁移企业财税分配政策的通知》。

2月

2月2日，福建省副省长郑栅洁赴国家发改委、商务部汇报沟通福建自贸试验区方案。

2月4日，福建省赴福州、厦门、平潭自贸片区挂职干部（人才）培训会议在榕召开。福建省省委常委、组织部长姜信治出席会议，要求挂职干部认真贯彻落实中央和省委关于自贸试验区建设的部署要求，在新的岗位上做出一番新业绩。

2月7日,《中国(福建)自由贸易试验区总体方案》经征求37个部委意见后,联合会签上报国务院审批。

2月7日,国务院发布《国务院关于同意建立国务院自由贸易试验区工作部际联席会议制度的批复》(国函〔2015〕18号),同意建立国务院自由贸易试验区工作部际联席会议制度。

2月10日,经上海市商务委员会和中国(上海)自由贸易试验区管委会联合审核公布中国(上海)自由贸易试验区(第一批)平行进口汽车试点企业名单。

2月10日,市经信委、中国人民银行上海总部、中国(上海)自由贸易试验区管委会在自贸试验区共同举办自贸试验区信用信息综合查询服务开通仪式。

2月13日,中国人民银行上海总部印发《中国(上海)自由贸易试验区分账核算业务境外融资与跨境资金流动宏观审慎管理实施细则(试行)》。

2月15日,中国(上海)自由贸易试验区平行进口汽车试运行启动仪式在上海自贸试验区平行进口汽车展示交易中心举行。

2月17日,"中国(福建)自由贸易园区推进工作领导小组"更名为"中国(福建)自由贸易试验区工作领导小组",时任福建省委书记尤权任组长。调整后的领导小组成员共29人。

2月26日,据《广州日报》报道,广东省政府批复了广东省工商局《关于在中国(广东)自由贸易试验区开展"一照三号"改革试点的请示》,同意在中国(广东)自由贸易试验区试行"一照三号"登记制度改革。

2月27日,福建自贸试验区福州、厦门、平潭片区外商投资企业设立"一表申报、一口受理、三证合一"服务模式试运行。

2月28日,时任福建省委书记、省自贸试验区工作领导小组组长尤权主持召开福建省自贸试验区工作领导小组第二次会议,研究部署福建自贸试验区建设下一步工作。

3月

3月2日，据新华网报道，上海财经大学自由贸易区研究院院长、教授孙元欣表示："第三批自贸区将在2015年下半年慢慢浮出，但全国两会期间将形成一个集中申报高潮。现在沿海地区已有4家自贸区，下一轮将可能在中部地区和西部地区再设置若干个自贸区，形成全国约10家自贸区的架构。"

3月3日，福建省委常委、省委组织部部长姜信治率福建省友好代表团赴新加坡、澳大利亚开展福建自贸试验区人才引进工作。

3月9日，《人民日报》报道，《以体制机制创新为核心推进自贸试验区建设——访福建省人民政府省长苏树林》。

3月11日，据新华网报道，中国人民银行广州分行行长王景武接受记者采访时表示，广东自贸试验区将设立海外华侨经济合作基金，推动"一带一路"倡议。

3月16日，福建省副省长郑栅洁连续召开省政府专题会，研究福建省自贸试验区五个专题小组工作推进计划。

3月19日，国家旅游局出台《支持中国（福建）自由贸易试验区旅游业开放意见的函》（旅函〔2015〕11号），从扩大旅行社业开放、放宽旅游从业人员限制、支持平潭建设国际旅游岛、促进整体开放带动旅游发展、推动实施旅游便利化措施、探索实现区内区外联动、鼓励旅游金融创新等7方面提出支持措施。

3月20日，福建省副省长郑栅洁赴福建自贸试验区福州、厦门、平潭三个片区调研。

3月23日，据《厦门日报》报道，福建自贸试验区厦门片区招商引资工作取得良好开局，今年1月至今，已引进企业194个，注册资本37.7亿元，其中外资5300万美元。

3月24日，中国共产党中央政治局审议通过广东自由贸易试验区总体方案。

3月24日，中共中央政治局审议通过广东、天津、福建自由贸易试验区总体方案。

3月24日，据新华社报道，习近平总书记主持召开中央政治局会议，会议上审议通过了广东、天津、福建自由贸易试验区总体方案和进一步深化上海自由贸易试验区改革开放方案。

4月

4月2日，广州海关与广东出入境检验检疫局签订《"三互"大通关合作备忘录》，率先在广东自贸试验区南沙新区片区启动关检"三互"（即信息互换、监管互认、执法互助）通关模式。

4月3日，《中国日报》记者从福建自贸试验区创新成果新闻通气会上获悉，福建自贸试验区在全国率先试点推行"一掌通"3A移动税务平台。

4月8日，国务院印发《中国（广东）自由贸易试验区总体方案》（国发〔2015〕18号）；国务院印发《中国（天津）自由贸易试验区总体方案》（国发〔2015〕19号）；国务院印发《中国（福建）自由贸易试验区总体方案》（国发〔2015〕20号）；国务院印发《关于进一步深化中国（上海）自由贸易试验区改革开放方案的通知》（国发〔2015〕21号）。商务部发布《自由贸易试验区外商投资备案管理办法（试行）》（商务部公告〔2015〕12号）（以下简称《办法》），《办法》共20条，分别规定了备案适用范围、备案机构、备案方式、备案程序、信息报告、监督检查及诚信管理等内容。

4月8日，国务院办公厅发布《关于印发自由贸易试验区外商投资准入特别管理措施（负面清单）的通知》（国办发〔2015〕23号），列明了不符合国民待遇等原则的外商投资准入特别管理措施，共计50个条目122项。

4月8日，国务院办公厅发布《关于印发自由贸易试验区外商投资国家安全审查试行办法的通知》（国办发〔2015〕24号），明确了与负面清单管理模式相适应的外商投资管理国家安全审查措施。

4月19日，福建省政府印发《关于中国（福建）自由贸易试验区福州片区实施方案的批复》（闽政文〔2015〕120号），明确了福州片区建设的总体要求、区域布局、主要任务和措施、保障机制；福建省政府印发《关于中国（福建）自由贸易试验区厦门片区实施方案的批复》（闽政文〔2015〕121号），明确了厦门片区建设的总体要求、区域布局、主要任务和措施、保障机制；福建省政府印发《关于中国（福建）自由贸易试验区平潭片区实施方案的批复》（闽政文〔2015〕122号），明确了平潭片区建设的总体要求、区域布局、主要任务和措施、保障机制。

4月20日，随着广东、天津、福建三个自贸试验区同时挂牌成立，上海自贸试验区扩区，国务院办公厅发布了统一适用于4个自贸试验区的外商投资负面清单。

4月20日，国务院发布关于印发《进一步深化中国（上海）自由贸易试验区改革开放方案》的通知，从加快政府职能转变、深化与扩大开放相适应的投资管理制度创新、积极推进贸易监管制度创新等5方面对扩区后的上海自贸试验区改革任务与措施做出具体规定。

4月20日，福建省政府公布《中国（福建）自由贸易试验区管理办法》（省政府令第160号）。同日，福建省政府公布《中国（福建）自由贸易试验区相对集中行政复议权实施办法》（省政府令第161号），明确福建自贸试验区内的行政复议案件，三个片区管委会可根据职责分工统一行使行政复议权。

4月20日，福建省政府发布关于印发《中国（福建）自由贸易试验区管理委员会规范性文件法律审查规则》的通知（闽政〔2015〕16号），明确自贸试验区规范性文件的法律审查制度。

4月20日，国务院关于印发《中国（天津）自由贸易试验区总体方案》的通知（国发〔2015〕19号）。

4月21日，中国（天津）自由贸易试验区正式挂牌。

4月21日，中国（广东）自由贸易试验区挂牌仪式在广州南沙举行，广东出入境检验检疫局首批公布的25项创新支持措施实施。中共中央政治局委员、广东省委书记胡春华为中国（广东）自由贸易试验区揭牌。香港特别行政区行政长官梁振英出席挂牌仪式。广东省省长朱小丹在挂牌仪式上致辞，为广东自贸试验区工作办公室和自贸试验区各片区管委会揭牌。

4月21日，国家税务总局决定，在将上海自贸试验区"办税一网通"10项创新税收服务措施推广至广东、天津、福建自贸试验区的同时，再在广东、天津、福建、上海自贸试验区推出10项创新税收服务措施，统称为"办税一网通10+10"。

4月21日，天津自由贸易试验区滨海新区中心商务片区举行项目集中签约活动，首批28家大项目集中落户。

4月21日，中国（福建）自由贸易试验区挂牌仪式在福州举行。福建省委书记尤权为福建自贸试验区揭牌并为第一批进驻自贸试验区福州片区的企业和机构代表颁发证照。

4月21日，福建自贸试验区政策说明会在福州召开，副省长郑栅洁出席会议。会上，福建省领导、省自贸办和福州、厦门、平潭片区的有关负责人分别对福建自贸试验区总体方案和三个片区实施方案进行解读，并通报了有关工作进展情况。

4月21日，据新华网报道，中国（天津）自由贸易试验区正式挂牌运行，成为我国长江以北的第一个自贸试验区。

4月22日，据《天津日报》报道，在天津自贸试验区挂牌仪式上，首批入驻的26家金融机构获颁金融许可证。

4月22日，中国人民银行上海总部发布《关于启动自由贸易账户外币服务功能的通知》，正式宣布上海市开展自贸试验区分账核算业务的金融机构可按相关要求向区内及境外主体提供本外币一体化的自由贸易账户（FT账户）金融服务，标志着FT账户外币服务功能的正式启动。

4月22日，李克强总理莅临福建自贸试验区厦门片区、福州片区，实地察看福建自贸试验区象屿综合服务大厅、兴业银行福州片区支行，深入了解简政放权、商事制度改革和金融改革等情况。

4月24日，《中国日报》讯，李克强23日到兴业银行福建自贸区福州片区支行进行考察，再提用开放倒逼改革，通过开放跨境金融业务，促进内地融资成本降低。

4月24日，《天津日报》报道，在天津自贸试验区刚刚挂牌之际，庞巴迪公务机维修中心在自贸试验区机场片区正式破土动工；滨海新区2015年房地产交易会在滨海国际会展中心开幕；上海浦东发展银行股份有限公司天津自由贸易试验区分行正式获准挂牌成立，成为首批获准设立天津自贸试验区分行的商业银行。

4月23日，中国（广东）自由贸易试验区珠海横琴新区片区挂牌成立。

4月27日，中国（广东）自由贸易试验区深圳前海蛇口自贸片区挂牌成立。

4月27日，中国（上海）自由贸易试验区扩展区域揭牌，陆家嘴金融片区、金桥开发片区、张江高科技片区正式纳入上海自贸试验区，并且上海市委书记韩正在上海自贸试验区扩区动员大会上进行讲话。

4月28日，据人民网报道，福建自贸试验区挂牌后，福州海关将陆续推出32项贸易便利化改革措施，发挥海关监管制度创新的最大效益。

4月29日，国家工商总局出台《关于支持中国（福建）自贸试验区建设的若干意见》（工商企注字〔2015〕57号），在企业登记制度、企业日常监管等方面提出12条意见，支持福建自贸试验区建设。

5月

5月1日，福建省政府办公厅发布《关于印发福建自贸试验区实施"一照一码"登记制度工作方案的通知》（闽政办发明电〔2015〕37号），明确在福建自贸试验区率先实施"一照一码"登记制度试点工作。

5月4日，海关总署出台《关于支持和促进中国（福建）自由贸易试验区建设发展的若干措施》（署加发〔2015〕115号），从全面复制推广上海自贸试验区经验、服务自贸试验区改革需求以及实施海关监管制度创新和海关安全高效监管等方面提出5方面共25条支持措施。

5月5日，《天津日报》讯，空港经济区（天津自贸试验区机场片区）举行项目集体签约仪式，包括8个世界500强企业投资项目在内的25个项目落户自贸试验区；同时，天津市委常委、滨海新区区委书记宗国英会见了在空港经济区落户的企业家代表。

5月6日,据《天津日报》报道,日前,工银租赁与农银租赁联手,在南方航空和深圳航空支持下,于天津自贸试验区东疆片区同步操作完成了国内第一单带租约的飞机项目公司股权转让业务,以及国内第一单大飞机租赁资产交易。

5月8日,为更好地贯彻"一带一路"等国家战略,进一步转变职能、创新制度、把好国门、做好服务,海关总署发布《关于支持和促进中国(广东)自由贸易试验区建设发展的若干措施》。

5月12日,南开大学成立中国自由贸易试验区研究中心,并召开自贸试验区运行研讨会。天津市委常委、市委教育工委书记朱丽萍出席并致辞。

5月18日,福建省自贸办联合省政府新闻办举行新闻发布会,通报了福建自贸试验区第一批18项创新举措。

5月20日,财政部、海关总署和国家税务总局发布《关于中国(广东)自由贸易试验区有关进口税收政策的通知》,在挂牌成立之日起执行。

5月21日,天津自由贸易试验区召开首场月度新闻发布会,市委常委、常务副市长兼自贸试验区管委会主任段春华出席。

5月21日,中国(天津)自由贸易试验区公布第一批制度创新清单122条。

5月31日,福建省政府印发《关于推广福建自贸试验区首批可复制创新成果的通知》(闽政〔2015〕25号),明确将首批18项改革创新成果分批、分期在省内其他区域推广。

6月

6月1日,为贯彻落实国务院印发的关于广东、天津、福建自由贸易试验区总体方案以及关于进一步深化上海自由贸易试验区改革开放方案,推进上述自由贸易试验区海运试点政策顺利实施,交通运输部发布《关于在国家自由贸易试验区试点若干海运政策的公告》(交通运输部公告2015年第24号),

明确自贸试验区内试点的若干海运政策。

6月1日，福建省政府办公厅发布《关于全省复制推广福建自贸试验区"一照一码"登记制度改革试点的实施意见》（闽政办〔2015〕79号），决定在全省复制推广"一照一码"登记制度改革试点。

6月1日，人民网报道，从南沙检验检疫局获悉，跨境电商商品质量溯源平台今天在南沙出入境检验检疫局正式上线，这在全国自贸试验区尚属首个。

6月6日，厦门国际商事仲裁院和厦门市国际商事调解中心在福建自贸试验区厦门片区挂牌成立。

6月8日，财政部、海关总署、国家税务总局联合对外公布了广东、天津和福建自贸试验区进口税收优惠政策，将促进跨境电商贸易的发展。

6月10日，福建省政府新闻办、省自贸办联合召开新闻发布会，公布福建自贸试验区第二批8项全国首创举措。

6月12日，广东省文化厅为贯彻落实《国务院关于印发中国（广东）自由贸易试验区总体方案的通知》（国发〔2015〕18号），将中国（广东）自由贸易试验区内文化市场管理有关政策进行调整。

6月12日，文化部印发《关于实施中国（广东）自由贸易试验区、中国（天津）自由贸易试验区、中国（福建）自由贸易试验区文化市场管理政策的通知》（文市函〔2015〕490号），允许在粤津闽3个自贸试验区内设立外资经营的演出经纪机构、演出场所经营单位及娱乐场所。

6月16日，福建省委书记、省自贸试验区工作领导小组组长尤权主持召开省自贸试验区工作领导小组第三次会议，研究部署福建省自贸试验区建设下一步工作。

6月16日，福建省政府办公厅印发《关于江阴汽车整车进口口岸加快发展六条补充措施的通知》（闽政办〔2015〕86号），从用地支持、融资支持、便利通关、快速检验、优化服务、财政支持等6方面支持江阴口岸发展汽车整车进口。

6月17日，据新华网报道，位于福建自贸试验区厦门片区的两岸青年创业创新创客基地于16日正式揭牌成立，为两岸青年创业创新和交流合作搭建了一个全新平台。

6月24日，上海海关公布深化中国（上海）自由贸易试验区贸易监管制度改革的8项政策措施，具体包括：归类行政裁定全国适用制度、商品易归类服务制度、海关执法清单式管理制度、离岸服务外包全程保税监管制度、大宗商品现货市场保税交易制度、"一站式"申报查验作业制度、"一区注册、四区经营"制度、美术品便利通关制度。

6月24日，福建省副省长郑栅洁主持召开福建自贸试验区企业创新顾问座谈会，17名企业代表应邀参会。

6月25日，海关总署印发《海关总署关于支持自由贸易试验区建设发展有关原产地管理措施的通知》（署税函〔2015〕242号），明确将福建自贸试验区"简化CEPA以及ECFA提交项下货物进口原产地证书需求"及"放宽ECFA项下海运集装箱货物直接运输判定标准"两项措施在上海、天津、广东三个自贸试验区复制推广。

6月28日，福建省政府办公厅印发《关于支持中国—东盟海产品交易所加快发展十三条措施的通知》（闽政办〔2015〕94号），从培育做大交易规模、推进贸易便利化等方面提出十三条支持措施。

6月30日，福建省自贸办、省金融办联合在上海举办"中国（福建）自由贸易试验区投资推介会"，近120位跨国公司、商会代表和金融机构参会。

7月

7月1日，广东省政府常务会议原则通过《中国（广东）自由贸易试验区建设实施方案》，要求广东自贸试验区建设要突出广东特色和优势，加强统筹协调、分类指导和督促检查，确保各项任务和工作的落实。

7月1日，福建省委组织部、省自贸办、省人社厅、省政府新闻办联合召开新闻发布会，公布《关于加强中国（福建）自由贸易试验区人才工作的十四条措施》（闽委人才〔2015〕4号）、《2015年福建自贸试验区高层次人才岗位需求》。

7月2日，上海自由贸易试验区海外办事处于上海揭牌。

7月2日，浦东新区召开上海自贸试验区扩区和科创中心出入境政策解读会，同时公布上海自贸试验区扩展区域出入境便利措施。

7月4日，福建省副省长郑栅洁到福建省自贸办集中办公驻地，听取省自贸办工作汇报，并看望集中办公的同志。

7月7日，新华社报道，商务部新闻发言人沈丹阳7日在例行发布会上说，广东、天津、福建3个自贸区自挂牌以来加快改革创新，吸收外资聚集效应明显，共吸收合同外资226.38亿元。

7月8日，在上海自贸试验区管委会及海关等部门支持下，上海外高桥保税区联合发展有限公司和瑞章科技有限公司就建设自贸试验区仓储监管试验平台，签署战略合作协议。

7月8日，福建省商务厅厅长、省自贸办主任黄新銮出席"中国平潭企业家科学家"创新论坛，并向到会人员介绍了福建自贸试验区总体情况和投资机会。

7月9日，福建省副省长郑栅洁率领由福建省政府办公厅、福建省商务厅、工商局、港澳办及福州海关、厦门海关、福建检验检疫局、厦门检验检疫局等单位组成的代表团访问香港，实地察看香港自由贸易港区，学习借鉴香港在自贸试验区管理方面的先进经验，以推进福建自贸试验区建设。

7月9日，福建省政府印发《关于推广福建自贸试验区第二批可复制创新成果的通知》（闽政〔2015〕35号），明确将第二批12项改革创新成果分批、分期在省内其他区域推广。

7月10日，福建省政府新闻办、省自贸办联合召开新闻发布会，公布了第三批4项全国首创举措以及3项率先开放措施。

7月12日，福建省副省长郑栅洁到福州片区调研，走访两岸金融创新合作示范区、船政文化格致园、中国—东盟海产品交易所等地，并对福州加快推进自贸试验区建设提出四点要求。

7月14日，上海出台2015年自贸试验区质监工作改革12条举措，市质监局自贸试验区分局在自贸试验区综合保税区内先行先试，浦东新区市场监管局负责复制推广到自贸试验区其他片区。

7月15日，由福建省自贸办（商务厅）、阿里巴巴集团主办的"阿里直通自贸试验区首发仪式"在福州举行，福建自贸试验区与阿里巴巴集团聚划算战略合作全面启动。

7月17日，海关总署署长从广州来闽调研福建自贸试验区建设工作。海关总署副署长孙毅彪，福建省委常委、福州市委书记杨岳，副省长郑栅洁陪同调研。

7月20日，福建省副省长郑栅洁率领由福建省政府办公厅、福建省发改委、商务厅、工商局、金融办、法制办及福州海关、厦门海关、福建检验检疫局、厦门检验检疫局等单位组成的调研组赴上海考察调研，学习上海自贸试验区建设经验做法，以推进福建自贸试验区建设。

7月23日，商务部办公厅印发《关于融资租赁行业推广中国（上海）自由贸易试验区可复制改革试点经验的通知》（商办流通函〔2015〕575号）。

7月23日，天津市出台了《关于当前促投资稳增长的33条措施》，共分为8部分，内容涵盖了投资、产业、创新、改革、开放、消费、财政金融和区县经济等领域。

7月24日，上海自贸试验区科创一号项目启动暨果创孵化器入驻仪式举行。中国第一个对接国际资源的离岸科创孵化平台落地。

7月24日，福建省自贸办（商务厅）在深圳、北京分别举办"中国（福建）自由贸易试验区投资推介会"，两地众多机构和企业代表参会。

7月28日，天津自贸试验区制定实施《天津自贸试验区服务京津冀协同发展的八项措施》《天津自贸试验区服务京津冀协同发展工作方案》等重点文件，探索京津冀地区联动发展经验。

7月29日，为进一步推进通关作业无纸化改革工作，促进贸易便利化，海关总署、商务部发布《关于进一步扩大自动进口许可证通关作业无纸化试点的公告》，决定自2015年8月1日起，试点海关由上海自贸试验区相关海关扩展至包括天津、福建、广东3个新设自由贸易试验区和宁波、苏州2个国家级进口贸易促进创新示范区在内的10个海关，分别为天津、上海、南京、宁波、福州、厦门、广州、深圳、拱北、黄埔海关。

7月30日，《福建日报》报道，近日，福建省政府印发《关于中国（福建）

自由贸易试验区实施的省级行政许可事项目录的通知》，决定授权由福建自贸试验区福州、厦门、平潭片区管委会实施省级行政许可事项253项，外商投资项目核准按自贸试验区外商投资准入特别管理措施（负面清单）办理。

7月30日，诞生100天的广东自由贸易试验区探索出了不少创新举措。新模式：推动跨境电商实现"前店后仓"；新环境：政府多项创新便利企业办事；新发展：先行先试推动粤港澳深度融合；新业态：金融创新助推产业转型升级。

7月31日，中国（上海）自由贸易试验区大宗商品现货市场启动仪式在洋山保税港区正式举行。同日上午，上海市委常委、上海自贸试验区管委会主任、浦东新区区委书记沈晓明赴洋山保税港区调研，考察上海自贸试验区改革创新的最新进展。

8月

8月3日，《人民日报》报道，银行间市场清算所股份有限公司近日推出自贸区大宗商品现货清算业务，即上海自贸试验区启动第三方清算服务。

8月7日，中国网报道，近日，广东自贸区横琴新区管委会发布了《2015年广东自贸试验区珠海横琴片区改革创新发展总体方案》，拟将横琴片区打造成促进澳门经济适度多元发展新载体，建设广东与葡语系、西语系国家经贸合作新平台。

8月10日，苏增添、马新岚、刘德章、李川等25位全国人大代表组成专题调研组，赴福州片区、平潭片区开展调研，先后走访福州片区综合服务大厅、跨境电商产业园、台湾创业园等。

8月11日，据《江西日报》报道，为推动上海、广东等自贸试验区改革试点经验在江西落地实施，江西省政府日前出台《江西省推广自由贸易试验区改革试点经验实施方案》，全力打造我省新一轮经济体制改革的"创新高地"。

8月13日，上海浦东新区市场监管局发布一系列市场准入便利化举措，上海自贸试验区内律师事务所办公场所将可作为企业住所进行登记。

8月14日，上海自贸试验区金融工作协调推进小组办公室、上海市金融办会同"一行三局"、上海市发改委和浦东新区政府（自贸试验区管委会）共同召开第4批自贸试验区金融创新案例发布会，共"晒"出8类11个金融创新案例。

8月16日，国家对外文化贸易基地（上海）自贸试验区文化装备应用示范中心在浦东临港举行揭牌仪式，这是全国首个自贸试验区文化装备应用示范中心。

8月16日，福建省政府印发《中国（福建）自由贸易试验区产业发展规划（2015—2019年）》（闽政〔2015〕41号），提出重点发展商贸服务、航运服务、现代物流、金融服务、新兴服务、旅游服务和高端制造7大产业集群。

8月16日，"中欧（厦蓉欧）""中亚"班列在厦门开通，这是中国4大自贸试验区开出的首条直达欧洲、中亚班列。

8月24日，上海市政府网站发布的《中共上海市委农村工作办公室、上海市农业委员会关于上海自贸试验区扩区后支持浦东新区加快城乡发展一体化的若干意见》提出，支持浦东自贸试验区深化涉农各项改革，为新版"负面清单"涉农内容提出改革建议。

8月24日，福建省政府新闻办、省自贸办会同有关单位联合召开新闻发布会。

8月24日，据《中国日报》福建记者站报道，福建省国际贸易"单一窗口"上线试运行、福建自由贸易试验区产业规划和第四批创新成果新闻发布会在福州举行。即时，福建省国际贸易单一窗口在福建自贸试验区正式上线试运行。

8月25日，商务部出台《商务部关于支持自由贸易试验区创新发展的意见》（商资发〔2015〕313号），提出促进外贸转型升级、降低投资准入门槛、完善市场竞争环境等5方面26条措施。

8月28日，广东省委书记胡春华、省长朱小丹率领广东省党政代表团到福建省考察指导，并走访了福建自贸试验区福州、厦门片区。两省深入交流发展经验，并强调要加强互动交流，在自贸试验区、"一带一路"建设等方面深化合作,共享试验成果,不断为改革开放探索经验。

9月

9月4日,福建省政府发布《关于支持福建自贸试验区融资租赁业加快发展的指导意见》(闽政办〔2015〕123号),从明确业态发展重点、引进和培育重点企业、支持和鼓励业务创新、拓宽境内外融资渠道、实施经营业绩奖补、落实专业人才激励措施、做好相关服务、加强引导和防控风险等8方面提出了自贸试验区融资租赁业发展指导意见。

9月8日,以"海外华商与中国自由贸易试验区建设"为主题的第九届海外华商中国投资峰会在厦洽会期间举行。国务院侨办谭天星副主任、福建省政府郑晓松副省长到会致辞,商务部外资司、上海、福建、广东、天津自贸试验区相关负责人及300多位海内外嘉宾参会。

9月10日,商务部副部长王受文率领公安部、财政部、卫计委、工商总局、旅游局、海关总署、台办等国家部委组成的调研组,赴福建省调研台资企业发展和自贸试验区建设情况,并在福州召开自贸试验区建设工作座谈会。福建省副省长郑晓松出席了座谈会。

9月10日,由福建省外办主办、福建省自贸办协办的"福建自贸试验区推介会"在福州举行,来自25个国家驻广州、上海、厦门总领事馆的总领事、领事等31人组成的外国驻华领事团参加了会议。

9月15日,商务部发布通知称,将把中国(上海)自由贸易试验区融资租赁行业改革试点经验在全国范围内推广,其中包括允许融资租赁公司兼营与主营业务有关的商业保理业务。

9月16日,国家旅游局杜江副局长带队赴平潭专题调研自贸试验区平潭片区旅游业发展和国际旅游岛建设。

9月19日,由福建省商务厅、省自贸办主办,省国际投资促进中心承办,以"投资福建自贸试验区"为主题的中国(福建)国际投资合作对接会在福州召开，来自亚洲、非洲、美洲、欧洲、大洋洲60余个国家近400名跨国公司、非政府组织与政府部门代表参加会议。

9月21日，据中国日报网报道，天津市创新创业特区揭牌仪式及新闻发布会在滨海新区中心商务区举行，落户该特区的40家实力企业同期集体签约。

10月

10月7日，天津港保税区出台《天津港保税区落实京津冀协同发展战略行动计划（2015—2020年）》，从5方面围绕区域功能定位，吸引和承接北京、河北优质项目落户。

10月8日，移动出行平台Uber（优步）宣布正式入驻中国（上海）自由贸易试验区。

10月12日，我国自贸试验区中首个国税、地税联合办税窗口在天津自贸试验区中心商务片区综合服务大厅启用，实现国税、地税事务一口受理、一窗统办，有效解决了纳税人往返跑、重复找、重复排队、重复报送资料的问题，为企业办税提供更多便利。这项举措凸显了自贸试验区、双创特区简政放权、服务投资便利化的特性。

10月20日，以"创新与协同"为主题的首届中国自贸试验区检验检疫创新发展论坛在上海召开。上海、福建、广东、天津4个自贸试验区相关检验检疫部门签署了《关于建立中国自贸试验区检验检疫制度创新合作联动机制备忘录》。天津、上海、福建、厦门、广东、深圳和珠海检验检疫局将成立联动机制领导小组，定期召开联席会议，建立日常工作联系机制，从信息互通、问题共商、政研互助、改革创新成果共享4方面开展合作。

10月21日，福建自贸试验区闽投投资发展有限公司在平潭揭牌成立。公司由福建省投资集团、福建建工集团、平潭国投公司联合发起设立，将重点投资自贸试验区的基础性、战略性产业项目、新兴产业项目以及其他具有良好前景的项目，搭建起重大项目的投融资运作平台和新兴产业的孵化平台。

10月23日，国务院新闻办公室举行政策例行吹风会，介绍进一步推进上海自贸试验区金融开放创新试点，加快上海国际金融中心建设的有关政策情况。

10月23日，福建自贸区厦门片区管委会与广东自贸试验区深圳前海蛇口片区管委会签署合作协议，双方就加强合作、共同促进自贸试验区制度创新，共同参与"一带一路"建设，加强产业合作互动等达成共识。

10月25日，《中国日报》广东记者站表示，从今天起，广州海关联合广东自贸试验区南沙片区率先启动"互联网+易通关"改革，推动企业通过互联网平台即可完成进出口货物海关通关手续，促进贸易便利。

10月28日，由福建省外办主办的"驻港领事官团福建行福建自贸试验区推介会"活动在福州召开。外交部驻港公署特派员佟晓玲，省外办、省商务厅及来自新加坡、法国、澳大利亚等13个国家和地区驻香港的领事官员参加了活动。

10月30日，中国人民银行、商务部、银监会、证监会、保监会、外汇局、上海市人民政府联合印发《进一步推进中国（上海）自由贸易试验区金融开放创新试点加快上海国际金融中心建设方案》的通知。同时，《上海自由贸易试验区分账核算业务境外融资与跨境资金流动宏观审慎管理实施细则》发布，自由贸易账户外币服务功能和境外融资功能启动。

11月

11月11日，全国自贸试验区首份以检商"两证合一"形式办结的原产地备案在福州片区办结发出，标志着由福建省商务厅和福建检验检疫局合力推动的"两证合一"改革正式启动。

11月12日，福建省商务厅与美国信息产业机构、中国美国商会、美中贸易全国委员会在北京联合举办"福建省自贸试验区政策推介暨信息与服务行业合作交流会"。

11月16日，经福建省政府同意，福建省自贸办印发《关于支持福建自贸试验区跨境电商、保税展示交易、转口贸易、商业保理等重点业态发展的若干措施》（闽自贸办〔2015〕11号），提出了支持发展跨境电子商务、保税展示交易、转口贸易、商业保理等重点业态的措施，吸引更多企业到自贸试验区投资。

11月17日，福建省委书记尤权率调研组深入福建自贸试验区福州、平潭和厦门片区调研，实地检查自贸试验区建设推进情况，并在厦门主持召开自贸试验区工作座谈会。省领导于伟国、杨岳、叶双瑜、王蒙徽、潘征分别参加上述活动。

11月18日，上海自由贸易试验区首家中外合资国际医疗机构——上海莱佛士国际医院在浦东前滩地区奠基。中欧国际交易所在德国金融之都法兰克福正式开业。

11月19日，香港国际仲裁中心在上海自贸试验区设立代表处。

11月24日，福建省十二届人大常委会第十九次会议在福州举行，会议审议了《中国（福建）自由贸易试验区条例（草案）》。《中国（福建）自由贸易试验区条例（草案）》围绕福建自贸试验区建设立足两岸、服务全国、面向世界的战略要求，从管理体制、投资便利化、贸易便利化、金融管理与服务、闽台交流与合作、综合管理、人才保障等方面都做出了明确规定。

11月25日，新华网报道，中共中央政治局常委、国务院总理李克强在结束中国—中东欧国家领导人会晤后，到上海考察自贸试验区改革开放的最新进展，要求贯彻党的十八届五中全会精神，按照创新、协调、绿色、开放、共享的发展理念，做好下一步工作。中共中央政治局委员、上海市委书记韩正和市长杨雄陪同考察。

11月26日，商务部外资司黄峰副司长率队赴福建省调研自贸试验区外商投资备案工作情况，并与部分企业、中介机构座谈。

11月30日，经国务院自由贸易试验区工作部际联席会议审定，商务部印发了全国自贸试验区8个"最佳实践案例"。

12月

12月1日，黄建忠、陈子雷、蒙英华在机械工业出版社出版《中国自由贸易试验区研究蓝皮书》，总结了上海、天津、福建以及广东4个自贸试验区2015年取得的主要成果、分析存在的问题和解决对策。

12月1日，国家工商总局、福建省政府联合印发《关于发布中国（福建）自由贸易试验区台湾居民个体工商户营业范围的公告》（工商个字〔2015〕208号），允许台湾居民在福建自贸试验区注册登记为个体工商户，无须经过外资备案（不包括特许经营），从事129个行业的经营活动。

12月2日，福建检验检疫局在福建自贸试验区平潭片区率先试点开展两岸检验检疫电子证书互换互查。一批来自台湾的货物凭借两岸检验检疫数据交换中心传输的输出动物产品检疫证明书，在平潭东澳对台小额贸易点成功办理进口报检业务。

12月6日，商务部印发《关于支持自由贸易试验区创新发展的意见》（商资发〔2015〕313号）。

12月9日，上海自贸试验区"走千家企业，听万条意见"活动正式启动。

12月9日，中国人民银行出台《关于金融支持中国（福建）自由贸易试验区建设的指导意见》（银发〔2015〕373号），从扩大人民币跨境使用、深化外汇管理改革、拓展金融服务、深化两岸金融合作、完善金融监管等5方面提出30条支持政策，同时发布的还有对广东和天津自贸试验区的金融支持指导意见。

12月9日，为促进天津自贸试验区实体经济发展，加大对跨境贸易和投融资的金融支持，中国人民银行发布了《中国人民银行关于金融支持中国（天津）自由贸易试验区建设的指导意见》。

12月16日，据新华网报道，中国人民银行广州分行15日与广东省自贸办联合举行"金融支持广东自贸区建设推进会"，对9日中国人民银行发布的《中国人民银行关于金融支持中国（广东）自由贸易试验区建设的指导意见》进行详细解读。

12月16日，国务院常务会议审议通过了《关于上海市开展证照分离改革试点总体方案》，决定在上海浦东新区率先开展"证照分离"改革试点。

12月18日，《经济日报》报道，落实上海自贸试验区"金改40条"的首项实施细则出台。

12月18日，国家外汇管理局厦门市分局、福建省分局分别出台了《推进中国（福建）自由贸易试验区厦门片区外汇管理改革试点实施细则》（厦门汇〔2015〕94号）及《推进中国（福建）自由贸易试验区外汇管理改革试点实施细则》（闽汇〔2015〕189号），出台18条措施，支持福建省自贸试验区开展外汇管理试点。

12月18日，中国人民银行福州中心支行在平潭举办福建自贸试验区平潭片区台资企业征信查询试点开通仪式。平潭15家商业银行与上海资信有限公司签订了台湾地区信用报告查询合作协议，首开大陆与台湾地区征信信息共享的先河。

12月18日，新华网报道，广东自贸试验区横琴片区举行了商事主体电子证照银行卡首发仪式，中国银行广东省分行与横琴新区工商局联合研发的创新产品"商事主体电子证照银行卡"正式投产。

12月19日，《人民日报》报道，经国家外汇管理局批准，国家外汇管理局上海市分局日前正式发布《进一步推进中国（上海）自由贸易试验区外汇管理改革试点实施细则》。

12月19日，福州市马尾区人民法院自由贸易区法庭在马尾正式成立，这是福建省第二个自贸试验区法庭，将集中管辖涉福建自贸试验区福州片区的一审商事案件、房地产案件、知识产权民事纠纷案件。

12月23日，上海国检局发布自贸试验区权力清单、责任清单，推广全国检验检疫首个行政许可"一体化"信息化平台。

12月28日，国家认监委发布《国家认监委关于自贸试验区平行进口汽车CCC认证改革试点措施的公告》（2015年第38号），进一步调整汽车产品强制性认证制度，自2016年1月1日起开展自贸试验区汽车平行进口认证实施试点工作。

12月29日，海峡两岸仲裁中心在平潭成立。当日，中国国际经济贸易仲裁委员会福建分会及福建自贸试验区仲裁中心、中国海事仲裁委员会福建分会及福建自贸试验区仲裁中心、21世纪海上丝绸之路商务理事会福建联络办公室也揭牌成立。

12月31日，福建省福州市马尾区人民检察院派驻福建自贸试验区福州片区检察室正式挂牌成立。

2015年中国自贸试验区小结

2015年，上海自贸试验区进一步深化开放，与此同时，在中共中央政治局会议上，建立中国（广东）自由贸易试验区、中国（天津）自由贸易试验区、中国（福建）自由贸易试验区总体方案通过。上海、广东、天津、福建4个自由贸易试验区在2015年使用同一张负面清单，依托上海自由贸易区改革的现有经验，在我国东部沿海地区加深改革开放程度。习近平总书记强调要发挥好自由贸易试验区辐射带动作用，增强服务我国经济发展、配置全球金融资源能力。

与2014版负面清单相比，2015版负面清单中的外商投资特别管理措施缩减到122条，较2014版减少17条，调整率为12.2%。新清单保留了对外商在出版、新闻、互联网内容、电影等领域的投资限制，并保留了现有的外商投资证券业务合资公司持股比例上限49%的规定，航空和水路货运、公路客运等也属于限制类。而在外商投资产业指导目录基础上，自贸试验区负面清单取消放宽了对18个行业的投资限制。从数量上看，各领域措施变动有增有减。例如，金融领域和文化、体育和娱乐领域的措施数量有所上升，但增加的内容是将对于外商的限制措施进一步具体化，体现了清单条目透明度、可操作性的提高；从具体领域看，制造业方面的条款大幅减少，在清单中的占比降低，其中，农副产品加工业、酒类、烟草、印刷、文教、工美体育和文化用品等一般制造业领域完全放开,汽车制造业、轨道交通等高端制造业领域的限制措施进一步减少。2015年出台的自由贸易试验区负面清单深入探索了负面清单的管理模式,推进更高水平的对外开放和更深层次的外资管理体制改革,为推动有关投资协定谈判进行试点。

经过近两年的探索实践,上海自由贸易试验区着力推进4个领域的制度创新:以负面清单为核心的投资管理制度已经建立,以贸易便利化为重点的贸易监管制度平稳运行,以资本项目可兑换和金融服务业开放为目标的金融创新制度基本确立,以政府职能转变为导向的事中事后监管制度基本形成。在建立与国际投资贸易通行规则相衔接的基本制度框架上,取得了重要的阶段性成果。

自2015年4月挂牌运作起,广东自贸试验区坚持以习近平新时代中国特色社会主义思想为指导,认真学习贯彻党的十九大、十九届二中全会、十九届三中全会精神和习近平总书记对自贸试验区的系列重要指示、批示精神,按照党中央、国务院的战略部署,在国务院部际联席会议办公室的统筹指导下,以制度创新为核心,大胆试、大胆闯、自主改,在探索开放型经济新体制、建设高水平对外开放门户枢纽、深化粤港澳合作等方面推出一批突破性的改革试点,形成一批重要的制度创新成果,有力发挥了全面深化改革和扩大开放试验田的作用。

福建自贸试验区着力扩大电信和运输服务、商贸服务、建筑业服务、产品认证服务、工程技术服务、专业技术服务等领域对台开放,促进闽台服务要素自由流动,在台商资质、门槛要求、社会保险对接、专业人才任职、司法合作、知识产权等方面深化两岸合作。2015年,福建自贸试验区平潭片区试点实施投资管理体制"四个一",将投资建设项目的所有审批事项采取"一表申请、一口受理、并联审查、一章审批"的综合审批,极大压缩了审批办理时限,提高行政效能。通过加快政府职能转变,紧紧围绕处理好政府和市场关系,坚持以简政放权为切入点,深化"放管服"改革,持续开展行政管理体制机制创新,全面推行"互联网+政务"服务模式,大大降低制度性交易成本,有效激发了市场主体活力和社会创造力。

同时在完善金融风险监管措施方面加强金融业务审慎管理。自贸试验区引入"监管沙盒"理念，为加强金融业务审慎管理积累了经验。2015年，上海自贸试验区在全国率先借鉴境外监管沙盒经验，推出银行业务监管互动机制，针对现有准入监管法规未及覆盖或不尽明确，但符合自贸试验区金融创新政策导向的领域，在风险基本可控的前提下，允许上海辖内银行业金融机构，借助自贸试验区平台，通过个案突破的形式，对非行政许可类创新事项开展先行先试。

天津自贸试验区以制度创新为核心任务，努力成为京津冀协同发展高水平对外开放平台。创新行政管理方式，提升行政管理水平，建设适应国际化、市场化、法治化要求和贸易投资便利化需求的服务体系。稳步扩大开放领域，改革"引进来"和"走出去"投资管理方式，突出重点，创新机制，有效监管，完善服务，探索建立与国际通行做法接轨的基本制度框架。积极培育新型贸易方式，打造以技术、品牌、质量、服务为核心的外贸竞争新优势，探索形成具有国际竞争力的航运业发展环境。发挥自贸试验区对外开放高地的综合优势，推动京津冀地区外向型经济发展，构建全方位、多层次、宽领域的区域开放型经济新格局。

自贸试验区率先在开放基础较好的东部沿海地区布局，作为探索试验排头兵、创新发展先行者，进一步巩固了东部沿海地区开放先导地位。以制度创新为核心，贯彻"一带一路"倡议等国家战略，在构建开放型经济新体制、建设法治化营商环境等方面，率先挖掘改革潜力，破解改革难题。改革人才管理服务方式，提升人才出入境便利化水平。为了保障自贸试验区的发展、改革出入境政策、转变人才管理方式，公安部、国家移民管理局先后在上海、北京、福建、广东等自贸试验区实施一大批服务外国人出入境、外籍人才在华停居留便利政策措施，为企业引进外籍技术、管理人才，吸引外国人来华创新创业，提供政策支持保障，方便人才引进，促进服务业发展。各个自贸试验区依托不同的地理位置和资源优势，积极响应国家"粤港澳融合发展""深化两岸经济合作"和"京津冀协同发展战略"等决策，积极探索外商投资准入前国民待遇加负面清单管理模式，深化行政管理体制改革，提高行政管理效能，提升事中事后监管能力和水平。

2016年中国自贸试验区大事记

1月

1月1日，为贯彻落实国务院关于"先照后证"改革和加快推进"证照分离"改革试点的精神，进一步转变职能，创新自贸试验区事中事后监管方式，解决市场主体"宽进"后的监管衔接问题，浦东开始正式推行针对市场主体和相关审批部门的"双告知"工作。

1月4日，总规模达3000亿元的中国保险投资基金的运作方——中保投资有限责任公司已正式落户上海自贸试验区，注册资金12亿元。

1月5日，福建省政府印发《关于推广福建自贸试验区第三批可复制创新成果的通知》（闽政〔2016〕1号），将20项改革创新成果分期、分批在省内其他区域推广。

1月7日，福建省厦门市湖里区人民检察院派驻中国（福建）自由贸易试验区厦门片区检察室揭牌成立。

1月8日，平潭综合试验区人民检察院派驻中国（福建）自由贸易试验区平潭片区检察室正式挂牌成立。

1月9日，福建自贸试验区首家区外保税商品交易中心——福州利嘉国际商业城正式对外营业。

1月10日，福建省商务厅黄新銮厅长在省政协第十一届四次会议上，就推动福建自贸试验区建设和加快发展福建省互联网电子商务产业等重点提案办理情况向委员们做了报告。

1月11日，上海自贸试验区试点国际航运人才"双认证"，中国交通运输部职业资格中心、英国皇家特许船舶经纪学会（ICS）、上海市浦东新区航运服务办公室共同举办了中英高端航运人才培养合作签约仪式。

1月11日，福建省国际贸易单一窗口（省电子口岸公共平台）与新加坡单一窗口成功进行了首票数据的交换和展示，标志着两个平台正式联通，福建成为国内省级单一窗口第一个同新加坡单一窗口实现对接的省份。

1月13日，上海保税片区的137家企业获海关"高级认证企业"证书。获认证企业将享受更加便捷、高效的通关监管服务。

1月15日，位于上海洋山综保区内上海全惠寅仓储有限公司正式开业，系目前自贸试验区内最大的冷库之一。

1月18日，福建省副省长梁建勇到厦门片区调研，考察了太古飞机工程有限公司、夏商风信子进口商品直购中心、国际贸易"单一窗口"和综合服务大厅。

1月19日，受商务部委托，国务院发展研究中心、普华永道和方达律师事务所等三家评估机构赴福建省，对福建自贸试验区拟在全国复制推广的21项创新举措和负面清单管理模式实施情况进行评估。

1月19日，福建省政府办公厅出台文件，确定福建自贸试验区一批滚动新增的重点试验项目。

1月20日，中国（上海）自由贸易试验区知识产权协会成立仪式暨上海自贸试验区知识产权综合服务平台启动仪式举行。

1月21日，福建省商务厅和台湾关贸网路股份有限公司在福州签署了《闽台口岸信息互联互通合作协议书》，标志着闽台口岸通关、物流信息交换共享工作迈出了重要一步。

1月22日，中国人民银行发布《关于扩大全口径跨境融资宏观审慎管理试点的通知》，明确自2016年1月25日起，央行将面向注册在上海、福建、广东、天津4个自贸试验区的企业以及27家银行类金融机构，扩大本外币一体化的全口径跨境融资宏观审慎管理试点。

1月22日，福建省副省长梁建勇到福州保税港区调研，先后考察了江阴港区汽车整车进口堆场及汽车整车检测线、建滔化工码头、太元行汽车展厅、三星电子保税分拨中心和福建野马飞机制造项目等,并对福州片区提出了工作要求。

1月24日,勃林格殷格翰生物药业(中国)有限公司在张江片区建立了中国第一个国际标准的生物制药基地,成为首个推动生物医药合同生产(CMO)试点在中国"落地"的跨国公司,将为一批中小企业的创新药品提供CMO合同生产服务。

1月25日,商务部外资司将《福建自贸试验区统计报表制度(试行)》印发给上海、广东、天津自贸试验区学习借鉴。该制度是由福建省率先提出,获国家统计局批准,由福建省政府正式印发实施,涵盖了自贸试验区概况及企业新增、贸易便利化、金融创新、生产经营等情况,是全国首个较为全面反映自贸试验区成效的统计制度。

1月26日,中国(上海)自由贸易试验区管理委员会保税区管理局和市公安局自由贸易试验区分局在市人力资源和社会保障局、市外国专家局、市公安局出入境管理局的支持下,率先建立外国人证件业务"单一窗口"。

2月

2月3日,新华社报道,从福建省自贸办获悉,福建自贸试验区日前发布第六批17项创新举措。其中,全国首创3项,复制并拓展6项,复制8项。

2月4日,为方便企业外籍人士办理"境外机动车驾驶证换证"业务,在上海市交警总队的大力支持下,上海自贸试验区交警支队于在保税区域内设立了机动车驾驶证业务办理窗口。

2月5日,上海文交所申江文化商品交易中心在中国(上海)自由贸易试验区宣告成立。

2月6日,上海自贸试验区兴建全国第一个大型咖啡体验中心——万国咖啡展示体验馆,宣布计划今年3月筹建装修,5月第一批国家馆正式入驻。

2月18日,福建省人大常委会办公厅发布《关于〈中国(福建)自由贸易试验区条例（草案修改稿）〉公开征求意见的公告》，面向社会各界公开征求自贸试验区条例草案的意见，提意见截止时间至3月20日。

2月24日，经上海市人民政府批准，将上海市工商行政管理局自由贸易试验区分局、上海市质量技术监督局自由贸易试验区分局整合为中国（上海）自由贸易试验区市场监督管理局，在上海市浦东新区市场监督管理局挂牌。

2月26日，福建省厦门片区管委会、市金融办联合中国人民银行厦门市中心支行、厦门银监局、厦门证监局、厦门保监局发布了厦门片区成立以来的首批27个金融创新案例，内容涵盖推动两岸金融合作、凸显服务实体经济功能、助力小微企业发展、创新监管与服务手段等4方面。

3月

3月1日，上海自贸试验区市场监督管理局运行。同日，陆家嘴互联网金融行业最高规格的自律管理组织——陆家嘴互联网金融协会正式成立。

3月1日，经质检总局同意，福建自贸试验区实施进境低风险动植物及其产品免于核查动植物检疫证书的正面清单制度。

3月3日，浦东新区积极发挥上海自贸试验区改革创新优势，制定出台了"三个一"制度规范，以此加快社会信用制度体系的建设。

3月7日，新加坡国际仲裁中心中国上海代表处的正式开业，标志着中国开始正式打开"大门"，支持国际知名商事争议解决机构入驻上海自贸试验区。

3月10日，福建省人大常委会副主任陈桦带队调研福建自贸试验区厦门片区建设情况，征求关于《中国（福建）自由贸易试验区条例（草案修改稿）》的意见建议。

3月15日，中国（上海）自由贸易试验区保税区域——"上海市跨境电子商务示范园区"启动仪式顺利举行。

3月17日，中新网从广东省国土资源厅获悉，根据全省进一步高标准建设自贸区的战略部署，该厅出台15条支持自贸试验区发展的土地政策。

3月17日，商务部、税务总局发布《关于天津等4个自由贸易试验区内资租赁企业从事融资租赁业务有关问题的通知》（商流通函〔2016〕90号），将自贸试验区内资企业融资租赁业务试点确认权限下放至省级主管部门。

3月18日，广东省国土资源厅近日出台15条支持自贸试验区发展的土地政策，在"规划引领、节约用地、生态保护"三大原则基础上，合理确立不同功能建设项目用地比例和结构，逐步开发建设并推进"多规合一"，全力做好国土资源服务保障工作。

3月23日，福州至台湾的海运直航邮路在福建自贸试验区福州片区正式开通，成为大陆第二条对台海运直航邮路。

3月25日，福建省公安厅召开关于公安部出台10项出入境政策措施支持福建自贸试验区发展的新闻发布会。10项出入境政策措施主要涵盖了优化福建自贸试验区出入境软环境、拓展外国人出入境渠道、扩大流动人口异地办理赴台证件城市范围、首创使用赴台团队旅游一次证件等4方面内容。

3月30日，《上海自贸试验区银行业市场准入相关报告事项清单》正式发布上海银行业落实"金改40条"新举措。

3月30日，福建省委书记尤权主持召开福建自贸试验区工作领导小组第四次会议，听取自贸试验区推进情况汇报，研究2016年自贸试验区建设工作要点。

3月31日，上海自贸试验区审改办宣布，根据国务院的批复，上海从宣布之日起在浦东新区开展"证照分离"改革试点。

3月，习近平总书记在参加全国两会上海代表团审议时强调，自贸试验区建设的核心任务是制度创新，要聚焦商事制度、贸易监管制度、金融开放创新制度、事中事后监管制度等，率先形成法治化、国际化、便利化的营商环境，加快形成公平、统一、高效的市场环境。

4月

4月1日,华东政法大学发布自贸试验区法治建设蓝皮书,就上海自贸试验区两年多来制度创新进行梳理与总结。

4月1日,福建省十二届人大常委会第二十二次会议表决通过《中国(福建)自由贸易试验区条例》,并于当日公布施行。该条例是福建自贸试验区的首部条例,共10章65条,涵盖了管理体制、投资开放、贸易便利、金融财税创新、闽台交流与合作等方面内容。

4月1日,福建平潭片区签发福建首张省外居民可直达台湾本岛的"一次有效往来台湾通行证"。

4月6日,福建省政府口岸工作办公室和上海市口岸服务办公室在福州签署推进国际贸易"单一窗口"合作备忘录。闽沪双方今后将发挥各自在政策、人才、技术和资金等方面的优势,共同推动"信息互换、监管互认、执法互助"的口岸"三互"合作和开放型经济发展。

4月8日,兴业银行资金营运中心与星展银行(中国)有限公司上海分行通过中国外汇交易中心自贸试验区交易系统达成首笔自贸试验区利率互换交易。

4月13日,上海自贸试验区与爱尔兰香农自由区签署战略合作备忘录,主要推进双方合作,开拓相关领域的合作与交流,优势互补实现共同发展,将在飞机融资租赁、航空产业链合作、跨境投资、跨境电子商务、融资租赁配套产业合作等方面探索展开合作。

4月15日,国家知识产权局党组书记、局长申长雨调研福建自贸试验区厦门片区知识产权工作。

4月16日,福建自贸试验区厦门片区首次实现为异地航空公司引进租赁飞机。

4月18日,福建省委书记尤权率领福建代表团到新加坡开展经贸活动。在推介会上,尤权书记表示,要借鉴新加坡自贸试验区、自由港建设经验,共同推进福建自贸试验区、21世纪海上丝绸之路核心区建设。

4月21日,"海丝"重要枢纽建设,10大项目亮点纷呈。南沙自贸片区创新亮点发布暨21世纪海上丝绸之路重要枢纽建设重大项目签约仪式举行。10大项目现场签约:南沙将建高铁"走出去"基地;携手西咸打造"海丝""陆丝"合作平台;与9家银行南沙分支机构成立跨境金融创新服务基地等。

4月21日,广东自贸试验区挂牌一周年。20日,三大自贸片区都有了重大新动作。其中,横琴新区片区在全省率先启动"证照分离"改革、南沙新区片区启动汽车滚装码头工程项目、前海蛇口片区前海合作区法院发布涉合作区与自贸试验区案件审判指引尤为受关注。

4月21日下午,南沙自贸片区创新亮点发布暨21世纪海上丝绸之路重要枢纽建设重大项目签约仪式在广州南沙行政中心举行。

4月21日,据《南方日报》报道,广州市委常委、南沙开发区(自贸试验区)管委会主任、南沙区委书记丁红都出席签约仪式并发布了中国(广东)自由贸易试验区广州南沙新区片区1周年开发建设情况:50个世界500强企业投资落户;制度创新取得实质性进展;融资租赁将形成千亿级产业。

广州商务委有关负责人表示,市政府已出台了《广州市人民政府关于印发关于进一步加快融资租赁业发展的工作方案的通知》,共推出了29条的工作措施,重点推动自贸试验区创新集聚发展。南沙也出台专项支持政策。未来两年,广东自贸试验区南沙片区将形成千亿级的融资租赁产业聚集区。

4月25日,中国为奋迅·贝克麦坚时在上海自贸试验区开立银行账户,这是《中国(上海)自由贸易试验区中外律师事务所联营的实施办法》颁布以来开立的首个中外律所联营办公室账户。

4月27日,正值前海蛇口自贸片区成立一周年之际,深圳前海蛇口自贸片区人民检察院正式挂牌成立。上午9时半揭牌仪式开始,最高人民检察院检察长曹建明、广东省委副书记、深圳市委书记马兴瑞共同为前海蛇口自贸试验区人民检察院揭牌。

4月27日,福建省厦门市委政法委、厦门自贸片区管委会、厦门市法学会联合举办"中国(福建)自由贸易试验区厦门片区法治保障"研讨会,此次研讨会以"自贸试验区法治保障"为主题,在全国尚属首次。

4月27日,新华社记者从厦门自贸片区管委会获悉,《中国(福建)自由贸易试验区厦门片区知识产权扶持与奖励办法》出台。这是全国自贸试验区中率先出台的"全覆盖"知识产权扶持与奖励政策。

4月28日，位于上海陆家嘴的中国第一高楼"上海中心"建设者荣誉墙揭幕。首批对公众开放的是"上海中心"的裙房和地下室。

4月29日，据中国日报网报道，天津自贸试验区落实国务院"将东疆建设国家租赁创新示范区"这一任务的重要载体——国家级租赁和新金融产业园起步区在东疆保税港区建成投用。

5月

5月4日，上海自贸试验区推进高端服务业落地开花，专题政策介绍会在浦东举行。

5月4日，据中国新闻网报道，福建自贸试验区旅游工作情况通报及政策发布会在厦门召开，会议发布了国家旅游局近期出台的3项支持福建自贸试验区赴台团队游便利化措施。时值福建自贸试验区挂牌一周年之际，国家旅游局今年4月出台涉及扩大旅行社开放、支持平潭建设国际旅游岛、促进整体开放带动旅游业发展、推动实施便利化措施等7个方面的系列政策措施，支持福建自贸试验区旅游业开放。

5月5日，国务院印发《国务院关于促进外贸回稳向好的若干意见》(国发〔2016〕27号)，提出要多措并举，促进外贸创新发展，努力实现外贸回稳向好。

5月9日，国务院召开全国推进简政放权放管结合优化服务改革电视电话会议。中共中央政治局常委、国务院总理李克强发表重要讲话：一是深化简政放权放管结合优化服务改革，是推动经济社会持续健康发展的战略举措；二是推动简政放权向纵深发展，更好激发市场活力和社会创造力；三是推进政府监管体制改革，促进社会公平正义；四是优化政府服务，提高行政办事效率；五是加强组织领导，确保改革举措落到实处。

5月9日，银行间市场清算所股份有限公司即日起可正式为中国（上海）自由贸易试验区跨境人民币债券业务提供登记托管、清算结算服务。

5月12日，上海外高桥汽车交易市场为依托平台的平行进口汽车经销商提供的首单"1+N供应链"经销商融资业务顺利试行。

5月12日，国务院发展研究中心李伟主任到福建自贸试验区福州片区调研。

5月16日，全球最大的对冲基金桥水（Bridgewater Associates）成功落户上海自贸试验区（陆家嘴环球金融中心）。

5月17日，天津自贸试验区推出民办非企业单位设立登记相关行政审批"多项合一"，实现一次受理，一次办结，企业需要提交的要件缩减到13件，并由两次提交申请变成一次报件。同年，注资规模100亿元的京津冀产业结构调整引导基金在天津自贸试验区正式设立。

5月23日，上海市质量技术监督局批复《上海市质量技监局关于在上海自贸试验区开展生产许可证改革试点的请示》。

5月23日，福建省委组织部、省人力资源和社会保障厅印发《〈福建自贸试验区境外引进高层次人才确认函〉办理工作流程（试行）》（闽人社文〔2016〕168号），进一步规范自贸试验区境外引进高层次人才办理流程。

5月24日，海关总署印发《关于执行跨境电子商务零售进口新的监管要求有关事宜的通知》（署办发〔2016〕29号），明确了一年过渡期内跨境电子商务零售进口商品新的监管要求。

5月25日，上海市检察院召开2015年度涉自贸试验区刑事案件白皮书新闻发布会。

5月25日，习近平总书记在舟山调研时强调，舟山港口优势、区位优势、资源优势独特，其开发开放不仅具有区域性的战略意义，而且具有国家层面的战略意义。建设浙江自贸试验区，不但是新形势下全面深化改革、扩大开放和提升我国资源配置全球竞争力的重大战略举措，同时为浙江深化改革、扩大开放提供了重要载体，必将为浙江带来更多发展机遇、激活更大市场正能量。

6月

6月1日，福建省副省长梁建勇率省直有关部门到平潭调研，先后查看了新丝路跨境交易中心、跨境电商监管中心、海坛古城等项目，并对福建自贸区平潭片区工作提出了要求。

6月3日，由上海市商务委、上海国检局和上海自由贸易试验区管委会保税区管理局共同主办，国家认监委信息中心和上海跨境电商公共服务平台协办的"认证认可，通行世界——认证，跨境电商的信任符号"圆桌论坛在上海自贸试验区举行。

6月6日，由外联发商务咨询公司与距马科技公司合作推出的自贸试验区智慧出行、绿色出行项目——"智行家"，在外高桥启动，同日，自贸试验区债券首单将于近期推出；上海清算所正式发布了《自贸试验区跨境债券业务登记托管、清算结算实施细则》，并发布了相关业务指南。

6月11日，上海浦东新区举行2016年重大项目战略合作和落户签约仪式。此次集中签约的20个重大项目全部落户在上海自贸试验区扩区范围，总投资额约1700亿元。

6月13日，据《天津日报》报道，近日由天津自贸试验区管委会与南开大学在天津共同主办了"中国自由贸易试验区：改革方向与前景展望"论坛。会上，佟家栋、刘程多位权威专家就这一主题发表演讲，为建立自由贸易区大胆"试验"。专家黄茂兴在推进中国自贸试验区建设上提出5大建议，为我国自贸试验区发展献策。

6月20日，上海农商银行"自贸试验区分账核算单元电票系统"上线。

6月21日，中国（上海）自由贸易试验区落实《关于促进汽车平行进口试点的若干意见》暨首张平行进口汽车中国强制性产品认证证书颁发仪式在中国（上海）自由贸易试验区举行。

6月27日，广东出台了《关于促进中国（广东）自由贸易试验区人才发展的意见》，提出了20条政策措施吸引人才。如区内工作的高层次人才购买住房、子女入学、购车上牌，可享与户籍人口同等待遇，竞拍车牌费用可享补贴等。

6月29日，福建省自贸办主办"福建自贸试验区2015—2016年度10大创新举措、10大开放措施、10大功能性平台、30家示范企业"评选网络投票活动。

7月

7月1日，国务院决定，在自由贸易试验区暂时调整18部行政法规、《国务院关于投资体制改革的决定》等4件国务院文件、《外商投资产业指导目录（2015年修订）》等4件经国务院批准的部门规章的有关规定，国务院有关部门和天津市、上海市、福建省、广东省人民政府要根据上述文件调整情况，及时对本部门、本省市制定的规章和规范性文件做相应调整，建立与试点要求相适应的管理制度。

7月1日，国务院印发《国务院关于在自由贸易试验区暂时调整有关行政法规、国务院文件和经国务院批准的部门规章规定的决定》（国发〔2016〕41号），决定在上海、广东、天津、福建4个自贸试验区暂停实施18部行政法规、4件国务院文件以及4件部门规章涉及的外商投资审批，调整内容包括外资项目核准改备案、外资企业设立变更审批改备案和放宽外商投资股比限制、经营范围、准入条件等51项。

7月4日，全国首张摩托车单车认证证书在上海自贸试验区落地。

7月5日，国家知识产权局同意设立中国厦门（厨卫）知识产权快速维权中心，这是全国首家设在自贸试验区的国家级知识产权快速维权中心。

7月12日，据中国日报网报道，今年上半年，天津市滨海新区（含自贸试验区）新设立外资企业526户，新增注册资金175.05亿美元。其中，天津东疆保税港区注册外资企业314户，占新区总量的近六成；东疆外资项目注册资本144亿美元，占新区总量八成以上。

在天津自贸试验区建设的推动下，东疆保税港区投资和贸易便利化水平快速提升，负面清单之外的外资项目在东疆完成备案仅需2小时。同时，东疆保税港区大力推动租赁、贸易领域的创新，极大便利了企业开展业务，上半年新注册企业中已有60家企业开始纳税。

7月19日，国务院发布了《关于在自由贸易试验区暂时调整有关行政法规、国务院文件和经国务院批准的部门规章规定的决定》。同日，第三届中国（上海）自由贸易试验区"境外新版图书展"暨版权贸易洽谈会在上海自贸试验区开幕。

7月23日，据中国日报网报道，今年上半年，保税区经济运行呈现出平稳快速发展的势头，预计地区生产总值增长11%。200余个金融和投资类项目入区，占比超四成；保税区承担的天津航空物流区建设、自贸试验区建设和京津冀协同发展的"三大任务"创造区域经济新增长点；今年下半年，保税区将坚持抓好重点项目，发展提升公共服务配套。

7月26日，新华社记者从26日召开的"天津自贸试验区金融创新案例第二期发布会"上了解到，央行发布的天津自贸试验区"金改30条"落地速度正在不断加快，其中涉及推动投融资与贸易便利化领域的政策中已有超过七成顺利落地，市场主体开始享受到便利化带来的红利。

7月28日，全国首张汽车单车认证证书在上海自贸试验区落地。

8月

8月1日，近日公安部推出支持广东自贸试验区建设和创新驱动发展16项出入境政策措施，并在8月1日起正式实施。这16项出入境新政涉及高层次人才和投资者、外籍华人、外国留学生、普通就业者等人群。

8月1日，上海自由贸易试验区平行进口汽车试点企业之一，中航兰田汽车销售服务（上海）有限公司平行进口汽车展销中心在康桥镇正式开业。

8月1日，财政部、海关总署、国家税务总局联合印发《财政部　海关总署　国家税务总局关于扩大内销选择性征收关税政策试点的通知》（财关税〔2016〕40号），自2016年9月1日起，自贸试验区内销选择性征收关税政策试点扩围。

8月2日，商务部举行例行发布会，新闻发言人沈丹阳表示，前5个月，上海、广东、天津、福建自贸试验区共设立企业69177家。4个自贸试验区各项试点任务全面铺开，总体方案实施率超过90%。

8月3日，福建省委书记尤权主持召开福建自贸试验区领导小组第五次会议，听取自贸试验区工作总体进展、3个片区和5个专题组工作推进情况汇报，研究部署下一步工作重点任务。

8月8日，国务院印发《关于平潭国际旅游岛建设方案的批复》（国函〔2016〕143号），要求把平潭建设成经济发展、社会和谐、环境优美、独具特色、两岸同胞向往的国际旅游岛。

8月10日，《进一步深化中国（上海）自由贸易试验区和浦东新区事中事后监管体系建设总体方案》由上海市政府办公厅正式印发。

8月10日，新华社记者从财政部了解到，为积极推进选择性征收关税政策，财政部、海关总署、国家税务总局联合发布通知称，自2016年9月1日起，将内销选择性征收关税政策试点扩大到天津、上海、福建、广东4个自贸试验区所在省（市）的其他海关特殊监管区域（保税区、保税物流园区除外），以及河南新郑综合保税区、湖北武汉出口加工区、重庆西永综合保税区、四川成都高新综合保税区和陕西西安出口加工区5个海关特殊监管区域。

8月17日，商务部副部长王受文率调研组到厦门片区调研，先后查看了厦门太古发动机服务有限公司和国际贸易"单一窗口"建设，并听取相关工作汇报。

8月17日，据中国日报网报道，自2015年4月21日至2016年7月31日，福建检验检疫局共签发福建自贸试验区各类原产地证6.81万份，签证金额24.35亿美元，累计为企业减免进口国家或者地区关税1.39亿美元，有力支持福建自贸试验区企业走出去。福建检验检疫局在全国系统率先实施"多证合一"改革并将原产地企业资质管理纳入该项改革，该项改革入选福建自贸试验区第7批全国首创举措。

8月17日，福建检验检疫局结合辖区实际推出"1234"签证便利化模式，对原产地业务全流程实施简政放权改革，商务部拟向全国发布推广"改革原产地签证管理"的自贸试验区创新举措。

8月17日，福建检验检疫局与福建省商务厅签订合作备忘录，实现对外贸易经营者备案与原产地签证申请企业备案"两证合一"。同时，推动福建省商务厅等5家单位联合下发《福建省进一步加强自由贸易协定实施和原产地签证工作的通知》，共同促进福建省自贸协定实施工作。

8月18日，由外高桥集团股份下属上海外联发商务咨询有限公司引进的上海自贸试验区咖啡交易中心，通过市商务委、市金融办、自贸试验区管委会等单位验收，近期将从线下走向线上，面向全球进行交易和展示。

8月23日，据中国新闻网报道，中国累计使用外资1.72万亿美元，外资依旧"热情"。中国商务部副部长王受文表示，下一步要继续实施简政放权，复制推广自贸试验区贸易便利化措施，开放综合服务试点，完善外商投资法律法规，加大知识产权保护力度，在金融、文化、教育等领域进一步放宽外资准入，建设公平竞争环境。

8月25日，福建海事局印发《关于在福建自贸试验区试点实施船舶证书"三合一"并联办理便利性措施的公告》，决定在福建自贸试验区试点并联合办理船舶国籍证书、船舶最低安全配员证书、燃油污染损害民事责任保险或其他财务保证证书等三项证书的核发。

8月26日，东南网记者从福建自贸试验区平潭片区召开的自贸试验区改革创新成果发布会上获悉，截至目前，平潭已推出7批次76项创新举措，其中38项属全国首创（含平潭独创22项）；推出3批次29项开放措施，首创、独创数量和开放措施数量均居全省前列。

8月27日，据央广网报道，商务部副部长王受文近日表示，经在自贸试验区测试后，商务部正在研究把准入前国民待遇加负面清单模式推广到全国，以增强吸引外资的竞争力。

8月30日，位于上海自贸试验区金桥开发片区的中移德电网络科技有限公司与首汽租车正式签署战略合作协议。

8月30日，据中国新闻网报道，中国首部自贸试验区蓝皮书在北京发布。《自贸试验区蓝皮书：中国自贸试验区发展报告（2016）》指出，面对更高标准的国际贸易新规则，中国应加快自由贸易试验区建设，以迎接新一轮高水平的对外开放。

8月31日,党中央、国务院决定,在辽宁省、浙江省、河南省、湖北省、重庆市、四川省、陕西省新设立7个自贸试验区。这代表着自贸试验区建设进入了试点探索的新航程。

9月

9月8日,重庆市委常委会会议审议通过《中国(重庆)自由贸易试验区总体方案》。

9月8日,据中国新闻网报道,在8日于厦门举行的第十一届两岸经贸合作与发展论坛上,商务部副部长王受文就推进海峡两岸经贸交流合作提出三点希望,推进两岸经贸合作。大陆将在"十三五"时期继续支持福建自贸试验区突出对台合作的特色,扩大对台经贸政策先行先试。他也指出,"十三五"时期,大陆将逐步形成立足周边、辐射"一带一路"、放眼全球的高标准自贸协定。大陆台企可以凭借大陆搭建的自贸网络,有效开拓相关国家地区市场,提高产品全球竞争力。

9月19日,福建省人大常委会党组书记、副主任徐谦,党组副书记、副主任陈桦,副主任彭锦清带领省人大常委会部分委员赴福州、平潭片区开展专题调研,先后查看了利嘉保税展示交易中心、两岸先端材料研发合作中心、综合服务大厅和平潭片区行政服务中心、新丝路跨境交易中心、台湾创业园等项目,并召开座谈会。

9月19日,福建自贸试验区2015—2016年度"十大创新举措、十大开放措施、十大功能性平台、三十家示范企业"评选活动结果揭晓。

9月20日,由福建省自贸办主办的福建自贸试验区专题培训班在福州举行,培训班采取理论和实务相结合的形式,共开展10场专题讲座。福建省自贸试验区工作领导小组成员单位、5个专题组成员单位及3个片区从事自贸试验区工作的150多名机关干部参加了培训。

9月28日，据中国新闻网报道，近年来上海自贸试验区陆家嘴片区的主要经济指标始终保持平稳快速增长。2013至2015年，税收保持年均14.5%的增速，2015年实现671.92亿元人民币，同比增长19%；今年上半年经济增长速度更是创下近10年最高，税收同比增长42%。

10月

10月8日，为深入贯彻落实"十三五"规划纲要和中国（广东）自由贸易试验区总体方案，加强供给侧结构性改革，满足有效需求，深化制度创新，国家质检总局发布了关于中国（广东）自由贸易试验区广州南沙新区片区开展毛坯钻石多种贸易方式进出口的公告。

10月8日，商务部发布《外商投资企业设立及变更备案管理暂行办法》，明确外商投资企业设立及变更备案的适用范围、备案程序、监督检查、法律责任等方面内容，自10月8日起实施，外资投资备案制由自贸试验区复制推广到全国。

10月10日，首家外资营利性培训机构受益证照分离落地上海自贸试验区。

10月11日，据《中国社会科学报》报道，自贸试验区由1个增加到11个，在全国的自贸试验区范围达到了1400平方公里，我们的开放已经进入新的阶段。通过3年的自贸试验区的试验，上海自贸试验区基本形成了5大制度框架：第一，以负面清单为管理核心的投资管理制度；第二，以贸易便利化为重点的贸易监管制度；第三，着眼于服务实体经济发展的金融开放创新制度；第四，与开放型经济相适应的政府管理制度；第五，自贸试验区改革创新的法治保障制度。

10月12日，自贸大宗（上海）信息服务有限公司、惠付金融信息服务（上海）有限公司以及万事达卡联合宣布，正式在上海自贸试验区启动大宗商品跨境金融服务平台。

10月20日，天津贵金属交易所与上海自贸试验区大宗商品跨境金融服平台的相关建设方签署战略合作协议。同日，中国首家金融科技孵化器 Jade Value 在陆家嘴正式开业。

10月20日，天津市地方税务局在自贸试验区先行涉税事项"同城通办"，纳税人在区域内任意一处办税服务窗口可办理东疆片区、中心商务片区、机场片区涉税事项，从而改变了纳税人必须到注册地办税的现状，提高办税效率。

10月26日，当前全球最大的民宿短租平台 Airbnb 与上海自贸试验区世博管理局签订了战略合作备忘录，宣布双方将进行一系列新的合作。同日，国内规模最大的文化授权专业交易会在上海自贸试验区内举行。

10月27日，2016上海艺博会·自贸试验区特展"艺术之路"展艺术家签约仪式举行。

11月

11月1日，首届"海外人才上海自贸试验区创业汇"离岸基地大型对接交流活动开幕。

11月2日，国务院印发《国务院关于做好自由贸易试验区新一批改革试点经验复制推广工作的通知》（国发〔2016〕63号），对自贸试验区新一批改革试点经验在全国范围内的复制推广工作进行部署安排，包括在全国范围内复制推广的改革事项（共12项），以及在海关特殊监管区域复制推广的改革事项（共7项）。

11月8日，美国芯片巨头高通（Qualcomm）在上海自贸试验区设立的半导体制造测试公司——高通通讯技术（上海）有限公司正式开业。

11月9日，天津市发改委与金融工作局联合出台《天津市融资租赁业发展"十三五"规划》，其中特别提出将财税政策的创新列入融资租赁业"十三五"发展重要工作。如何进一步建立和完善税收环境以利于融资租赁行业健康持续发展，成为业内持续关注的重点。

11月15日，四川、浙江、湖北自贸试验区方案已经上报商务部。

11月15日，中国（上海）自由贸易试验区国际人才服务中心正式开展此项业务试点工作：外国专家来华工作许可和外国人就业许可正式合为"外国人来华工作许可"。

11月15日，福建自贸试验区第八批30项创新举措评估结果公布，经评估，其中全国首创8项、复制拓展10项、复制12项。

11月17日，上海自贸试验区陆家嘴管理局与全球第二大房地产服务商——戴德梁行签署战略合作协议，双方将在优化金融城投资环境、培育产业生态、聚焦产业品牌、强化楼宇企业服务等方面展开深度合作。

11月17日，上海自贸试验区电子文件归档和电子档案"单套制"管理复制推广会在上海自贸试验区管委会保税区管理局召开。

11月18日，上海银监局正式发布《关于简化中国（上海）自由贸易试验区银行业机构和高管准入方式的实施细则（2016年）》，进一步简政放权、推进市场准入制度创新。同日，召开上海出入境检验检疫局外高桥保税区办事处原产地签证培训系列之"签证操作实务"培训。

11月18日，厦门市中院自贸片区知识产权巡回审判法庭、福建省高院自贸试验区（厦门）司法保障研究基地和湖里区法院自贸试验区知识产权法庭揭牌成立，是福建省首个民事、行政、刑事"三合一"审判的巡回审判法庭。

11月21日，福建省外国（海外）专家局印发《关于对符合条件的福建自贸试验区外国人申办外国专家证提供绿色通道服务的通知》（闽人外专〔2016〕87号），简化外国人申办外国专家证手续。

11月28日，上海浦东新区和自贸试验区率先启动企业名称登记改革试点。

11月28日，福建省自贸办主办"自贸试验区有FUN"随手拍图片征集活动，活动共收到网友投稿图片1357张，反响热烈。

11月29日，中国银监会印发《中国银监会关于筹建福建华通银行股份有限公司的批复》（银监复〔2016〕388号），同意在福建自贸区平潭片区筹建福建华通银行，这是福建首家民营银行。

12月

12月5日，厦门海关、厦门片区管委会、厦门市口岸办联合启动"互联网+自主报关"改革试点，率先在国际贸易"单一窗口"实现智能化在线通关。

12月6日，据《福建日报》报道，自去年4月挂牌运行以来，福建自贸试验区紧紧围绕总体方案，按照"改革创新试验田、深化两岸经济合作的示范区、21世纪海上丝绸之路沿线国家和地区开放合作新高地"战略定位，对标国际一流水平，持续先行先试，深化改革开放，加快体制机制创新，更好地服务国家发展大局。

12月8日，上海市财政局当天首次通过财政部政府债券发行系统在上海自贸试验区顺利发行30亿元3年期地方债。同时，上海票据交易所正式挂牌。

12月9日，川渝沪三大自贸试验区联手，第九次联席会议在泸州举行。三地口岸部门相关负责人表示，将加快三地单一窗口建设互联互通，探索建立长江经济带单一窗口，构建长江大通关体系。

12月9日，据中国日报网报道，今年以来，福建检验检疫局对福建自贸试验区内举办的外经贸展会及进境展品、参展企业涉及的保税展示货物，创新实施"港馆分线、港馆联动"模式，取得了明显成效。

12月18日，四川自贸试验区政策法律研究中心在西南财大成立。

12月19日，福建省政府印发《关于推广福建自贸试验区第四批可复制创新成果的通知》，将第四批20项改革创新成果在省内复制推广。

12月16日，吉林省商务厅、长春海关、吉林出入境检验检疫局、长春兴隆综合保税区管委会、一达通企业服务有限公司在长春国际会议中心举办"海关国检自贸新政落地综保区新闻发布会暨阿里巴巴一达通正式运行推介会"，发布一系列落地长春兴隆综保区自贸新政。

12月27日，据中国日报网报道，天津市滨海新区中心商务区与津南区签署战略合作框架协议，在紧邻海河教育园区的辛庄镇共同建设众创空间。这一合作标志着天津自贸试验区创新创业政策，将首次复制推广到天津市其他区县。

12月28日，上海浦东新区全面推进"国家级人防改革试验区"建设。同日，张江跨境科创监管服务中心正式启动，全国广电领域首家集团财务公司全面启航。同日，中船重工（上海）舳杰自贸流转中心启动仪式在洋山保税港区举行。

12月29日，据中国日报网报道，沈阳海关与厦门海关在沈阳签订合作备忘录，携手推进双方关区内自由贸易试验区建设发展。

12月30日，最高人民法院印发《关于为自由贸易试验区建设提供司法保障的意见》（法发〔2016〕34号），提出正确行使审判职能作用、依法支持自贸试验区企业的创新、探索审判程序的改革与创新、注重总结审判经验等4方面12条意见。

12月30日，据史广网报网报道，近日福建省人民政府正式推广第4批20项福建自贸试验区可复制创新成果，6项检验检疫创新举措入选。

12月31日，据新华社报道，习近平总书记近日对上海自贸试验区建设做出重要指示强调，建设上海自贸试验区是党中央、国务院在新形势下全面深化改革和扩大开放的一项战略举措。3年来，上海市、商务部等不负重托和厚望，密切配合、攻坚克难，紧抓制度创新这个核心，主动服务国家战略，工作取得多方面重大进展，一批重要成果复制推广到全国，总体上实现了初衷。望在深入总结评估的基础上，坚持五大发展理念引领，把握基本定位，强化使命担当，继续解放思想、勇于突破、当好标杆，对照最高标准、查找短板弱项，研究明确下一阶段的重点目标任务，大胆试、大胆闯、自主改，力争取得更多可复制推广的制度创新成果，进一步彰显全面深化改革和扩大开放的试验田作用。

2016年中国自贸试验区小结

2016年中国批准设立了7个自贸试验区，分别是辽宁省、浙江省、河南省、湖北省、重庆市、四川省、陕西省。至此，我国自贸试验区的数量扩展到11个，地理位置也从东部沿海地区扩展到我国中部地区。自贸试验区的负面清单同年经过试验后向全国推广，在全国实施了外商投资准入负面清单管理模式，限制措施也由最初的93项减到31项，开启了新的外商投资管理体制。

2016年也是上海自贸试验区设立的第3年，习近平总书记指出自由贸易试验区建设的核心任务是制度创新。习近平总书记参加全国两会上海代表团审议时强调，自贸试验区建设的核心任务是制度创新，要聚焦商事制度、贸易监管制度、金融开放创新制度、事中事后监管制度等，率先形成法治化、国际化、便利化的营商环境，加快形成公平、统一、高效的市场环境。3年来，上海市和商务部等不负厚望，密切配合、攻坚克难，主动服务国家战略，工作取得了多方面进展，牢记使命，将重要成果复制推广到全国。上海自贸试验区率先开展"证照分离"改革试点，分两批对163项涉企行政审批事项按照"进四扇门"方式进行改革，使企业更便捷地拿到营业执照并尽快正常经营。提高了政府办事效率，简化了企业办事流程，优化了市场营商环境。

天津自贸试验区的开放平台带动了各种要素的流动，促进服务业发展，有序推动了京津冀产业的合理布局。以产业联动推动京津冀协同发展深度融合。天津自贸试验区自成立以来，新增市场主体中京津冀企业超过50%，一大批央企和知名民企在自贸试验区设立租赁、航运、物流、贸易等功能型总部，服务辐射效应充分显现，产融结合态势明显。2016年2月，河北钢铁集团全资设立的河钢融资租赁公司落户天津自贸试验区东疆片区，探索为钢铁大省河北有效降低成本。

福建自贸试验区和广东自贸试验区在2016年分别公布实施了自贸试验区的首部条例，其中：福建自贸试验区的条例中包括管理体制、投资开放、闽台交流与合作、金融财税创新等方面的内容；广东自贸试验区的条例突出了粤港澳合作参与"一带一路"建设，在建立容错机制方面有创新突破，将容错免责具体化、条件化，在促进高端产业发展等方面对自贸试验区的建设和发展做了全面规定。

2017年中国自贸试验区大事记

1月

1月1日，安徽省政府正式向国务院提交了关于申建自贸试验区的请示，拟建立以合肥、芜湖、马鞍山综合保税区为主体，合芜蚌国家自主创新示范区为平台的安徽自贸试验区。

1月3日，据《南方日报》报道，将传统的"企业找政府"升级为主动服务式"政府找企业"，通过"互联网+大数据"技术整合优化广东省网上办事大厅的全业务流程，全面、精准、高效地发送和处理企业办事信息，为企业提供便捷化、个性化、一体化的电子政务服务。这是广东自贸试验区率先推出的企业专属网页，也是全国首个面向企业的省级电子政务定制系统。截至2016年11月，广东自贸试验区3个片区已为区内19.9万家企业开通企业专属网页，共整合省区市3级940项审批服务事项，实现省区市系统的无缝对接。其中省级249项，区级239项，市级452项。

1月4日，福建省委常委、副省长周联清和省政府党组成员李德金主持召开省政府专题会议，研究贯彻落实国务院自贸试验区工作部际联席会议第4次全体会议精神，部署下一阶段福建省自贸试验区工作。

1月5日，据中国经济网报道，中国（广东）自由贸易试验区深圳前海蛇口片区制度创新成果发布会暨复制推广新一批自贸试验区改革试点经验政策通报会在深圳前海召开。前海蛇口片区制度创新不断取得重大突破，累计推出208项制度创新，初步形成覆盖投资、贸易、金融、事中事后监管、法治建设等领域的高质量自贸制度体系，片区保持经济高速发展良好势态。

1月6日，上海自贸试验区国际艺术品交易中心与中国集邮总公司举行战略合作签约仪式。

1月8日，据中国日报网报道，福建检验检疫局创新服务自贸试验区建设，启动16项福建自贸试验区科研专项课题研究，为唯一启动自贸试验区政策专项研究的直属检验检疫局。持续出台创新举措36项，在福建省已发布的5批43项全国首创措施中福建检验检疫局有19项，位居全省各厅局前列，其中5项创新举措获评福建自贸试验区2015—2016年度创新举措；全面复制推广12项检验检疫创新举措，建议向全国复制推广4项创新措施，其中2项创新举措通过国务院商务部联席会议确定拟在全国复制推广。在福建检验检疫局辖区复制推广自贸试验区检验检疫创新举措18项。

1月10日，上海自贸试验区发出全国首张外商独资私募证券牌照。

1月11日，上海自贸试验区跨境金融服务模式创新研究成果在浦东陆家嘴发布；中国大陆首家外商独资职业培训机构在上海自贸试验区正式开业。

1月11日，福建自贸试验区率先在全国实施对外贸易经营者备案登记和原产地证备案登记"两证合一"。

1月11日，据新华社报道，近期，国家各大部委陆续召开工作会议，根据中央确定的"稳中求进"总基调，部署2017年的工作重点，绘出新一年的"施工图"。商务部将推进重点领域改革作为今年工作的抓手，抓好自贸试验区制度创新和成果复制推广，深化多双边经贸合作，推动国际贸易和投资自由化便利化。

1月13日，据新华社报道，习近平总书记对上海自贸试验区做出重要指示强调，在上海自贸试验区建设3年间，上海市、商务部等不负重托和厚望，密切配合、攻坚克难，紧抓制度创新这个核心，主动服务国家战略，工作取得多方面重大进展，一批重要成果复制推广到全国，总体上实现了初衷。

商务部部长高虎城表示，自贸试验区的鲜明特征是主动开放和非对称性开放，充分体现了服务国家战略的自觉和扩大对外开放的自信。3年来，上海自贸试验区已向区外推广261项成功经验。其中，国务院集中推广61项，各部门自主推广53项，包括投资管理领域46项、贸易便利化领域42项、金融领域16项和事中事后监管措施10项；上海等4省市自行推广147项。

1月26日，福建省厦门片区管委会联合厦门市建设局、市金融办及厦门保监局出台《建设工程保险制度试点暂行办法》，在全国率先运用保险机制对工程管理制度进行创新，建筑企业通过购买保险代替缴纳保证金，有效降低企业成本。

2月

2月5日，据中国日报网报道，近期福建自贸试验区公布第9批35项创新举措评估通报结果，驻闽检验检疫机构又有7项创新举措通过第三方评估，其中2项获评"全国首创"。

2月6日，首家在上海自贸试验区内注册设立的大型法人保险机构上海人寿宣布，在其开业以来的首个完整经营年度即2016年实现盈利，上缴税金近亿元。

2月13日，据《福建日报》报道，作为自由贸易试验区最佳实践案例之一，厦门国际贸易"单一窗口"已上线应用服务67项，用户数突破5000人，间接服务企业1.5万家；日单证处理量破11万票，月近300万张票，年破3000万张票。目前，正着手规划国际贸易"单一窗口"3.0版本，以企业需求为导向，完善和提升平台功能。

2月16日，质检总局批复上海市质监局在上海自贸试验区开展工业产品生产许可证改革试点，同意其在上海自贸试验区推行工业产品生产许可省级发证"一企一证"制度。

2月17日，注册于上海自贸试验区的中远海运财产保险自保有限公司正式宣告成立。

2月21日，据中国新闻网报道，从去年9月1日以来福建共发出8.97万份"五证合一"营业执照。实施"一照一码"登记制度走在全国的前列，是福建商事制度改革不断深入的一个缩影。在福建自贸试验区建设的创新举措中，

"一照一码"登记制度在第三方评估中满意率达96.9%，居投资便利化领域第一位。

2月23日，上海自贸试验区陆家嘴片区已形成资产证券化全产业链。

2月24日，天津自贸试验区中心商务区片区正式推行"税务综合一窗"。

2月24日，福建省委书记尤权主持召开省委常委会会议，贯彻落实习近平总书记对上海自贸试验区重要批示精神，研究部署加快推进福建省自贸试验区建设。

2月27日，商务部在京召开全国外资工作会议。商务部部长钟山表示，为了更好地引进外资，我国全力推进自贸试验区建设，两次扩充布局，向全国复制推广了114项创新成果。外资管理体制实现了由"逐案审批"向负面清单管理的重大变革。2017年，全国商务系统要着力推进自贸试验区建设、统一内外资法律法规、外资领域"放管服"等3项改革，进一步优化营商环境、优化外资产业结构、优化外资区域布局、优化招商引资方式，确保实现引进外资稳中有进。

3月

3月1日，陕西省创新市场准入制度促进自贸试验区发展。

3月1日，非特殊用途化妆品进口将在上海自贸试验区实行"审批改备案"试点。同时，浦东新区商务委和自贸试验区保税区管理局可以直接受理所属区内企业"对外贸易经营者备案登记"的相关业务。

3月3日，据中国日报网报道，西安交通大学"一带一路"自由贸易试验区研究院在西安揭牌成立，陕西省人大常委会副主任、西安交通大学党委书记张迈曾、陕西省副省长魏增军出席研究院成立暨揭牌仪式。

3月5日，习近平总书记在参加十二届全国人大五次会议上海代表团审议时强调，要勇于突破、当好标杆，进一步彰显全面深化改革和扩大开放试验田的作用，亮明我国向世界全方面开放的鲜明态度。习近平指出，建设自由贸易试验区是党中央在新形势下全面深化改革、扩大对外开放的一项战略举措。中国开放的大门不会关上，要坚持全方位对外开放，继续推动贸易和投资自由化、便利化。

3月6日，天津东疆检验检疫局与河北石家庄检验检疫局共同签署了《关于加强检验检疫执法协作提升货物通关效率合作备忘录》，共同推动特殊监管区发展，推进天津自贸试验区东疆片区改革创新成果在石家庄综合保税区复制推广，支持石家庄综合保税区发展。

3月7日，上海自贸试验区商务委举办《中国（上海）自由贸易试验区航运法治建设公约》签署仪式；在洋山港海事局组织召集下，来自洋山港海事局、洋山海关、洋山出入境检验检疫局、洋山出入境边防检查站的9名执法人员同时登上国际航行船舶——"美恩马士基"轮实施联合检查。

3月8日，西安交通大学"一带一路"自由贸易试验区研究院揭牌成立。

3月8日，陕西省首次向自贸试验区下放217项省级行政职权。

3月9日，上海国检局与上海市商务委联合为菲亚特—克莱斯勒集团的亚太地区汽车零部件仓储分拨中心——摩派汽车零配件贸易（上海）有限公司颁发了上海自贸试验区洋山港区首张诚信示范企业证书。

3月15日，国务院正式批复同意《中国（重庆）自由贸易试验区总体方案》。按照方案，重庆自贸试验区面积为119.98平方千米，涵盖两江新区片区、果园港片区和西永片区等3个片区。重庆自贸试验区着力探索符合国际化要求的跨境投资和贸易规则体系，成为西部内陆地区融入全球经济一体化的重要载体。

3月15日，国务院正式批复同意设立中国（河南）自由贸易试验区。

3月16日，上海自贸试验区陆家嘴片区初现"3+2"现代服务业体系。

3月20日，陆家嘴管理局与世邦魏理仕签署战略合作协议，聘请对方为陆家嘴金融城楼宇经济战略咨询顾问。

3月23日，河南省工商局推出了18条支持自贸试验区改革创新、先行先试的政策措施。在省工商局等有关部门的支持下，开封市在全国率先实施"二十二证合一"，成为河南省首个将自贸试验区试点经验推广应用的成功范例。

3月28日,福建省商务厅组织新华社、中新社、福建日报社、福建电视台、海峡卫视等16家新闻媒体组成采访团,深入福州、厦门、平潭片区开展福建自贸试验区建设两周年采访和报道。

3月30日,由中共福建省委党校、福建行政学院、福建省商务厅(自贸办)主办,福建自贸试验区研究院承办的"中国自贸试验区建设:回顾与展望"学术研讨会在福州举行,来自德国和我国北京、上海、广东、天津、重庆等地的专家学者参会。

3月30日,国务院印发了《全面深化中国(上海)自由贸易试验区改革开放方案》(国发〔2017〕23号),提出了新一批深化改革开放措施,上海自贸试验区进入了3.0版建设阶段。

3月31日,国务院正式公布《中国(重庆)自由贸易试验区总体方案》。

3月31日,国务院公布《国务院关于印发中国(四川)自由贸易试验区总体方案的通知》(国发〔2017〕20号)正式公开《中国(四川)自由贸易试验区总体方案》。

3月31日,国务院印发了《中国(辽宁)自由贸易试验区总体方案》(国发〔2017〕15号)、《中国(浙江)自由贸易试验区总体方案》(国发〔2017〕16号)、《中国(河南)自由贸易试验区总体方案》(国发〔2017〕17号)、《中国(湖北)自由贸易试验区总体方案》(国发〔2017〕18号)、《中国(重庆)自由贸易试验区总体方案》、《中国(四川)自由贸易试验区总体方案》(国发〔2017〕20号)、《中国(陕西)自由贸易试验区总体方案》(国发〔2017〕21号)。国务院分别印发辽宁、浙江、河南、湖北、重庆、四川、陕西等第三批7个自贸试验区总体方案,同时发布上海自贸试验区3.0版本。由此,中国自贸试验区在2016年已有11个自贸区,并由东部沿海向西部内陆形成了"1+3+7"的自贸试验区开放的"雁行阵"。

4月

4月1日，中国（陕西）自由贸易试验区在西安揭牌，标志着陕西自贸试验区正式成立。

4月1日，中国（重庆）自由贸易试验区正式挂牌，标志着重庆市开放发展步入了新的里程。

4月1日，四川省委书记王东明为"中国（四川）自由贸易试验区"揭牌。

4月1日，中国（河南）自由贸易试验区及郑州、开封、洛阳片区挂牌成立。

4月1日，中国（辽宁）自由贸易试验区在沈阳市揭牌。

4月1日，中国（浙江）自由贸易试验区挂牌仪式和新闻发布会在浙江杭州人民大会堂举行，标志着浙江自贸试验区正式启动运作。

4月1日，中国（湖北）自由贸易试验区正式挂牌，省委书记、省人大常委会主任蒋超良为自贸试验区揭牌。

4月5日，福建省自贸区福州片区在全省率先实施"证照分离"改革试点。

4月6日，据《河南日报》报道，在昨天的中国（河南）自由贸易试验区新闻发布会上，郑州、开封、洛阳三个片区主要负责人分别就片区功能、发展目标、发展优势、发展措施等情况进行了介绍。

4月6日，河南自贸试验区开封片区实施"四个五"行政审批改革优化审批流程。

4月7日，河南自贸试验区开封片区发出首张"原产地证"。

4月7日，福建省副省长李德金带领省直有关部门负责同志赴福建自贸区福州片区调研平台建设，实地察看了江阴汽车整车进口口岸、马尾物联网产业基地等，并提出相关工作要求。

4月7日，经海关总署批准，同业联合担保改革试点在福州片区跨境电商行业正式启动。该试点是福州海关和中国银行福建省分行在全国首创的一项海关税款担保改革措施。

4月11日，海关总署分别出台了海关支持辽宁、浙江、河南、湖北、重庆、四川、陕西7个新设自贸试验区建设发展的措施，对7个新设自贸试验区分别拟定5方面25条支持措施，涵盖全面复制推广上海自贸试验区经验；全面深化改革、扩大开放；服务国家"一带一路""长江经济带""东北地区等老工业基地振兴""中部崛起战略""西部大开发"等倡议和战略部署；服务自贸试验区改革需求以及实施海关监管制度创新和海关安全高效监管等方面。

4月12日，由上海自贸试验区国际艺术品交易中心推出的"浮生忆梦·古镇奇缘—文创精品展"在新场古镇郑宅开幕。

4月12日，近日，河南省人民政府令（第178号）《中国（河南）自由贸易试验区管理试行办法》（简称办法）正式发布，推出一系列制度创新举措，对如何更好营造法治化、国际化、便利化的营商环境做出明确规定。

4月13日，重庆海关印发《重庆海关推动重庆自贸试验区发展第一批二十七项支持举措》。

4月13日，据中国新闻网报道，杭州海关支持中国（浙江）自由贸易试验区建设新闻通气会13日在杭州召开，公布了杭州海关为支持其建设"量身定制"的第一批15项支持举措。

4月14日，河南自贸试验区管理办法发布，郑州、开封、洛阳3片区受双重领导。

4月14日，武汉海关召开新闻发布会，发布28项创新举措，支持湖北自贸试验区建设。

4月14日，据中国日报网报道，自厦门自贸片区挂牌以来，厦门检验检疫局先后推出的52项创新举措中，有11项被评估为全国首创，其中率先全国通过"单一窗口"实现检验检疫全业务申报，被商务部评估为自贸试验区最佳实践案例之一；积极推动关检"三互"，全面扩容关检"监管互认"范围，不断优化进出境集装箱货物通关模式，创新检疫处理前置模式，缩短集装箱在港区内检疫处理时间，多举措为企业通关提速。

4月15日，据中国日报网报道，在中国（辽宁）自由贸易试验区沈阳片区正式启动之际，沈阳海关将有针对性地推出10项海关监管服务措施，涵盖海关通关、监管、保税、企业服务等方面，能更大限度促进贸易便利化，助力辽宁对接自贸试验区。

4月15日，据《河南日报》报道，日前海关总署正式出台《海关总署关于支持和促进中国（河南）自由贸易试验区建设发展的若干措施》。海关总署的支持措施围绕河南自贸试验区的功能定位，着力于进一步转变职能、创新制度、把好国门、做好服务，主要包括创新海关监管制度、实施保税监管改革、支持新型贸易发展、支持构建现代物流体系、培育法治化营商环境5方面内容，共计25条具体措施。

4月17日，河南自贸试验区开封片区"二十二证合一"新模式在河南省自贸试验区推广。

4月21日，天津自贸试验区挂牌运行两周年。截至目前，天津全市31个单位牵头承担的90项改革任务完成了80项；两批175项自主制度创新举措中有168项落地实施，落地率达到96%。

4月21日，据中国新闻网报道，随着辽宁自由贸易试验区日前正式挂牌，如何创新制度体系、进一步提高经济发展水平成为社会各界的共同关切点。20日，大连海关召开新闻发布会，宣布出台25项措施，支持辽宁省自由贸易试验区建设发展。

4月21日，据中国新闻网报道，中国（广东）自由贸易试验区珠海横琴新区片区挂牌两周年媒体通报会召开，目前横琴片区注册企业超过3万家，注册资金总额超过1.6万亿元。其中在横琴注册的港澳企业累计达1360家，澳资企业793家，港资企业567家。横琴自贸片区挂牌两周年来，横琴实际落地230项制度创新成果，其中，"政府智能化监管服务新模式"案例荣获全国自贸试验区最佳实践案例、6项改革创新案例入选广东省自贸试验区首批制度创新案例。

4月22日，据《广州日报》报道，南沙自贸试验区挂牌两年来共形成了239项改革创新成果，其中13项在全国复制推广；两年来共新设企业24671家，超挂牌前历年注册企业总数的2倍。4月21日，南沙举办中国（广东）自由贸易试验区广州南沙新区片区十大集成创新成果发布会，南沙开发区（自贸区南沙片区）管委会副主任潘玉璋发布了南沙自贸试验区挂牌以来形成的10大集成创新成果。

4月24日，中国日报网记者从福州举行的福建自贸区福州片区两周年建设情况新闻发布会上获悉,自2015年4月21日挂牌以来,福建自贸试验区福州片区对台先行先试,两岸交流合作水平迈上新台阶。至2016年年底,福州自贸片区新增台资企业数315户,占全市新增台资企业数71.84%,共有144家台湾个体工商户落户福州片区。

4月25日,天津市第一张通过"互联网+政务服务"形式完成审批的企业营业执照在天津东疆保税港区发放。

4月26日,据中国新闻网报道,广东南沙自贸试验区国际船舶登记中心26日在广州挂牌成立,"广东南沙"国际船舶登记船籍港同时宣布启动。广东自贸试验区南沙片区正式成为中国自由贸易试验区8个国际船舶登记船籍港之一。"广东南沙"国际船舶登记船籍港的设立,标志着南沙自贸区正式开展国际船舶登记业务,将有效带动南沙自贸区船舶融资、航运保险、船舶检修等航运服务产业链的发展,自贸区港口竞争力和对外开放门户枢纽地位将进一步提升。

4月26日,据《河南日报》报道,近日河南省政府印发《中国(河南)自由贸易试验区建设实施方案》(以下简称《方案》)。《方案》进一步明确了河南自贸试验区建设的总体要求、功能布局、主要任务和保障机制,其中主要任务包括7方面、72项具体任务。

4月26日,广东省前海蛇口自贸片区举办挂牌两周年发布会,集中展示片区新城建设和改革创新成果。数据显示,前海蛇口自贸片区挂牌成立以来,累计推出253项制度创新成果,其中全国首创或领先的75项,在广东省范围内复制推广37项,占全省的56%。国务院最新发布复制推广的19项改革创新举措中,有6项是前海蛇口自贸片区首创。截至目前,基本形成以六大板块为核心的制度创新"前海模式",形成标志性、突破性重大制度创新超过30项,示范辐射带动效能突出。

4月28日,中国(河南)自由贸易试验区开封片区开出第一张涉外税单,两税增值税收入176621.9元。

4月28日,福建省副省长李德金带领省直有关部门负责同志赴厦门片区调研平台建设,实地察看了厦门太古飞机工程有限公司、厦门片区综合服务大厅、厦门电子口岸公司、东南红酒交易中心、中欧(厦门)国际班列拆拼箱中心等，并提出相关工作要求。

4月28日，据《北京日报》报道，两年前的4月21日，天津自贸试验区正式挂牌成立，被各界寄予推动改革创新、促进京津冀协同发展的厚望。如今，天津自贸区的本地改革任务完成近九成，自主制度创新举措"落地率"达到96%，在京津冀协同发展中助力明显，用事实交出了不俗的答卷。

4月28日，广东省委书记胡春华主持召开省委常委会议，听取广东自贸试验区建设进展情况汇报，强调要深入学习贯彻习近平总书记的重要指示精神，积极探索开放型经济新体制，把自贸区打造成为高水平对外开放的门户枢纽。

4月29日，据《中国经济导报》报道，天津市自贸试验区领导小组办公室在去年3月印发了《天津自贸试验区服务京津冀协同发展工作方案》和任务分工，正式启动实施1331工程。截至目前，方案涉及的39项任务和23个项目已经全部启动实施，推动建立了京津冀3地商务部门共同参与的工作协商机制，在京津冀口岸通关一体化、金融同城化等方面取得了实质性进展。

4月29日，据《河南日报》报道，随着自贸试验区建设的加速推进，税收专属业务随之产生，郑州新区税务局、地税局围绕自贸试验区改革发展要求和纳税人需求，联合推出了服务自贸试验区发展8项举措。

5月

5月2日，据《四川日报》报道，在过去的一个月里，四川自贸试验区新增企业近2000户，吸引资金超过250亿元。

5月3日，河南自贸试验区开封片区管委会在沪举行金融产业招商座谈会。

5月3日，"张江跨境科创中心建设情况"新闻发布会在上海浦东新区办公中心召开；金桥众创公共服务平台揭幕仪式在麦腾智慧天地举行，6家开发区管委会认定的服务机构正式亮相。

5月5日，据《人民日报》报道，广州港南沙港区集装箱3期工程6个万吨级深水泊位和24个驳船泊位，目前已在南沙区龙穴岛全面建成投产，为广东自贸试验区广州南沙片区和广州国际航运中心建设再添生力军。

5月5日，据中国日报网报道，作为中国（四川）自由贸易试验区青白江片区建设的重要改革试验载体——成都国际铁路单一窗口正式投入运行，成都国际铁路港单一窗口主要包含两大功能模块：行政审批单一窗口（四川自贸试验区青白江片区政务服务大厅）和贸易服务单一窗口（成都国际铁路港单一窗口综合服务大厅），标志着青白江自贸区在推进国际贸易便利化方面迈出了坚实的一步。

5月5日，福建省委书记尤权主持召开省委常委会会议，传达学习贯彻习近平总书记等中央领导对福建自贸试验区建设的重要批示精神。

5月6日，福建省政府省长、党组书记于伟国主持召开省政府党组会议，传达学习贯彻习近平总书记对福建自贸试验区建设的重要指示精神，落实省委常委会会议要求。

5月8日，据新华社报道，中共中央政治局常委、国务院总理李克强在开封、新乡、郑州考察。他对开封片区的"二十二证合一"表示称赞，关心"办企业租房还是买房"的问题，总理鼓励"80后"二次创业要继续努力，鼓励自贸试验区大胆地试、大胆地闯。

5月9日，重庆国际贸易"单一窗口"与国家标准版率先对接，成功实现全国首票"单一窗口"标准版报关单申报，为国家标准版打开局面赢得"开门红"。

5月9日，为实现工商登记注册服务得更加便利化，四川自由贸易试验区川南临港片区与工商部门、金融机构通力合作，开通银行网点免费代办工商登记注册业务。

5月9日，平潭两岸快件中心正式启用。该中心是福建全省首个集海运快件和跨境电商保税备货、直邮购物监管功能于一体的物流中心，同时兼具保税仓库功能。

5月9日，在大连市政府新闻办主持召开的新闻发布会上，辽宁自贸试验区大连片区建设领导小组办公室对外发布商事制度改革28项新举措，向全国改革最前沿看齐，进一步突破限制，优化营商环境。

5月11日，据《大连日报》报道，辽宁自贸试验区大连片区挂牌满月之际，大连保税区在行政审批制度改革方面又推出重大举措，出台《建筑师负责制实施方案》《建设项目规划土地联合监管和竣工审查的实施方案》《"多规合一"管理实施方案》3项创新制度，这是保税区继在东北率先推行"告知承诺制"后，在规划建设领域的又一次配套性改革尝试。3项创新制度实施后，将大大缩短行政审批时间，提高项目建设效率。

5月11日，陕西自贸试验区知识产权运营服务中心在浐灞揭牌。

5月11日，重庆海关发布2017年第21号公告，正式发布《重庆海关推动重庆自贸试验区发展第一批二十七项支持举措》。

5月12日，四川省委召开常委会会议，听取中国（四川）自由贸易试验区建设情况汇报，研究当前防汛减灾工作，审议有关文件等。

5月15日，上海市全面深化中国（上海）自由贸易试验区改革开放推进大会在世博中心举行。

5月16日，上海市第一中级人民法院召开自贸区司法保障白皮书新闻发布会，发布自贸试验区司法保障白皮书2.0版，2.0版白皮书凝结了上海第一中级人民法院为上海自贸试验区建设提供"高配版"司法保障所做的努力，内容不但囊括了过去一年该院涉自贸试验区案件的基本特点和10大典型案例，还对外公布了该院出台的涉自贸试验区案件审判指引修订版、商事多元化纠纷解决机制实施细则等重要文件。

5月17日，据《河南日报》报道，河南省政府办公厅印发《关于在中国（河南）自由贸易试验区开展企业投资项目承诺制试点实施方案》，率先在河南自贸试验区开展企业投资项目承诺制改革试点工作，由"事前审批"转到"事中事后监管"。

5月18日，由平潭综合试验区管委会、福建省商务厅（省自贸办）共同举办的福建自贸试验区平潭片区惠民利民政策专场推介会在福州海峡会展中心举行。

5月18日，据中国日报网报道，成都高新自贸试验区正加快实施全球顶级科技园区合伙人计划（TSPPP），从技术层面、资本层面、产业链层面打造符合自贸试验区理念的产业发展架构，并携手以色列、法国等国的科技园区，围绕人工智能、生物科学及信息技术开展合作，还将设立全球化产业联结基金，力争引进3—5个世界级标杆企业。

5月19日，中国（四川）自由贸易试验区川南临港片区苏州汽车产业推介会于苏州市隆重举行。

5月19日，河南自贸试验区开封片区率先试点企业投资项目承诺制。

5月22日，中国首个牛樟芝国际贸易中心宣告落地上海自贸试验区洋山区域。

5月23日，辽宁省新闻办举行了"辽宁优化营商环境主题系列发布会"，自中国（辽宁）自由贸易试验区揭牌成立以来，辽宁自贸区共新增注册企业4419家，注册资本467.1亿元。自贸区的聚集放大效应正在日益显现。

5月24日，经上海海事局受理、初审的中英中船船舶管理（上海）有限公司取得了交通运输部海事局签发的海员外派机构资质证书，成为中国（上海）自由贸易试验区第一家外商独资海员外派机构。

5月25日，以管理资产规模计全球最大的公募基金公司Vanguard集团，正式在上海自由贸易区设立其外商独资企业——先锋领航投资管理（上海）有限公司。

5月27日，中国（河南）自由贸易试验区开封片区建设工作联席会议召开第十二次会议。

5月28日，国务院批准厦门片区海沧保税港区为汽车整车进口口岸。

6月

6月1日，湖北省商务厅邱丽新厅长应邀到湖北省政府参事室作了题为"中国（湖北）自由贸易试验区情况介绍"的专题讲座，宣介湖北自由贸易试验区。

6月2日，湖北省商务厅邱丽新厅长带队拜会湖北省政府金融办，就加快推进湖北自贸试验区金融领域改革试验任务与省政府金融办主任段银弟、中国人民银行武汉分行副行长马骏及相关处室负责人座谈。

6月5日，国务院办公厅发布《自由贸易试验区外商投资准入特别管理措施（负面清单）（2017年版）》。2017年版负面清单划为15个门类、40个条目、95项特别管理措施，自7月10日起实施。国务院办公厅指出，此次修订进一步放宽外商投资准入，是实施新一轮高水平对外开放的重要举措。

6月6日，国家质检总局印发《关于推进检验检疫改革创新进一步支持自由贸易试验区建设的指导意见》，提出4方面16条措施支持福建自贸试验区建设。

6月6日，据中国日报网报道，在多重政策利好助推下，成都高新自贸试验区市场主体活力持续激增。在4月1日至5月31日的两个月时间里，成都高新自贸试验区新登记各类型企业3906户，新增注册资本（金）347.88亿元。其中内资企业新增3874户，注册资本（金）345.07亿元。外资企业新增32户，注册资本（金）2.81亿元。

6月7日，据《河南日报》报道，河南自贸试验区要加快建设贯通南北、连接东西的现代立体交通体系和现代物流体系，建设成为服务于"一带一路"建设的现代综合交通枢纽、全面改革开放试验田和内陆开放型经济示范区。

6月8日，河南省卫计委、省中管局发文力挺自贸试验区开封片区医疗旅游产业发展。

6月8日，国家下放审批权限后，浙江自贸试验区颁发首批国际航行船舶保税油经营资质证书，自贸试验区企业有了开展保税油经营的国家"牌照"。

6月8日，湖北省商务厅自贸试验区建设工作统筹推进小组召开第二次会议，听取各项改革试验任务进展情况汇报，研究部署下一步工作。

6月9日，据《四川日报》报道，成都市检察院制定出台了《关于服务保障中国（四川）自由贸易试验区成都片区建设的意见（试行）》（以下简称《意见》），要求全市检察机关为自贸试验区成都片区建设营造鼓励创新、支持改革、宽容失误的司法氛围，助推建设全面体现诚信发展理念的国家中心城市。《意见》共计20条，要求全市检察机关转变司法理念，以坚持服务保障自贸试验区成都片区建设发展需要为衡量标准，以增强"三个意识"、坚持"三个并重"、注重"三个结合"为先导，深刻领会自贸试验区建设的重大战略意义。

6月11日，湖北自贸试验区挂牌满两个月，3大片区共新增企业2896家。其中，武汉片区2471家，平均每天（工作日）新增56家，宜昌片区270家，襄阳片区155家。自贸试验区金字招牌效应初显。

6月12日，据《四川日报》报道，四川省委常委、成都市委书记范锐平在接受采访时指出，在自贸试验区建设方面，要突出制度创新和人才建设，对标国际通行规则，坚持以自贸试验区建设引领开放型经济发展和国际化城市、国际化营商环境、国际化人才队伍建设。

6月15日，商务部外资司叶威副司长带队赴四川自贸试验区调研指导。

6月16日，"第一届中国（四川）自贸试验区平行进口汽车博览会"在成都国际铁路港举行。截至目前，成都国际铁路港已实现两百余台整车顺利通关。按照计划，2017年该铁路港将实现整车进口2000台，货值突破10亿元。

6月16日，《自由贸易试验区外商投资准入特别管理措施（负面清单）（2017年版）》在中国政府网上公布。新版负面清单与上一版相比，减少了10个条目、27项措施，负面清单缩减至百项以内。

6月20日，河南自贸试验区开封片区召开企业投资项目承诺制暨展示馆建设工作协调会。

6月20日，"网上领票+专业配送"服务正式启动，上海自贸试验区外高桥保税区域和洋山港保税区域333户A类纳税企业被纳入服务范围，成为上海市首批体验"网上在线申请、专业配送上门"服务的"幸运儿"。

6月21日，据《辽宁日报》报道，截至当日17时，中国（辽宁）自由贸易试验区沈阳片区新注册企业达到5053家，注册资本408.46亿元人民币。揭牌运行时设定的年内注册企业不低于5000家目标，提前5个多月成为现实。

6月22日，国家战略性新兴产业创投基金走进自贸试验区河南开封片区座谈会圆满举行。

6月22日，大连海关一站式通关服务中心（自贸试验区）揭牌。

6月22日，由上海陆家嘴金融城与市场机构联合主办的"2017一带一路与航运互联网创新峰会"在上海举行。

6月25日，上海自贸试验区首批全功能型跨境双向人民币资金池落地。

6月26日，习近平总书记主持召开中央全面深化改革领导小组第三十六次会议，审议了《中国（广东）、中国（天津）和中国（福建）自由贸易试验区建设两年进展情况总结报告》。

6月27日，河南自贸试验区开封片区探索实行"一二三四"精准监管新举措。

6月27日，为进一步支持辽宁自贸试验区建设，加大自贸试验区金融服务创新，中国人民银行大连市中心支行及所辖金州新区中心支行推出的"自贸金融在线服务平台"，近日正式上线运行。

6月27日，中国（上海）自由贸易试验区海外人才离岸创新创业基地首个海外服务站点——贝尔谢巴海外服务站成立。

6月27日，国家林业局濒危物种进出口管理办公室发布福建自贸试验区野生动植物进出口行政许可改革措施，措施主要围绕扩大简政放权、减少许可环节和放宽许可条件、缩短许可时限等3方面。

6月28日，《新加坡国际企业发展局与中国（四川）自由贸易试验区成都管理委员会合作备忘录（2017—2020年）》暨成都自贸试验区新加坡企业推介会在成都举行。

6月28日，中国（上海）自由贸易试验区管委会和上海市金融服务办公室联合召开新闻通气会，发布《中国（上海）自贸试验区金融服务业对外开放负面清单指引（2017年版）》。

6月30日，陕西自贸试验区于今年4月1日揭牌至6月30日以来，新增注册企业3028户（其中外资企业28户），新增注册资本1167.61亿元人民币（其中外资企业注册资本19937.63万美元）。

6月30日，中船集团下属中船海洋动力技术服务有限公司在上海自贸试验区洋山保税港区对外正式宣告开业。

6月30日，据《大连日报》报道，大连保税区自贸区跨境商品展示交易中心正式投入运营。

7月

7月3日，据新华网报道，以"创新创造开发开放"为主题的中国（四川）自由贸易试验区建设与西部发展研讨会将于7月7日至8日在成都举行。

7月3日，陕西省商务厅召开自贸试验区贸易促进专题座谈会，讨论研究自贸试验区贸易领域重点改革事项。

7月3日，据《大连日报》报道，为进一步支持大连自贸试验区建设，大连片区"自贸金融在线服务平台"上线运行。

7月3日，据《河南日报》报道，河南省省长陈润儿到郑州调研中国（河南）自贸试验区建设工作。他强调，自贸试验区要按照国家战略定位，着力推进制度创新，力争到年底初步建立起以政务服务、监管服务、金融服务、法律服务为主体的制度框架体系，加快构建扩大对外开放合作发展平台。

7月5日，陕西省政府召开中国（陕西）自贸试验区工作领导小组专题会议，安排部署自贸试验区建设近期重点工作。

7月5日，上海自贸试验区与东盟航运投资法律研讨会在上海航运和金融产业基地成功举行。

7月6日，最高人民检察院举办检察机关服务保障自贸试验区建设工作推进会。来自上海、广东、天津、福建等11个省市检察机关代表参加会议，总结交流服务保障自贸试验区建设方面的经验做法和工作成果。

7月7日，据新华网报道，中国（四川）自由贸易试验区建设与西部发展研讨会在成都举行，来自国务院参事室及天津、上海、浙江、重庆等地的政府参事，都来为这一片特殊的区域建言献策。

7月8日，据中国日报网报道，近日，检察机关服务保障自贸试验区建设工作推进会在上海举行。

7月10日，上海浦发银行完成该行首单自贸试验区FT（自由贸易账户）跨境飞机租赁融资业务。

7月10日，据东南网报道，为促进厦门自贸片区创业投资和股权投资基金的集聚发展，日前，厦门自贸片区管委会出台实施《中国（福建）自由贸易试验区厦门片区促进基金基地发展办法》。国内首个民营政助的基金基地正式开启。

7月11日，中国（陕西）自由贸易试验区工作办公室与中国（广东）自由贸易试验区深圳前海蛇口片区管委会在西安签署《合作备忘录》。

7月11日，为支持辽宁自贸试验区建设，辽宁省推行原产地无纸化签证。

7月11日，据中国日报网报道，7月10日至11日国务院总理李克强来到陕西自贸试验区杨凌片区，对自贸区"微信办执照""建设项目一窗受理"等利企便民改革举措予以肯定。他说，深化简政放权、放管结合、优化服务改革，关键要体现在群众的评价上。要进一步解放思想，依靠改革开放打造制度性交易成本低、内外资愿意来、优秀人才留得住的营商环境，辐射带动西部地区加快发展。

7月12日，河南自贸试验区开封片区大力推行"三双三联"事中事后监管新模式。

7月13日，上海出入境检验检疫局公布，中国质量认证中心在中国（上海）自由贸易试验区颁出全国首张机动车单车认证强制性产品认证证书，标志着机动车单车认证制度在上海自贸试验区率先落地。

7月16日，据中国日报网报道，成都市政府新闻办召开新闻发布会，通报中国（四川）自由贸易试验区挂牌100天以来，成都自贸试验区的建设进展和试验成果。截至7月10日，新注册企业7608家，注册资本1026.36亿元（内资企业注册资本1020.9亿元，外资企业注册资本5.46亿元）。

据海关统计，2017年上半年成都市实现货物贸易进出口总额1812.9亿元，较去年同期（下同）增长66.6%，高于同期全省59.5%的整体进出口增幅，占四川进出口总值的86.4%，该比重较去年同期提升了3.8%。

7月15日，上海市商务委、上海自贸试验区管委会联合印发《中国（上海）自由贸易试验区贸易调整援助试点办法》。

7月17日，由四川省委组织部主办，商务厅牵头承办的开放发展暨四川自贸试验区建设专题研讨班在上海财经大学正式开班。

7月17日，商务部印发《商务部关于印发自由贸易试验区新一批"最佳实践案例"的函》（商资函〔2017〕465号），主要包括"证照分离"改革试点

（上海）、"企业专属网页"政务服务新模式（广东）、集成化行政执法监督体系（天津）、关检"一站式"查验平台+监管互认（福建）。

7月18日，据从开放发展暨中国（四川）自由贸易试验区建设专题研讨班上获悉，这项改革将在年内推出，届时外商投资企业只需通过工商部门网上登记平台填报，即可一次性完成商务备案和工商登记。

7月19日，据中国日报网报道，在国家"一带一路"倡议引导下，厦门自2015年8月16日开出全国自贸试验区首条中欧（厦门）班列，近两年来成绩斐然。截至今年7月18日，中欧中亚（厦门）班列累计发运147列，共4055个40#集装箱，累计货值约21.44亿元人民币。

7月19日，据《辽宁日报》报道，为支持辽宁自贸试验区大连片区的商事制度改革，大连市工商局7月起率先在大连片区试点开展企业登记全程电子化改革、办理网上工商登记、发放电子营业执照，变"群众跑腿"为"信息跑路"。

7月20日，据《辽宁日报》报道，为支持辽宁自贸试验区沈阳片区发展，沈阳海关已落实19项海关监管创新制度和改革事项，企业的通关效率大幅提升，综合成本得到降低，实现改革预期目标。

7月20日，湖北自贸试验区第一家商业保理企业——湖北金控商业保理有限公司完成注册，在武汉片区领取了工商部门颁发的营业执照，标志着湖北自贸试验区探索发展商业保理业务迈开实质性步伐。

7月21日，辽宁自贸试验区大连片区试点"工程免检"开全省先河。

7月21日，辽宁自贸试验区运行满百天，新增注册企业突破一万家。

7月21日，宜昌市软件行业协会正式成立，标志着宜昌自贸片区诞生了首家行业协会组织。

7月21日，上海市公安局自贸试验区分局举行仪式，分局"车驾管"服务大厅正式启用。

7月22日，河南自贸试验区开封片区事中事后综合监管平台正式运行。

7月24日，湖北省自贸试验区宜昌片区首次采用跨国视频进行职称评审现场答辩。

7月25日，中国（浦东）知识产权保护中心揭牌仪式在浦东新区举行，这是在上海设立的首家国家级知识产权保护中心。

7月25日，福建自贸试验区第11批30项创新举措评估结果公布，经评估，其中全国首创14项、复制拓展12项、复制4项。

7月26日，中国首张单车认证证书落户上海自贸试验区。

7月26日，商务部、交通运输部、工商总局、质检总局和外汇局联合发文复制推广自贸试验区第三批改革试点经验，主要包括"会展检验检疫监管新模式""进口研发样品便利化监管制度""海事集约登轮检查制度""融资租赁公司收取外币租金""市场主体名称登记便利化改革"等5项内容。

7月27日，河南自贸试验区开封片区与郑州国检就片区企业进口事宜进行座谈。

7月28日，河南省企业投资项目承诺制试点推广工作现场会在自贸试验区开封片区召开。

7月28日，中国（湖北）自由贸易试验区投资专题组协调推进工作小组第一次全体会议在武昌召开。

7月28日，国务院总理李克强主持召开国务院常务会议，部署加大引进外资力度，营造更高水平对外开放的环境。他在会议上指出，要在全国推行已在自贸试验区试行的准入前国民待遇加负面清单管理制度。加快推动对外资企业商务备案与工商登记实行"单一窗口、单一表格"受理。完善外资法律体系。

7月30日，中国（四川）自由贸易试验区川南临港片区"自贸红利、区域共享"对接会先后在乐山、眉山召开，与两市共谋发展，加快打造服务四川、服务滇黔的协同开放窗口。

7月30日，浙江省政府发布了浙江自由贸易试验区建设实施方案，明确建设"三基地一中心"：国际海事服务基地，这是浙江所独有的；国际油品储运基地；国际绿色石化基地和国际油品交易中心。

8月

8月1日，全省首张加载有27个证照和备案信息的营业执照，在湖北宜昌自贸片区工商登记窗口发出。这标志着宜昌自贸片区推进"多证合一"商事制度改革取得阶段性成果。

8月1日，据中国日报网报道，近日国务院自由贸易试验区工作联席会议办公室评选出自由贸易试验区4个新一批"最佳实践案例"。

8月2日，据中国新闻网报道，在重庆举行的中国（重庆）自由贸易试验区政策说明会上，重庆市商务委员会副主任廖红军透露，截至6月底，重庆自贸试验区全域落户项目304个、投资金额1824.9亿元人民币，新增企业6492户。100多位港企代表参加会议，关注自贸试验区发展中的机遇。

8月2日，据中国新闻社报道，经中国公安部批复同意，辽宁实施7项出入境便利措施，推进自贸试验区建设。

8月3日，"中国（上海）自由贸易试验区、浦东新区贸易便利化措施暨国际贸易中心建设示范企业发布会"在梅赛德斯奔驰文化中心举行。

8月4日，湖北省襄阳市中级人民法院出台《关于为中国（湖北）自由贸易试验区襄阳片区建设提供司法保障的意见》，旨在为自贸试验区建设提供强有力的司法保障和优质高效的法律服务。

8月7日，湖北省商务厅、湖北省税务局联合发文，确认湖北骆驼融资租赁有限公司为中国（湖北）自贸试验区内资融资租赁试点企业，这标志着湖北自贸试验区首家内资试点融资租赁公司在襄阳片区诞生。

8月7日，国内保费规模最大的财产保险公司——人保财险正式落户湖北宜昌自贸片区，成立了全省首家以自贸试验区命名的险企分支机构。

8月8日，据《南方日报》报道，广东前海蛇口自贸片区举行2017年上半年制度创新成果暨重大项目落户签约发布会。前海蛇口自贸片区管委会主任田夫会上指出，前海蛇口自贸片区新推出76项制度创新成果，使得片区累计推出的制度创新成果达到284项。其中，全国首创或领先达110项，全省复制推广49项，全市复制推广31项。2016年年底国务院发布的19项复制推广制度创新成果，有6项为前海蛇口片区首创，占比31.5%。而自贸改革试验和制度创新上的持续领先全国，也促使前海蛇口自贸片区今年上半年主要经济指标"全线飘红"，片区每平方千米拥有开业企业2103家，每平方千米注册企业实现增加值达33.03亿元，每平方千米税收收入6.73亿元，经济密度居于全国自贸区榜首，"高产田"作用显著。

8月10日，辽宁自贸试验区营口片区在全国率先推行"三十九证合一"改革，将39个涉企证照的信息全部整合到营业执照上，实现企业"一照一码"走天下。营口片区挂牌至今，共236家企业领取了"三十九证合一"的营业执照。

8月10日，湖北省自贸办组织召开中国（湖北）自由贸易试验区第三场政策说明会，邀请省商务厅、省税务局、中国人民银行武汉分行、中国银监会湖北监管局等4家单位相关负责人，解读融资租赁、外汇监管、银行业金融机构和高管准入方式等自贸试验区相关支持政策。

8月15日，湖北宜昌市自贸办日前组织召开金融专题组第一次全体会议，研究落实《人行武汉分行外管局湖北省分局支持中国（湖北）自由贸易试验区建设的指导意见》，安排部署片区金融创新重点。

8月17日，"文创中国"中国大区运营仓储物流中心正式揭牌成立，标志着"文创中国"项目运营管理工作正式完成向上海自贸试验区的交接。

8月19日，中国（四川）自由贸易试验区川南临港片区建设与发展专题培训在泸州举行，来自泸州市级机关事业单位的120余人参会。

8月22日，川港澳合作周·走进香港暨一带一路国际合作四川推介会举行，会议以"自贸四川机遇无限"为主题，展示了"天府之国"国家中心城市——成都和中国（四川）自由贸易试验区建设发展机遇。

8月22日，外高桥保税物流园区成功完成上海自贸试验区在海关监管模式全国统一版下的首单跨境进口电商通关运作，这标志着物流园区进口电商保税备货模式的正式起航。

8月22日至23日，商务部在大连市召开国家级经开区工作交流会。会议强调，贯彻落实《国务院关于促进外资增长若干措施的通知》（国发〔2017〕39号）、《国务院办公厅关于促进开发区改革和创新发展的若干意见》（国办发〔2017〕7号）等文件精神，总结国家级经开区创新提升和体制机制改革、复制推广自贸试验区改革创新成果、转变招商引资方式、促进外资增长等工作情况，交流经验、解析政策，共同研究新时期重要开放平台稳定外资规模，提升引资质量，促进创新提升发展的思路和举措。

8月23日，据中国新闻网报道，中国国际贸易促进委员会与中国（天津）自由贸易试验区管理委员会在天津签署合作备忘录，双方拟在促进对外贸易投资等8个领域开展深入合作。

8月24日，中国人民银行沈阳分行发布金融支持辽宁自贸试验区建设指导意见，全力助推东北老工业基地振兴。

8月24日，湖北省宜昌自贸片区设立公共法律服务窗口，市民可一站享受"1+2+N"法律服务。

8月24日，商务部研究院调研湖北宜昌自贸片区建设运行情况、结合实际突出特色、对标先进改革创新。

8月25日，以"自贸四川机遇无限"为主题的"川港澳合作周·走进澳门四川推介会"在澳门举行，展示"天府之国"国家中心城市——成都和中国（四川）自由贸易试验区建设发展机遇。

8月25日，福建省政府印发《关于推广福建自贸试验区第五批可复制创新成果的通知》，将福建自贸试验区第五批40项改革创新成果在省内复制推广。

8月28日，重庆海关正式入驻两江自贸试验区政务中心海关专窗。

8月28日，大连开发区法院成立自贸试验区审判团队，保障服务试验建设。

8月28日，辽宁印发自由贸易试验区知识产权工作若干意见。

8月29日，辽宁自贸试验区沈阳片区内有了综合保税区。日前，国务院办公厅复函辽宁省人民政府，同意沈阳综合保税区规划调整的请示。

8月29日，奥多比系统软件（上海）有限公司在中国（上海）自由贸易试验区注册成立。

8月30日，中国（陕西）自贸试验区投资环境和重点项目推介会在上海举行。

8月30日，福建省副省长李德金主持召开会议，加快福建自贸试验区16个重点平台建设和改革创新成果复制推广有关工作。

8月30日，据中国新闻网报道，国家发改委主任何立峰29日在北京表示，要继续高水平建设自贸试验区，营造有国际竞争力的营商环境；全面落实吸引外资20条措施，进一步放宽外资准入限制。引导合理有序对外投资，深化国际产能合作。

8月31日，陕西省西安市政府与中国贸促会合作备忘录签署仪式暨中国贸促会（陕西）自由贸易试验区服务中心揭牌仪式在西安高新区举行。

9月

9月2日，法国体育用品零售巨头迪卡侬大中华区新总部在上海自贸试验区亮相。

9月3日，中国（辽宁）自由贸易试验区营口片区专家咨询委员会成立并召开第一次全委会议。

9月4日，为全面落实创新驱动发展战略，推动自由贸易试验区加快创新发展，科技部、商务部研究制定了《支持自由贸易试验区创新发展若干措施》。

9月4日，辽宁省自贸办组织开展辽宁自贸试验区各片区调研观摩。

9月4日，科技部办公厅、商务部办公厅印发《支持自由贸易试验区创新发展若干措施》，提出5方面共19条措施，支持充分发挥科技创新对自贸试验区建设发展的支撑引领作用，加快自贸试验区创新发展。

9月5日，四川保监局在省政协举行的"加快构建西部金融中心"界别协商会上透露，四川已获得保监会正式批准，对自贸试验区内一定层级机构设立和任用高管，由"事前审批"改为"事后备案"。

9月5日，上海自贸试验区外高桥保税区成为其全球物流中心中最快捷的出口中心。

9月6日，《湖北省发展改革委关于印发进一步支持中国（湖北）自由贸易试验区建设若干意见的通知》，出台"新15条"支持自贸试验区建设。

9月6日，李克强总理主持召开国务院常务会议，决定将2015年上海浦东新区率先开展"证照分离"改革试点、清理116项行政许可事项的做法推广到福建等10个自贸试验区。

9月7日，河南省人民政府向自贸试验区首批下放455项省级权限。

9月8日，上海自贸联发科创1号作为自贸试验区海外创新创业孵化平台参加上海外国侨民服务博览会。

9月8日，由福建省金融办、中国人民银行福州中心支行、福建银监局、福建证监局、福建保监局联合开展的福建自贸试验区10大金融创新项目评选揭晓。

9月11日，辽宁大连片区贸易便利化等多项经验将在全省推广。

9月13日，辽宁大连片区口岸通检进入"秒时代"。

9月13日，上海畅联国际物流股份有限公司正式登陆A股，成为"上海自贸试验区供应链第一股"。

9月13日，据中国日报网报道，日前中国（河南）自由贸易试验区推介会暨项目签约仪式在南宁举行。河南省商务厅厅长、自贸办主任焦锦淼专题推介中国（河南）自由贸易试验区，郑州、开封、洛阳3个片区分别推介片区特点及优势。

9月14日，上海自贸试验区"一带一路"技术贸易措施企业服务中心在沪揭牌。

9月14日，据华龙网报道，重庆自贸试验区挂牌半年，2017年1月至7月，重庆自贸试验区全域落户项目385个，涉及金额2128.21亿元，新增企业7813户，占全市比重10.9%，其中外资企业123户，占全市比重21.7%。

9月17日，第二届海外人才自贸试验区创业汇为各国怀揣梦想的创业人才搭建创新创业平台。

9月18日，辽宁自贸试验区沈阳片区"1+3"产业政策正式对外发布，其中涵盖首批重点发展产业目录和促进先进制造业、金融服务业、融资租赁业发展的3项产业政策。

9月19日，湖北省自贸办召开湖北自贸试验区建设工作座谈会，推动解决自贸试验区建设中存在的困难和问题。

9月19日，据华龙网报道，重庆市市长国际经济顾问团会议第十二届年会将于9月23日—24日在悦来国际会议中心举行。本届年会，共有32位市长国际经济顾问团的顾问、咨询顾问及其代表汇聚山城，为重庆自贸试验区发展建言献策。

9月20日，上海自贸试验区首次对平行进口汽车实施了CCC认证获证产品专项监督抽查。

9月20日，2017中国（上海）自由贸易试验区文化授权交易会在上海自贸试验区举办。

9月20日，据中国新华网报道，今年8月中国（福建）自由贸易试验区新增企业数1762家，注册资本337.41亿元人民币。自2015年4月21日挂牌至今，福建自贸试验区总共新增企业数63057家，注册资本12824.62亿元，"筑巢引凤"的吸金效应已然显现。

9月21日，据中国日报网报道，国务院决定推广13项具备复制条件的全面创新改革试验举措。成都高新自贸试验区"面向中小企业的一站式投融资信息服务"，即"盈创动力科技金融服务模式"，成为全国推广的科技金融改革创新经验之一。

9月21日，中国工商银行河南洛阳自贸试验区支行挂牌营业。

9月21日，由上海自贸试验区与中国国家博物馆共同经营与开发著名文化品牌——"文创中国"在浙江省杭州市白马湖国际会展中心举办。

9月22日，辽宁大连海关完成首批平行进口车辆通关监管。

9月22日，辽宁自贸试验区"虹吸效应"显现，沈阳片区新注册企业突破1万户。

9月22日，中国（湖北）自由贸易试验区襄阳片区公共法律服务中心在襄阳片区正式挂牌运行。这是襄阳片区加快区内法治环境建设的又一重要举措。

9月23日，农业银行洛阳自贸试验区科技支行揭牌仪式暨洛阳片区管委会与农行洛阳分行战略合作协议签字仪式隆重举行。

9月25日，四川自贸试验区服务贸易对欧合作推介会在英国伦敦举行。

9月25日，中国（湖北）自由贸易试验区制度创新培训会在武汉举办。培训会从创新评估、资本环境、营商环境、产业规划等方面阐述了自贸试验区各个制度的细节。

9月27日，湖北宜昌市第一家商业保理公司——宜昌国投商业保理有限公司在宜昌自贸片区正式成立，这是湖北省首批诞生的商业保理公司，也是省内注册资本规模最大的商业保理公司，标志着宜昌在探索新型金融业态方面迈开新的步伐。

9月27日，上海自贸试验区管委会举行"全面改革开放的试验田：走进中国（上海）自贸试验区"新闻吹风会。

9月27日，人保财险厦门自贸试验区联合保险产品创新实验室在厦门片区揭牌。这是全国首家政府与险企共建的保险产品创新实验室。

9月28日，据新华社报道，经李克强总理签批，国务院日前印发《关于在更大范围推进"证照分离"改革试点工作的意见》，部署了进一步破解"办照容易办证难""准入不准营"等突出问题，加快营造稳定公平透明可预期的营商环境。

9月29日，重庆海关成功办理关区首票出境加工账册。

9月30日，中国（四川）自由贸易试验区川南临港片区企业准入"单一窗口"正式上线试运行。

10月

10月1日，全国海关通关一体化改革实现进出口全覆盖。

10月1日，浙商银行上海自贸试验区分行正式开业。

10月1日，上海市全面推进"多证合一"改革，通过一表申请、数据推送、自动办理等多种方式，简化材料收取，减少企业往返，优化证照办理流程，将涉企证照事项进一步整合到营业执照上，全面实行"多证合一、一照一码"。

10月10日，中国建设银行洛阳自贸试验区科技支行揭牌成立。

10月10日，辽宁自贸试验区沈阳片区第二批政策清单共计95项改革事项正式推出，其中涉及实行企业年度报告公示和经营异常名录制度、试点再制造业务、施行出入境便利服务等多个备受关注的领域。

10月10日，辽宁自贸试验区大连片区促进贸易便利化5项制度创新在全国推广。

10月11日，河南开封片区培训"零跑趟"，完成首单"政务服务免费专递"业务。

10月11日，据中国日报网报道，成都高新自贸试验区成立半年入驻企业破万家。获批成立半年来，近200个日夜，成都高新自贸试验区持续释放红利，成为四川内陆开放的桥头堡。自4月1日成都高新自贸试验区挂牌以来，企业持续快速增长，截至9月30日，共新登记各类型企业10679户，新增注册资本（金）1017.21亿元。其中，内资企业10556户，注册资本（金）1010.76亿元；外资企业123户，注册资本（金）6.45亿元。

10月12日，在上海自贸试验区第八批金融创新案例发布会上，15个创新案例新鲜出炉。

10月13日，中国贸促会（湖北）自由贸易试验区服务中心在武汉自贸片区揭牌。该服务中心是中国贸促会在全国11个自贸试验区中设立的第4个服务中心，有利于充分发挥中国贸促会自身优势，在促进对外贸易投资、提供涉外商事法律服务、开展国际交流合作等方面为湖北自贸试验区企业贸易投资提供了坚实的基础和有力的保障。

10月13日，据新华网报道，沪津鄂3地自贸区接受采访，百余项制度创新成果获推广。

10月13日，据《河南日报》报道，截至9月30日，河南自贸试验区已挂牌运行半年。半年来，河南自贸试验区新增企业13234户，注册资本1745.4亿元。

10月14日，湖北襄阳自贸办举办自贸试验区专题讲座。

10月16日，辽宁省在辽宁自贸试验区和沈抚新区推出系列改革举措。

10月18日，以大连金普新区为龙头覆盖东北地区，新区借力"自贸"打造跨境电商全产业链。

10月18日，党的十九大在北京隆重召开，习近平总书记在会上做了重要报告。十九大报告提出，要推动形成全面开放新格局，赋予自由贸易试验区更大改革自主权，探索建设自由贸易港，为全国自由贸易试验区进一步深化改革开放和大胆试、大胆闯、自主改指明了方向。

10月20日，河南自贸试验区开封洛阳国际互联网数据专用通道获批。

10月24日，中国（陕西）自由贸易试验区政策宣讲会在西安举行。

10月29日，中国（陕西）自由贸易试验区从今年4月1日揭牌至今，新增企业6114户，新增注册资本1856.6亿元人民币，新增注册企业数量和注册资本较去年同期均出现大幅增长，自由贸易试验区制度优势和吸引力渐显。

10月30日，中国人民银行重庆营业管理部、国家外汇管理局重庆外汇管理部正式公布《关于金融支持中国（重庆）自由贸易试验区建设的指导意见》（以下简称《意见》），大力支持重庆自贸试验区建设，积极对接重庆内陆开发开放重大部署，进一步服务实体经济、防控金融风险、深化金融改革，《意见》共涵盖8方面36条举措。

10月30日，上海市通信管理局关于在中国（上海）自由贸易试验区放宽在线数据处理与交易处理（经营类电子商务）服务设施地域限制的通告。

10月31日，重庆国际贸易"单一窗口"标准版正式上线，海关倡导开发的关检"联合查验，一次放行"模块在航空口岸启用，实现"线上预约、指令对碰、联合查验、一次结费、一次放行"。

10月，商务部外国投资管理司司长唐文弘指出，总体来看，自贸试验区的开放创新及改革举措进一步激发了市场创新活力和经济发展动力。截至目前，自贸试验区新设企业将近37万家，吸引外商投资设立企业2.3万家，实际使用外资金额2371.7亿元人民币。自设立以来，外商投资准入负面清单管理模式、国际贸易"单一窗口"、注册资本认缴制、投资项目管理"四个一"等123项改革试点经验已向全国复制推广，带动了全国范围营商环境不断优化，形成改革红利共享、开放成效普惠的局面。

11月

11月1日,上海市浦东新区召开"证照分离"改革试点深化实施新闻通气会暨"企业开业地图"上线仪式;《中国(上海)自由贸易试验区保税区片区"十三五"发展规划》发布;浦东新区已出台方案深化实施"证照分离"改革试点,548项企业市场准入审批事项被纳入"证照分离"改革范围。

11月5日,上海自贸试验区保税区域外国人服务单一窗口合作备忘录签字仪式在外高桥保税区举行。

11月6日,辽宁自由贸易试验区首批129台平行进口汽车在大窑湾海关的监管下进入大连大窑湾保税港区仓储,有尼桑途乐、雷克萨斯570、路虎揽胜等众多品牌车。

11月7日,由西安市委、市政府主办,西安市商务局、陕西自贸试验区西安管委会等单位承办的"2017全球硬科技创新大会"分论坛"自贸试验区创新发展(西安)峰会"在国际港务区举行。

11月7日,大连开发区法院自贸试验区审判团队受理首件涉企案件。

11月9日,美国康威集团旗下《选址》(Site Selection)杂志面向全球自贸试验区进行测评和票选,上海自贸试验区获评"亚太区顶尖自贸试验区";海关总署发布2017年第55号公告,明确将经香港输往内地的葡萄酒通关征税便利措施扩大至内地海关所有口岸。

11月10日,四川省商务厅、中国(四川)自由贸易试验区工作办公室召开"魅力自贸·开放四川"首场新闻发布会。四川省商务厅厅长、四川省自贸办常务副主任刘欣发布四川自贸试验区建设和开放型经济运行总体情况。

11月10日,大连海关完成自贸试验区存量企业确认工作。

11月10日,据中国日报网报道,为贯彻国家推动辽宁老工业基地振兴、"一带一路"倡议的实施,推进辽宁自贸试验区大连片区建设,辽宁大连检验检疫局用好支持辽宁自贸试验区建设"28项措施",主动创新保税混矿检验监管模式,充分释放政策红利,进一步优化自贸试验区营商环境。

11月10日,据中国日报网报道,11月8日,中国国际贸易促进委员会4

个中心在成都揭牌，其中有3个落户四川自贸试验区，将助推四川省建设投资贸易便利、监管高效便捷、法治环境良好、具有国际水准的自由贸易试验区。4个中心分别为中国国际贸易促进委员会（四川）自由贸易试验区服务中心、中国国际经济贸易仲裁委员会四川分会、中国国际经济贸易仲裁委员会四川自贸试验区仲裁中心、中国国际贸易促进委员会（四川）自由贸易试验区调解中心。

11月11日，据大河网报道，为推动中国（河南）自由贸易试验区各项改革试点任务有效落实，全面提升自贸试验区建设质量和水平，省政府日前印发《中国（河南）自由贸易试验区建设重大改革专项总体方案》和政务服务体系、监管服务体系、金融服务体系、法律服务体系和多式联运服务体系5大建设专项方案。

11月13日，目前，南沙片区已布局4个人才社区，将陆续推出3000多套人才公寓。首期332套公寓已建设装修完成，并为入住人才配备了专业服务团队。此外，南沙片区今年新颁布的《广州南沙新区（自贸片区）聚集人才创新发展的若干措施》提出从推进人才出入境和停居留便利化、鼓励航运专业人才聚集、落实人才市民待遇等多方面促进全球高端人才聚集。

11月13日，河南省人民政府印发中国（河南）自由贸易试验区建设专项方案。

11月13日，据《经济参考报》报道，上海市已将建设自由贸易港的方案报送国家有关部委征求意见。与自贸试验区相比，自由贸易港有望在一线（国境线）放开方面取得新突破，将取消或最大程度简化入区货物的贸易管制措施，有望实现不报关、不完税、转口贸易也不受限制等目标。此外，国际融资租赁等离岸产业也将成为上海自贸港的一大亮点。

11月14日，首家法国商品馆落户辽宁自贸试验区沈阳片区。

11月17日，辽宁大连开发区检察院与市自贸办签署合作行动备忘录。

11月17日，据中国日报网报道，按照中央政府的安排部署，陕西积极复制推广上海自贸试验区改革创新制度，加快推进"放管服"改革，不断扩大"证照分离"改革试点。围绕着高水平自贸试验区建设，扎实推进贸易便利化、产业聚集、金融服务、人文交流、监管制度、法治环境等方面的工作，法治化、国际化、便利化营商环境正在加快形成。挂牌运行半年多来，陕西自贸试验区新增注册企业6851户，新增注册资本1935亿元人民币。

11月17日，辽宁大连开发区法院推出自贸试验区金融审判高效办案新机制。为更好地保障服务自贸试验区金融业发展，开发区法院于近日在自贸试验区金融审判中率先推出了"电子送达、网上立案、庭后十日内审结"一体化的快速审理机制。

11月20日，交通银行在汉成立离岸金融业务中心（湖北），为企业提供开户和与离岸业务相关的各类咨询，直接办理外汇存贷款、各类国际结算业务、外汇买卖、各类外汇贸易融资等。这是湖北自贸试验区武汉片区成立的首家离岸金融业务机构。

11月20日，据中国日报网报道，2017全国自贸区发展高端论坛于11月18日在东北财经大学举行。

11月22日，河南自贸试验区洛阳片区管委会召开重大项目投资承诺制座谈会。

11月22日，福建省政府印发《关于强化实施创新驱动发展战略进一步推进大众创业万众创新深入发展的实施意见》，明确支持福建自贸试验区人才建设。

11月23日，辽宁自贸试验区内大连出口时代电子商务有限公司通过中国（辽宁）国际贸易"单一窗口"完成首笔跨境电商B2B业务落地通关。这标志着出口时代外贸综合服务平台与中国（辽宁）国际贸易"单一窗口"平台实现成功对接，也标志着中国（辽宁）国际贸易"单一窗口"B2B业务正式上线运行。

11月24日，据《经济参考报》报道，目前大连自由贸易港申报方案初步完成，正在市委进行研究讨论。广东自贸试验区前海蛇口片区也在研究申建自由贸易港，方案计划在本月底前完成。

11月24日，国家工商总局出台意见支持陕西自贸试验区建设。

11月27日，位于上海自贸试验区浦东新区的国际物流综合服务商"运去哪"对外宣布，已与全球前十大集装箱班轮公司之一的汉堡南美（中国）船务有限公司正式达成互联网订舱方面的战略合作协议。

11月28日，河南自贸试验区洛阳自贸片区与前海蛇口自贸片区签订合作备忘录。

11月28日，据中国日报网报道，四川自贸区青白江片区着力构建国际化营商环境。今年以来，四川自贸试验区青白江片区建立行政权责清单制度，按照权责一致原则编制《成都市青白江区自贸试验区行政权力事项目录》，包含2054条行政权力，明晰了政府职能边界。

11月28日，意大利葡萄酒协会、浦东新区酒业协会、欧启国际贸易（上海）有限公司以及快找酒公司联合举办的"意大利葡萄酒推介会"在上海自贸试验区外高桥片区举行。

11月28日，据中国新闻网报道，从辽宁自由贸易试验区管委会获悉，中国商务部评估自贸区沈阳片区装备制造业管理服务模式为全国首创，具有复制推广的意义。

12月

12月1日，重庆自贸试验区的商标审查协作中心正式挂牌运行。

12月1日，上海自贸试验区浦东新区社区事务受理服务事项基本实现"全区通办"。

12月5日，辽宁自贸试验区大连经济技术开发区管委会与中国交通建设股份有限公司（简称中交）东北区域总部东北·中交城项目投资协议正式签订，标志着总投资14.96亿元的该项目掀开新篇章。

12月6日，第八届国际航运战略峰会在上海自贸试验区浦东召开，一批航运重点项目在会上集中签约。

12月6日，据中国新闻网报道，上海自贸区放宽市场准入大门，政府甘当"店小二"。上海市浦东新区区委组织部副部长金莎介绍，不久前，针对企业开业提供"一站式"服务的浦东新区"企业开业地图"正式上线试运行，该地图将对办理事项进行"一键导航"，浦东也将适时把企业开办类事项（包括登记注册事项、前置许可事项、"多证合一"事项等）整合纳入地图，逐步打造全链条的"企业开办（开业）地图"。

12月7日，上海自贸试验区外高桥保税区跨境公共监管点投入使用；上海市食药监局发布并实施《中国（上海）自由贸易试验区内医疗器械注册人制度试点工作实施方案》，标志着上海在全国率先启动医疗器械注册人制度创新改革，自贸试验区率先试点。

12月9日，河南自贸试验区洛阳片区首批类金融机构成功入驻。

12月9日，河南自贸试验区洛阳片区管委会召开周山综合保税区招商项目座谈会。

12月11日，李克强总理为湖北自贸试验区武汉片区"一次办""马上办"到"网上办"点赞。

12月11日，上海自贸试验区海外人才离岸创新创业基地第3批合作空间授牌。

12月11日，国务院总理李克强在武汉主持召开全国11个自贸试验区工作座谈会，他强调，要全面贯彻落实党的十九大精神，以习近平新时代中国特色社会主义思想为指导，深化改革开放，进一步转变政府职能，激发市场活力，顺应人民愿望，不断满足人民群众对美好生活的新期待，按照推动高质量发展的要求，大胆试、自主改，在证照分离、"两随机一公开"综合监管、市场准入负面清单等重点方面取得更大突破。

12月13日，四川省委副书记、省长尹力在成都主持召开专题会议，学习贯彻全国自贸试验区工作座谈会精神，研究中国（四川）自由贸易试验区重点工程建设工作，强调要认真贯彻落实中央和省委决策部署，按照省委十一届二次全会要求精神，进一步加强统筹、加大力度、加紧进度，高标准高质量高效率推进重点项目建设工作，为建设美丽繁荣和谐四川夯实基础蓄积动能。

12月14日，《中国国际贸易促进委员会与中国（上海）自由贸易试验区管委会关于促进中国（上海）自由贸易试验区建设合作备忘录》在浦东新区签署，双方将在6方面进行合作，进一步促进区内贸易投资自由化便利化和营商环境的建设。

12月14日，福建省委书记、省长于伟国主持召开省政府常务会议，传达贯彻全国自贸试验区工作座谈会精神，要求福建自贸试验区和各有关部门认真贯彻李克强总理在全国自贸试验区工作座谈会上的重要讲话精神，推进高质量自贸试验区建设。

12月15日，公安部实施5项出入境便利政策措施支持福建自贸试验区创新发展，惠及外籍高层次人才、外籍华人、外籍留学生和自贸试验区企业等。

12月16日，河南自贸试验区洛阳片区试行企业投资项目承诺制——"一纸承诺"取代层层审批项目开工大步提速。

12月16日，上海自贸试验区国际化航运专业人才交流会是浦东新区培育和打造国际航运人才市场的首发公益性活动，在新国际博览中心W5馆举行。

12月17日，为贯彻落实党的十九大报告新要求新部署，商务部将支持自贸试验区进一步深化改革开放、创新发展，提出了28条意见。

12月18日，福建省政府印发《福建省开展"证照分离"改革试点工作方案》，明确98项行政许可等试点事项，在福建自贸试验区等范围开展"证照分离"改革试点工作。

12月19日，辽宁省首个自贸试验区审判庭——大连自贸试验区审判庭揭牌。

12月20日，辽宁省人民政府关于印发《中国（辽宁）自由贸易试验区"证照分离"改革试点方案》的通知。在辽宁自贸试验区沈阳、大连、营口3个片区复制国务院批复上海市"证照分离"改革试点95项行政许可等事项成熟做法，先行先试开展"证照分离"改革试点，统筹推进"放管服"改革。

12月25日，国务院发布《关于在自由贸易试验区暂时调整有关行政法规、国务院文件和经国务院批准的部门规章规定的决定》，在自由贸易试验区暂时调整11部行政法规、2份国务院文件以及2个经国务院批准的部门规章的有关规定，暂停实施有关内容，保障自贸试验区有关改革开放措施依法顺利实施。

12月26日，上海自贸试验区国际生物医药科创中心开业。

12月26日，商务部印发《关于支持自由贸易试验区进一步创新发展的意见》，从推动对外贸易由量的扩张到质的提升、持续优化营商环境、完善市场运行机制、积极参与国际经贸合作、强化组织保障等5方面提出28条意见，进一步支持自贸试验区创新发展。

12月27日，陕西省人民政府正式发布实施《中国（陕西）自由贸易试验区管理办法》（陕西省人民政府令第207号）。对陕西自贸试验区的管理体制、投资管理、贸易便利化、金融服务、"一带一路"经济合作与人文交流、推动西部大开发、综合管理与服务等办法进行了明确。

12月28日，河南自贸试验区开封片区推出"三方协议"登记网上传递办理。

12月28日，湖北襄阳高新区（自贸片区）被国家知识产权局授予"国家知识产权示范园区"荣誉称号。此次被授予该称号的园区全国有8家。

2017年中国自贸试验区小结

2017年3月5日，习近平总书记在参加全国两会上海代表团审议时对上海提出"在深化自贸试验区改革上有新作为"的要求。为了在全国范围更高层次、更广泛领域进行差异化探索试验，更好地服务国家战略，2017年4月，辽宁、浙江、河南、湖北、重庆、四川、陕西等7个自贸试验区正式挂牌成立，覆盖东中西部和东北地区，自贸试验区体量和区域带动性大幅度提升。

自2017年4月1日挂牌运行以来，中国（湖北）自由贸易试验区坚持以习近平新时代中国特色社会主义思想为指引，全面贯彻党的十九大精神，认真落实李克强总理在湖北调研自贸试验区工作时的重要讲话要求，紧密围绕《中国（湖北）自由贸易试验区总体方案》，各项建设工作有力有序推进。

中国（浙江）自由贸易试验区按照建设"东部地区重要海上开放门户示范区、国际大宗商品贸易自由化先导区和具有国际影响力的资源配置基地"的战略定位，紧紧围绕《中国（浙江）自由贸易试验区总体方案》明确的试点任务，在省委、省政府高度重视下，在国家有关部委的大力支持下，坚持立足国家战略、开拓进取，对标国际、深化改革，注重特色发展、重点攻坚。

河南自贸试验区2017年中欧班列（郑州）开行501班，境内网络覆盖全国四分之三地域，境外网络遍布欧盟、俄罗斯和中亚地区，形成境内境外双枢纽、沿途多点集疏格局；郑州机场开通货运航线34条，通航城市3个，2017年完成货邮吞吐量超50万吨，基本形成了覆盖全球主要经济体的枢纽航线网络，以互联互通合作服务"一带一路"建设。

重庆自贸试验区迈出了创新国际陆路贸易规则的第一步。以此为基础，加大探索力度，将重庆跨境铁路联运提单上升为国家标准，扩大运输产品范围，争取获得"一带一路"沿线国家的广泛认同和采用。

四川自贸试验区深入学习贯彻习近平新时代中国特色社会主义思想和习近平总书记对四川工作系列重要指示精神，按照中央确定的"四区一高地"功能定位，实施自贸试验区"引领性工程"，制度创新蹄疾步稳，改革红利加快释放，创新活力持续迸发，引领示范效应不断凸显。

陕西省委、省政府以习近平新时代中国特色社会主义思想为指导，认真贯彻党的十九大精神，紧扣党中央、国务院赋予陕西自贸试验区的战略定位，始终坚持以制度创新为核心，大胆试、大胆闯、自主改，扎实推进各项任务落实，较好发挥了引领示范带动作用，取得了阶段性成果，融资租赁业迅速发展，截至2017年年底陕西融资租赁企业达90户，注册资本337亿元。灞柳基金小镇吸引240余家基金企业入驻，基金审批管理规模超2000亿元。

与2015版负面清单相比，2017版负面清单的外商投资特别管理措施压缩到95条，进一步扩大了投资领域开放度。从领域来看，2017版负面清单减少的特别管理措施主要集中在制造和服务业领域。

建设上海自贸试验区，是以习近平同志为核心的党中央在新形势下全面深化改革和扩大开放的战略举措。从2013年9月至2017年3月，国务院相继印发《中国（上海）自由贸易试验区总体方案》《进一步深化中国（上海）自由贸易试验区改革开放方案》《全面深化中国（上海）自由贸易试验区改革开放方案》，自贸试验区建设正不断向纵深推进，国务院印发自贸试验区3.0版方案。主要内容是以建设开放度最高的自由贸易园区为目标，建设"三区一堡"，强化"三个联动"。

2017年4月，习近平总书记等中央领导同志对福建自贸试验区建设做出重要指示批示，充分肯定福建自贸试验区建设取得的积极成效，进一步指明自贸试验区深化改革的根本方向。3年多来，福建自贸试验区总体方案确定的186项重点试验任务，178项已实施并取得初步成效。推出创新举措310项，其中对台先行先试71项，经国际知名咨询公司评估，全国首创106项。发布创新实践案例110个。5批110项创新成果由省政府发文在福建省复制推广，商事登记"一照一码"、国际贸易"单一窗口"等32项创新成果或典型案例由国务院或国家部委发文在全国复制推广或学习借鉴。2017年福建自贸试验区营商环境相当于全球190个经济体第47位水平。围绕"一线放开、二线安全高效管住"，自贸试验区建立了信息互换、监管互认、执法互助的体制机制，实现通关手续更简、时间更短、费用更低，有力促进了贸易转型升级和新业态新平台发展壮大。2017年，福建省实现进出口货物通关时间压缩1/3，集装箱进出口环节合规成本降低5%。厦门港集装箱吞吐量1038万标箱，全球排名第14位，首次超越台湾高雄港。

试点布局方面，自2017年批复设立第3批自贸试验区起，我国自贸试验区试点布局向辽宁、河南、湖北、重庆、四川、陕西等中西部地区和东北地区拓展，习近平总书记参加全国两会上海代表团审议时强调，要勇于突破、当好标杆，对照最高标准、查找短板弱项，大胆试、大胆闯、自主改，进一步彰显全面深化改革和扩大开放试验田的作用，亮明我国向世界全方面开放的鲜明态度。

2018年中国自贸试验区大事记

1月

1月1日,《中华人民共和国政府和格鲁吉亚政府自由贸易协定》正式生效,且上海市浦东出入境检验检疫局为欧普照明股份有限公司的一批货物首份签出"中国—格鲁吉亚原产地证书"。

1月2日,河南自贸试验区洛阳自贸片区完成首家进口食品化妆品进口商备案。

1月2日,河南自贸试验区洛阳高新区法院自由贸易区法庭揭牌。

1月2日,上海自贸试验区浦东新区在自贸区行政服务中心举办了"四个集中一次办成"新闻通气会。

1月3日,河南自贸试验区洛阳片区正式开通国际贸易"单一窗口"。今后,企业只需要填一张单,就可以在网上同步提交海关、检验检疫、外汇等部门进行审核,高效完成通关手续。

1月3日,辽宁自贸试验区沈阳片区新政务服务大厅正式启用。

1月8日,上海自贸试验区浦东新区召开优化营商环境"二十条"措施新闻通气会,"二十条"着力加强事中事后监管,尤其在新技术、新产业、新业态、新模式蓬勃发展的新形势下,提高监管精准度。

1月9日,国务院印发《关于在自由贸易试验区暂时调整有关行政法规、国务院文件和经国务院批准的部门规章规定的决定》。

1月9日,四川自贸试验区成都区域2018年"走出去"推介首站走进乌鲁木齐，在当地举办"协同开放·共享机遇"合作交流会。会上，两地在政府合作、关检互认、班列集拼集运、企业交流等多个领域签订合作协议。

1月9日，河南自贸试验区开封片区再造企业办税流程："不见面"审批，半小时速成。

1月9日，福建自贸试验区平潭片区金井作业区3号泊位迎来了香港至平潭集装箱班轮"闽台一号"，标志着香港至平潭航线正式开通，平潭跨境贸易有了新的通道，有利于推动平潭成为香港跨境贸易货物进入内地市场的东南沿海分拨中心。

1月11日，重庆自贸试验区两江新区与阿里巴巴网络技术有限公司正式签署合作协议。

1月11日，福建自贸试验区率先在全国实施对外贸易经营者备案登记和原产地证备案登记"两证合一"。

1月15日，陕西省发改委出台了《进一步支持中国（陕西）自由贸易试验区建设的若干意见》（以下简称《意见》）。《意见》以陕西自贸试验区发展需求和企业投资贸易便利化需要为导向，提出了7方面共16条具体措施。

1月15日，四川自贸试验区首台保税维修飞机发动机交付仪式在双流综保区四川国际航空发动机保税维修基地举行。

1月15日，据《天津日报》报道：日前，经国家外汇管理局批准，国家外汇管理局天津市分局正式印发《进一步推进中国（天津）自由贸易试验区外汇管理改革试点实施细则》，成为2018年金融支持天津自贸试验区发展建设的第一项重要举措。

1月16日，河南自贸试验区开封片区综合服务中心正式设立国际贸易"单一窗口"。

1月17日，李克强总理召开国务院常务会议提出，在前期已对116项审批事项开展"证照分离"改革试点并向全国各自贸试验区推广的基础上，由上海市进一步在浦东新区对商事制度、医疗、投资、建设工程、交通运输、商务、农业、质量技术监督、文化、旅游等10个领域47项审批事项进行改革试点，推进"照后减证"。

1月18日，陕西自贸试验区外汇管理改革试点实施细则出台。

1月18日，中国银行河南洛阳自贸片区支行举行揭牌仪式。

1月19日，四川省商务工作会议在成都召开。2018年，四川将高标准高质量高效率推进自贸试验区建设。同时，抓好自贸试验区改革试点经验在全省范围内的复制推广。还将做好首批省级管理权限的下放和承接落地工作，积极稳妥推进"证照分离"改革试点，抓紧推出第二批省级行政许可事项下放和取消事宜。

1月19日，河南自贸试验区开封片区诞生河南省首家自主审核认定的内资融资租赁企业。

1月19日，据《辽宁日报》报道，在去年首批复制推广40项自贸试验区改革创新经验的基础上，大连市将对标上海自贸试验区改革措施，于今年4月底前在全市范围内复制推广第二批40项改革创新经验。

1月24日，交通银行河南洛阳自贸片区支行揭牌。

1月24日，据中国日报网报道：日前，中国（四川）自由贸易试验区成都管理委员会召开新闻发布会，就成都推进自由贸易改革试验，建设国际门户枢纽城市等方面取得的重要成绩作了通报。

1月25日，河南自贸试验区开封片区首个省级经济社会权限事项从设立审核到注册登记24小时内办结。

1月26日，湖北自贸区宜昌片区管委会与四川自贸试验区川南临港片区管委会签订战略合作协议，旨在建立长期、稳固、全面的战略合作关系，实现优势互补、互惠互利、合作共赢。

1月26日，福建自贸试验区厦门片区管委会联合厦门市建设局、市金融办及厦门保监局出台《建设工程保险制度试点暂行办法》，在全国率先运用保险机制对工程管理制度进行创新，建筑企业通过购买保险代替缴纳保证金，有效降低企业成本。

1月30日，商务部等8部门就内蒙古等地区开展汽车平行进口试点有关问题复函，支持在重庆自贸试验区内的铁路口岸等开展汽车平行进口试点。

1月30日，上海自贸试验区管委会与中国国家画院在外高桥签署战略合作备忘录，共同搭建中国美术走向海外的平台；外高桥集团股份与京东物流集团战略合作新闻发布会在森兰外高桥召开。

2月

2月1日，陕西省工商局联合省自贸办等6部门印发《中国（陕西）自由贸易试验区贯彻落实〈陕西省简化企业开办和注销程序行动〉实施方案》。

2月1日，商务部副部长王受文率队来渝督查调研重庆自贸试验区建设。

2月2日，由两岸企业家峰会主导和推进的"台湾商品中心"在中国（上海）自由贸易试验区正式开业。

2月6日，据中国日报网报道：厦门自贸区进口英国产品货值增长逾三成。厦门港在实现年集装箱吞吐量首次突破1000万标箱大关后，国际地位再次提升，厦门检验检疫局准确认识和把握新时代新要求，狠抓质量提升，盯住供给侧结构性改革的主攻方向，瞄准国际先进标准，不断优化通关环境，更加有效地服务"一带一路""优进优出"和自贸试验区建设，推动地方经济稳定健康发展，为不断满足人民群众对美好生活需要和对质量安全需要做出新的贡献。

2月7日，重庆自贸试验区与四川自贸试验区川南临港片区签订战略框架协议，加强区域协作联动。

2月7日，重庆海关发布公告，复制推广中国（重庆）自由贸易试验区13项海关改革试点经验。

2月9日，四川省商务厅（四川自贸办）在省政务服务和资源交易服务中心举行"四川自贸试验区片区管委会实施的首批省级管理事项培训班"。

2月10日，中国（上海）自由贸易试验区洋山保税港区（陆域）凭借在园区规划建设、招商引资、产业培育及规范运营等方面的综合优势成功获批"全国示范物流园区"。

2月12日，中国银行辽宁省分行和辽宁自贸试验区沈阳片区成功举办了"助力实体经济，走进自贸区"共建活动。

2月12日，沈阳自贸试验区辽宁片区4家企业成为辽宁首批自主审核认定的内资融资租赁企业。经审核，沈阳普泽融资租赁有限公司、沈阳大众中汇融资租赁有限公司、沈阳金岭融资租赁有限公司、沈阳前路融资租赁有限公司基本符合试点条件，拟同意其作为内资融资租赁业务试点企业，辽宁省商务厅于2017年12月18日予以公示。2017年12月22日，批复完成。

2月12日，据《湖北日报》报道：日前从省编办获悉，湖北省政府近日印发《湖北省推进"证照分离"改革试点工作实施方案》，决定在湖北自贸试验区武汉、襄阳、宜昌片区和16个国家级功能区推进"证照分离"改革试点，试点期为2018年2月7日至2018年12月21日。

2月24日，福建省委书记尤权主持召开省委常委会会议，贯彻落实习近平总书记对上海自贸试验区重要批示精神，研究部署加快推进福建省自贸试验区建设。

2月26日，远心医疗的单道心电记录仪成为按照《中国（上海）自由贸易试验区内医疗器械注册人制度试点工作实施方案》获批上市的首个医疗器械产品。

2月28日，丝路中伊投资与自贸高峰论坛暨伊朗国家馆揭牌仪式在中国（上海）自由贸易试验区举行。

3月

3月1日，四川、陕西加强互动交流，携手共促自贸试验发展。

3月2日，商务部与重庆市人民政府在北京签署部市合作协议。根据协议，商务部将积极支持重庆市深化自贸试验区制度创新。

3月8日，国家食品药品监督管理总局发布《关于在更大范围试点实施进口非特殊用途化妆品备案管理有关事宜的公告》，重庆自贸试验区列入扩大试点范围。

3月15日，辽宁省133项省级行政职权下放自贸试验区。为提高自贸试验区经济建设和社会管理水平，增强统筹协调、自主决策和公共服务能力，辽宁省人民政府下发文件明确133项行政职权下放内容。自《辽宁省人民政府关于赋予中国（辽宁）自由贸易试验区各片区管委会第一批省级行政职权的决定》印发之日起，30个工作日内完成职权移交工作。

3月15日，首家上海自贸试验区专业类酒类跨境电商平台宣告成立。

3月17日，重庆自贸试验区两江新区推出企业集群注册制度。

3月19日，辽宁自贸试验区大连自贸片区25家跨境电商集体亮相第十八届大连"3·15消博会"。

3月20日，上海外联发商务咨询有限公司（UDC）和上海自贸试验区联合发展有限公司在外高桥一键通企业事务服务大厅举行战略合作协议签约仪式，于未来共同推进外高桥与洋山的通力合作。

3月23日，重庆市政府办公厅印发《中国（重庆）自贸试验区产业发展规划（2018—2020）》。

3月28日，湖北省十三届人大常委会第二次会议召开，蒋超良主持、审议中国（湖北）自由贸易试验区条例草案等。

3月28日，上海自贸试验区海关特殊监管区域开展汽车平行进口试点保税仓储业务。

3月29日，在深圳前海管理局会议室，随着湖北襄阳高新区（自贸片区）管委会主任邓卓海与深圳前海蛇口自贸片区管委会副主任、前海管理局副局长在合作备忘录上签字，标志着湖北自贸区襄阳自贸片区与前海蛇口片区的深度交流与合作正式拉开帷幕。

3月30日，据中国日报网报道，中国（辽宁）自由贸易试验区成立一周年阶段性成果取得重大突破。截至2018年3月20日，辽宁自贸试验区共新增注册企业24829家，注册资本达到3626.1亿元。

4月

4月1日，中国（陕西）自由贸易试验区一周年，新增市场主体14811户。

4月1日，浙江自贸试验区发布一周年制度创新成果评估报告。由毕马威出具的第三方评估报告显示，浙江自贸试验区的40项制度创新成果中20项为全国首创，50%的首创率远超其他第三批自贸试验区。

4月3日，辽宁自贸试验区大连自贸片区企业登记"专属数据库"建成投用。

4月4日，在湖北自贸试验区襄阳自贸片区政务服务中心大厅11号窗口，武汉屈臣氏个人用品商店有限公司的代表齐星在签过承诺书后，从窗口工作人员手中领取了《公共场所卫生许可证》。这标志着全省首个"证照分离"改革事项正式办结。

4月5日，福建自贸试验区福州片区在全省率先实施"证照分离"改革试点。

4月7日，福建省副省长李德金带领省直有关部门负责同志赴福州片区调研平台建设，实地察看了江阴汽车整车进口口岸、马尾物联网产业基地等，并提出相关工作要求。

4月7日，经海关总署批准，同业联合担保改革试点在福建自贸试验区福州片区跨境电商行业正式启动。该试点是福州海关和中国银行福建省分行在全国首创的一项海关税款担保改革措施。

4月9日，河南自贸试验区开封片区首次向全市推广14项改革试点经验。

4月10日，中共中央总书记、国家主席习近平在海南博鳌亚洲论坛2018年年会开幕式上发表题为《开放共创繁荣 创新引领未来》的主旨演讲，强调各国要顺应时代潮流，坚持开放共赢，勇于变革创新，向着构建人类命运共同体的目标不断迈进；中国将坚持改革开放不动摇，继续推出扩大开放新的重大举措，同亚洲和世界各国一道，共创亚洲和世界的美好未来并提出"探索建设中国特色自由贸易港"。

4月10日，湖北自贸试验区宜昌自贸片区举办制度创新培训会，组织片区建设领导小组成员单位、重点企业、金融机构等150余名分管负责人和联络员参加专题学习培训，全面系统地学习自贸区相关知识。

4月11日，据《辽宁日报》报道，辽宁自贸试验区吸引1568家外贸企业落户。

4月11日，上海自贸区保税区域人才基地签约仪式在外高桥举行；"金桥企业服务中心·服务金港"在金桥开发区揭牌成立。

4月12日,据中国日报网报道:近日陕西省人民政府新闻办公室举办"中国(陕西)自由贸易试验区一周年建设情况及成果"主题系列新闻发布会第一场,中国(陕西)自由贸易试验区工作办公室副主任翟北秦介绍情况。截至目前,《自贸区建设总体方案》明确的165项试点任务已全面启动。其中,实施"多证合一"综合审批运行服务模式、简化"资金池"管理等48项任务已基本完成,正在全面深化中。同时,对前两批自贸试验区123项改革试点经验进行了复制推广。

4月13日,习近平总书记在庆祝海南建省办经济特区30周年大会上郑重宣布,党中央决定支持海南全岛建设自由贸易试验区,支持海南逐步探索、稳步推进中国特色自由贸易港建设,分步骤、分阶段建立自由贸易港政策和制度体系。他强调,在决胜全面建成小康社会、夺取新时代中国特色社会主义伟大胜利的征程上,经济特区不仅要继续办下去,而且要办得更好、办出水平。经济特区要不忘初心、牢记使命,把握好新的战略定位,继续成为改革开放的重要窗口、改革开放的试验平台、改革开放的开拓者、改革开放的实干家。

4月13日,全国人大常委会副委员长、民革中央主席万鄂湘率民革中央调研组,就"助推西部发展,建设'一带一路'南向通道"调研重庆自贸试验区。

4月14日,中共中央、国务院印发《关于支持海南全面深化改革开放的指导意见》(中发〔2018〕12号)。在中国特色社会主义进入新时代的大背景下,赋予海南经济特区改革开放新的使命,是习近平总书记亲自谋划、亲自部署、亲自推动的重大国家战略,必将对构建我国改革开放新格局产生重大而深远的影响。支持海南全面深化改革开放有利于探索可复制可推广的经验,完善和发展中国特色社会主义制度;有利于我国主动参与和推动经济全球化进程,发展更高层次的开放型经济,加快推动形成全面开放新格局;有利于推动海南加快实现社会主义现代化,打造成新时代中国特色社会主义新亮点,彰显中国特色社会主义制度优越性,增强中华民族的凝聚力和向心力。

4月14日，重庆自贸试验区第一次智库专家会召开，时任市长唐良智会见参会专家。

4月14日，《中国（上海）自贸试验区顶尖科研团队外籍核心成员申请在华永久居留认定细则》出台。

4月15日，中国（陕西）自由贸易试验区公共法律服务中心揭牌。

4月17日，为了解自贸试验区建设成果，辽宁自贸试验区大连片区开展"走进自贸区"参观考察系列活动。

4月21日，中国（广东）自由贸易试验区挂牌将满3周年。3年来，广东自贸试验区共形成385项制度创新成果。截至2017年12月，广东自贸试验区累计新设企业21万家，新设外商投资企业9639家，实际利用外资128.5亿美元。在探索开放型经济新体制、建设高水平对外开放门户枢纽、深化粤港澳合作等方面，广东自贸试验区有力发挥了全面深化改革和扩大开放试验田的作用。

4月21日，据《经济日报》报道，辽宁自贸区建设首年成果丰硕，新增注册企业24829家，注册资本3626.1亿元，企业办事"秒通关""零等待"……自去年4月1日中国（辽宁）自由贸易试验区正式揭牌以来，一系列自贸区改革成果正在辽沈大地显现。

4月24日，上海自贸试验区迄今已经诞生了百余项制度创新成果向全国复制推广。

4月26日，中央改革办督察组督查重庆自贸试验区建设情况。

4月26日，河南自贸试验区洛阳自贸片区领导小组赴陕西自贸试验区西安国际港务区考察学习。

4月28日，福建省副省长李德金带领省直有关部门负责同志赴厦门片区调研平台建设，实地察看了厦门太古飞机工程有限公司、厦门片区综合服务大厅、厦门电子口岸公司、东南红酒交易中心、中欧（厦门）国际班列拆拼箱中心等，并提出相关工作要求。

5月

5月1日，国务院下发通知，面向全国范围和特定区域复制推广11个自贸试验区形成的第四批改革试点经验，共计30项，其中出自浙江自贸试验区的有6项。

5月2日，湖北自贸试验区签发首张外国人才签证确认函，吸引"高精尖缺"人才，有效期可达10年。

5月3日，国务院印发《国务院关于做好自由贸易试验区第四批改革试点经验复制推广工作的通知》，重庆自贸试验区探索的"海关特殊监管区域'四自一简'监管创新"获批复推广。

5月3日，按照党中央、国务院部署，11个自贸试验区所在省市和有关部门结合各自贸试验区功能定位和特色特点，全力推进制度创新实践，形成了自贸试验区第四批改革试点经验，将在全国范围内复制推广。

5月4日，首家保险公司——人保财险沈阳自贸试验区中心支公司正式落户自贸试验区。

5月7日，上海市质量技术监督局和浦东新区政府共同召开新闻发布会，宣布《社会治理指数评价体系》《"家门口"服务规范》两项标准正式发布实施，这不仅是浦东新区首次在基层社会治理领域发布标准，也是首次在自贸试验区先行先试发布的区级标准。

5月9日，从"377"变"1"，洛阳片区在全省范围内首个推行"一枚印章管审批"。"一枚印章管审批"指的是将多部门行政审批权限统一由一个部门行使。具体到自贸试验区洛阳片区来说，就是在承接省级、市级下放行政审批权限的基础上，将审批权限由行政审批局统一行使。这样群众只需要跑一个部门，不仅减少了办事群众往返多个部门办事的次数，还有利于审批部门进一步整合审批环节、消减申报材料、优化审批流程、压缩审批时限、提高审批效率。

5月9日，中国（上海）自由贸易试验区央地融合发展平台成立仪式在世博B片区央企总部基地隆重举办。

5月9日，福建自贸试验区平潭两岸快件中心正式启用。该中心是福建省首个集海运快件和跨境电商保税备货、直邮购物监管功能于一体的物流中心，同时兼具保税仓库功能。

5月11日，湖北市委召开双月座谈会，为宜昌自贸片区建设建言献策。

5月14日，河南自贸试验区开封片区实施企业投资项目承诺制，创新投资项目审批监管模式。

5月14日，上海自贸试验区陆家嘴管理局联合业界推出2.0版金融科技"陆九条"。

5月17日，澳大利亚最大机床生产商ANCA集团亚太区总部——昂科机床（上海）有限公司新址在上海自贸试验区外高桥国际智能制造服务产业园启用。

5月18日，由福建自贸试验区平潭综合试验区管委会、福建省商务厅（省自贸办）共同举办的福建自贸试验区平潭片区惠民利民政策专场推介会在福州海峡会展中心举行。省商务厅（自贸办）、平潭综合试验区、省直相关部门、第三批自贸试验区及各商协会等单位代表出席活动。

5月21日，据新华网报道，日前海南省人民政府召开新闻发布会，宣布"2018中国（海南）自由贸易试验区（港）百日大招商（项目）活动"正式启动。

5月23日，经李克强总理签批，国务院日前印发《关于做好自由贸易试验区第四批改革试点经验复制推广工作的通知》。

5月23日，河南自贸试验区洛阳片区："三个一"政务服务新模式为企业减负。

5月23日，河南自贸试验区开封片区行政审批服务标准化项目被列入省级服务业标准化试点项目。

5月24日，《国务院关于印发进一步深化中国（天津）自由贸易试验区改革开放方案的通知》发布。文件指出，建立中国（天津）自由贸易试验区，是党中央、国务院做出的重大决策，是在新形势下推进改革开放和加快实施京津冀协同发展战略的重要举措，对加快政府职能转变、积极探索管理模式创新、促进贸易和投资便利化，为全面深化改革和扩大开放探索新途径、积累新经验，具有重要意义。

5月24日,《国务院关于印发进一步深化中国(广东)自由贸易试验区改革开放方案的通知》发布。方案强调,广东自贸试验区要大力发展金融科技,加快区块链、大数据技术的研究和运用;促进粤港澳经济深度合作。与此同时,这一方案针对广东省进一步深化自贸试验区改革开放制定了建设目标,并提出了18条具体举措。之后,广东自贸试验区建设由此进入又一轮高速发展的新阶段。

5月24日,上海自贸试验区管委会表示,已正式启动上海自贸试验区条例修订工作,继续为自贸试验区的制度创新提供有力支撑。

5月25日,据《经济参考报》报道:天津自贸试验区已挂牌运行3周年。各项改革措施稳步推进,成果显著。在此基础上,天津提出探索建设京津冀自由贸易港,着力打造服务京津冀协同发展高水平对外开放平台。

5月25日,据《广州日报》报道:近日,《国务院关于印发进一步深化中国(广东)自由贸易试验区改革开放方案的通知》(以下简称《深改方案》)。

5月30日,国务院日前印发通知,把11个自由贸易试验区的30项改革事项作为自由贸易试验区第四批改革试点经验面向全国推广。

5月30日,辽宁自贸试验区"基本法"正式提请省人大审议。

5月30日,在中国(上海)自由贸易试验区将成立5周年之际,上海市第一中级人民法院与浦东新区人民法院联合召开自贸试验区司法保障白皮书新闻发布会,梳理总结近5年来涉自贸试验区案件审判情况及自贸试验区司法服务保障工作成效,并发布《自贸区司法保障白皮书》。

5月,重庆自贸办组织赴美国、墨西哥等国家和地区集中开展自贸试验区推介和招商引资活动。

6月

6月1日,"洛阳自贸区动态"之首单出口生物制品在河南自贸试验区洛阳自贸片区顺利放行。

6月1日，"和睦家医疗"品牌旗下的上海和睦家新城医院宣布近日落户上海自贸试验区，成为在上海自贸试验区开设的第一家民营医院。

6月4日，在上海自贸区综合监管平台上，运用"互联网＋信用监管"的模式，逐步消除市场上"短斤缺两"等不诚信现象。

6月5日，重庆市委副书记、市长唐良智主持召开重庆自贸试验区工作领导小组第三次会议，审议通过政府规章《中国（重庆）自贸试验区管理办法》（草案）、《中国（重庆）自由贸易试验区法治保障工作推进组成员单位及工作职责与任务分工》。

6月6日，河南自贸试验区洛阳片区设立出入境办证点。

6月6日，福建质检总局印发《关于推进检验检疫改革创新进一步支持自由贸易试验区建设的指导意见》，提出4方面16条措施支持自贸试验区建设。

6月7日，国家图书馆与上海自贸试验区管委会在京签署《国家图书馆与上海自贸试验区管委会战略合作协议》，国家图书馆正式成为上海自贸区文化产业集聚的国家级品牌阵营新成员；《森兰·奂新》城市高峰论坛暨上海浦东总部经济共享服务中心（平台）外高桥工作站揭牌仪式在森兰·美奂隆重举行。

6月8日，上海市浦东法院自贸试验区法庭在大调研中推出了"上海自贸区数字法庭"系统。

6月12日，一列载有56个标箱的铁路班列缓缓驶出泸州港进港铁路专用线，这是中国（四川）自由贸易试验区"蓉欧＋泸州港"号班列开行的第一班列车，也是中欧班列（蓉欧快铁）第一条铁水联运线路。

6月12日，辽宁省商务厅、辽宁省行政学院共同举办辽宁自贸试验区建设专题研讨班。

6月13日，据中国日报网报道，从福建省新闻办召开的新闻发布会上获悉，福建自贸试验区福州片区将进一步深化改革开放，推出150项试验任务，进一步放宽投资准入、建立通关合作新模式、建设国家级海产品交易中心、大力发展跨境电商业务。

6月14日，据中国日报网报道，由成都自贸试验区管理委员会主办的成都自贸大讲堂开讲，这也是自贸大讲堂的首秀。来自相关部门、企业、协会等机构约100位嘉宾齐聚一堂，围绕"中医药服务贸易创新发展"主题，通过主题演讲、互动对话等方式，就成都中医药服务贸易发展现状及问题进行研讨，为破解难点堵点集智聚力、出谋划策。

6月15日，大连商品交易所项目入驻辽宁自贸试验区大连片区金融服务产业园，开拓金融创新业态。

6月15日，"中国技术交易所上海工作中心暨精准医疗国际研究院（筹）揭牌仪式"在上海自贸试验区金桥片区举行。

6月19日，外国人服务单一窗口线上平台在上海自贸试验区保税区域正式启动，外国人服务单一窗口进入了"3.0版本"的新时代。

6月19日，据《中国日报》报道，近日，国务院印发《国务院关于做好自由贸易试验区第四批改革试点经验复制推广工作的通知》，拟在全国范围内复制推广自贸区30项改革试点经验。福建自贸区对标国际通行规则，持续先行先试，深化改革开放，加快体制机制创新，突出深化对台和"海丝"合作，更好地服务国家发展大局。

6月20日，国家认监委与上海自贸试验区管委会签署共同推进自贸试验区认证认可检验检测工作合作备忘录；中国（上海）自由贸易试验区跨境科创中心、中国（上海）自由贸易试验区海外人才离岸创新创业基地在上海自贸区外高桥保税区举行的"X-SUMMIT全球并购与中国创新峰会"上正式揭牌。

6月21日，河南自贸试验区洛阳片区内签发原产地证书1万多份，为出口企业减免关税2.37亿元。

6月21日，辽宁自贸试验区沈阳片区举办"金融岛"融资租赁业研讨会暨项目对接会。

6月21日，上海自贸试验区管委会召开了扩大金融服务业对外开放工作推进会，总结上海自贸试验区在金融服务业扩大开放领域已开展的工作，推出了《中国（上海）自由贸易试验区关于扩大金融服务业对外开放进一步形成开发开放新优势的意见》；中国国际进口博览会上海交易4大采购商联盟揭牌仪式在市政府隆重举行。

6月27日，国家林业局濒危物种进出口管理办公室发布福建自贸试验区野生动植物进出口行政许可改革措施,措施主要围绕扩大简政放权、减少许可环节和放宽许可条件、缩短许可时限等3方面。

6月28日,为打造永不落幕的中国国际进口博览会,"6天+365天"一站式交易服务平台正式上线,首批30个平台入驻其中;"关检合一"的上海自贸区洋山保税港区通关服务中心正式启用,将进一步提升贸易便利化水平、改善区域营商配套环境。

6月29日,为增强人民币铁矿石价格的国际影响力,上海自贸试验区进口铁矿石价格指数在沪发布,打造具有影响力的铁矿石"上海价格"。

6月30日,国家发改委、商务部发布《自由贸易试验区外商投资准入特别管理措施(负面清单)(2018年版)》。此次修订后,自由贸易试验区负面清单由2017年版的95条措施减至2018年版的45条措施。

7月

7月3日,全国政协常委、四川省政协副主席、民盟四川省委主委赵振铣率队赴四川自贸试验区成都区域开展"四川自贸区法治建设问题"重点调研。调研组先后前往天府新区政务中心、成都知识产权审判庭和四川千行你我科技有限公司、敦煌网等部分自贸试验区代表企业实地考察,并在双流区自贸局举行座谈会。

7月4日,四川自贸试验区川南临港片区展示厅外,一场吸引人才和企业入"泸"的新政发布会在泸州举行。会上,围绕人才、物流、金融服务等40条新政出炉。

7月5日,四川自贸试验区青白江片区管理局等举行了"蓉欧+"法律服务联盟揭牌仪式,并召开了自贸试验区制度创新与法制保障研讨会。

7月5日,河南自贸试验区开封片区成功发放全省第一张由市级质监局审批的检验检测机构资质认定证书。

7月5日,辽宁自贸试验区融资租赁企业与银行机构对接座谈会在沈阳片区管委会成功举办。

7月6日，河南自贸试验区开封片区企业获批河南首张电子汇总征税保函。

7月6日，获批全国首个高校知识产权运营平台、湖北自贸试验区知识产权建设取得新突破。

7月6日，最高人民检察院举办检察机关服务保障自贸试验区建设工作推进会。来自上海、广东、天津、福建等11个省市检察机关代表参加会议，总结交流服务保障自贸试验区建设方面的经验做法和工作成果。

7月7日，中国（四川）自由贸易试验区川南临港片区专家决策咨询委员会在泸州宣布成立。

7月13日，浙江自贸试验区率先实施保税燃料油混兑调和政策；27日，全国首单不同税号油品混兑业务在舟山完成。

7月15日，沈阳获批国家级跨境电子商务综合试验区。

7月16日，中国银行成功为辽宁自贸区沈阳片区客户快速开立电子汇总征税保函，标志着辽宁地区首批电子汇总征税保函在沈阳片区成功首发落地，中国银行作为目前唯一的电子保函系统对接银行成果在辽宁实现有效转化。

7月16日，据人民网报道，记者从中国（辽宁）自由贸易试验区大连片区了解到，继2017年推出20项制度创新案例之后，今年上半年大连片区又通过总结评估推出20项创新案例。截至目前，大连片区累计向商务部上报创新案例26项，其中12项创新案例在全省复制推广。

7月20日，重庆自贸试验区获批开展金融标准创新建设试点。

7月20日，在召开的解读四川省省委十一届三次全会精神第四场新闻发布会上，成都市副市长刘筱柳回应媒体关注，亮出了四川自贸试验区成都区域挂牌以来的成绩单。

7月25日，商务部外资司、研究院赴陕西自贸试验区调研。

7月25日，上海自贸试验区捷克国家馆试运营开馆仪式暨首届中捷项目推介会正式在外高桥举行。

7月25日，福建自贸试验区第11批30项创新举措评估结果公布，经评估，其中全国首创14项、复制拓展12项、复制4项。

7月26日，辽宁自由贸易试验区大连片区成立大连知识产权仲裁院。

7月26日，商务部、交通运输部、工商总局、质检总局和外汇局联合发文复制推广自贸试验区第三批改革试点经验，主要包括"会展检验检疫监管新模式""进口研发样品便利化监管制度""海事集约登轮检查制度""融资租赁公司收取外币租金""市场主体名称登记便利化改革"等5项内容。

7月27日，首份新版《亚太贸易协定》原产地证书在河南自贸试验区洛阳片区内成功签发。

7月30日，由四川省委组织部主办，省商务厅（四川自贸办）承办的中国（四川）自由贸易试验区建设暨推动形成全面开放新格局专题研讨班在新加坡国立大学苏州研究院正式开班。

7月30日，河南自贸试验区开封片区开始实施2018版自贸试验区负面清单。

7月31日，河南自贸试验区洛阳片区管委会联合普华永道召开企业"走出去"专题培训会。

7月31日，上海浦东新区人民政府与国网上海市电力公司就"十三五"期间共同促进浦东经济社会发展签署战略合作协议，将在服务自贸试验区，围绕"四个中心"核心功能区建设等方面开展深入合作。

8月

8月1日，上海"单一窗口"新货物申报功能顺利升级切换，实现"一次申报，一单通关"。

8月7日，上海保交所国际再保险平台启动，依托上海自贸区自由贸易账户体系（FT账户），可为境内外再保险参与机构提供高效便捷的跨境资金结算服务。

8月8日，沈阳自贸试验区落户首家保险科技企业——融盛保险。

8月9日，智能优惠关税系统（Smart FTAX）在上海市商务委员会官网、中国（上海）国际贸易单一窗口平台、中国（上海）自由贸易试验区官网同时上线。

8月21日，上海天际线汽车科技集团旗下服务终端消费者的线上购车平台"滴滴叭叭购"自贸区9S旗舰体验中心入驻外高桥集团股份下属的上海自贸区平行进口汽车展示交易中心。

8月24日，国务院大督查第22督查组赴重庆开展督查，重庆自贸试验区被列为"地方特色"督查项目。

8月28日，四川省委组织部、省委党校举办新时代治蜀兴川执政骨干递进培养培训计划首期培训，四川自贸办专职副主任陈友清以"全球贸易新格局下的开放四川"为题授课，递进培养铸魂工程4个班的200余名"80后"处级干部听取了讲座。

8月28日，辽宁自贸试验区沈阳片区发布促进"三大产业"政策实施细则。

8月28日，据新华网报道，浙江自贸试验区完成首单不同税号油品混兑业务。

8月29日，首农进口农产品东北分拨中心及跨境电商交易中心项目落户辽宁自贸试验区大连片区。

8月31日，河南自贸试验区洛阳片区，洛阳自贸试验区已实现工商登记全程电子化。

9月

9月1日，沈阳自贸试验区整合航空产业，登陆第十七届中国制博会。

9月3日，时任重庆市委副书记、市长唐良智，时任中央政府驻港联络办副主任仇鸿等领导为中国（重庆）自由贸易试验区驻香港商务代表处揭牌。

9月3日，重庆市委书记陈敏尔赴重庆自贸试验区西永片区调研中新互联互通项目南向通道建设。

9月4日，《外商投资项目核准和备案服务指南》开始实施，海南省对外资全面实行准入前国民待遇加负面清单管理制度。

9月6日，位于四川自贸试验区青白江片区的意大利商品馆举行开馆仪式，这是在该片区开办的首个国家商品馆。

9月11日，沈阳跨境电商国际物流产业基地三方合作协议签约仪式在中储辽宁物流产业园举行，沈阳市对外贸易经济合作局、辽宁自由贸易试验区沈阳片区管委会和中储沈阳有限公司达成深度战略合作意向并启动联动发展机制。

9月13日，美国东北总商会会长路霞和东北综合商业协会美国墨西哥分部主席ChiaH.Chu带领墨西哥企业家一行来到辽宁自贸试验区沈阳片区考察交流。

9月13日，辽宁自贸试验区沈阳片区迎接来自阿塞拜疆巴库港口主任首席顾问拉沙德·卡里莫夫先生。

9月14日，塞尔维亚兹雷尼亚宁市市长切多米尔·贾尼奇先生一行来到辽宁自贸试验区沈阳片区考察交流。

9月14日，上海特殊监管区域（保税监管场所）之间货物流转业务不再按转关手续办理；上海自贸试验区公安分局在保税区域进博会常年展示交易平台设立境外人员服务站（点）。

9月18日，辽宁自贸试验区营口片区参加"东方经济论坛"，全力推进"中俄粮食走廊"项目。

9月18日，湖北自贸试验区宜昌片区举行自主创新专题培训会，力争形成更多制度创新成果。

9月20日，中央全面深化改革委员会第四次会议审议通过山西省《关于支持自由贸易试验区深化改革创新的若干措施》。

9月20日，辽宁沈阳综合保税区调规（一期）顺利通过了省联合验收组的预验收，这标志着沈阳综保区调规（一期）向迎接国家正式验收、实现封关运行迈出了关键一步。

9月20日，上海伦敦《金融时报》旗下《FDI》杂志对全球1200多个自由贸易园区2017年度指标进行测评，上海外高桥保税区荣获5大奖项。

9月20日，上海浦发银行正式发布《自贸区金融服务方案7.0》。

9月22日，河南自贸试验区开封片区喜获CQC质量管理体系认证证书。

9月24日，国务院批复同意设立中国（海南）自由贸易试验区，并印发《中国（海南）自由贸易试验区总体方案》。

9月27日，湖北自贸试验区武汉片区首设"复议"窗口：有事来找我，解你忧与恼。

9月28日，中国（四川）自由贸易试验区川南临港片区"妇女之家""儿童之家"授牌仪式在泸州市保税物流中心举行。

9月28日，中国（上海）自由贸易试验区管委会与上海申通地铁集团有限公司合作，将地铁2号线上海科技馆站作为上海自贸试验区主题车站，作为上海自贸试验区普及化宣传的重点阵地和场所。

9月29日，上海自贸试验区迎来5周年，已累计有127个创新事项以及"证照分离"改革试点制度创新成果在全国、全市复制推广。

9月29日，河南自贸试验区洛阳片区《中国（河南）自由贸易试验区洛阳片区综合规划》审议通过。

9月30日，《中国（湖北）自由贸易试验区条例》（以下简称《条例》）经省十三届人大常委会第五次会议表决通过，该条例将于2019年1月1日起正式实施。

9月，重庆自贸试验区的果园港获海关总署、财政部、国家税务总局和国家外汇管理局正式批复，准予设立重庆果园保税物流中心（B型）。

9月，重庆自贸试验区委托重庆国际货代协会提出的"国际铁路公路运输单证标准化建设区域合作项目"，获得中亚区域承运人和货运代理人协会联合会第九届年会审议通过。

10月

10月9日，第四届全国双创活动周湖北会场活动在湖北自贸试验区武汉片区启动，50余家顶尖高新技术代表企业携带了一大批智能设备和平台精彩亮相。

10月9日，2018版上海自贸试验区跨境服务贸易负面清单发布。

10月11日，海南省委深改委第1次会议召开，审议通过了《中共海南省委全面深化改革委员会工作规则》《省委全面深化改革委员会专项小组工作规则》《省委全面深化改革委员会办公室工作细则》《中共海南省委自由贸易试验区（自由贸易港）工作委员会工作规则》《中共海南省委自由贸易试验区（自由贸易港）工作委员会办公室工作规则》。

10月11日，由湖北俏巴人休闲食品有限公司投资建设的俏巴人旅游工厂项目仅用7天就完成了所有专业施工图审查。这是湖北自贸试验区宜昌片区首次通过"多审合一"数字化平台全程在网上办结该项业务。

10月12日，四川省首台保税租赁飞行模拟机交付仪式在成都双流自贸试验区综合保税区举行，成都双流自贸试验区管理局、综保区海关、四川金石租赁、四川航空集团培训中心等领导出席交付仪式。

10月12日，财政部印发《关于支持海南全面深化改革开放有关财税政策的实施方案》和《关于支持海南全面深化改革开放综合财力补助资金的管理办法》。

10月15日，中国（陕西）自贸试验区西北地区交流推广活动顺利举行。

10月15日，上海市高级人民法院发布《上海法院服务保障中国（上海）自由贸易试验区建设审判白皮书（2013—2018）》。

10月16日，上海自贸试验区国际文化投资发展有限公司携中国国家博物馆、中国国家图书馆、中国国家画院3大IP亮相中国国际品牌授权展。

10月16日，据新华网报道，国务院批复同意设立中国（海南）自由贸易试验区（以下简称海南自贸试验区）并印发《中国（海南）自由贸易试验区总体方案》。方案提出，到2020年，自由贸易试验区建设取得重要进展，国际开放度显著提高，努力建成投资贸易便利、法治环境规范、金融服务完善、监管安全高效、生态环境质量一流、辐射带动作用突出的高标准高质量自贸试验区，为逐步探索、稳步推进海南自由贸易港建设，分步骤、分阶段建立自由贸易港政策体系打好坚实基础。

10月21日，中国（海南）自由贸易试验区（自由贸易港）咨询委员会成立。

10月22日，辽宁自贸试验区建设专题培训班在厦门举办。

10月22日，湖北自贸试验区宜昌片区（高新区）举行金融服务市场经济专题会，银企对接促成7000万意向贷款。

10月23日，浦发银行上海自贸试验区分行发行首单FT（自由贸易账户）人民币结构性存款，认购客户为一家注册在上海市的科创企业。

10月24日，河南自贸试验区开封片区标准化工作荣登《中国质量报》。

10月24日，据新华社报道，中共中央总书记、国家主席、中央军委主席习近平日前对自由贸易试验区建设做出重要指示指出，建设自由贸易试验区是党中央在新时代推进改革开放的一项战略举措，在我国改革开放进程中具有里程碑意义。5年来，各自由贸易试验区认真贯彻党中央决策部署，锐意进取，勇于突破，工作取得重大进展，一大批制度创新成果推广至全国，发挥了全面深化改革的试验田作用。

10月26日，全省首单"进口关税履约保证保险"在中国（辽宁）自由贸易试验区沈阳片区签单。沈阳海关联合人保财险辽宁省分公司、招商银行沈阳分行主动尝试，创新推出了"银关保"担保模式，构建了"企业申请—保险承保—银行授信—海关受理"的新型担保链条。

10月27日，中国（重庆）自由贸易试验区仲裁中心正式成立，与中国重庆两江国际仲裁中心合署办公。

10月27日，自贸试验区与重点产业园区协同发展对接会在辽宁沈阳召开。为贯彻落实《辽宁省人民政府办公厅关于推进中国（辽宁）自由贸易试验区与重点产业园区协同发展的指导意见》（辽政办发〔2018〕8号）文件精神，更好推动自贸试验区与重点产业园区协同发展，辽宁省自贸办于10月27日上午在2018辽宁国际投资贸易暨特色产品采购洽谈会期间举办了专题对接会。辽宁省自贸试验区沈阳、大连、营口3个片区和19个重点产业园区有关负责同志50余人参会。

10月29日，重庆市委常委会召开会议，学习贯彻习近平总书记重要指示和自由贸易试验区建设五周年座谈会精神。会议强调从全局谋划一域、以一域服务全局，提高重庆自贸试验区谋划水平、创新水平、发展水平，努力在西部内陆地区带头开放、带动开放。

10月29日,"洋山全球进口商品展示平台推介会暨2018跨境电商新机遇产业发展论坛"在中国(上海)自由贸易试验区洋山国贸中心大厦隆重举行,洋山全球进口商品展示体验中心同时揭幕。

10月31日,中国(上海)自由贸易试验区保税区域海外人才基地签约启动仪式暨2018国际人才招聘会在浦东新区外高桥森兰商都圆满举行。

11月

11月1日,随着中华人民共和国海关总署银保监会公告2018年第155号《关于开展关税保证保险通关业务试点的公告》的发布,湖北省首单纳税期限担保关税保证险在湖北自贸区武汉片区成功落地。武汉自贸片区完成全省首单"关税保证保险"纳税期限担保。

11月2日,上海自贸试验区新设企业海关证和商检证,二证合一。商检编码直接体现在海关证上(海关证上增加"检验检疫备案号"),商检证取消。

11月5日,首届中国国际进口博览会在上海市开幕,国家主席习近平出席开幕式并发表主旨演讲并重申中国将抓紧研究提出海南分步骤、分阶段建设自由贸易港政策和制度体系,加快探索建设中国特色自由贸易港进程。

11月5日,重庆市商务委员会借助首届中国国际进口博览会平台,成功举办内陆开放高地暨自贸试验区建设推介会和重点产业对接会。

11月5日,在首届中国国际进口博览会上,10家来自辽宁自贸试验区沈阳片区的企业实现意向采购额达2.43亿美元。

11月5日,同时,上海自贸试验区红酒交易中心宣布,"上海自贸区酒类跨境电商平台全球酒品线上发售"正式启动。

11月6日,国务院自贸试验区工作部际联席会议办公室再次推广河南自贸试验区开封片区"四极"目标建设等优化营商环境经验。

11月6日,首届中国国际进口博览会斐济代表团欢迎晚宴暨中国(上海)

自由贸易试验区斐济国家馆签约揭牌仪式在沪举行。

11月7日,国务院印发《国务院关于支持自由贸易试验区深化改革创新若干措施的通知》。

11月7日,阿塞拜疆葡萄酒中心在位于上海自贸试验区内的外高桥国际酒类展示贸易中心展厅揭幕。

11月8日,辽宁自贸试验区沈阳片区举办"金融岛"跨境电商及跨境金融研讨交流会。

11月8日,中国(上海)自由贸易试验区中东欧16国商品中心建设再提速,隆重举行"捷克商品展区""塞尔维亚馆""中东欧&欧洲商品联合展区"和"16+1中国产能、技术及文化联合展区"联合开幕典礼。

11月10日,首次进口非特殊用途化妆品由现行审批管理和自贸试验区试点实施备案管理,调整为全国统一备案管理,国家药品监督管理部门不再受理进口非特殊用途化妆品行政许可申请。

11月13日,河南省首个海智计划工作基地落户河南自贸试验区洛阳片区。

11月15日,国家市场监督管理总局、国家药品监督管理局、国家知识产权局联合印发《关于支持中国(海南)自由贸易试验区建设的若干意见》。

11月15日,河南出台最新政策支持河南自贸试验区洛阳片区建设。

11月16日,湖北自贸试验区武汉片区举办"《中国(湖北)自由贸易试验区条例》专题学习班"。

11月19日,国务院办公厅发布《国务院办公厅关于对国务院第五次大督查发现的典型经验做法给予表扬的通报》。其中,湖北自贸试验区大力推进创新驱动发展,打造新兴产业集群的做法被作为典型经验予以表扬。

11月19日,"中国(上海)自贸试验区扩大开放措施项目签约暨重点企业服务专员工作机制发布会"在浦东举行。

11月20日,海南省委深改委第3次暨自贸试验区(港)工委第1次会议召开,传达学习贯彻中央全面深化改革委员会第五次会议精神,坚决贯彻落实《海南省创新驱动发展战略实施方案》等5个与海南有关的重要文件。

11月21日,由中国人民银行成都分行、国家外汇管理局四川省分局主办,人民银行成都分行营管部、成都市商务委、成都高新自贸试验区管理局承办的"金融走进中国(四川)自由贸易试验区成都片区——外资银行专场"活动在四川成都高新区中国欧洲中心举办。

11月21日,据新华社报道,中国(福建)自由贸易试验区挂牌以来,极大促进了闽台交流与合作。截至今年9月底,区内累计新增台资企业2185家、合同台资60.3亿美元,分别占全省同期的51.9%和57.2%。

11月23日,成都青白江区借助铁路港实现了老工业基地的成功转型。

11月23日,党的十九大报告强调要赋予自贸试验区更大改革自主权,为新时代自贸试验区建设指明了新方向、提出了新要求。为贯彻落实党中央、国务院决策部署,支持自贸试验区深化改革创新,进一步提高建设质量,国务院发布了《国务院关于支持自由贸易试验区深化改革创新若干措施的通知》。

11月25日,辽宁自贸试验区沈阳片区成功联合举办第十一期经济讲堂。

11月27日,财政部、海关总署、税务总局联合发布公告,第5次调整海南离岛免税政策。自2018年12月1日起,海南离岛旅客(包括岛内居民旅客)每人每年累计免税购物限额增加到30000元,不限次数。

11月28日,举行海南自由贸易试验区建设项目(第一批)集中开工和签约活动,集中开工项目100个、总投资298亿元,集中签约项目41个、总投资342亿元。

11月28日,陆家嘴金融城"双城辉映"服务基地暨上海自贸试验区基金张江事业部在张江科学城揭牌成立。

11月29日,上海自贸试验区融资租赁产业发展服务中心正式成立。

12月

12月1日,首个落户辽宁自贸试验区大连片区世界500强央企总部经济项目"东北·中交城"正式开工建设。

12月3日,湖北自贸试验区武汉片区商标受理窗口在光谷公共服务中心正式启动运行，重点开展商标注册受理、商标法律咨询等业务服务，是全国首家受国家知识产权局商标局委托的自贸试验区商标受理窗口，标志着武汉自贸试验片区商标注册便利化改革取得突破性进展。

12月4日，在四川省十三届人大常委会第八次会议第一次全体会议上，《中国（四川）自由贸易试验区条例（草案）》提请审议，这也意味着四川自贸试验区向法治化又迈出重要一步。

12月4日，湖北自贸试验区财智服务联盟成立，为湖北自贸试验区建设提供高质量会计信息投融资服务。

12月4日，上海自贸试验区保税区域5家企业进入首批原油期货做市商名单。

12月5日，全国通关一体化工作推进现场会在广州召开，会议认真学习贯彻党的十九大精神，总结了近年来全国通关一体化改革取得的重要成果和经验，部署了当前及今后一个时期的主要工作任务。

12月6日，商务部、最高人民法院、交通运输部、中国人民银行、银保监会、国家铁路局、铁路总公司赴重庆自贸试验区调研铁路运单物权化问题。

12月6日，据人民网·天津频道报道，天津自贸试验区金融工作协调推进小组发布了天津自贸试验区第八批金融创新产品。本次共发布6个案例，从完善政府服务、提升租赁业发展水平、金融服务贸易和投融资便利化等方面为实体经济企业发展提供政策和服务便利，营造更好的营商环境。

12月10日，陕西省自贸办、省委改革办召开自贸试验区建设督察工作部署会。

12月10日，湖北自贸试验区综合信息管理系统正式上线运行，这标志着湖北省自贸试验区信息共享平台正式建立。

12月11日，国务院总理李克强在湖北武汉主持召开全国11个自贸试验区工作座谈会，要求各自贸试验区要贯彻党的十九大精神和部署，按照推动高质量发展的要求，大胆试、自主改，在证照分离、"两随机一公开"综合监管、市场准入负面清单等重点方面取得更大突破。

12月12日，"创新自贸·链动未来——上海自贸区生物医药创新发展"在上海举办。

12月14日，福建省委书记、省长于伟国主持召开省政府常务会议，传达贯彻全国自贸试验区工作座谈会精神，要求福建自贸试验区和各有关部门认真贯彻李克强总理在全国自贸试验区工作座谈会上的重要讲话精神，推进高质量自贸试验区建设。

12月15日，福建公安部实施5项出入境便利政策措施支持福建自贸试验区创新发展，惠及外籍高层次人才、外籍华人、外籍留学生和自贸试验区企业等。

12月17日，中国（上海）自由贸易试验区管理委员会印发《中国（上海）自由贸易试验区关于进一步促进融资租赁产业发展的若干措施》。

12月18日，中共中央总书记习近平在庆祝改革开放40周年大会上发表重要讲话强调，40年的实践充分证明，党的十一届三中全会以来我们党团结带领全国各族人民开辟的中国特色社会主义道路、理论、制度、文化是完全正确的，形成的党的基本理论、基本路线、基本方略是完全正确的。并且提到"设立自由贸易试验区、谋划中国特色自由贸易港"。

12月18日，湖北自贸试验区襄阳片区发出片区内第一张采用"告知承诺"审批方式发放的食品相关产品生产许可证，这是湖北自贸试验区襄阳片区落实国务院"证照分离"改革的重要举措。

12月20日，海南省委深改委第4次暨自贸试验区（港）工委第2次会议召开，会议研究了10个重点园区承接自由贸易港"早期安排"政策情况；听取了拟发布的《海南自贸试验区制度创新案例（第六批）》汇报。

12月20日，中国（重庆）自由贸易试验区商事调解中心挂牌成立。

12月25日，中国（重庆）自由贸易试验区法院挂牌成立。

12月26日，《中国（海南）自由贸易试验区商事登记管理条例》正式公布。

12月27日，《人民日报》关注四川自贸试验区川南临港片区着力提升行政审批效率"小时清单制"，为企业办事提速。

12月28日，海南自由贸易试验区建设项目（第二批）集中开工和签约活动举行，集中开工项目147个、总投资1083亿元，集中签约项目104个、总投资1582亿元。

12月28日，中国（辽宁）自由贸易试验区沈阳片区与辽宁省沈抚新区签订战略合作协议。

2018年，李善民于中山大学出版社出版著作《中国自由贸易试验区发展蓝皮书》。

2018年中国自贸试验区小结

2018年，在自贸试验区建设5周年之际，习近平总书记对自贸试验区建设做出重要指示时强调，要在深入总结评估的基础上，继续解放思想、积极探索，加强统筹谋划和改革创新，不断提高自由贸易试验区发展水平，形成更多可复制可推广的制度创新成果，把自由贸易试验区建设成为新时代改革开放的新高地，为实现"两个一百年"奋斗目标、实现中华民族伟大复兴的中国梦贡献更大力量。

从2013年上海自贸试验区的设立，到2015年沿海4个自贸试验区的共同推进、2017年7个自贸试验区的落地，再到2018年海南全岛自贸试验区设立，我国自贸试验区经历了由点到线再扩展到面的发展，逐步形成由南到北、由东至西的"1+3+7+1"自贸试验区发展格局。

5年来，自贸试验区试点布局不断完善，试点任务不断深化、试点内容不断拓展，自贸试验区建设的质量和水平不断提升，释放改革开放红利的试验田作用加快凸显，各项试验任务落实良好，有效推动改革向纵深发展，引领了开放新模式和新阶段的实践与探索，有力推动了高质量发展，一大批制度创新成果复制推广到全国。

2018年5月4日，国务院印发了进一步深化广东、天津、福建自贸试验区改革开放的3个方案。《进一步深化中国（广东）、（天津）、（福建）自由贸易试验区改革开放方案》聚焦服务实体经济发展等改革关键环节，在多个领域深入开展改革探索。其中，广东自贸试验区围绕打造开放型经济新体制先行区、高水平对外开放门户枢纽和粤港澳大湾区合作示范区，提出了建设公正廉洁的法治环境、建设金融业对外开放试验示范窗口和深入推进粤港澳服务贸易自由化等18个方面的具体举措。天津自贸试验区围绕构筑开放型经济新体制、增创国际竞争新优势、建设京津冀协同发展示范区，提出了创新要素市场配置机制、推动前沿新兴技术孵化和完善服务协同发展机制等16个方面的具体举措。福建自贸试验区围绕进一步提升政府治理水平、深化两岸经济合作、加快建设21世纪海上丝绸之路核心区，提出了打造高标准国际化营商环境、推进政府服务标准化透明化和加强闽台金融合作等21个方面的具体举措。

2018年9月24日，国务院发布了《中国（海南）自由贸易试验区总体方案》（以下简称《总体方案》）。《总体方案》坚持以制度创新为核心，在投资贸易便利化改革、法治环境建设、金融创新、综合监管等方面提出要求，明确在加快构建开放型经济新体制、加快服务业创新发展、加快政府职能转变等方面开展改革试点。与之前设立自贸试验区不同的是，海南自贸试验区最大特点就是"全域性"，不再局限于此前自贸试验区120平方千米的面积限制，此外，医疗卫生、文化旅游、生态绿色发展等成为特色试点内容。

习近平总书记在首届中国国际进口博览会开幕式上发表主旨演讲时指出，中国将支持自由贸易试验区深化改革创新，持续深化差别化探索，加大压力测试，发挥自由贸易试验区改革开放试验田作用。中国将抓紧研究提出海南分步骤、分阶段建设自由贸易港政策和制度体系，加快探索建设中国特色自由贸易港进程。这是中国扩大对外开放的重大举措，将带动形成更高层次改革开放新格局。

2018年是中国改革开放40周年，也是自贸试验区启动建设5周年。正如党的十九大报告指出的——"中华民族伟大复兴，绝不是轻轻松松、敲锣打鼓就能实现的。全党必须准备付出更为艰巨、更为艰苦的努力"。同样地，进一步建设好自贸试验区也需要付出更为艰巨、更为艰苦的努力，自贸试验区（港）的积极改革和制度创新，将带动区域经济发展，为我国实现中华民族伟大复兴提供更加优越的经济条件和更为丰富的人力资源。

2019年中国自贸试验区大事记

1月

1月1日，河南自贸试验区郑州片区创新案例跨境电商"网购保税+实体新零售"模式荣获《每日经济新闻》评选的"2018中国自贸试验区十大创新案例"。

1月2日，"海南商事主体登记平台（海南e登记）"正式上线，为企业提供24小时（工作日）网上自主申报商事主体登记业务，申请人随时随地登录该平台，进行"全岛通办"自主申报。

1月4日，广西凭祥市举行广西自贸试验区崇左片区支持政策新闻发布会，公布了一系列"含金量"高的政策，鼓励和吸引企业到该片区投资置业，为凭祥市开放发展增添新动力。

1月4日，重庆自贸试验区两江片区的水土高新技术产业园核心区的中以（重庆两江）产业园正式开园。

1月6日，山东自贸试验区申建工作正式启动，建立了工作专班和联络员制度。

1月7日，山东省副省长任爱荣主持召开专题会议，听取各有关部门对山东自贸试验区实施范围和总体方案的意见和建议。

1月7日，中新（重庆）多式联运示范基地奠基仪式在重庆自贸试验区两江新区举行，标志着中新（重庆）战略性互联互通示范项目在物流领域又取得一项丰硕成果。

1月7日，中国电信上海自贸试验区分公司与中国电信海南公司在海口签署战略合作协议，联手拓展自贸试验区创新服务。

1月9日，中国（湖北）自贸试验区制度创新成果新闻发布会举行。

1月10日，湖北自贸试验区宜昌片区管委会举行"直通自贸"首场活动，宜昌自贸片区75家外向型重点企业代表就海外融资等问题，与来自深圳前海蛇口自贸片区的金融专家们面对面沟通交流。

1月14日，中国·希腊国家馆在中国（上海）自由贸易试验区开馆。

1月15日，中国（湖北）自由贸易试验区襄阳片区财智服务联盟启动座谈会成功召开。本次会议旨在贯彻落实湖北省财政厅8号文件、襄阳市财政局7号文件精神，大胆创新，融合财智，真抓实干，为推进襄阳"一极两中心"建设发挥积极作用。

1月16日，根据中央领导指示，商务部副部长王受文召开专题会议，部署了新设自贸试验区的申报工作。

1月17日，重庆市商务委举办"自由贸易试验区改革试点经验与业务创新实践培训会"。

1月18日，广西壮族自治区党委书记鹿心社对中国（广西）自由贸易试验区申报工作做出重要批示。

1月18日，山东省政府第三十次常务会议研究讨论并原则通过《中国（山东）自由贸易试验区总体方案（初稿）》。

1月19日，山东省委常委会第115次会议研究讨论并原则通过《中国（山东）自由贸易试验区总体方案（初稿）》，研究同意设立自贸试验区工作领导小组，办公室设在省商务厅。

1月26日，山东省向商务部呈报了《中国（山东）自由贸易试验区总体方案（初稿）》。

1月28日，辽宁自贸试验区大连片区正式启动"保税混油、离岸直供"业务。这是大连保税区推进自贸试验区创新发展的又一重要举措，也是拓展保税政策功能、促进贸易便利化的实际行动，对于丰富大连自贸片区创新内涵，加快大连东北亚国际航运中心、国际物流中心建设具有重要意义。

1月31日，陕西自贸试验区首个商标受理窗口正式启动。

2月

2月1日，河南自贸试验区开封片区政务服务中心荣获开封市"六个一"工程对外宣传采访基地一等奖。

2月12日，四川省副省长李云泽前往四川自贸试验区成都青白江国际铁路港片区和天府新区片区调研自贸试验区工作。

2月13日，山东省政府根据商务部反馈的修改意见，形成总体方案（征求意见稿）正式呈报商务部。

2月14日，中国（海南）自由贸易试验区召开制度创新案例（第一场）新闻发布会，发布了第一批8项自贸试验区制度创新案例，分别是商事登记"全省通办"制度、简化简易商事主体注销公告程序、商事主体信用修复制度、减免商事主体公示负面信息、施工图审市场化和"多审合一"、全国首单知识产权证券化、天然橡胶价格（收入）保险、国际热带农产品交易中心。

2月17日，海南省委书记刘赐贵率团访问阿联酋、新加坡和香港特别行政区，就探索中国特色自由贸易港政策和制度体系开展扎实调研。

2月18日，《粤港澳大湾区发展规划纲要》对广东省三大自贸试验区（广州南沙自贸试验区、珠海横琴自贸试验区、深圳前海自贸试验区）提出了新功能和定位，并对各个自贸试验区未来在推动粤港澳深度合作上提出了要求。

2月19日，上海《小洋山港区综合开发合作协议》签署。

2月20日，湖北宜昌高新区（自贸片区）经济工作暨三级干部大会召开，深入学习贯彻习近平新时代中国特色社会主义思想，全面落实中央和省市经济工作会议。

2月21日，太平人寿上海自贸试验区分公司首笔创新型跨境再保业务保费超亿元。

2月28日，重庆市市长唐良智主持召开市政府第41次常务会议，审议通过《关于贯彻落实国务院支持自由贸易试验区深化改革创新若干措施的通知》《城市轨道交通成网计划实施方案》。

3月

3月4日,福建省委常委、厦门市委书记胡昌升到厦门片区调研,先后来到太古飞机工程有限公司、厦门片区综合服务大厅等地,实地察看飞机维修业务发展及自贸试验区建设进展情况。

3月10日,由瑞士金融理财规划商学院投资的瑞士财富管理专业培训中心在上海自贸试验区正式开业,这是全国首家金融理财领域的外资职业技能培训机构。

3月10日,习近平总书记参加十三届全国人大二次会议福建代表团的审议。他强调,要发挥经济特区、自由贸易试验区、综合试验区、21世纪海上丝绸之路核心区等多区叠加优势,不断探索新路,吸引优质生产要素集中集聚,全面提升福建产业竞争力,力争在建设开放型经济新体制上走在前头。

3月12日,重庆市陆海贸易新通道(果园港)暨路企直通班列正式首发。

3月12日,重庆市商务委召开重庆自贸试验区建设新闻发布会,重庆自贸试验区已获国务院支持设立"首次进口药品和生物制品口岸"。

3月10日,《重庆晨报》记者从重庆自贸试验区建设新闻发布会获悉,"首次进口药品和生物制品口岸""铁路运邮"等41条适用于重庆自贸试验区的措施,将于今年年底前全部投入运行。

3月14日,福建省商务厅举行福建国际贸易单一窗口五大贸易便利化系统上线启动仪式。五大贸易便利化系统包括"福州海关全球质量溯源体系""口岸通关时效评估系统""物流综合服务平台""贸易真实性核查与融资登记系统"及"口岸人员进出数据分析与预警系统"。

3月15日,由美国赫克集团主导设计的航空装备智能制造生产线落户上海自贸试验区浦东新区。

3月18日,海口举行海南自由贸易试验区建设项目(第三批)集中开工和签约活动,共集中开工项目131个、总投资476亿元,签约项目50个、总投资935亿元。

3月19日,辽宁自贸试验区沈阳片区与中国人民银行沈阳分行营业管部在自贸试验区管委会共同举办了"金融岛"系列活动——沈阳市中小微企业信用信息应用服务平台与沈阳自贸试验区金融信息平台对接会。

3月20日，上海自贸试验区外高桥港区试行出口"提前申报、运抵验放"通关模式。

3月21日，河南自贸试验区开封片区"e线通"全新上线。

3月22日，上海自贸试验区首个"民营企业家法律工作服务站"在浦东新区揭牌。

3月23日，一场原汁原味来自国际米兰时装周的GIADA 2019秋冬时装大秀在重庆自贸试验区渝中板块解放碑步行街激情上演，这一时装show同时也释放出了国际品牌再度抢滩重庆渝中的强信号。

3月26日，广西壮族自治区人民政府将《中国（广西）自由贸易试验区总体方案（送审）》正式报送商务部。

3月26日，4辆丰田塞纳2019年款进口整车抵达重庆铁路口岸，随着渝州海关完成开箱查验并办理通关手续，标志着重庆自贸试验区内首票保税平行进口业务成功。

3月26日，在重庆海关关税处的指导下，西永海关帮助辖区达丰电脑（重庆）有限公司实现原产地证书的自助打印，这标志着重庆自贸试验区首份企业自助打印原产地证书诞生。

3月27日，上海市人民政府印发了《本市贯彻〈关于支持自由贸易试验区深化改革创新若干措施〉实施方案》的通知，进一步推动中国（上海）自由贸易试验区在新的起点上实现更高质量的发展，推进上海自贸试验区与全市改革联动。

3月29日，河南自贸试验区洛阳片区内企业出口日本不再享受普惠制优惠。

4月

4月2日，辽中海关揭牌仪式在辽宁自贸试验区沈阳综合保税区桃仙园区隆重举行，这也标志着沈阳综合保税区桃仙园区正式运行。

4月3日，陕西自贸试验区建立常态化研讨交流机制。

4月4日，2019年上海自贸试验区宣传工作会议在浦东新区人民政府召开。

4月9日，陕西自贸试验区将从三方面入手，进一步扎实推进改革开放，推动自贸试验区高质量发展。持续推进试点任务深化、认真制定自贸试验区深化改革开放方案、深入推进差别化改革和创新案例培育。

4月10日，海南省委深改委第六次会议暨自贸试验区（港）工委第四次会议召开。研究了2019年先导性项目安排和中国（海南）自由贸易试验区制度创新案例（第二批）；审议并通过了《海南省工程建设项目审批制度改革实施方案》《海南省建设工程竣工联合验收实施方案》等文件。

4月11日，海南省委深改办召开中国（海南）自由贸易试验区制度创新案例（第二场）新闻发布会，发布了第二批五项自贸试验区制度创新案例：分别是全国首创设立"候鸟"人才工作站、社团法人等三类法定机构在省级层面实施、全国首单沪琼自由贸易账户联动业务、共享医院新模式——博鳌超级医院、全国率先实施境外游艇入境关税保证保险制度。

4月11日，广西壮族自治区副主席杨晋柏在专题会议中提出尽快成立自贸试验区专职工作机构，积极筹办自贸试验区挂牌仪式及相关工作，策划好系列宣传报道等工作。

4月11日，重庆市商务委员会组织开展自贸试验区《外商投资法》专题培训会。

4月12日，开封片区颁发河南自由贸易试验区首张《成品油零售经营批准证书》。

4月12日，宜昌市委副书记、市长张家胜就湖北自贸试验区宜昌片区工作进行专题调研，强调要冲破思想观念束缚，扫除体制机制障碍，沿着市场化、法制化轨道进一步深化改革、扩大开放、优化环境，以片区跨越式发展助推全市新一轮高质量发展。

4月13日，中共海南省委第七届委员会第六次全体会议审议通过《中共海南省委关于高标准高质量建设全岛自由贸易试验区为建设中国特色自由贸易港打下坚实基础的意见》。

4月14日，国务院印发《国务院关于做好自由贸易试验区第五批改革试点经验复制推广工作的通知》（国函〔2019〕38号）。其中，在全国范围内复制推广17项改革试点经验，在自贸试验区复制推广1项。

4月15日，辽宁自贸试验区沈阳片区与沈阳金融商贸开发区共同设立金融发展协同中心。

4月17日，巴基斯坦国家公共政策学院管理课程代表团一行11人到访上海自贸试验区管委会。

4月19日，陕西自贸试验区"信易贷"正式上线。

4月19日，辽宁自贸试验区沈阳片区与沈阳农商银行携手举办了"企业兴·农商兴·自贸兴"银企对接会。

4月21日，福建省商务厅（自贸办）与厦门大学合办的全国首个自贸试验区学院成立。

4月23日，北京理工大学分别与重庆两江新区、西永综合保税区签署北京理工大学重庆创新中心、北京理工大学重庆微电子中心合作协议，标志着两个重大创新平台正式落地重庆。

4月23日，世界最大的第三方物流企业罗宾逊全球物流（C.H.Robinson）宣布，其位于上海自贸试验区外高桥片区的保税仓库正式投入运营。

4月24日，河南自贸试验区洛阳片区由中国（河南）自由贸易试验区洛阳片区参与发起的全国自贸片区创新联盟在前海成立。

4月25日，各部委完成会签，商务部、省政府联合向国务院呈报了《商务部山东省人民政府关于设立中国（山东）自由贸易试验区有关事宜的请示》。

4月26日，中共中央总书记、国家主席习近平在第二届"一带一路"国际合作高峰论坛开幕式上发表主旨演讲时提到"我们将新布局一批自由贸易试验区，加快探索建设自由贸易港"。

4月29日，《成都自由贸易试验区法治环境建设白皮书（2017—2018）》课题组向社会通报了四川自贸试验区成都区域系列重大法治环境建设成果，并同时介绍了《成都自贸试验区法治环境评估指标体系》。

4月29日，"2019中国（上海）自由贸易试验区人力资源服务创新发展论坛"在上海国际会议中心举行。

4月30日，辽宁自贸试验区沈阳片区颁发首张《进口非特殊用途化妆品备案凭证》。

5月

5月1日，在天津自贸试验区东疆片区注册成立的嘉和国际融资租赁（天津）有限公司通过融资租赁方式出口的第一批35辆牵引车，这是我国企业以融资租赁方式出口汽车的第一单业务，为今后我国企业向"一带一路"等新兴市场国家出口汽车探索了可复制可推广的新模式。

5月4日，交通银行与上海市浦东新区人民政府在沪签署全面战略合作协议，自贸试验区金融创新联合试验室同时揭牌。

5月5日，河南自贸试验区开封片区打造土地报批及工程规划"开封模式"。

5月5日，中国（河南）自由贸易试验区工作办公室以简报形式全面介绍开封片区推出以"社会信用代码"为核心的"一码通"服务的经验、做法和成效。

5月8日，重庆市人民政府网发出《做好促进综合保税区高水平开放高质量发展有关工作的通知》，要求在综合保税区内重点打造加工制造、研发设计、物流分拨、检测维修、销售服务"五大中心"，以提高综合保税区的开放水平和发展质量。

5月8日，上海自贸试验区保税区管理局与10家重点融资租赁企业签订了合作备忘录，并发布了《关于进一步促进融资租赁业产融结合、强化"一网通办"、优化"一站式"服务的若干措施》，上海融资租赁产业经过近十年发展，正从单船单机模式走向实体经济与金融服务融合发展的新阶段。

5月9日，北方网记者从中国（天津）自由贸易试验区管委会获悉，天津自贸试验区作为经国务院批准设立的中国北方第一个自贸试验区，自2015年4月21日正式运行以来，坚持以制度创新为核心，以可复制可推广为基本要求，对照国际一流标准，推出了涵盖投资、贸易、金融、通关、政府服务等近400项先行先试改革措施，实现跨境投资、跨境融资、跨境发债、跨境人民币资金池、跨境外币资金池5个跨境金融便利化，着力打造国际化、市场化、法治化、便利化营商环境，积极服务京津冀协同发展战略。

5月10日，辽宁自贸试验区沈阳片区优化涉税事项办理程序入选国务院第五批可复制可推广改革试点经验。

5月10日，辽宁自贸试验区3项制度创新成果面向全国复制推广。辽宁自贸试验区大连、沈阳、营口三大片区结合各自功能定位和特点探索创造出的"进境粮食检疫全流程监管""优化涉税事项办理程序，压缩办理时限""实施船舶安全检查智能选船机制"等3项改革试点经验入选，入选数量居全国12个自贸试验区前列。

5月10日，福建省政府新闻办举行福建自贸试验区建设四周年新闻发布会，通报自贸试验区挂牌4年来建设总体情况。福建省商务厅副厅长钟木达、福州片区管委会副主任游力、厦门片区管委会副主任陈敏、平潭片区管委会副主任林舜杰、厦门大学经济学院副院长王艺明出席发布会，并回答了记者提问。

5月13日，商务部外资司袁园副司长一行莅临四川自贸试验区，实地调研青白江铁路港片区、"中国—欧洲中心"、川南临港片区综合政务服务大厅、泸州港保税物流中心（B型）等，并就自贸试验区建设情况开展座谈。

5月14日，据《海南日报》报道，省委书记、省委深改委主任刘赐贵主持召开省委深改委第七次会议暨自贸试验区（自由贸易港）工委第五次会议，听取制度创新工作情况，研究部署下一阶段工作。

5月15日，第二届西洽会系列主题活动之一的"自由贸易试验区对接交流会"在重庆渝州宾馆举行。

5月15日，上海自贸试验区"一带一路"技术交流国际合作中心中（中国）沙（沙特）进出口商品合格评定工作站在中国质量认证中心上海分中心成立，成为上海自贸试验区"一带一路"技术交流国际合作中心积极发挥检测认证优势，服务国际贸易便利化的又一项务实举措。

5月16日，全球四大油品检验检测机构之一力鸿仕宝舟山公司在舟山正式运行。浙江自贸试验区有了第一家国际油品检测机构。

5月17日，据华广网报道，位于福建自贸试验区福州片区琅岐区块的闽江马尾对台客运码头投入运营，全新亮相的"两马"航线，将马尾—马祖的航行时间缩短至80分钟，为台湾青年登陆福建搭建了一条崭新的快速通道。

5月18日，海南自由贸易试验区建设项目（第四批）集中开工和签约活动举行，共集中开工项目80个、总投资256亿元；签约项目38个、总投资164亿元。

5月19日，重庆市委书记陈敏尔，市委副书记、市长唐良智与来渝调研中国（重庆）自由贸易试验区和高品位步行街建设等的商务部部长、党组书记钟山举行座谈。

5月20日，海南省委深改办（自贸办）召开中国（海南）自由贸易试验区制度创新案例（第三批）新闻发布会，发布12项自贸试验区制度创新案例：分别是应用建筑信息模型化（BIM）技术开展电子招投标，人才租赁住房不动产投资信托基金（REITs）产品成功发行，基于网上督查室的"多督合一"，以市场为导向开创消费扶贫新模式，设置高等教育"冬季小学期"、搭建柔性引才及人才培养新平台，乡村振兴工作队全省镇村全覆盖，领事业务"一网通办"，设立重大项目检察工作站、"面对面"提供精准法律服务，优化创新服务贸易数据统计方式，海南卫星遥感信息全产业链孵化式招商，利用视讯手段开展志智双扶、开辟脱贫致富新通道，通信基站建设管理"放管服"改革。

5月23日，四川省十三届人大常委会第十一次会议表决通过了《中国（四川）自由贸易试验区条例》，将于2019年7月1日起施行，这意味着四川自贸试验区建设管理从此有章可循、改革创新有法可依，同时也展示了四川省营造法治化、国际化、便利化的营商环境和扩大开放合作的决心。

5月28日，上海海事法院召开"自贸试验区航运法治营商环境建设与海事司法服务保障"研讨会。

5月29日，陕西自贸试验区推出供应链金融新模式。

5月29日，中央全面深化改革委员会第八次会议审议并原则通过广西《中国（广西）自由贸易试验区总体方案》。

5月30日，重庆自贸试验区两江新区两路寸滩保税港区管理委员会与上海外高桥集团股份有限公司签订战略合作协议，双方将积极开展自贸试验区文化、医疗、教育等领域的合作交流。

5月31日，上海一中院和浦东新区法院联合召开新闻通气会，发布自贸试验区司法保障10个典型案例。

6月

6月6日，海南省与俄罗斯塔斯社联合举办塔斯社官网海南专区上线仪式暨海南自贸试验区专题推介会。

6月7日，沈阳综合保税区桃仙园区"首单"跨境电商商品通过海关比对后放行，标志着辽宁自贸试验区沈阳片区跨境电商保税备货进口（1210）监管模式正式运行，跨境电商零售进口监管新政在沈落地实施。

6月10日，海南省委深改委第八次会议暨自贸试验区（港）工委第六次会议，审议通过《海南省重点产业园区高质量发展的若干意见》以及博鳌乐城国际医疗旅游先行区、洋浦经济开发区、海口江东新区、三亚崖州湾科技城等园区"一园一策"方案。

6月10日，开封市取消企业银行账户许可启动仪式在河南自贸试验区开封片区举行。

6月12日，交通银行四川省分行为四川自贸试验区成都区域某企业开立区块链国内信用证。第二届中国自由贸易试验区协同开放发展论坛6月29日在成都举行。

6月12日，中央纪委国家监委驻商务部纪检监察组李仰哲组长带队来闽开展工作调研。调研组听取了福建商务发展和自贸试验区建设情况汇报，实地调研了厦门片区海沧酒类展示交易中心、航空"一站式"维修基地，福州片区马尾基金小镇、先进制造业综合技术服务中心等自贸试验区重点平台。

6月15日，四川省社科院自贸试验区发展研究中心召开"成都自贸试验区制度创新案例研讨会"。会上，与会人员围绕中国（四川）自由贸易试验区的制度创新和四川自贸试验区成都区域推出的13个案例展开研讨。

6月16日，河南自贸试验区开封片区首推的企业投资项目承诺制落地开花到全国。

6月17日，河南开封市人民政府调整市区财税体制，提出支持县区招商引资入驻自贸试验区。

6月18日，占地面积326亩，总投资2.5亿美元的辉联埔程多式联运智慧物流项目在重庆自贸试验区鱼复工业开发区正式开工。

6月20日，海南省发布《中国（海南）自由贸易试验区琼港澳游艇自由行实施方案》。

6月20日，河南自贸试验区洛阳片区创新土地管理新模式。

6月21日，《中国自由贸易试验区发展报告（2019）》发布。

6月25日，《中国（上海）自由贸易试验区贸易调整援助试点办法》将继续实施，其有效期延长至2021年7月15日。

6月27日，"强生创新上海孵化器"（"JLABS@上海"）在上海自贸试验区浦东新区张江启动。

6月28日，中共中央总书记、国家主席习近平在G20大阪峰会上发表重要讲话时指出"新设6个自由贸易试验区，增设上海自由贸易试验区新片区，加快探索建设海南自由贸易港进程"。

6月30日，国家发改委、商务部发布《自由贸易试验区外商投资准入特别管理措施（负面清单）（2019年版）》，自贸试验区外资准入负面清单条目由45条减至37条，自2019年7月30日起施行。

7月

7月1日，2019年海外人才上海自贸试验区"创业汇N系列"之奥地利创新项目对接交流会在浦东国际人才港举行。

7月3日，总价值超600万元的6辆英飒S450L进口整车抵达重庆自贸试验区保税港区水港功能区，实现重庆首批整车进口保税仓储功能。

7月3日，2019年全区外经贸形势与政策宣讲培训会在重庆自贸试验区临空国际贸易示范园举行。

7月3日，福建省委书记于伟国主持召开省委深改委第六次会议，听取省商务厅（自贸办）关于福建自贸试验区制度创新成果复制推广情况的汇报，对下一步工作进行部署。

7月8日，四川省委副书记、省长尹力主持召开省政府第29次常务会议，传达学习党中央、国务院近期重要会议、重要文件精神，研究部署自贸试验区协同改革先行区建设、建筑业高质量发展、融资担保行业规范发展和古树名木保护等工作。

7月8日，福建省省长唐登杰先后到福建自贸试验区福州、厦门、平潭三个片区开展"不忘初心、牢记使命"主题教育调查研究，在调研中找差距、抓落实、解难题、化积案，推动自贸试验区高质量发展。

7月8日，福建省商务厅厅长、自贸办主任吴南翔在厦门主持召开自贸片区负责人会议，传达国务院常务会议和省委深改委第六次会议精神，总结上半年自贸试验区工作，研究下一步工作思路。

7月9日，《共同推进上海自贸试验区一带一路国际合作暨汽车产业发展质量认证服务工作备忘录》签署；"中国（上海）自由贸易试验区国别（地区）中心之南太平洋岛国联合馆"揭牌。

7月11日，国务院自由贸易试验区工作部际联席会议办公室印发自由贸易试验区第三批"最佳实践案例"（商资函〔2019〕347号）。包括31个"最佳实践案例"，供各地在深化改革、扩大开放中借鉴。

7月11日，江北嘴金融科技港揭牌暨签约活动在重庆自贸试验区两江新区江北嘴金融核心区举行。

7月11日，辽宁自贸试验区试验任务完成率位居全国前列。

7月12日，国家外汇管理局上海市分局印发《关于印发〈进一步推进中国（上海）自由贸易试验区外汇管理改革试点实施细则（4.0版）〉的通知》，从简政放权、贸易和投资便利化、总部经济发展、离岸金融服务4个方面为上海自贸试验区创新试点增加新动能。

7月15日，天津市委书记、天津自贸试验区推进工作领导小组组长李鸿忠在东疆调研时，强调"巩固拓展融资租赁产业优势，优化产业生态，吸引更多高端优质租赁企业聚集，打造国家租赁创新示范区，打造国家竞争力"。

7月15日，《上海自贸试验区外汇管理改革试点实施细则（4.0版）》发布后的首个工作日，首笔业务即落地。

7月17日，河南自贸试验区洛阳片区行政审批局对高新区安康路等四条市政道路建设工程可行性研究报告进行专家评审。

7月17日，福建公安部召开新闻发布会，通报公安机关服务经济社会发展、服务群众、服务企业60项措施，以及其中在全国范围内推广复制促进服务自由贸易试验区建设12条移民与出入境便利政策的有关情况。

7月18日，陕西省自贸办召开陕西自贸试验区农业国际合作创新发展研讨会。

7月18日，海南自贸试验区建设项目（第五批）集中开工和签约活动举行，共集中开工项目96个，总投资372亿元，签约项目39个。

7月19日，商务部将广西自贸试验区总体方案报请国务院正式印发。

7月20日，山东省副省长任爱荣听取了山东省商务厅自贸试验区工作情况汇报。

7月22日，海南省委自贸试验区（港）工委第七次会议召开，审议通过《海南自由贸易港起步（试验）区园区方案》。

7月23日，中国（海南）自由贸易试验区制度创新案例（第四批）新闻发布会召开，发布了优化营商环境7项制度创新案例。

7月23日，商务部公布自由贸易试验区第三批"最佳实践案例"，共31个。包括河南开封片区"一码集成服务"；浙江自贸试验区有4个案例入选，分别是"海上枫桥"海上综合治理与服务创新试点、海洋综合行政执法体制改革、"竣工测验合一"改革试点和工程建设项目审批制度改革试点；福建自贸试验区共有3项入选，分别是工程建设项目审批制度改革、创新不动产登记工作模式、优化用电环境；辽宁自贸试验区有3项改革创新举措入选其中，包括沈阳片区的"基于全要素价值分享模式的国有企业'内创业'模式"以及大连片区的"集装箱码头股权整合新路径""'冰山模式'开创东北老工业基地国有企业混合所有制改革新路径";上海自贸试验区的药品上市许可持有人制度试点;天津自贸试验区的平行进口汽车政府监管服务新模式等。

7月24日,中山大学自贸试验区综合研究所发布了"2018—2019年度中国自贸试验区制度创新十佳案例"。"2018—2019年度中国自由贸易试验区制度创新十佳案例"分别是:大连(海关归类智能导航体系)、郑州(跨境电商助力优进优出)、上海(外商投资者保护的"上海实践")、南沙(对外开放清单指引)、横琴(跨境"信易+")、襄阳(容缺审批清单)、天津(飞机租赁资产境内外币资产证券化业务创新)、武汉(专利权质押融资新模式)、前海(跨境公证法律服务)、重庆(建立诉讼仲裁与调解一站式纠纷解决机制)片区。

7月25日,由国务院参事室自贸试验区建设研究中心、西安市人民政府联合主办,中国(陕西)自由贸易试验区工作办公室协办,中国(陕西)自由贸易试验区西安管委会、西安市浐灞生态区管委会承办的2019年自贸试验区建设研讨会在西安浐灞生态区举行。

7月26日,2019"蓉港青年人才合作发展大会"在四川自贸试验区双流区块举行。

7月27日,国务院印发《国务院关于同意设立中国(上海)自由贸易试验区临港新片区的批复》(国函〔2019〕68号),印发《中国(上海)自由贸易试验区临港新片区总体方案》。

7月29日,东疆管委会与天津海事局签署战略合作协议,助力东疆发展船舶海工租赁产业。与此同时,进口保税租赁、离岸租赁、资产包租赁等40多种租赁业务模式也在东疆不断落地,引领推动中国租赁产业发展。

7月30日,中国拍卖行业协会文化艺术品拍卖专业委员会联合上海自贸试验区举行"自贸试验区赋能拍卖交流会"。

8月

8月1日,浙江首次明确提出,要在全省范围内建设"自贸试验区联动创新区"。

8月1日,由福建自贸试验区平潭片区探索开展的投资体制改革"四个一"入选习近平新时代中国特色社会主义思想在改革发展稳定中攻坚克难案例。

8月2日,国务院印发《国务院关于印发6个新设自由贸易试验区总体方案的通知》(国发〔2019〕16号),批复设立山东、江苏、广西、河北、云南、黑龙江等6个自由贸易试验区。

8月2日,《关于进一步在中国(河南)自由贸易试验区试点开展外汇创新业务的通知》印发,试点开展自贸试验区外汇创新业务(2.0版),自贸试验区内企业今后进一步享受贸易投融资自由化、便利化。

8月6日,厦门—果园港—波兹南班列从重庆果园港顺利开行。

8月6日,深圳文化产权交易所河南自贸试验区运营中心启动仪式在河南自贸试验区开封片区举行。

8月6日,国务院印发《中国(上海)自由贸易试验区临港新片区总体方案》。这意味着上海自贸试验区第二次顺利扩区,上海自贸试验区深化改革和扩大开放迈入新征程。

8月7日,中国建设银行首家获批成立建行上海自贸试验区新片区分行。

8月8日,辽宁自贸试验区沈阳片区出入境人员综合服务"单一窗口"正式上线运行。

8月9日,在毕马威成都分公司举行的发布会上《成都自贸试验区营商环境第三方评估报告》正式发布。

8月9日,上海市浦东市场监管局向国药控股国大药房上海连锁有限公司韵浦路店核发全国首张药店业态《行业综合许可证》,标志着上海自贸试验区浦东新区在全国率先推出的"一业一证"审批制度改革进一步深化。

8月14日,山东省委召开会议,研究部署自贸试验区有关工作。

8月15日,国家发改委印发《西部陆海新通道总体规划》,明确海南洋浦港的发展定位。

8月15日，沈阳城市建设集团落户辽宁自贸试验区沈阳片区。

8月15日，加拿大羽绒被枕制造商公司成功签约第二届进博会高端消费品展区81平方米的展位，并在上海自贸试验区外高桥注册成立上海香纳熙国际贸易有限公司。

8月17日，河南自贸试验区开封片区深化"放管服"审批服务时间再压缩。

8月20日，上海市委书记李强在临港办公中心为中国（上海）自由贸易试验区临港新片区揭牌，正式公布《中国（上海）自由贸易试验区临港新片区管理办法》。

8月21日，四川自贸办专职副主任陈友清率商务厅综合处及自贸办综信处、创新处、协调处负责人一行，来到省政务服务和资源交易服务中心政务服务平台办公区开展"厅长进大厅"和"业务处室值守大厅"活动，看望慰问厅窗口工作人员，调研指导窗口工作。

8月21日，自今年8月起，纳税人跨区自由迁移试点在湖北自贸试验区宜昌片区实施。试点政策取消了纳税人到税务机关办理跨区迁移时的注销清税流程，纳税人的涉税资格、发票信息和纳税申报义务全部保留，且自动延续至迁入地，纳税人可实现带税迁移、带票迁移。

8月21日，李克强总理主持召开国务院常务会议，会议决定从2019年12月1日起，在全国自贸试验区开展"证照分离"改革全覆盖试点，对中央层面设定的全部523项涉企经营许可事项，推动照后减证和简化审批。

8月22日，中共中央政治局常委、国务院副总理、推进海南全面深化改革开放领导小组组长韩正主持召开会议，听取关于海南自由贸易港政策制度体系阶段性研究成果的汇报，研究部署下一步重点工作。

8月23日，海南省委深改委第十次会议暨自贸试验区（港）工委第八次会议召开，传达学习推进海南全面深化改革开放领导小组第三次办公会议精神，研究海南省贯彻意见。

8月26日，《国务院关于同意新设6个自由贸易试验区的批复》及《中国（江苏）自由贸易试验区总体方案》发布。

8月26日，江苏省连云港市市长方伟主持召开中国（江苏）自由贸易试验区连云港片区建设座谈会，听取我市推进自贸试验区工作相关情况，安排部署下一阶段工作。

8月26日，国务院同意设立中国（广西）自由贸易试验区，并印发《中国（广西）自由贸易试验区总体方案》。中国（广西）自由贸易试验区涵盖南宁片区钦州港片区、崇左片区，总面积119.99平方千米。继西部陆海新通道建设上升为国家战略后，广西再次迎来重大发展机遇。

8月26日，中国（山东）自由贸易试验区济南片区筹备工作专题会议召开。

8月26日，作为上海自贸试验区临港新片区挂牌后的第一个大项目，"上海临港智能网联汽车综合测试示范区"在临港开园。

8月26日，据中国日报网报道，国务院印发《中国（山东）、（江苏）、（广西）、（河北）、（云南）、（黑龙江）自由贸易试验区总体方案》。该方案提出，云南自贸试验区围绕打造"一带一路"和长江经济带互联互通的重要通道，建设连接南亚东南亚大通道的重要节点，推动形成我国面向南亚东南亚辐射中心、开放前沿，提出了创新沿边跨境经济合作模式和加大科技领域国际合作力度等方面的具体举措。

8月27日，据中国日报网报道，辽宁省营口市召开2019年推进自贸试验区建设暨制度创新奖励大会，表彰在自贸试验区制度创新工作中表现突出的部门，继续推进自贸试验区建设工作顺利开展，营造全市开放创新的新局面。

8月27日，中国（江苏）自由贸易试验区南京片区正式挂牌。

8月27日，江苏省连云港市市委书记、市人大常委会主任项雪龙赴中国（江苏）自由贸易试验区连云港片区调研。

8月28日，中国（江苏）自由贸易试验区连云港片区正式挂牌。

8月30日，中国日报网记者从中国（云南）自由贸易试验区新闻发布会上获悉，当前，云南省经济持续健康发展势头良好，主要经济指标均处于全国前列，增长空间很大，发展前景广阔，正处于转型升级的重要关口。中国（云南）自贸试验区的建设标志着云南对外开放进入了新的阶段，迈上了新的台阶。

8月30日，中国（江苏）自由贸易试验区南京片区正式揭牌。

8月30日，江苏自贸试验区南京片区首个自贸金融特色行成立，江苏首个、唯一一个全面授权商标窗口正式运营。

8月30日，中国（云南）自由贸易试验区在国家级昆明经济技术开发区正式揭牌。

8月30日，中国（广西）自由贸易试验区正式揭牌运行。广西壮族自治区党委书记、自治区人大常委会主任鹿心社，自治区党委副书记、自治区主席陈武共同为自贸试验区揭牌，现场还依次为自贸试验区南宁区、钦州港片区和崇左片区授牌。同日，中国银行在南宁举行支持广西自贸试验区金融服务方案发布会，向社会发布4方面11条举措，全面支持广西自贸试验区建设。

8月30日，中国（河北）自由贸易试验区揭牌仪式在雄安新区举行，以此为标志，河北省改革开放站在了新的历史起点上。

8月30日，中国（山东）自由贸易试验区揭牌仪式和新闻发布会在济南举行。

8月30日，中国（黑龙江）自由贸易试验区在哈尔滨揭牌。

8月30日，中国（黑龙江）自由贸易试验区绥芬河片区授牌。

8月30日，上海市政府新闻办举行市政府新闻发布会，常务副市长、临港新片区管委会主任陈寅介绍了最新出台的《关于促进中国（上海）自由贸易试验区临港新片区高质量发展实施特殊支持政策的若干意见》。

8月31日，据中国日报网报道，中国（山东）自贸试验区烟台片区在北京举行政策推介会，面向全球推介亮点特色与重点载体，推出一揽子先行先试的政策与行动计划，勇当改革创新的"试验田"，全力打造新时代改革开放新高地。

8月31日，江苏省连云港市委、市政府召开中国（江苏）自由贸易试验区连云港片区建设动员大会，连云港片区建设与发展正式起航。

8月31日，2019年海南自贸区（港）产业园区合作大会在海口举行。

9月

9月1日，中国（江苏）自贸试验区苏州片区挂牌仪式暨动员大会在苏州工业园区正式举行。

9月1日，云南"首创"25条政策推动自贸试验区建设。

9月1日，辽宁自贸试验区沈阳片区第二届跨境电商名仕大集隆重开市。

9月1日，浦发银行上海自贸试验区分行再次与苏州分行联动，为前期搭建跨境双向资金池的斯莱克集团完成首笔FT（自由贸易）账户网银小额结售汇业务。

9月2日，中国（江苏）自由贸易试验区连云港片区企业服务中心揭牌仪式在连云港市政务服务中心、连云港经济技术开发区政务服务中心、连云区政务服务中心同步举行。

9月2日，江苏省连云港市召开江苏自贸试验区连云港片区恳谈会和进博会、连云港分团工作推进会，部署自贸试验区招商和进博会相关重点工作。

9月2日，中国（广西）自由贸易试验区南宁片区首次招商推介会在五象新区举办，广西企业家协会会员代表、驻邕异地商会代表、台商代表、一批世界500强和中国500强以及知名企业代表100多人应邀参会。

9月2日，中国（山东）自由贸易试验区青岛片区政务服务中心正式挂牌。

9月2日，山东自贸试验区烟台开发区召开自贸试验区建设推进会议。

9月2日，重庆自贸试验区"陆海新通道"铁海联运首次铁路箱下海出境专列在团结村车站顺利发车。

9月5日，海南省发布《海南省高层次人才认定办法》《海南省柔性引进人才实施办法》等5项人才政策。

9月5日，江苏省连云港市市委书记、市人大常委会主任项雪龙专题调研中国（江苏）自由贸易试验区连云港片区建设工作，强调要以习近平新时代中国特色社会主义思想为指引，认真贯彻国家、省、市关于自贸试验区建设的部署要求，紧扣目标定位，大胆探索创新，敢想、敢试、敢闯、敢突破，高标准、高质量推进各项工作，尽快展露出连云港片区建设的现实模样。

9月5日，山东自贸试验区青岛农商银行自贸试验区支行挂牌开业，青岛西海岸新区管委主任、区长周安与青岛农商银行党委书记、董事长刘仲生共同为自贸试验区支行揭牌，青岛银保监局农金处处长郭子兴为自贸试验区支行颁发了金融许可证。

9月5日，中国自由贸易试验区建设与东亚海洋合作论坛在青岛西海岸新区成功举办，这是东亚海洋合作平台框架下首次举办自由贸易主题的论坛，也是中国（山东）自由贸易试验区获批后，山东首次举办的自由贸易主题大型论坛。

9月5日，中国（山东）自由贸易试验区济南片区综合服务中心启用暨"企业开办一次办成"系统在济南高新区政务服务中心揭牌。

9月5日，第十九届亚太零售商大会暨国际消费品博览会于重庆自贸试验区的重庆国际博览中心正式开展。

9月5日，国务院国资委与上海市政府在沪签署深化合作共同推进落实国家战略合作框架协议，一批中央企业在沪重大项目集中签约。其中，由上港集团、上汽集团携手中国移动上海公司打造的"洋山港智能重卡示范运营线"参与本次签约，并落地临港新片区。

9月6日，中国银行江苏自贸试验区苏州片区支行在苏州工业园区高端制造与国际贸易区举行揭牌仪式，成为在苏州率先成立的银行机构。同日，全国首笔中国—新加坡货币互换新元融资业务落地中国（山东）自由贸易试验区青岛片区新闻发布会暨青岛银行自贸试验区支行揭牌仪式在青岛银行大厦成功举办。

9月7日，黑龙江省省长王文涛主持召开黑龙江自贸试验区领导小组第一次工作会议。

9月9日，中国（云南）自贸试验区：先行先试，推动沿边改革开放迈上新台阶。

9月10日，河南自贸试验区开封片区通过中国质量认证中心首次开展年度监督审核。

9月11日，上海市浦东新区人民政府和上海市商务委签署了合作协议，21家新落户（增资）外贸重点企业项目正式落户浦东。

9月12日，广西南宁市外事办公室组织东盟六国驻南宁总领事和领事官员参观了"南大门"跨境电商保税直购中心、中国—东盟新型智慧城市协同创新中心和五象新区总部基地，考察我市经济社会发展成就，共同展望中国（广西）自由贸易试验区南宁片区的美好未来。

9月16日，江苏省苏州市委常委、苏州工业园区党工委书记吴庆文与苏州自贸片区筹备组工作人员进行座谈。

9月16日，中国（广西）自由贸易试验区建设指挥部招商工作部成立，从完善制度机制、建立招商队伍、创新招商模式等方面，强化广西自贸试验区招商引资工作。

9月17日，海南省委、省政府与部分中央企业在北京举行座谈会，充分听取中央企业的意见建议，研究推动央企更好更快地融入海南自贸试验区和中国特色自由贸易港建设。

9月17日，中国（黑龙江）自由贸易试验区黑河片区挂牌成立。

9月18日，海南自贸试验区建设项目（第六批）集中开工和签约活动举行，共集中开工项目110个、总投资613亿元，集中签约项目76个、总投资213亿元。

9月18日，全国人大副委员长王晨率立法调研组就海南自由贸易港建设涉及调法调规事项及加快自由贸易港法出台有关工作开展调研。

9月18日，由全国网络知名人士、专家学者、媒体记者等组成的考察团来到中国（江苏）自由贸易试验区连云港片区，通过实地考察、现场体验、座谈交流等形式，深入解读连云港片区的功能定位、特色产业和发展规划等，凝聚关心自贸试验区、支持自贸试验区、建言自贸试验区发展的磅礴力量。

9月19日，陕西自贸试验区空港新城功能区推行"智慧通关"新模式。

9月19日，河南自贸试验区洛阳片区迪拜对接推介会顺利举行。

9月20日，河南自贸试验区国际艺术品保税仓正式获批，落地河南自贸试验区开封片区。

9月21日，海南省委深改委第十一次会议暨自贸试验区（港）工委第九次会议召开，传达学习了《听取海南自由贸易港政策制度体系阶段性研究成果会议纪要》，研究部署"抓紧研究提出海南分步骤、分阶段建设自由贸易港政策和制度体系，加快探索建设中国特色自由贸易港进程"的海南相关工作。

9月21日，中国（广西）自由贸易试验区崇左片区暨凭祥投资发展推介会在南宁举行。

9月22日，由广西壮族自治区人民政府主办，广西壮族自治区商务厅、广西壮族自治区投资促进局承办的中国（广西）自由贸易试验区推介会在南宁举行。

9月23日，商务部、海关总署、中国国际贸易促进委员会联合发布公告，明确自2019年10月15日起在全国范围推广对外贸易经营者备案和原产地证企业备案"两证合一"改革工作。这一创新举措是福建自贸试验区为全国贡献的"福建经验"之一。

9月24日，首个国际商事调解中心签约落户江苏自贸试验区。

9月24日，中国（广西）自由贸易试验区钦州港片区推进工作领导小组第一次会议召开。

9月24日，中国（河北）自贸试验区制度创新培训及工作推进会议在石家庄召开。

9月24日，中国（上海）自贸试验区版权服务中心和上海国际艺术品保税服务中心在外高桥保税区同步启动运行。

9月25日，中国（山东）自由贸易试验区青岛片区总体规划国际专家咨询会在青岛西海岸新区召开。

9月25日，第13届中国航空维修峰会在四川自贸试验区双流区块举行。

9月25日，河南自贸试验区洛阳片区赴新加坡对接推介。

9月25日，上海市举行"第二届中国（上海）自由贸易试验区制度创新十大经典样本企业"发布会，产出310余项制度创新成果。

9月26日，中国银行连云港自贸试验区支行揭牌，成为首家在中国（江苏）自由贸易试验区连云港片区设立的银行分支机构。

9月26日，84个重点项目落户辽宁自贸试验区沈阳片区和沈阳高新区。

9月26日，上海自贸试验区首家外资综合性医院——上海阿特蒙医院，正式在浦东外高桥落成开院。

9月27日，西安市出台31条措施深化陕西自由贸易试验区改革创新。

9月27日，上海市市场监管局与浦东新区政府签署《上海市市场监督管理局支持浦东新区（上海自贸试验区）改革开放再出发实现新时代高质量发展的工作备忘录》。

9月28日，为更好地提升综合金融服务能力，全方位支持江苏自贸试验区苏州片区建设发展，苏州部分金融机构积极筹备成立江苏自贸试验区苏州片区银行支行/保险支公司。金融机构江苏自贸试验区苏州片区网点集中揭牌仪式在苏州工业园区举行。

9月28日，据《中国日报》报道，中国（黑龙江）自由贸易试验区哈尔滨片区管委会正式挂牌，这标志着自贸试验区核心片区——哈尔滨片区的建设正式启动。

9月29日，中国（广西）自由贸易试验区建设指挥部在南宁召开指挥长工作会议，部署落实2019年改革试点任务。

9月29日，成都海关向泸州中海粮油工业有限公司出具"保税仓库备案证明"，标志着四川自贸试验区川南临港片区第一座进口粮食"专用型保税仓库"正式获批，这也是继泸州港保税物流中心（B型）后，泸州市第二个具有保税功能的海关监管仓库。

9月29日，中国（黑龙江）自由贸易试验区绥芬河片区正式揭牌。

9月29日，中国工商银行黑龙江自贸试验区绥芬河片区支行正式成立。

9月30日，中国（广西）自由贸易试验区建设指挥部办公室正式揭牌运行。同日，崇左片区建设指挥部第一次全体会议在凭祥市召开。

10月

10月2日，天津市委、市政府印发《推动中国（天津）自由贸易试验区管理委员会体制机制创新的意见》，推出了一系列改革措施，其中包括在自贸试验区设立专司制度创新的法定机构，实行企业化管理，引入市场化机制，推行全员聘任和全面绩效考核，形成与国际通行规则相衔接的制度创新体系和政策服务体系，把自贸试验区建设成为新时代改革开放新高地。

10月8日，广西自贸试验区钦州港片区钦州市民服务中心专窗在钦州市民服务中心B区二楼30号启用，为企业提供自贸试验区钦州港片区注册登记、政策兑现等咨询、受理服务。

10月9日，中国（广西）自由贸易试验区崇左片区举行重大项目集中开工仪式，共开工5个项目，分别为：中国（广西）自贸试验区崇左片区规划展示馆、中国（广西）自贸试验区崇左片区中越跨境电子信息产业园标准厂房、凭祥市农产品加工物流园配套道路工程、广西凭祥综合保税区快速通道二期工程、龙州至凭祥公路（西环路）工程。

10月9日，中国（山东）自由贸易试验区济南片区金融机构入驻仪式在国际金融城济南基金大厦举行。

10月9日，天津市人民政府办公厅印发《关于支持中国（天津）自由贸易试验区创新发展的措施》和《中国（天津）自由贸易试验区创新发展行动方案》。天津自贸试验区以国际化视野、颠覆式思维统筹谋划改革创新，力图构筑开放合作的先进制造研发和现代服务产业体系，打造陆海空联动的国际航运资源配置枢纽，增强产业金融和创新金融的服务辐射功能，建设京津冀协同开放的高水平国际合作平台，建设高效透明法治规范的国际化营商环境。

10月10日，中国（广西）自由贸易试验区建设指挥部指挥长召开第四次指挥长会议，张晓钦、杨晋柏指挥长出席会议，招商工作部、智库工作部、现代服务业工作部及三个片区参加会议。

10月10日，河北省人民政府第65次常务会议通过《中国（河北）自由贸易试验区管理办法》。

10月10日，据《青岛日报》等报道，中国（山东）自由贸易试验区青岛片区首批产业项目集中开工仪式及自贸大厦启用仪式在西海岸新区举行，总投资30亿元的中日生命健康中心、青岛港贸中心、九鼎峰贸易大厦三大中心集中开工，自贸大厦正式启用，拉开了山东自贸试验区青岛片区全面建设的崭新序幕，标志着山东自贸试验区青岛片区驶入开发建设快车道。

10月11日，为进一步贯彻落实近期省区市主要领导关于自贸试验区建设的指示精神，推动苏州工业园区各部门认清中国（江苏）自由贸易试验区苏州片区应承担的责任和义务，由江苏自贸试验区筹备组组织的2019年第二期自贸试验区业务工作集中轮训培训班在培训管理中心开班。

10月11日，广西壮族自治区主席陈武到自治区商务厅调研中国（广西）自由贸易试验区建设并主持召开座谈会，强调全区上下要牢固树立"一盘棋"思想，聚焦核心任务，大胆试、大胆闯、自主改，举全区之力推动广西自贸试验区高质量发展，努力形成一批具有广西特色的可复制可推广经验，向党中央、国务院交出一份合格的答卷。

10月12日，河北自贸试验区推进工作领导小组办公室召开向自贸试验区下放省级管理权限工作推进协调会。

10月12日，河北自贸试验区推进工作领导小组办公室在2019中国国际数字经济博览会数字商务发展峰会上做了"河北自贸试验区基本情况和数字商务发展——加快建设新时代改革开放新高地"的主题推介。

10月14日，广西自贸试验区崇左片区凭祥市工作研究会召开。

10月14日，河北大学成立河北自贸试验区研究院。

10月14日，辽宁省自贸办在中共辽宁省委党校举办辽宁自贸试验区金融开放创新专题培训班。

10月15日，广西壮族自治区南宁市市长周红波到五象新区调研中国（广西）自由贸易试验区南宁片区建设工作时强调，要按照国家印发的总体方案和自治区党委、政府以及市委的部署要求，立足南宁实际，聚焦核心任务，干字当头，快字当先，大胆试、大胆闯、自主改，全力推进广西自贸试验区南宁片区建设。

10月15日，河北自贸试验区推进工作领导小组办公室在2019年河北国际生物医药产业合作对接会上作了自贸试验区建设基本情况和生物医药产业开放合作的主题推介。

10月15日，中国（山东）自由贸易试验区青岛片区首批会计师事务所及贸易服务企业集中入驻启动仪式在西海岸新区举行。

10月16日，苏州工业园区管委会发布消息，共36家企业通过"关助融"提交融资申请，已有12家企业完成授信，审批金额为1.04亿元。这是江苏自贸试验区苏州片区深化金融领域开放创新取得的又一成果。

10月16日，中国（云南）自由贸易试验区挂牌"满月"，昆明片区涌动发展热潮。

10月16日，四川省内江市委书记马波率党政代表团到钦州考察调研西部陆海新通道建设、自贸试验区建设、对外开放等工作，并召开座谈会，签署战略合作协议，推动两市合作进入深化发展新阶段。

10月16日，对外经济贸易大学青岛国际校区在青岛西海岸新区开工奠基，将打造中国—上海合作组织经济贸易大学、对外经贸大学经贸学院、自由贸易创新创业园区等板块，开展国际本科以上层次全日制学历教育和国际人才培养，为中国（山东）自由贸易试验区青岛片区的建设提供智力支持。

10月16日，全国自贸试验区改革试点经验复制推广培训班在湖北宜昌市委党校举行，旨在加强对自贸试验区建设特别是复制推广工作重要性的认识，进一步提高工作能力和质量，及时"移栽"改革试点经验，更好服务高质量发展。

10月17日，河南自贸试验区首家离境退税商店挂牌仪式在开封市中心书城举行，此举标志着离境退税政策在开封正式落地。

10月18日，据央广网报道，江苏省连云港市在北京举办中国（江苏）自贸试验区连云港片区恳谈会暨连云港—央企经贸合作交流会，向与会企业宣传推介江苏自贸试验区连云港片区，寻求产业合作，促进互利共赢。

10月18日，四川自贸试验区暨协同改革先行区建设工作推进会议在中国（四川）自由贸易试验区成都青白江铁路港片区召开，学习贯彻近期国务院常务会议精神，听取四川自贸试验区及协同改革先行区工作进展情况汇报，部署推动自贸试验区深化改革创新和协同改革先行区建设等工作。

10月18日，上海自贸试验区防雷安全智能监管平台投入业务试运行。

10月21日，海南省委书记刘赐贵主持召开中国（海南）自由贸易试验区（自由贸易港）咨询委员会专家交流研讨会，围绕中国特色自由贸易港政策制度研究工作同专家交流讨论。

10月21日，河北自贸试验区在深圳举行专题推介会。

10月21日，沈阳远达国际快件监管中心在辽宁自贸试验区沈阳片区启动运营。

10月22日，重庆市全面融入共建"一带一路"，加快建设内陆开放高地推进大会召开。

10月23日，江苏苏州工业园区党工委副书记、管委会主任丁立新调研中国（江苏）自由贸易试验区苏州片区工作，听取自贸试验区筹备工作组工作开展情况汇报，协调解决实际工作中的问题和困难。

10月24日，海南省委深改委第十二次会议暨自贸试验区（港）工委第十次会议召开，审议并原则通过了《智慧海南总体方案（2020—2025年）》。

10月24日，中国（江苏）自由贸易试验区连云港片区工作领导小组召开第一次全体会议，传达贯彻中国（江苏）自由贸易试验区工作领导小组第一次全体会议精神，审议相关文件，研究推进自贸试验区建设发展工作。

10月24日，河北自贸试验区推进工作领导小组办公室到大兴机场片区廊坊区域督导调研。

10月24日，"2019全国网络媒体看济南"采访团一行走进山东自贸试验区济南片区。

10月25日，江苏苏州工业园区2019年第三期自贸试验区业务工作集中轮训在园区培训管理中心举行。

10月25日，广西自贸试验区南宁片区建设工作领导小组办公室联合招商银行成功举办"2019年广西自贸试验区南宁片区金融专题"推介会。

10月25日，全国外资准入负面清单条目已经减到40项，自贸试验区外资准入负面清单条目减到了37项。

10月26日，十三届全国人大常委会第十四次会议表决通过关于授权国务院在自由贸易试验区暂时调整适用有关法律规定的决定。根据决定，在自贸试验区内，暂时调整适用对外贸易法、道路交通安全法、消防法、食品安全法、海关法、种子法等6部法律的有关规定，相关调整在3年内试行，按照直接取消审批、审批改为备案、实行告知承诺、优化审批服务等4种方式分类推进改革。

10月28日，首家外资培训机构落户江苏自贸试验区。

10月28日，江苏省连云港市召开中国（江苏）自由贸易试验区连云港片区情况通报会。

10月28日，中国（陕西）自贸试验区交流推广活动在新疆举行。

10月28日，在党的十九届四中全会上，中共中央总书记习近平发表重要讲话时4次提及海南，全会决定明确提出"加快自由贸易试验区、自由贸易港等对外开放高地建设"。

10月28日，重庆市商务委举行《中国（重庆）自由贸易试验区条例》（以下简称《条例》）施行新闻发布会，11月1日起，《条例》正式施行，这也是重庆首个自贸试验区地方性法规。

10月28日，在上海自贸试验区内，暂时调整适用对外贸易法、道路交通安全法、消防法、食品安全法、海关法、种子法等6部法律的有关规定，相关调整在3年内试行，按照直接取消审批、审批改为备案、实行告知承诺、优化审批服务等4种方式分类推进改革。

10月29日，陕西自贸试验区首创政务服务"全城通办"。

10月29日，中国（广西）自由贸易试验区崇左片区建设指挥部第二次全体会议在凭祥召开。同日，南宁市政府举行中国（广西）自由贸易试验区南宁片区支持政策新闻发布会。

10月29日，河北自贸试验区推进工作领导小组办公室利用"一带一路"服务机制与自贸试验区建设高峰论坛的机会开展宣传推介。

10月29日，河南自贸试验区国际艺术品保税仓申建工作彰显"自贸速度"，受到市政府通报表彰。

10月30日，山东省委常委、市委书记王清宪到西海岸新区调研中国（山东）自由贸易试验区青岛片区建设情况。

10月31日，海南自贸试验区新闻办召开中国（海南）自由贸易试验区制度创新案例（第五批）新闻发布会，发布了优化营商环境10项制度创新案例。

10月31日，中国（上海）自由贸易试验区将探索落实7项举措，支持离岸转手买卖贸易发展。

11月

11月2日，海南省委书记刘赐贵主持召开专题会，研究关于加快探索建设中国特色自由贸易港有关思考的报告。

11月3日，中国（江苏）自由贸易试验区苏州片区建设专家咨询会在苏州工业园区召开，来自各个领域的近20名专家学者为苏州自贸片区的发展建言献策。

11月4日，位于苏州工业园综合保税区内的苏州工业园区西奥检测咨询服务公司一票货值为569.75美元的进口待检测LED灯样品顺利通过保税检测外发方式在区外合作实验室开展检测，标志着中国（江苏）自由贸易试验区苏州片区"在全国首家试点打造保税检测集聚区"进入实质性启动阶段。

11月4日，广西崇左市市委书记、市人大常委会主任刘有明率队到凭祥调研中国（广西）自由贸易试验区崇左片区重大项目建设情况。

11月5日，中国共产党第十九届中央委员会第四次全体会议表决通过《中共中央关于坚持和完善中国特色社会主义制度、推进国家治理体系和治理能力现代化若干重大问题的决定》，决定加快自由贸易试验区、自由贸易港等对外开放高地建设。

11月5日，商务部等18部门联合印发《关于在中国（海南）自由贸易试验区试点其他自贸试验区施行政策的通知》，提出30项在海南自贸试验区适用的其他自贸试验区施行政策。

11月5日，第二届中国国际进口博览会开幕式在上海举行，习近平发表题为《开放合作·命运与共》的主旨演讲，提出中国将继续鼓励自由贸易试验区大胆试、大胆闯，加快推进海南自由贸易港建设，打造开放新高地。

11月5日，《中国证券报》评论，自首届进博会举行以来，为加快形成对外开放新局面，中国推出若干重大举措：新版外商投资准入负面清单正式实施，进一步扩大农业、采矿业、制造业、服务业开放；新设6个自由贸易试验区，增设上海自贸试验区临港新片区，加快探索建设海南自由贸易港进程；进一步自主降低关税水平，努力消除非关税贸易壁垒，大幅削减进口环节制度性成本。

11月6日，江苏连云港市市委宣传部、市新闻工作者协会组织广大新闻工作者来到中国（江苏）自由贸易试验区连云港片区的三个区块采风，帮助大家更加全面系统地把握江苏连云港市自贸试验区的相关情况，更好地进行宣传报道。

11月6日，以"开放云南·共享'一带一路'发展新机遇"为主题的2019中国（云南）自由贸易试验区招商引资推介会在第二届进博会上举办。

11月6日，借助第二届中国国际进口博览会召开的契机，山东烟台市在上海举办"烟台国际经贸合作恳谈会"，推介山东自贸试验区烟台片区，推动深化务实合作。

11月6日，国务院印发《国务院关于在自由贸易试验区开展"证照分离"改革全覆盖试点的通知》（国发〔2019〕25号）。

11月8日，在上海市举行的"陆家嘴：中国链接全球的重要力量"活动中，全球最大的工业及物流地产运营商普洛斯、瑞典医疗器械巨头医科达、国际四大会计师事务所之一的德勤等12家知名企业的重点项目与上海自贸试验区陆家嘴管理局签署合作协议。

11月8日下午和9日上午，中共中央政治局常委、国务院副总理、推进海南全面深化改革开放领导小组组长韩正在海口分别主持召开专家座谈会和领导小组全体会议，研究讨论海南自由贸易港建设政策和制度体系，部署下一步重点工作。

11月9日，工信部印发《支持海南建设自由贸易试验区和中国特色自由贸易港的实施方案》。

11月9日，第二届中国（四川）自由贸易试验区制度创新法律论坛在成都召开。

11月10日，由重庆市委组织部、市商务委联合举办的中国（重庆）自由贸易试验区建设专题培训班在浙江大学如期开班，市商务委宋刚副主任、浙江大学继续教育学院姚青副院长出席仪式，宋刚副主任做动员讲话。

11月11日，"人民币国际化服务自贸试验区建设"论坛召开，为云南自贸试验区建设提供有力的金融支持。

11月11日,"2019年海外人才上海自贸试验区创业汇"大型交流对接活动在浦东张江开幕;参展企业雷度米特医疗设备有限公司与外高桥集团股份下属新发展公司签署协议,正式落户外高桥生物医药服务中心。

11月12日,海南省委深改委第十三次会议暨自贸试验区(港)工委第十一次会议召开,传达学习推进海南全面深化改革开放领导小组会议精神,研究贯彻落实意见。

11月12日,河北自贸试验区推进工作领导小组办公室率有关片区工作人员赴上海浦发银行总部开展座谈交流。

11月12日,中国(四川)自由贸易试验区自贡协同改革先行区正式揭牌。

11月13日,以"共建开放新高地,共享发展新机遇"为主题的中国(河北)自贸试验区推介活动在上海举行。

11月13日,"多元解纷共治共享"——2019年度市一中法院辖区"代表委员基层行"系列联络活动走进重庆自贸试验区两江新区法院,来自全国、重庆市两级人大代表以及政协委员一行25人调研视察法院工作。

11月15日,陕西自贸试验区推行"智慧通关"新模式。

11月15日,江苏苏州工业园区自贸试验区业务工作第四期集中轮训在现代大厦国际会议厅举行。

11月15日,黑龙江省省长、省政府党组书记王文涛主持召开黑龙江自贸试验区领导小组第二次工作会议。

11月15日,上海自贸试验区金桥综合保税区通过验收。

11月16日,2019亚信金融峰会在广西南宁开幕。

11月18日,重庆市商务委组团到美国、墨西哥开展重庆自贸试验区宣传推介和重庆美食品鉴及招商活动。

11月18日,为进一步克服"准入不准营"现象,使企业更便捷拿到营业执照并尽快正常运营,国务院决定,在全国各自由贸易试验区对所有涉企经营许可事项实行清单管理,率先开展"证照分离"改革全覆盖试点。

11月19日,中国(河南)自由贸易试验区更高水平贸易投资便利化试点业务正式落地。

11月19日,央视网消息:商务部昨天(11月18日)公布的数据显示,今年前10个月,我国自贸试验区实际使用外资增长23.9%。

11月19日,商务部等18部门联合印发《关于在中国(海南)自由贸易试验区试点其他自贸试验区施行政策的通知》,通知提出了适用于海南自贸试验区的其他自贸试验区施行政策,包括4方面共30项政策内容。

11月20日,福建省人民政府印发《关于推广福建自贸试验区第七批可复制创新成果的通知》,将福建自贸试验区第七批20项经验做法在全省范围复制推广。此次复制推广的改革创新成果分别为:全球质量溯源体系、国际贸易单一窗口跨境电商综合服务平台、国际贸易单一窗口"出口信用保险"服务、"海关公证电子送达"系统、贸促会出认证业务电子申报系统、对台货运船舶"直通车"服务、空港入境旅客预检系统、进口分拨集装箱便捷监管模式、特定大宗散货区港联动运输模式、政府投资小型项目实行告知承诺制审批、个体工商户自助登记打照、不动产抵押登记全程网办、台商台胞金融信用证书颁证、线上银税互动合作、产业支撑改革模式、"易(e)用电"供电服务体系、全流程电子化投标保函系统、基于区块链技术的"多码融合"创新应用、涉台民商事案件仲裁调解适用台湾地区有关规定、"双随机、一公开"监管工作规范地方标准。

11月21日,河北省政务服务办公室、省商务厅、省司法厅和省市场监管局四部门在石家庄市召开培训会,对44个省直部门就下一步推进自贸试验区"证照分离"改革全覆盖试点工作进行了培训。

11月22日,《中国日报》记者从黑龙江黑河出入境边防检查站获悉,自中国(黑龙江)自由贸易区试验区黑河片区启动以来,该站已出台21项通关便利措施助力自贸试验区各项工作拓路启航,300余家企业就此获益。

11月22日,中国(广西)自由贸易试验区南宁片区建设工作领导小组办公室组织召开了试点任务工作专题协调推进会。

11月25日,阿根廷商会代表团访问辽宁自贸试验区沈阳片区。

11月25日,为进一步推进江苏苏州自贸片区各项工作,江苏省苏州市委常委、园区党工委书记吴庆文主持召开自贸片区工作推进会。

11月25日,上海自贸试验区首家外资综合性医院——上海阿特蒙医院正式对外开诊。

11月26日,据中国日报网报道,中国(上海)自由贸易试验区临港新片区揭牌刚满三个月,上海市浦东新区人民法院(以下简称上海浦东法院)的司法服务保障工作便再次提速。上海浦东法院自贸试验区法庭在临港新片区审判站首次开展商事纠纷案件巡回审判,实现纠纷就地审理。往返车程从110多公里缩短至不到3公里,当事人切切实实地感受到了司法为民的便利。

11月26日,中国农业银行江苏自贸试验区南京片区支行揭牌仪式在新区举行。

11月26日,中国(云南)自由贸易试验区建设顺利开局。

11月26日,黑龙江省司法厅召开支持黑龙江省自贸试验区建设领导小组第一次会议。

11月27日,福建省商务厅(省自贸办)举办了福建自贸试验区最佳创新举措和平台发布活动。活动以"改革不止步·创新再前行"为主题,发布了30项最佳创新举措和10个最佳创新平台。福建省副省长郭宁宁为28个最佳创新举措实施单位和4个最佳创新平台推动单位颁发了奖牌。

11月27日,全国新设自贸试验区工作推进会在厦门召开。商务部自贸试验区港司和山东、江苏等6个新设自贸试验区参会。

11月28日,中国(陕西)自由贸易试验区创新"税—银—企"合作机制,助力小微企业发展。

11月28日,江苏自贸试验区南京片区成为同批次首个加入世界自由区组织的片区。

11月28日,商务部组织召开新设自贸试验区工作推进会。

11月29日,"澜博论坛"项目入驻云南自贸试验区集中签约洽谈会在昆明国际会展中心成功举办。

11月29日,云南省司法厅在中国(云南)自由贸易试验区红河片区举行公共法律服务中心挂牌仪式。

11月29日,中国(广西)自由贸易试验区崇左片区建设指挥部第三次全体会议在凭祥市召开。

11月29日,河北省领导小组办公室常务副主任、省商务厅副厅长率曹妃甸片区有关负责人考察了舟山城市展览馆、乔山国家石油储备基地,并与浙江自贸试验区相关负责同志交流座谈。

11月29日，由上海市科学技术委员会、上海市外国专家局、中国（上海）自由贸易试验区管理委员会保税区管理局联合主办的2019中国（上海）自由贸易试验区保税区域国际人才招聘会暨开启外国人才服务新篇章启动仪式在浦东新区外高桥森兰商都圆满举行。

11月29日，福建省人民政府印发《福建自贸试验区"证照分离"改革全覆盖试点实施方案》，自2019年12月1日起，在福建自贸试验区福州、厦门、平潭三个片区开展"证照分离"改革全覆盖试点。

11月30日，河北省人民政府印发《关于在自由贸易试验区开展"证照分离"改革全覆盖试点工作实施方案》的通知。

11月30日，黑龙江与广东达成自贸片区对口战略合作。

12月

12月1日，中国（江苏）自由贸易试验区连云港片区启动"证照分离"改革全覆盖试点工作，按照直接取消审批、审批改为备案、实行告知承诺、优化审批服务四种方式分类实施"证照分离"改革。

12月1日，331事项分类改革，中国（云南）自贸试验区"证照分离"试点方案12月1日起实施。

12月1日，在中国（上海）自由贸易试验区（含临港新片区）对本市所有涉企经营许可事项实行全覆盖清单管理。

12月2日，辽宁沈阳市首家"企业服务中心"——沈阳高新区、辽宁自贸试验区沈阳片区企业服务中心正式启动运行。

12月2日，据中国政府网报道，国务院总理李克强就在自由贸易试验区开展"证照分离"改革全覆盖试点做出重要批示，强调必须持续推进市场化、法治化、国际化营商环境建设，促进更多新企业开办和发展壮大。

12月3日，商务部组织召开自贸试验区金融创新专题培训班。

12月3日，由中国船舶集团有限公司所属上海外高桥造船有限公司建造的CJ46型、CJ50型两座海上自升式钻井平台在上海自贸试验区临港新片区交付运营。

12月4日，江苏苏州工业园区党工委副书记、管委会主任丁立新主持召开工作会议，协调多部门共同推进苏州自贸试验片区建设。

12月4日，中国（广西）自由贸易试验区崇左片区跨境反假货币示范区在凭祥市正式挂牌。

12月4日，天津市党政代表团来到重庆自贸试验区果园港多式联运枢纽，听取有关中新互联互通和陆海新通道建设等情况介绍。

12月4日，"证照分离"改革全覆盖试点在河南自贸试验区顺利实施，首家报关企业顺利获得证书。

12月4日，上海自由贸易试验区管理委员会保税区综合执法大队综合执法物流园区工作室正式揭牌启用。

12月5日，据新华网报道，自12月1日起，在中国（河北）自由贸易试验区雄安片区、正定片区、曹妃甸片区和大兴机场片区4个片区，对所有涉企经营许可事项实行全覆盖清单管理，共540项。

12月6日，中国（广西）自由贸易试验区崇左片区江楠农产品智慧交易中心隆重举行开工奠基仪式。

12月9日，中国银行河北省分行与河北省商务厅签署《战略合作协议》。同日，浙江省商务厅一行来我省就自贸试验区有关工作进行考察调研。

12月9日，湖北宜昌自贸实验片区跨境电商产业园正式开园运营，成为宜昌对接"一带一路"打造开放新高地的又一重要功能性平台。省商务厅副厅长陈华荣应邀出席开园仪式并致辞。

12月10日，陕西银保监局积极推动异地城市商业银行全面参与陕西自贸试验区建设。

12月10日，江苏自贸试验区苏州片区建设新闻发布会召开，《中国（江苏）自由贸易试验区苏州片区建设实施方案》正式发布。

12月10日，中共中央总书记习近平在中央经济工作会议上作重要讲话时，提到"发挥好自贸试验区改革开放试验田作用，推动建设海南自由贸易港,健全'一带一路'投资政策及服务体系"。

12月10日,河北省领导小组办公室召开全省自贸试验区改革试点经验复制推广会议。

12月11日,广西·凭祥中越边关旅游节暨第27届中越(凭祥)商品交易会在广西凭祥市主办,中国(广西)自贸试验区崇左片区签订26个项目投资协议。

12月12日,江苏自贸试验区苏州片区工作组会同园区经发委、投资促进局和园区海关与新方官员开展专题座谈,交流苏州自贸片区建设情况,介绍园区通关便利化、"企业走出去"等方面的工作。

12月12日,中国农业银行河北分行和中国交通银行河北省分行与河北省商务厅签署金融服务自贸试验区建设战略合作协议。

12月13日,海南省委书记刘赐贵主持召开园区工作座谈会,研究支持园区高质量发展的具体措施。

12月15日,中国(江苏)自由贸易试验区连云港片区管理委员会揭牌仪式与中国(江苏)自由贸易试验区连云港片区项目集中开工仪式在连云港经济技术开发区举行。

12月15日,江苏知名企业家走进连云港暨连云港自贸实验片区创新合作推介会举行。

12月15日,紫光华智数字工厂项目在重庆自贸试验区两江新区鱼复园区开工建设。

12月16日,陕西自贸试验区创新"税银企"合作机制,助力小微企业发展。

12月17日,据中国日报网报道,中国银行云南省分行相关机构依托全新的自贸试验区跨境人民币结算便利化政策,为云南自贸试验区昆明片区、红河片区、德宏片区跨境人民币结算的优质企业办理了跨境人民币贸易投资便利化业务,实现云南自贸试验区三个片区更高水平跨境人民币贸易投资便利化试点业务的首发。

12月18日,第二届进博会后首个落户上海自贸试验区国别(地区)中心的国家馆——东帝汶国家馆正式开馆启用;外高桥集团股份参股企业摩根大通证券（中国）有限公司正式对外开展业务。

12月18日，广西凭祥市印发《中国（广西）自由贸易试验区崇左片区发展支持政策》，从跨境贸易、跨境物流、跨境金融、跨境旅游、跨境劳务发展定位的产业等多个方面给予支持。

12月19日，中共中央政治局常委、国务院副总理韩正在国家发展改革委召开座谈会，强调要抓紧制定出台海南自由贸易港建设总体方案、推动海南全面深化改革开放。

12月20日，海南省委书记刘赐贵主持召开省委常委会，审议《海南省反走私条例（二次审议稿）》，进一步深化海南自由贸易港风险防控工作研究。

12月20日，海南省委深改委第十五次会议暨自贸试验区（港）工委第十三次会议召开，对重点园区承接自由贸易港早期安排政策有关工作进行研究部署。

12月20日，经国际知名评估咨询机构评估和专家评审，福建自贸试验区推出第15批32项创新举措，其中全国首创16项、复制拓展16项，对台特色8项。

12月21日，首批入驻中国（江苏）自由贸易试验区连云港片区的14家企业领取了营业执照。

12月22日，据中国日报网报道，海南省委深改办（自贸办）在海口召开中国（海南）自由贸易试验区制度创新案例（第六批）新闻发布会，发布了优化营商环境11项制度创新案例。案例如下：一是发行首单国有土地承包金资产支持证券；二是创新不同品种保税油品同船混装运输监管模式；三是搭建会计师事务所准入和会计师引进"直通车道"；四是创设"立、审、执"一体化涉外民商事法庭；五是与平台企业信息共享，实现税收征管"一次不跑、一步到位、一站办结"；六是创新"不征不转"等土地利用制度保障建设项目快速落地；七是创建临床急需国内未上市进口药品监管模式；八是创新会计审计专业服务政府采购管理模式；九是推行更广泛容缺办税；十是实施琼港澳游艇自由行；十一是率先建立帆船运动旅游管理专项制度。

12月23日，海南召开全省经济工作会议，部署2020年经济工作，集中精力抓好5方面工作，高标准高质量建设自由贸易试验区，全力推动建设中国特色自由贸易港。

12月23日，河北省市场监督管理局印发《关于支持中国（河北）自由贸易试验区建设措施》的通知。同日，中共石家庄市委石家庄市人民政府印发《关于支持中国（河北）自由贸易试验区正定片区高水平开放高质量建设的若干意见（试行）》的通知。

12月23日，阿尔倍莱智能物联华东检测中心在外高桥上海自贸试验区壹号生命科技产业园正式落成开放。

12月24日，天津自贸试验区人民法院经最高人民法院批复正式挂牌成立。同日，辽宁自贸试验区沈阳跨境电商产业园"跨境小镇"启动仪式暨引进国际科技项目说明会在沈阳玖伍文化城举办。

12月24日，黑龙江自贸试验区绥芬河跨境电子商务综合试验区第四批获国务院批准。

12月25日，为了解江苏苏州自贸试验片区基本情况，进一步发挥市场监管职能对苏州片区发展的支持作用，江苏省市场监管局一行赴苏州工业园区开展了自贸试验区相关工作的调研，并为省市场监管局领导班子赴自贸试验区集体调研提前进行安排。

12月25日，上海市商务委员会发布公告，称公告自2020年1月1日起，上海市商务委与上海自贸试验区管委会不再受理涉及外资准入负面清单的外资企业或再投资企业设立或变更的审批事项，不涉及外资准入负面清单的外资企业无需向商务主管部门申请备案，外资企业设立变更事项通过网上企业登记系统进行操作，并每年通过国家企业信用信息公示系统进行年度报告；自贸试验区壹号医疗器械种子基金首轮投资签约仪式在外高桥成功举行。

12月27日，中国工商银行青岛市分行位于西海岸自贸大厦内的青岛自贸试验区支行正式揭牌成立，标志着该行服务青岛自贸试验区建设的全面升级。

12月29日，在上海市山东商会第三届第八次理事会暨会员大会召开之际，中国（山东）自由贸易试验区青岛片区（上海）双招双引推介会成功举办。

12月30日，中国（江苏）自由贸易试验区连云港片区工作领导小组召开第二次全体会议，听取《中国（江苏）自由贸易试验区连云港片区建设实施方案》起草情况汇报。

12月30日，国家外汇管理局河北省分局关于印发《推进中国（河北）自由贸易试验区外汇管理改革试点实施细则》的通知。

12月30日，四川天府新区成都片区人民检察院、四川自由贸易试验区人民检察院成立暨揭牌仪式举行，这是全国第三家、中西部地区首家自贸试验区检察院，也是全国首家以省域自贸试验区全域命名的检察院。

12月30日，四川省社会科学院和成都市法学会联合召开中国（四川）自由贸易试验区成都片区法治建设系列研究成果发布会，集中发布中国（四川）自由贸易试验区成都区域法治环境指数、《中国（四川）自由贸易试验区成都片区法治环境第三方评估报告》《中国（四川）自由贸易试验区成都片区法治建设报告》和《中国（四川）自由贸易试验区成都片区法治发展报告》。

12月31日，中国（广西）自由贸易试验区崇左片区建设工作推进会在广西凭祥召开。

2019年中国自贸试验区小结

2019年，自贸试验区落实党的十九大关于"赋予自由贸易试验区更大改革自主权"的要求，深入推进《国务院关于支持自由贸易试验区深化改革创新若干措施的通知》（国发〔2018〕38号）落地实施，有力促进了改革创新。共总结提炼18项改革试点经验，形成31项"最佳实践案例"，向全国复制推广或供各地学习借鉴，带动全国营商环境不断优化，充分发挥了改革开放试验田的示范引领作用。

2019年4月，习近平总书记在第二届"一带一路"国际合作高峰论坛上提出，将新布局一批自由贸易试验区，加快探索建设自由贸易港。7月，国务院印发上海自贸试验区临港新片区总体方案。8月，国务院印发山东、江苏、广西、河北、云南、黑龙江6个自贸试验区总体方案。截至2019年年底，共设立18个自贸试验区，形成了覆盖东西南北中的改革开放创新格局。

我国自贸试验区试点区域布局进一步优化，呈现出以下特点：一是试点范围进一步扩大。设立自贸试验区数量已超过全国省区市半数。自贸试验区作为改革开放试验田，通过在不同自贸试验区进行对比试验、互补试验和差别化探索，形成了更多、适用面更广的制度创新成果，更大力度地推动了改革开放进程。二是覆盖我国所有沿海省份。随着山东、江苏、广西和河北自贸试验区设立，我国所有沿海省份均已设有自贸试验区。在沿海省份实现自贸试验区全覆盖，形成沿海地区对外开放前沿地带，有利于更好地服务陆海内外联动、东西双向互济的对外开放总体布局。三是首次在沿边省份布局。其中，广西自贸试验区崇左片区、云南自贸试验区德宏片区和红河片区以及黑龙江自贸试验区黑河片区和绥芬河片区均位于我国边境区域，首次实现自贸试验区在我国沿边地区布局，有利于深化我国与周边国家和地区经贸合作，更好服务对外开放总体战略布局。黑龙江自贸试验区依托对俄合作特色，探索贸易、物流、双向投资、产业发展等开放合作，加快转变发展方式。其中，黑河片区利用国内外设立的跨境电商海外仓、边境仓、中继仓、前置仓，通过数据集成、货物集运，实现"多仓联动"，打通了俄罗斯等"一带一路"共建国家进出口双向货运物流便捷通道。

我国高质量发展稳步推进，更加注重制度型开放和系统集成性改革，要求自贸试验区进一步发挥改革开放新高地和制度型开放先行区的作用。国家重大区域发展战略的加速推进，要求自贸试验区加快探索提升服务国家战略水平。自贸试验区坚持以制度创新作为核心任务，在更大范围、更宽领域、更深层次开展改革探索。一是推动开展更大力度的开放压力测试。聚焦投资、贸易、金融、政府职能转变等重点领域，推动自贸试验区开展更大力度的压力测试。二是在更大范围开展差异化探索。在充分借鉴前期自贸试验区改革试点成功经验的基础上，赋予新设自贸试验区各具特色、具有系统性集成性的改革试点任务，不断加强对制度型开放的引领作用。三是形成更加丰富的制度创新成果。总结提炼制度创新成果66项，向全国复制推广或供各地学习借鉴，涉及贸易投资自由化便利化、金融开放创新、事中事后监管等领域。

在提升人才出入境便利化水平方面，国家移民管理局在自贸试验区试点成熟的基础上，向全国复制推广促进服务自贸试验区建设12项移民出入境便利政策，包含3条扩大外国人才申请永久居留对象范围的政策，5条放宽签发长期签证和居留许可对象范围的政策,3条为外国优秀青年提供服务的政策和1条优化移民和出入境窗口服务的政策,进一步提升外籍人才出入境、在华工作、居留便利化水平。

自贸试验区充分发挥企业"走出去"的桥梁和纽带作用,从扩大国际经济合作空间、拓展国际经济合作领域和创新国际经济合作路径等方面,积极促进企业"走出去":自贸试验区通过推动经贸合作网络机制化、完善国际经济合作平台、疏通国际通道等方式,助力我国持续扩大国际经济合作空间;结合产业基础和贸易优势,推动国际经济合作向更广泛的领域拓展,助力国际经济合作走深走实;更加注重探索国际经济合作的新路径和新模式,通过实施更为开放的政策,积极深入参与国际经济合作。

习近平总书记多次指出,建设自贸试验区最根本的目的是为全面深化改革和扩大开放探索新路径、积累新经验,自贸试验区要把制度创新作为核心任务。2019年,自贸试验区继续以制度创新为核心,深化改革探索,破解深层次矛盾和结构性问题,形成了丰富的制度创新成果。这些创新举措整体上看数量多、质量高、效果好,在各领域取得了创新突破,更大程度地释放了市场活力,培育了发展新动能和国际竞争新优势。

2020年中国自贸试验区大事记

1月

1月1日，河南自贸试验区郑州片区"全国首家企业登记身份管理实名验证系统在郑州上线"荣获由《每日经济新闻》评选的2019中国自贸试验区十大新闻。

1月1日，河南自贸试验区的"跨境电商零售进口正面监管模式"荣获2019中国自贸试验区十大创新成果。

1月1日，据新华网报道，银保监会近日召开自贸试验区建设专题会议，指出要进一步加强顶层设计，为各自贸试验区开展改革创新提供金融支持。

1月2日，广西南宁市召开中国（广西）自由贸易试验区南宁片区建设工作领导小组第二次全体会议。

1月3日，中国（广西）自由贸易试验区召开高质量发展支持政策新闻发布会。

1月3日，中央财经委员会第六次会议召开，会议要求推进重庆成渝地区双城经济圈建设，加快建设川渝自贸试验区协同开放示范区。

1月5日，黑龙江自贸试验区哈尔滨片区举办首届俄罗斯商家直销保税展销会。

1月7日，在特斯拉上海工厂奠基一周年之际，特斯拉中国制造Model Y项目在位于上海自贸试验区临港新片区的特斯拉上海工厂启动。

1月8日，重庆自贸试验区果园港片区重庆果园保税物流中心（B型）正式封关运行。

1月8日，杭州、宁波、温州、嘉兴、金华、台州6个市自贸试验区联动创新区获授牌。

1月13日，中国（云南）自由贸易试验区德宏片区首家银行揭牌。

1月14日，广西南宁市举办中国（广西）自由贸易试验区第四期培训班。

1月15日，国务院印发《国务院关于在自由贸易试验区暂时调整实施有关行政法规规定的通知》，决定在自由贸易试验区暂时调整实施《营业性演出管理条例》《外商投资电信企业管理规定》和《印刷业管理条例》3部行政法规的有关规定。

1月16日，中国（江苏）自由贸易试验区苏州片区管委会举行新闻发布会，亮出了4个月来的发展"成绩单"，也明确了新一年的建设"小目标"。

1月17日，据《中国证券报》报道，商务部表示，跨境电商零售进口试点地区的选择，主要考虑以下因素：一是统筹考虑自贸试验区发展需要，将符合海关监管条件的自由贸易试验区所在地区纳入试点；二是结合综合保税区开放发展要求，将设有综合保税区的部分国家物流枢纽承载城市纳入试点；三是积极支持跨境电商综合试验区发展，将新设立的跨境电商综试区所在城市纳入试点；四是积极发挥跨境电商扩大消费、支持相关地区开放发展作用，将符合海关监管条件的国家级贫困县所在城市纳入试点。

1月17日，据中国日报网报道，中国（辽宁）自贸试验区大连片区管委会日前与大连市金融发展局、大连港毅都冷链有限公司、首农供应链（大连）有限公司共同签署香蕉交易中心战略合作协议，4方将建设东北亚香蕉交易中心。

1月19日，海南省委深改委第十六次会议暨自贸试验区（港）工委第十四次会议召开，研究部署海南自贸试验区和自贸港建设2020年度工作计划和分季度工作安排。

1月19日，江苏自贸试验区苏州片区范围内一幅编号为苏园土挂（2019）08的混合用地顺利出让，当天即完成交地和发放不动产登记权证，将办事流程缩短到1天。

1月19日，在山东青岛海关监管下，山东港口青岛港开展全国自由贸试验区首票保税原油混兑调和业务。首票参与混兑的原油分别来自刚果和安哥拉，分别于12月底和1月初在海关监管下卸船进入保税仓库。此举标志着全国首创保税原油混兑调和业务全面启动，同时也标志着山东自由贸易试验区青岛片区油品政策首个项目正式落地。

1月19日，"上海职工学堂"落户自贸试验区保税区。

1月22日，2019中国自贸试验区十大创新成果揭榜，分别为上海：新一轮服务业扩大开放若干措施；广东广州：智能化地方金融风险监测防控平台；天津：海关区块链监管模式；浙江舟山：锚地综合海事服务业务；四川成都：分布式共享模式实现"银政互通"和"一单四库"市场监管新模式；陕西西安："通丝路"平台打造"人民币网上丝绸之路"和技术经理人全程参与的科技成果转化服务模式；河南郑州：跨境电商零售进口正面监管模式；湖北武汉：专利权质押融资新模式。

1月23日，云南首推9项金融政策服务自贸试验区。9项优惠政策如下：优化经常项目外汇收支审核，银行按照展业三原则自主办理经常项目购付汇、收结汇及划转等手续；放宽货物贸易电子单证审核条件；允许在区内实施资本项目外汇收入支付便利化业务；允许区内企业可在所属分局辖区任一银行办理境内直接投资基本信息登记、变更与注销手续；允许区内已确定选择"投注差"模式借用外债的企业，可调整为以跨境融资宏观审慎管理模式借用外债；放宽企业跨境融资签约币种、提款币种、偿还币种必须一致的要求，允许区内企业提款币种和偿还币种与签约币种不一致，但提款币种和偿还币种应保持一致；自贸试验区企业开展跨国公司资金集中运营管理业务，其中关于上年度本外币国际收支规模"超过1亿美元"的要求调整为"超过5000万美元"；对于境外机构按照规定能够开展即期结售汇交易的，允许试验区内银行为其办理人民币与外汇衍生产品交易；允许注册且营业场所均在试验区内的银行为境外机构办理其境内外汇账户结汇业务。

2月

2月4日，云南省政府召开第五十八次常务会议，会议审议并原则通过《中国（云南）自由贸易试验区管理办法》。

2月12日，广西壮族自治区人民政府关于印发《中国（广西）自由贸易试验区建设实施方案》的通知（桂政发〔2020〕3号）。

2月15日，黄泽山储运基地是浙江自贸试验区"一中心、三基地、一示范区"建设的重要一环。黄泽山油品储运基地首次试靠泊顺利完成，标志着该基地全面具备试运行条件。

2月17日，河北石家庄市人民政府印发《关于在中国（河北）自由贸易试验区正定片区开展"证照分离"改革全覆盖试点工作的实施方案》的通知。

2月17日，中国证监会核准设立金圆统一证券有限公司，标志着首家两岸合资全牌照证券公司正式落地厦门，福建自贸试验区推进对台金融合作先行先试又迈出坚实的一步。

2月20日，中国（广西）自由贸易试验南宁片区建设工作领导小组办公室组织召开了南宁片区重点产业项目库工作会议。

2月21日，浙江舟山市投资促进中心搭建线上招商平台，浙江自贸试验区"网上招商会"正式上线。

2月26日，陕西自贸试验区探索以系统化集成创新助力自贸试验区疫情防控与经济发展。

2月28日，陕西自贸试验区多措并举破解"五难"，助力企业有序复工复产。

2月29日，江苏自贸试验区苏州片区联动创新区建设推进会在苏州工业园区现代大厦国际会议厅召开。

2月29日，中国石油辽河石化公司生产的9300吨低硫船燃在舟山海关的监管下顺利在中化兴中公司出口监管仓库完成出口报关，这是浙江自贸试验区开展燃料油出口退税业务以来的首单跨区域船用燃料油出口退税业务，也是浙江自贸试验区中石油燃料油有限责任公司完成的首单燃料油一般贸易出口退税业务。

3月

3月2日,上海自贸试验区租赁产业服务中心日前宣布,已成功将东航股份6家从事飞机经营性租赁SPV项目公司落地浦东机场综合保税区。

3月3日,广西壮族自治区钦州市委书记许永锞主持召开中国(广西)自由贸易试验区钦州港片区推进工作领导小组会议。

3月4日,"数据中心—上海外高桥自贸试验区"获评国家级示范基地。

3月6日,河北省商务厅、中共河北省委宣传部等部门联合印发《关于进一步扩大自贸试验区服务业开放推动营业性演出、增值电信、印刷等领域对外合作的若干措施》的通知。

3月6日,黑龙江自贸试验区黑河片区举行了2020年首次网络签约。

3月6日,中国邮政集团公司黑河市分公司与中国(黑龙江)自由贸易试验区黑河片区管理委员会签订了战略合作协议。

3月8日,山东自贸试验区青岛片区力推多式联运,把"出海口"搬到内陆城市"家门口"。

3月9日,山东省烟台市召开自贸试验区烟台片区工作调度会议,贯彻落实全省自贸试验区建设工作专题会议精神,安排部署今年工作任务,推动各项工作开拓创新、争创一流、走在前列。

3月9日,"浙江自贸试验区保税船用燃料油改革创新"被评为2019年浙江省改革创新特别贡献案例。

3月10日,中国(江苏)自由贸易试验区南京片区管理委员会暨行政服务中心揭牌。

3月10日,中国(广西)自由贸易试验区建设指挥部指挥长、自治区人大常委会副主任、党组书记张晓钦,中国(广西)自由贸易试验区建设指挥部指挥长、自治区副主席杨晋柏在南宁主持召开指挥部2020年第三次指挥长工作会议。

3月10日，河北省领导小组办公室组织召开河北自贸试验区制度创新视频培训会。

3月11日，重庆市委书记陈敏尔深入西永片区英业达、沙伯基等企业，实地调研自贸试验区外贸外资企业克服新冠疫情影响推动复工复产情况。

3月12日，在商务部例行新闻发布会上，江苏自贸试验区南京片区通过"云、网"解决"招商难"，得到了充分肯定。

3月12日，韩国KORENS株式会社法人长金相佑一行来到沈阳综合保税区桃仙园区考察，详细了解新能源汽车发动机生产项目选址地块的相关情况。

3月12日，上海金桥5G产业生态园开园暨开发区重点项目集中开工仪式在金桥开发区隆重举行。

3月13日，《中国（云南）自由贸易试验区管理办法》正式施行，建设昆明国际航空枢纽和空港型国家物流枢纽。

3月13日，中国（云南）自由贸易试验区将推动建设边境仓。

3月13日，国务院联防联控机制举行新闻发布会，加快压减全国和自贸试验区外资准入负面清单。

3月14日，国务院正式批复同意设立温州综合保税区，为浙江自贸试验区温州联动创新区建设提供新的发展机遇和开放动能。

3月15日，大韩再保险上海分公司在陆家嘴金融城落户。

3月16日，《广西壮族自治区人民政府关于委托或授权中国（广西）自由贸易试验区实施自治区级行政权力事项（第一批）的决定》（桂政发〔2020〕10号）。

3月17日，河北省住房和城乡建设厅印发《河北省住房和城乡建设领域自由贸易试验区"证照分离"改革全覆盖试点实施方案》的通知。

3月18日，中国（云南）自由贸易试验区重点产业投资合作线上推介会成功举办。

3月19日，陕西省药监局采取多项举措支持自贸试验区建设。

3月19日，广西壮族自治区钦州市人民政府办公室印发《中国（广西）自由贸易试验区钦州港片区工程建设项目极简审批办法（试行）》及8个配套文件。

3月19日，中国（辽宁）自贸试验区沈阳片区管委会与阿根廷东北贸易促进会签署了战略合作协议，双方将加强在龙头产业，特别是高端制造业、服务业、农产品、食品加工领域的优势互补。

3月19日，江苏南京江北新区出台《关于促进中国（江苏）自由贸易试验区南京片区法律服务业高质量发展的若干意见（试行）》。

3月20日，黑龙江自贸试验区绥芬河片区创建全国首个铁路互贸（点）交易市场。

3月24日，在海关监管下，山东联合能源管道输送公用型保税仓库的两批次不同品质的共计14.6万吨原油，正式启动混兑调和，这是烟关海关为支持山东自贸试验区烟台片区发展推出的一项创新监管举措，也是山东自贸试验区烟台片区获批以来开展的首票保税原油混兑业务。

3月25日，广西壮族自治区政协副主席刘正东率调研组到中国（广西）自贸试验区南宁片区，就自治区政协十二届十二次常委会议"强化法治支撑，高水平建设中国（广西）自由贸易试验区"协商议题开展专题调研。

3月25日，浙江省舟山市举办中国（浙江）自由贸易试验区"云招商"对接会，旨在进一步加强浙江自贸试验区招商引资工作，展示浙江自贸试验区三周年建设成果。

3月25日，上海自贸试验区国际文化投资发展有限公司与ART021上海廿一当代艺术博览会正式签署了战略合作协议。

3月26日，国务院印发《关于支持中国（浙江）自由贸易试验区油气全产业链开放发展的若干措施》（国函〔2020〕32号），支持浙江自贸试验区围绕战略定位深入开展差别化探索，加强改革系统集成、协同高效，推动油气全产业链开放发展，进一步提高建设质量。

3月27日，陕西自贸试验区创新服务模式全面助力企业复工复产。

3月27日，根据江苏省委、省政府统一安排位于中国（江苏）自由贸易试验区连云港片区内的连云港立科新材料科技有限公司、连云港调度国际贸易有限公司等5家公司通过确认登记方式，当场领取营业执照。这是连云港市首批，也是江苏自由贸易试验区内首批通过商事登记确认制方式取得市场主体资格的企业。

3月27日,湖北省委书记应勇在武汉市调研自贸试验区建设发展及高新技术龙头企业复工复产情况。应勇强调,要深入贯彻落实习近平总书记关于统筹推进疫情防控和经济社会发展工作的重要指示要求,在做好疫情防控的前提下,全力支持推动各类企业特别是龙头企业有序复工复产,尽快恢复产能,带动产业链上下游各环节协同复工复产,增强经济回升动力。

3月28日,黑龙江自贸试验区绥芬河片区通过互市贸易进口首批韩国商品。

3月30日,河南省"告知承诺制"、消防安全许可便利化措施经验被国务院政府职能转变和"放管服"改革简报推广。

3月30日,黑龙江自贸试验区哈尔滨片区暨新区出台了《哈尔滨新区(江北一体发展区)企业投资工业仓储类项目"承诺即开工"审批优化办法(试行)》。

3月30日,《中国(黑龙江)自由贸易试验区绥芬河片区促进经济发展扶持办法》正式出台。

3月30日,湖北宜昌高新区(自贸片区)举办应对疫情金融服务"银政企"对接会,10多家金融机构向65家企业贷款授信26.78亿元。

3月30日,据中国日报网报道,近日,经开自贸功能区的"云税贷""微理通"两项创新成果分别在国务院自由贸易试验区工作部际联席会议简报第4期(总第133期)、第5期(总第134期)刊登。

3月31日,江苏省连云港市第十四届人民代表大会常务委员会第二十五次会议通过,根据连云港市十四届人大四次会议主席团关于将任彦洁等11名代表提出的《关于加快推动中国(江苏)自由贸易试验区连云港片区建设的议案》交由市人大常委会审议决定的意见,市十四届人大常委会第二十五次会议对此进行了认真审议。

3月31日,广西壮族自治区钦州市委书记、广西自贸试验区钦州港片区工作委员会书记许永锞与南宁海关党委委员、副关长邓光文一行,就深化合作、共促自贸试验区改革创新等工作进行座谈交流。

3月31日,河北省正定县委、县政府发布《关于加快推进中国(河北)

自由贸易试验区正定片区重点产业高质量发展的若干政策措施（试行）》。

3月31日，山东自贸试验区烟台片区政府部门、科技企业、科创平台60多人齐聚一堂，共谋突出科技工作重心，集中推进企业家链接科学家。

3月31日，重庆自贸试验区推动的《国际货运代理铁路联运作业规范》等3项标准通过国家市场监管总局、国家标准委审批，于2020年10月1日起正式实施。

3月31日，《关于支持中国（浙江）自由贸易试验区油气全产业链开放发展的若干措施》正式发布，明确浙江自贸试验区进一步赋权，新政共26条。

3月，重庆两江新区与四川天府新区、重庆国际物流枢纽园区与成都市青白江区国际铁路港、重庆两江新区（自贸试验区）法院与四川天府新区（自贸试验区）法院签署战略合作协议。

4月

4月1日，陕西自贸试验区建设三周年改革创新成果系列发布。

4月1日，郑州机场北货运区工程和中国邮政郑州航空邮件处理中心项目举行开工仪式，标志着郑州机场三期工程正式启动，郑州国际航空货运枢纽建设迈出新步伐。

4月1日，中国（辽宁）自由贸易试验区挂牌三周年。

4月2日，云南省推出税收政策7项"硬措施"打造自贸试验区税收管理服务新高地。

4月3日，中国（广西）自由贸易试验区建设指挥部指挥长周红波带队实地考察了国际邮件、跨境电商、国际快件"三合一"集约式监管模式、启迪·南宁综保区跨境产业人才实训基地和首个"拿地即开工"极简审批及绿地集团东盟国际贸易基地项目，并在五象总部大厦主持召开指挥部2020年第六次指挥长工作会议。

4月3日，中欧班列（渝新欧）"中国邮政号"在重庆自贸试验区国际物流枢纽园区首发,这是全国开行的首趟邮包专列,为运输疫情防控期间积压的国际邮件开辟出一条新通道。

4月3日,国家外汇管理局上海市分局印发《关于中国(上海)自由贸易试验区高新技术企业外债便利化额度试点业务的通知》。

4月7日,云南省省长阮成发主持召开第十三届省人民政府第六十七次常务会议,传达学习国务院常务会议精神,研究中国(云南)自由贸易试验区建设、河湖保护治理等工作。

4月7日,中国(广西)自由贸易试验区崇左片区工作布置会召开。

4月7日,日本驻沈阳总领事川上文博一行来到辽宁自贸试验区沈阳片区,对日本爱媛县制造业展示中心项目选址情况进行考察。

4月7日,据中国新闻网报道,在浙江自贸试验区舟山港新开放的条帚门外锚地内,一艘超大型原油船(VLCC油轮)顺利完成燃油补给,6700吨低硫船用燃料油在近24小时内加注完毕,这也是舟山港目前最大的单次低硫船用燃料油供应纪录。

4月8日,中国(江苏)自由贸易试验区连云区块法律服务协作中心在连云区社会治理中心挂牌启用。

4月9日,黑龙江自贸试验区黑河片区管委会与龙江银行股份有限公司黑河分行签署两项金融合作协议。

4月10日,陕西省自贸办召开工作例会,围绕营商环境、制度创新、外向型产业聚集,扎实推动自贸试验区建设。

4月10日,江苏自贸试验区南京片区境内外律所合作创新机制宣讲会暨签约仪式在南京江北新区召开,标志着江苏自贸试验区境内外律所合作创新工作踏出了坚实的一步。

4月10日,由江苏自贸试验区苏州片区管委会主办的"自贸会客厅"首期活动精彩亮相。

4月13日,云南自贸试验区获批开展外汇创新业务。

4月13日,辽宁自贸试验区沈阳片区企业沈阳空管技术开发有限公司近日成功办理全省首笔线上保函业务。

4月13日,中国(上海)自由贸易试验区离岸转手买卖产业服务中心启动；上海自贸试验区（含新片区）保险支公司及以下分支机构的设立、迁址、撤销管理由审批改为备案。

4月14日，据新华网报道，"加快推进海南自由贸易港建设——深入学习习近平总书记'4·13'重要讲话"论坛在海口召开。来自海南省相关部门、科研机构、企业界等专家学者、企业家代表共计200余人参加论坛。

4月14日，中国（广西）自由贸易试验区钦州港片区工管委召开干部会议，标志着钦州港片区管理机构正式运行。

4月15日，广西壮族自治区南宁市出台"强首府人才新政18条"。同日，《中国（广西）自由贸易试验区钦州港片区建设实施方案》发布。

4月15日，辽宁省委书记、省人大常委会主任陈求发主持召开辽宁自贸试验区经验总结推广会暨沈大国家自主创新示范区、沈阳全面创新改革试验区、大连金普新区工作推进会议，听取4个国家级重大平台试点任务完成情况汇报，总结推广改革创新经验和做法，研究部署下一步工作。

4月16日，广西商务厅召开博士服务团"推进自贸试验区制度创新"行动学习进展碰头会。同日，中通快递东盟跨境（南宁）智慧物流产业园成功签约落户中国（广西）自由贸易试验区南宁片区。

4月16日，中共唐山市委唐山市人民政府印发《关于支持中国（河北）自由贸易试验区曹妃甸片区高水平创新发展的意见（试行）》。

4月17日，中国（云南）自由贸易试验区昆明片区2020年首批13个建设项目开工。

4月17日，山东自贸试验区烟台片区首场人才政策"云宣讲"在业达智谷举行。

4月18日，津冀两地共同举办"津冀自贸试验区战略合作框架协议"视频云签约活动，签署《津冀自贸试验区战略合作框架协议》。

4月20日，据《光明日报》报道，30年来，浦东不辱使命，在艰难跋涉中攻破一个个堡垒，占领一个个据点，开拓一个个"全国第一"——设立上海证券交易所、期货交易所、产权交易所等新的要素市场平台，率先推开土地使用权有偿转让，率先开展综合配套改革试点，率先推进外商投资负面清单、国际贸易"单一窗口""证照分离"改革等制度创新；诞生第一个金融贸易区、第一个保税区、第一个出口加工区、第一家外商独资贸易公司、第一家外资银行、第一个自贸试验区……浦东在先行先试中构建起高起点、宽领域、全方位的开放格局，成为上海服务长三角、服务长江流域、服务全国的重要载体。

4月20日，商务部、中央网信办、工业和信息化部联合发布公告，认定杭州高新技术产业开发区（滨江）物联网产业园等12个园区为首批国家数字服务出口基地。

4月20日，据《人民日报》报道，记者从商务部日前召开的辽宁等第三批自贸试验区设立三周年网上专题新闻发布会上获悉：3年来，辽宁、浙江、河南、湖北、重庆、四川、陕西7个自贸试验区总体方案确定的1055项试点任务已基本实施，有效地融入和服务国家重大战略，对比试验、互补试验取得成效，初步形成了各具特色、各有侧重的试点格局，累计向全国复制推广了137项制度创新成果，较好地实现了预期目标。

4月21日，据中国新闻网报道，福建自贸试验区工作领导小组办公室组织召开福建自贸试验区挂牌五周年媒体见面会。记者从福建自贸试验区工作领导小组办公室了解到，福建自贸试验区挂牌运行5年来，各项工作取得重大进展，形成了一批独具福建特色、对台先行先试的制度创新成果，基本实现了总体方案和深化方案确定的发展目标，建立了与国际投资和贸易通行规则相衔接的制度体系，发挥了深化改革扩大开放的试验田作用。

4月21日，上海金桥综合保税区揭牌仪式在新区办公中心举行，9家新落户项目和企业同时进行了集中签约。

4月21日，"改革引领，开放先行——福建自贸试验区五周年成果展"在福建省商务厅举办，福建省副省长郭宁宁莅临参观指导，详细听取了省自贸办的情况介绍，充分肯定了福建自贸试验区的建设成效。

4月21日，据中国新闻网报道，上海自贸试验区管委会副主任、保税区管理局副局长陈彦峰表示"外高桥保税区与全球223个国家和地区有贸易往来，30年来累计商品进出口总额已达16万亿元（人民币）。"此外，"上海自贸试验区承担着中国下一轮改革开放试验田的重任。"上海社会科学院经济研究所所长沈开艳认为，通过先行先试，使自贸试验区形成与国际经贸通行规则相互衔接的基本制度框架，成为中国进一步融入经济全球化的重要载体。

4月22日，云南省昆明市官渡区举办"云上"招商推介会，聚焦自贸试验区产业发展。

4月22日，中国（广西）自由贸易试验区建设指挥部召开2020年第七次指挥长工作会议。

4月22日，辽宁自贸试验区沈阳片区发布25个市级复制推广创新案例。

4月22日，中国（黑龙江）自由贸易试验区黑河片区知识产权调解中心和保护工作站正式揭牌成立。

4月22日，据中国新闻网报道，"陆家嘴的使命是建起一个拥有国际视野和竞争力的金融城，重在综合影响力和辐射力，因此聚集功能性、要素性机构是基础性工作，"上海自贸试验区陆家嘴管理局局长张宇祥解释，功能性机构的聚集，会带来一系列的衍生服务，形成产业链，从而构建起金融产业生态。

4月24日，河北省商务厅组织召开全球贸易投资规则与自贸试验区建设视频培训会议；同日，河北省政府参事室主任徐英一行到省商务厅就自贸试验区工作进行调研。

4月24日，黑龙江自贸试验区黑河片区管委会与联通黑河市分公司签署战略合作框架协议。

4月24日，威廉欧奈尔投资管理（上海）有限公司落户陆家嘴。

4月25日，海南省委深改办（自贸办）在海口召开2020年第一批海南自由贸易港制度创新案例新闻发布会，发布了6项制度创新案例。6项制度创新案例分别为：医疗和药品协同监管、创新国土空间规划实施管理制度体系、复工复产综合保险、"一站式"司法征信服务平台、"旺工淡学"旅游业人才培养新模式、刑事裁判财产性判项集中集约执行。

4月26日，据《吉林日报》报道，省委副书记、省长景俊海主持召开省政府2020年第十五次常务会议暨省推进"一带一路"建设工作领导小组会议。景俊海强调，吉林作为东北亚地理几何中心、国家向北开放的重要窗口，必须发挥优势，主动对接国家周边外交战略，积极参与国际经济合作，努力开创吉林共建"一带一路"高质量发展新局面。深入实施长吉图开发开放先导区战略，加快推进中韩（长春）国际合作示范区、珲春海洋经济发展示范区、中国（吉林）自贸试验区等建设，完善政策、优化服务、提升功能，构建层级多样、覆盖广泛的开发开放平台体系。

4月26日，中国（云南）自贸试验区开启"云招商"。

4月27日，江苏南京江北新区（自贸试验区）召开新闻发布会，对外发布《关于促进自贸试验区人才发展、优化升级"创业江北"人才计划十策实施办法》，这是江北新区（自贸试验区）在继续实施"创业江北"人才十策基础上，围绕人才政策高地、人才集聚高地和人才生态高地打造，应运而生的又一优化升级版人才新政。

4月27日，中国（云南）自由贸易试验区"云招商"推介活动红河专场。

4月27日，据《福建日报》报道，福建省重大招商项目集中"云签约"，央企、民企、外企齐上阵，这批集中签约的全省重大项目和自贸试验区重点项目聚焦加强传统基础设施和新型基础设施投资、促进传统产业改造升级、扩大战略性新兴产业投资，将为扩大有效投资、培育壮大新的增长点增长极，为推动福建高质量发展提供有力支撑。

4月27日，黑龙江省自贸办举办自贸试验区线上业务培训。

4月27日，据新华社报道，十三届全国人大常委会第十七次会议26日审议相关决定草案，拟授权国务院在中国（海南）自由贸易试验区暂时调整实施土地管理法、种子法、海商法的有关规定。

4月28日，云南自贸试验区德宏片区"云招商"推介活动顺利开展。

4月28日，辽宁省自贸办召开辽宁自贸试验区专项工作推进组牵头单位座谈会。

4月28日，商务部召开广东、天津、福建自贸试验区5周年网上专题新闻发布会。福建省商务厅副厅长钟木达出席发布会，介绍了福建自贸试验区在深化两岸经济合作和推进重点平台建设方面取得的成效。

4月29日，云南首家边境贸易服务中心在中国（云南）自贸试验区红河片区挂牌成立。

4月29日，据《天津日报》报道，商务部召开广东、天津、福建自贸试验区建设5周年网上专题新闻发布会，时任天津自贸试验区管理委员会专职副主任、滨海新区副区长张忠东介绍，天津自贸试验区挂牌5年来，总体方案、深改方案中70余项京津冀特色制度创新措施已全部实施。去年承接非首都核心功能疏解项目超过600个，新增市场主体中京津冀企业超过50%。

4月29日，《中国（四川）自由贸易试验区成都片区民商事审判与司法保障（2019）》正式发布。

4月29日，辽宁自贸试验区沈阳片区管委会与沈阳远达供应链管理有限公司在沈阳综合保税区桃仙园区签署合作协议，双方共同推动跨境直购电商业务发展。

4月29日，湖北自贸试验区举行云招商推介会，现场云签约14个重大合作项目，投资总金额169亿元，涉及生物医药、5G材料、高端设备制造、金融支付和物流仓储等多个领域。

4月30日，江苏省南京市江北新区宣传部、综合治理局、自贸试验区综合协调局、中央商务区管理办公室联合召开新闻发布会，共同宣布江苏自贸试验区（南京片区）宁港国际商事调解中心正式落地。

4月30日，文化和旅游部发布广西自贸试验区"证照分离"改革实施方案。

5月

5月1日，河南自贸试验区的跨境电商"多模式综合监管"和"企业登记实名验证"等2项成果被评为"2019年度河南省经济体制改革十大案例"。

5月3日，山东省港口集团·海丰国际控股冷链生活资料东南亚—青岛快航首航仪式在山东自贸试验区青岛片区内的青岛港前湾联合集装箱码头举行。

5月6日，云南省省长阮成发主持召开第十三届云南省政府第70次常务会议，传达学习国务院常务会议精神，研究2020年政府工作报告和促进贸易高质量发展、加快推进中国（云南）自由贸易试验区建设、新增专项债券发行使用等工作。

5月6日，国务院批复同意云南省德宏州设立跨境电子商务综合试验区。

5月7日，陕西自贸试验区四举措助力营商环境对标攻坚行动。

5月7日，山东自贸试验区青岛片区保税港区注册企业山东东明石化新润丰石油贸易有限公司，作为接货方的181万桶阿曼原油在山东港口集团青岛港的上海能源中心青岛港保税交割库进行了实物交割，这标志着青岛片区原油期货保税交割业务的正式启动。

5月8日，江苏自贸试验区苏州片区人才新政通过"云端"向全球发布，金鸡湖路演中心云路演生物医药产业第一季活动同期举行。

5月8日，在"中国（河北）自由贸易试验区云招商推介会"上，河北自贸试验区正定片区管委会经济发展局局长通过网络展示片区的政策优势和投资环境，在"云"端向全球投资者发出邀请，举行正定片区、曹妃甸片区两个片区的专场推介。

5月9日，河北省举行大兴机场片区廊坊区域、雄安片区两个片区的专场推介。

5月9日，青岛、潍坊两市在青岛市级机关会议中心举行胶东经济圈一体化发展暨共建中国（山东）自由贸易试验区青岛片区潍坊联动创新区座谈会议。

5月9日，黑龙江自贸试验区哈尔滨片区召开"一枚印章管审批"改革行政许可事项划转听证会。

5月11日，山东省重点外商投资项目集中签约仪式举行，山东自贸试验区青岛片区"东北亚水产品交易中心暨国际生鲜冷链交易平台"、香港大宗商品交易平台两个重点项目参与了现场签约，项目总投资额约2.6亿美元。

5月12日，交通银行云南省分行成功落地全省首单自贸试验区创新业务。

5月12日，山东自贸试验区烟台片区召开2020年十大城市名片工程发布会，会上烟台开发区规划建设局副局长于荣介绍了十大城市名片工程建设情况。

5月12日，由四川天府新区成都片区人民检察院（四川自由贸易试验区人民检察院）主办的四川自贸检察合作协议签署仪式暨"天行健·新贸"座谈会议举行。

5月13日，2020年云南省两会，代表委员建言献策，推进云南自贸试验区发展。

5月13日，辽宁自贸试验区：人社领域8项涉企经营许可事项开展"证照分离"改革。

5月13日，交通银行上海市分行为交银租赁办理上海自贸试验区首笔商业银行飞机项目融资业务，开创了境内商业银行与租赁公司在上海自贸试验区开展飞机抵押融资业务的先河。

5月14日，据《光明日报》报道，在扩大开放方面，疫情防控期间，各自贸试验区致力于打造更加透明开放的准入环境；聚焦市场主体关注，不断提升政府的服务水平，打造更加亲商护商的经营环境；加快兑现国家及省市出台的助企纾困政策，及时研究推出多项稳外资政策举措，打造更加积极精准的政策环境；积极开展制度创新，便利创新要素流动，打造更加活跃高效的创新环境。

5月14日，河北省广播电视局发布《关于支持河北自贸试验区建设发展的若干举措》。

5月14日，黑龙江自贸试验区黑河片区召开"边民创业担保贷款"发放启动仪式，首批贷款发放成功。

5月14日，《哈尔滨新区暨中国（黑龙江）自由贸易试验区哈尔滨片区营商环境攻坚提质2020行动方案》印发。

5月15日，中国农业银行广西自贸试验区崇左片区凭祥支行正式挂牌。

5月15日，河北省自贸办组织召开云上商务大讲堂暨河北自贸试验区金融支持政策视频培训会。

5月15日，由浙江大学与浙江省商务厅共建的浙江省新时代自贸港研究院在浙江大学经济学院举行揭牌仪式。

5月16日，江苏自贸试验区苏州片区开放创新论坛·专家研讨会暨立项课题开题研讨活动举行，意味着8个课题正式立项开题，未来专家学者们将用自己的智慧为苏州自贸片区的开放创新道路"把脉指向"。

5月18日，商务部扩大云南自贸试验区范围，推动出台新开放举措。

5月18日，据央视新闻客户端报道，商务部部长钟山在18日举行的国新办新闻发布会上表示，要扩大自贸试验区的范围，赋予自贸试验区更大的改革自主权，推动出台新的开放举措。同时，要进一步加快海南自由贸易港的建设。

5月18日，中国（云南）自贸试验区昆明片区智能化2.0版综合服务中心上线。

5月18日，河北省领导小组办公室借力2020中国·廊坊国际经济贸易洽谈会，网上宣传推介河北自贸试验区。

5月18日，浙江省正式出台了《浙江省人民政府关于做好稳外资工作的若干意见》（以下简称《意见》）。《意见》指出要聚焦特色产业加快建设高能级开放平台，加快中国（浙江）自由贸易试验区等开放平台建设。

5月19日，上海自贸试验区试点代理记账，许可审批"告知承诺"改革。

5月20日，中国（广西）自由贸易试验区钦州港片区管委与合资公司董事会召开视频对接会。

5月20日，浙江省政府批复同意设立金华金义新区，联动创新区开放能级进一步提升。

5月21日，广西凭祥市跨境冷链班列（凭祥—同登）泰国水果进口启动仪式在凭祥举行。

5月22日，政府工作报告中提及要赋予云南自贸试验区更大改革开放自主权。

5月22日，广西壮族自治区党委常委、组织部部长曾万明到自治区商务厅调研来桂中央博士服务团"推动自贸试验区制度创新"行动学习项目进展情况，参观广西自贸试验区展示厅并召开推进会强调要进一步找准项目立足点、聚焦点、切入点、发力点，推动来桂中央博士服务团"组团式"服务试点工作全面开花，多出成果。

5月22日，中国（黑龙江）自贸试验区哈尔滨片区发布《哈尔滨新区暨中国（黑龙江）自由贸易试验区哈尔滨片区营商环境攻坚提质2020行动方案》。

5月25日，广西壮族自治区政府新闻办在广西新闻发布厅举行《广西推进贸易高质量发展的实施意见》政策解读新闻发布会。

5月25日，河南自贸试验区洛阳片区进行"一照通行"制度改革。

5月25日，浙江嘉兴《中国（浙江）自由贸易试验区嘉兴联动创新区建设工作推进实施方案》审议通过。

5月25日，商务部印发《商务部关于支持中国（湖北）自由贸易试验区加快发展的若干措施的通知》（商自贸发〔2020〕102号）。

5月26日，南京江北新区（自贸试验区）食品安全委员会率先出台《中国（江苏）自由贸易试验区南京片区食品安全举报奖励办法》（以下简称《办法》），食品安全违法行为举报奖励范围广、奖励标准高和奖励申领期限长，这在全国自贸试验片区范围内尚属首次。

5月27日，据中国日报网报道，全国政协委员、青岛市政协主席杨军认为，加快建设上合示范区和中国（山东）自贸试验区青岛片区，是落实总书记对青岛"办好一次会，搞活一座城"重要指示的具体行动。"两区"的建设，给青岛这座开放城市注入了强大的战略动力，成为检验城市是否"搞活"最重要的试金石。尤其是在疫情防控和经济恢复双重考验下，"两区"更要主动担起国家示范试验区使命，为中国更高水平对外开放做出贡献。

5月29日，河口税务聚焦"四力"要求，打造云南自贸试验区红河片区"专属"服务。

5月29日，六证合一，云南自贸试验区德宏片区发出首张"胞波卡"。

5月29日，广西壮族自治区商务厅党组书记、厅长、自治区口岸办主任、自治区自贸办主任蒋连生主持召开广西自贸试验区片区工作联席第一次会议。

5月29日，中国（绥芬河）跨境电子商务综合试验区举行线上揭牌仪式。

6月

6月1日，中共中央、国务院印发《海南自由贸易港建设总体方案》。

6月2日，陕西省自贸办与西安交通大学共商推进陕西自贸试验区智库建设。

6月2日，江苏自贸试验区苏州片区园区港海关监管场所顺利通过南京海关正式验收。

6月3日，海南自由贸易港11个重点园区同步举行挂牌仪式。

6月3日，中国民用航空局出台《海南自由贸易港试点开放第七航权实施方案》，鼓励、支持外航在现有航权安排外，在海南经营客、货运第七航权。

6月3日，中国（云南）自由贸易试验区红河片区澜湄职业教育培训基地举行签约揭牌仪式。

6月3日，推动成渝地区双城经济圈建设四川重庆商务联席会议第一次会议在重庆举行，四川省商务厅与重庆市商务委签署《共建川渝自贸试验区协同开放示范区工作方案》。

6月4日，海关总署发布《中华人民共和国海关对洋浦保税港区监管办法》，在海南省洋浦保税港区率先实行"一线"放开、"二线"管住的进出口管理制度。

6月4日，湖北自贸试验区迎来商务部24条政策支持。《商务部关于支持中国（湖北）自由贸易试验区加快发展若干措施的通知》（商自贸〔2020〕102号），从提升贸易发展质量、优化营商环境、完善市场运行机制、深化国际经贸合作、加强组织保障5方面，提出24项相关措施（简称"发展24条"），支持湖北自贸试验区加快发展。

6月5日，江苏南京江北新区（自贸试验区）召开新闻发布会，对外发布《江北新区（自贸区）促进区块链产业发展若干政策措施》。

6月5日，云南自贸试验区昆明片区召开2020年社会建设工作和全国市域社会治理现代化试点创建工作会议。

6月5日，中国（广西）自由贸易试验区崇左片区管委会挂牌成立。

6月5日，聚资源·搭平台·抓服务·促发展——贸促会·黑河自贸片区企业服务平台正式启动。

6月6日，中国（广西）自由贸易试验区云推介云招商云签约活动盛大启动。同日，《中国（广西）自由贸易试验区条例（草案）》立法论证会在南宁举行。

6月8日，云南省科学技术厅印发《中国（云南）自贸试验区实验动物许可"证照分离"改革具体措施》。

6月8日，天津自贸试验区所辖天津保税物流园区、天津东疆保税港区获国务院批复分别转型升级为天津港综合保税区和天津东疆综合保税区。

6月9日，中国（云南）自由贸易试验区红河片区：河口开启"互联网+边民互市"新模式，促进沿边经济贸易发展。

6月9日，在中国（黑龙江）自由贸易试验区哈尔滨片区产业项目签约暨产业政策信息发布会上，32个项目集中签约。

6月9日，黑龙江哈尔滨新区正式发布《中国（黑龙江）自由贸易试验区哈尔滨片区关于加强对外开放深化改革创新的若干政策措施》。

6月9日，"世界认可日"上海主题活动举行，中国（上海）自由贸易试验区进口汽车检测认证服务窗口及网上平台揭牌开通。

6月10日，最高人民法院第三巡回法庭二级高级法官、省高院立案庭副庭长、市中院立案庭庭长、新区法院法官等多级法院领导莅临江苏自贸试验区南京片区国际商事调解中心，联合考察新区国际商事非诉矛盾化解工作推进情况。

6月10日，云南省政府办公厅10日在省政府官网公开发布《云南省人民政府关于支持中国（云南）自由贸易试验区高质量发展的若干意见》。

6月10日，中国（云南）自贸试验区制度创新专家咨询会暨专家委员会研讨会在北京召开。

6月11日，中国（山东）自由贸易试验区烟台片区智能制造重点项目集中开工仪式举行。

6月12日，江苏自贸试验区苏州片区管委会第二次新闻发布会在现代大厦召开，活动发布了自贸试验区人才新政、高企奖励政策、总部政策等几项新政，助推苏州自贸试验片区高水平建设。

6月12日，"跨境电商+边民互市"云南自贸试验区红河片区推行互市电商跨境出口新模式。

6月12日，2020年中国（广西）自由贸易试验区建设指挥部第十次指挥长工作会议在南宁召开。

6月13日，海南自由贸易港35个重点项目集中签约。

6月13日，江苏苏州自贸试验片区举行首批高端和急需人才奖励发放仪式，34位符合条件的人才获得800多万元的现金奖励。

6月16日，海南省六届人大常委会第二十次会议审议通过第一部海南自由贸易港园区单行条例——《海南自由贸易港博鳌乐城国际医疗旅游先行区条例》。

6月16日，海南自由贸易港建设专家咨询委员会在北京正式成立。

6月16日，广西自贸试验区钦州港片区工作座谈会在南宁举行。

6月17日，辽宁自由贸易试验区工作领导小组召开部分成员单位会议。

6月18日，陕西自贸试验区推出国际保理美元融资新模式。

6月18日，国务院印发《国务院关于在中国（海南）自由贸易试验区暂时调整实施有关行政法规规定的通知》（国函〔2020〕88号）。通知要求，调整适用《中华人民共和国海关事务担保条例》《中华人民共和国进出口关税条例》《中华人民共和国国际海运条例》《中华人民共和国船舶和海上设施检验条例》和《国内水路运输管理条例》5部行政法规的有关规定。

6月18日，中国（云南）自贸试验区出台23条"硬核"举措，云南省人民政府新闻办公室召开云南省支持中国（云南）自由贸易试验区高质量发展的新闻发布会，重点解读《云南省人民政府关于支持中国（云南）自由贸易试验区高质量发展的若干意见》。

6月18日，6大维度助力云南自贸试验区高质量发展，昆明片区将开展全员聘任制招揽人才。

6月18日，中国（广西）自由贸易试验区工作领导小组举行全体会议，听取广西自贸试验区建设进展情况汇报，审议相关文件和有关事项，研究部署下一阶段工作任务。

6月19日，海南省人力资源和社会保障厅等七部门联合印发《关于吸引留住高校毕业生建设海南自由贸易港的若干政策措施》，全面放开对高校毕业生的落户限制。

6月20日，据《人民日报》海外版报道，国际社会高度关注中国启动自由贸易港建设，海南自贸港是"振奋人心的一步"。《海南自由贸易港建设总体方案》的发布，标志着海南自由贸易港建设进入全面实施阶段，中国特色自由贸易港建设迈出关键一步。

6月22日，据《广西日报》报道，广西自贸试验区自挂牌成立以来，狠抓硬核产业、重大项目、龙头企业牵引撬动，"三企入桂"项目推进势头强劲。

6月23日，财政部、税务总局联合发布《关于海南自由贸易港高端紧缺人才个人所得税政策的通知》和《关于海南自由贸易港企业所得税优惠政策的通知》。

6月23日，广西壮族自治区南宁市市场监管局举行"中国（广西）知识产权维权援助中心·南宁分中心""中国（广西）知识产权维权援助中心广西自贸试验区南宁片区分中心"揭牌仪式。同日，广西自贸试验区建设指挥部召开第11次指挥长会议。

6月23日，山东省青岛市政协主席杨军带领部分政协委员、专家学者就民建青岛市委在市政协十三届四次会议上提出的《关于加快山东自贸试验区青岛片区建设步伐案》开展协商督办。

6月23日，经国务院同意，国家发展改革委、商务部于2020年6月23日发布第33号令，发布了《自由贸易试验区外商投资准入特别管理措施（负面清单）（2020年版）》，自2020年7月23日起施行。《自由贸易试验区外商投资准入特别管理措施（负面清单）（2019年版）》废止。

6月23日，国家发改委、商务部发布《自由贸易试验区外商投资准入特别管理措施（负面清单）（2020年版）》自2020年7月23日起施行。本次修订按照只减不增的原则，自贸试验区外商投资准入负面清单由37条减至30条。

6月25日，陕西自贸试验区多措并举着力提升产业链供应链稳定性和竞争力。

6月26日，全国首创，中国（云南）自贸试验区红河片区利用互联网+区块链技术助推边民互市贸易。

6月28日，《广西壮族自治区人民政府关于委托或授权中国（广西）自由贸易试验区实施自治区级行政权力事项（第二批）的决定》（桂政发〔2020〕20号）。

6月28日，中国人民银行沈阳分行推动东北首家QFLP基金管理企业在辽宁自贸试验区沈阳片区成功落地。在人民银行沈阳分行、沈阳市金融发展局、辽宁自贸试验区沈阳片区管委会等单位协力推动下,"光控(辽宁)产业投资基金管理有限公司"正式成立,标志着东北首家境内外合资的"合格境外有限合伙人"(QFLP)基金管理企业在辽宁自贸试验区沈阳片区成功落地。

6月29日,财政部、海关总署、税务总局印发《关于海南离岛旅客免税购物政策的公告》。海南自由贸易港离岛免税购物新政实施。免税购物额度从每年每人3万元提高至10万元,取消单件商品免税限额规定。

6月29日,广西壮族自治区金融创新联合实验室创新项目发布。

6月29日,根据毕马威的第三方评估,今年浙江自贸试验区的营商环境便利度模拟排名全球第28位。

6月30日,全国首例涉及铁路提单物权纠纷案件在重庆自贸试验区人民法院公开宣判。

7月

7月1日,据《南京日报》报道,省政府公布了《关于赋予中国(江苏)自由贸易试验区第一批省级管理事项的决定》,省政府决定赋予中国(江苏)自由贸易试验区第一批省级管理事项273项。

7月1日,江苏首单跨境电商出口海外仓(9810模式)在苏州工业园区海关、自贸试验区综合协调局等相关单位的大力支持下,由高端制造与国际贸易区国企苏州得尔达国际物流有限公司成功完成操作,标志着江苏自贸试验区苏州片区跨境电商和国际物流的发展迈上了一个新台阶。

7月1日,首届自贸片区党建创新典型案例在前海蛇口自贸片区正式发布,此次活动共有来自各片区的44个案例入围,其中江苏南京片区的两个案例被评为自贸片区党建创新典型案例。

7月1日,中国(广东)自由贸易试验区深圳前海蛇口片区管委会举办的首届自贸片区党建创新典型案例发布活动。黑龙江自贸试验区黑河片区党建工作经验入选全国首届自贸片区党建创新典型案例。

7月2日，联动创新区推进会暨浙江自贸试验区与联动创新区对接活动在舟山顺利举办。

7月3日，阿里云和宝马（中国）共建"阿里云创新中心—宝马初创车库联合创新基地"，落地上海金桥经济技术开发区。

7月5日，云南省财政拨付第一批自贸试验区专项资金。

7月7日，国务院发布《国务院关于做好自由贸易试验区第六批改革试点经验复制推广工作的通知》，其中在全国范围内复制推广的改革事项包括5个领域，分别为投资管理领域、贸易便利化领域、金融开放创新领域、事中事后监管措施和人力资源领域；在特定区域复制推广的改革事项有4项，分别为在自贸试验区复制推广"建设项目水、电、气、暖现场一次联办模式""股权转让登记远程确认服务""野生动植物进出口行政许可审批事项改革"等；在二手车出口业务试点地区复制推广"二手车出口业务新模式"；在保税监管场所复制推广"保税航煤出口质量流量计计量新模式"；在成都铁路局局管范围内复制推广"空铁联运一单制货物运输模式"。

7月8日，长三角航运发展研究院揭牌仪式暨绿色·智慧港航发展高端讲座在江苏自贸试验区南京片区举办。

7月8日，黑龙江省省长王文涛主持召开黑龙江自贸试验区领导小组第三次工作会议。

7月9日，江苏省连云港市长方伟赴江苏自贸试验区连云港片区开展"百团进百万企业"安全生产宣讲活动，宣讲习近平总书记关于安全生产重要论述和对江苏工作重要指示要求，安排部署全市安全生产工作。

7月9日，云南红河片区边民互市"新模式"成效显著，互市贸易跨境结算突破亿元大关。

7月9日，按照党中央、国务院决策部署，自贸试验区所在地区和有关部门结合各自贸试验区功能定位和特色特点，全力推进制度创新实践，形成了自贸试验区第6批改革试点经验，将在全国范围内复制推广。

7月10日，江苏自贸试验区工作领导小组召开第二次会议，贯彻落实习近平总书记关于自贸试验区建设系列重要讲话和指示批示精神，讨论审议有关文件，研究部署江苏自贸试验区下一阶段重点工作。

7月10日，为认真贯彻习近平总书记关于安全生产的重要论述，严格落实国务院安委会和湖北省安委会关于安全生产专项整治三年行动的有关要求，湖北省自贸办组织召开了湖北省自贸试验区及海关特殊监管区安全生产专项整治三年行动第一次联络员会议。

7月10日，上海外高桥42#跨境仓库成为淘宝网在上海唯一指定的跨境电商合作仓库，自贸区跨境电商产业发展再添新动能。

7月10日，商务部召开网上专题新闻发布会，发布自贸试验区第六批改革试点经验并介绍制度创新成果复制推广工作情况。福建省商务厅副厅长钟木达参会介绍福建自贸试验区在制度创新方面的"福建经验"。

7月13日，海南自由贸易港建设项目（第二批）集中开工，共集中开工项目121个，总投资281亿元。

7月13日，江苏省南京市商务局（市自贸办）会同江苏自贸试验区南京片区，各区和国家级开发区召开联动创新发展联组会。

7月13日，广西钦州市举行云上钦州·5G云招商中心启动仪式暨"三企入钦"云招商会议。

7月14日，重庆市积极融入共建"一带一路"加快建设内陆开放高地领导小组2020年第二次会议，听取重庆自贸试验区上半年进展情况汇报，要求加大体制机制创新力度，尽快形成可视性成果。

7月14日，浙江省创新建设船舶综合金融服务平台，助力浙江自贸试验区发展。

7月14日，黑龙江省政府新闻办举行中国（黑龙江）自由贸易试验区首批省级创新实践案例新闻发布会。

7月15日，中国（江苏）自由贸易试验区连云港片区工作领导小组第三次会议召开。

7月15日，广西钦州港片区与上海华谊集团高效推进合作项目，建设钦州港片区与上海华谊集团高效推进合作项目建设。

7月16日，《云南省优化营商环境办法》于8月1日起施行。

7月16日，云南自贸试验区德宏片区改革试点项目开工。

7月16日，广西知识产权交易中心中国（广西）自由贸易试验区崇左片区工作站揭牌运行。

7月16日，中国（湖北）自由贸易试验区研究院在中南财经政法大学正式揭牌成立。

7月17日，浙江省政府自由贸易试验区工作联席会议办公室第八次主任会议在杭召开。

7月17日，据中国日报网报道，陕西省自贸试验区下放委托事项承接工作推进会在西安经开区召开。

7月20日，安徽省芜湖市委书记单向前赴安徽自贸试验区芜湖片区开展"优环境、稳经济"走访调研活动。

7月20日，陕西设立6个自贸试验区协同创新区。

7月20日，上海浦东举行打造"上海电竞之都核心功能区"签约活动，30个重点项目签约落地，利用上海自贸试验区政策先行先试；海外巨头鲍尔赛嘉（上海）投资管理有限公司落户陆家嘴金融城。

7月21日，蓝天立赴中国（广西）自由贸易试验区崇左片区调研时强调，高标准建设自由贸易试验区，打造市场化法治化国际化营商环境。

7月21日，河南自贸试验区探索形成的"跨境电商零售进口退货中心仓模式""建设项目水、电、气、暖现场一次联办模式"两项试点经验获全国推广。

7月21日，中国（黑龙江）自由贸易试验区哈尔滨片区管理局在黑龙江省招商引资运营服务中心在线举办"中国（黑龙江）自由贸易试验区哈尔滨片区与德国企业对接会"。

7月22日，中国（湖北）自由贸易试验区—东盟投资贸易合作交流会成功举办。

7月24日，河南自贸试验区开封片区"证照分离"改革约稿信息被国务院采纳。

7月27日，在河南自贸试验区，洛阳片区"基地+研究所+公司"三方联动入选"2019—2020年度中国自由贸易试验区制度创新十佳案例"。

7月27日，沈阳浑南区税务局、沈阳高新区税务局、辽宁自贸区税务局，三局办税服务厅经过一系列的筹备、整合和试运行，以一个办税服务厅的崭新形象正式对外办公。

7月27日，据新华网报道，福建自贸试验区新推出36项制度创新成果。

7月28日，浙江省政府近日印发《关于支持中国（浙江）自由贸易试验区油气全产业链开放发展的实施意见》，15条实施意见支持自贸试验区油气全产业链开放发展。

7月29日，江苏省南京市"惠民便企月月行"行动暨外资银行走进江苏自贸试验区南京片区专场活动在江北新区举行。

7月29日，"推动自贸试验区制度创新"行动学习项目专题研讨会在广西南宁召开。

7月30日，广西自贸大讲堂第二期、第三期开讲。

7月31日，海南省第六届人民代表大会常务委员会第二十一次会议通过并印发《关于批准在洋浦经济开发区等六个园区推广适用"三园"特别极简审批的决定》，新增6个自贸港重点园区推广使用特别极简审批。

7月31日，为高质量经济发展"充电"，浙江温州联动创新区举办开放型经济建设业务培训班。

8月

8月1日，中国（广西）自由贸易试验区南宁片区创新发展智库首次"云咨询"活动在南宁举行。

8月1日，习近平总书记主持召开中财委第五次会议，把河南省郑州市列入国家高质量发展区域增长极城市行列。

8月3日，中国（黑龙江）自由贸易试验区绥芬河片区与哈尔滨商业大学签署战略合作协议。

8月4日，中国（云南）自由贸易试验区昆明片区的中信银行昆明自贸区支行正式揭牌开业。

8月4日，中国（河北）自由贸易试验区推出首批16项制度创新案例。

8月5日，黑龙江省牡丹江市委常委、常务副市长、绥芬河自贸片区党工委书记、管委会主任赵荣国，主持召开黑龙江绥芬河自贸片区工委暨管委会全体会议。

8月5日，黑龙江省挖掘优势激发潜力增强紧迫感，加快推进黑龙江绥芬河自贸片区建设。

8月6日，农业银行云南自贸试验区红河片区支行揭牌成立。

8月6日，"险资入桂，共建金融开放门户"之广西钦州港片区线上发布会成功举办。

8月6日，中国（河北）自由贸易试验区曹妃甸片区完成5000吨铁矿石的保税筛分业务，这标志着铁矿石保税筛分创新举措全国首试落地曹妃甸。

8月6日，中国（黑龙江）自由贸易试验区哈尔滨片区管理委员会印发《中国（黑龙江）自由贸易试验区哈尔滨片区四类小型公共场所推行"以照为主、承诺代证"的实施方案》。

8月7日，中国（黑龙江）自由贸易试验区哈尔滨片区推动教育高质量发展政策发布会暨集中签约仪式在哈尔滨松北香格里拉大酒店举行。

8月10日，中国（哈尔滨）跨境电子商务综合试验区授牌仪式在自贸试验区哈尔滨片区管理局举行。

8月10日，辽宁省政府出台《中国（营口）跨境电子商务综合试验区实施方案》《中国（盘锦）跨境电子商务综合试验区实施方案》。根据方案，营口、盘锦两地将从载体建设、产业链拓展、配套体系完善、品牌培育、人才培养等方面入手，建立各具特点的跨境电子商务产业集聚区，为助推全国跨境电子商务健康发展探索新经验、新做法。

8月11日，江苏自贸试验区连云港片区连云区块建设领导小组会议召开。

8月11日，黑龙江哈尔滨片区推出"以照为主、承诺代证"改革新政。

8月13日，海南自由贸易港第二批重点项目集中签约，共签约重点项目59个。

8月14日，为深化"证照分离"改革，浙江自贸试验区告知承诺总事项增至109项。

8月14日，黑龙江省市场监管局、省药品监管局、省知识产权局会商工作组,与哈尔滨新区、中国(黑龙江)自由贸易试验区哈尔滨片区管委会现场对接会议在哈尔滨新区举行。

8月14日,上海市人民政府同意新设上海张江高新区自贸保税园,重点发展软件和信息服务业、高技术制造业和现代服务业。

8月14日,福建自贸试验区五周年评估报告评审会暨高质量发展研讨会在福州召开。省商务厅(自贸办)厅长吴南翔出席研讨会。来自福建社科院、中山大学、上海对外经贸大学、上海海关学院的专家学者对评估报告给予了积极评价。

8月16日,河北自贸试验区出台支持引进高端创新人才的政策措施。

8月17日,由烟台市人民政府主办的山东自贸试验区烟台片区周年采风活动媒体见面会举行。

8月18日,据人民网报道,商务部部长钟山谈及稳外贸、稳外资形势时表示,将深入推进自贸试验区试点,积极开展差别化探索,形成更多可复制、可推广的制度创新成果。

8月18日,江苏省连云港市举行中国(江苏)自由贸易试验区连云港片区获批一周年重大项目集中开工仪式。

8月18日,广西壮族自治区政府与阿里巴巴集团、蚂蚁集团在广西南宁签署战略合作协议,南宁五象新区管委会与蚂蚁集团签署合作协议。

8月18日,山东自贸试验区烟台片区举行改革创新推介会。

8月18日,中国(黑龙江)自由贸易试验区黑河片区举办劳动人事争议调解委员会揭牌仪式,劳动人事争议调解委员会正式成立。

8月19日,在山东青岛前湾保税港区黄岛海关进口棉花集成查检场地,随着装载着进口棉花的集装箱快速通过棉花智能鉴重系统,山东自贸试验区青岛片区进口棉花"集成查检"项目暨大宗商品快捷出区系统正式启动。

8月20日,中国(江苏)自贸试验区南京片区发展研讨会在江北新区举行。

8月20日,中国(云南)自由贸易试验区红河片区与蒙自市签订联动发展机制合作协议。

8月22日,习近平总书记主持召开扎实推进长三角一体化发展座谈会并发表重要讲话，明确指出"要继续做好上海自由贸易试验区临港新片区建设工作，充分发挥试验田作用"。

8月23日，国务院总理李克强到重庆两江新区（自贸试验区）政务中心调研，要求"勇于先行先试，深化改革创新，努力形成更多可复制、可推广的制度创新成果"。

8月24日，上海浦东新区特种设备〔场（厂）内机动车辆〕改革试点工作启动，浦东市场监管局联合上海外高桥集团有限公司，进一步整合优势资源，在上海自贸区建设场（厂）内机动车辆备验、定检、登记、上牌、实训"全流程"服务平台，助推国际贸易便利化。

8月24日，据新华网报道，获批一年，江苏自贸试验区连云港片区探索形成55项制度创新做法，加快打造具有更强辐射带动力的"一带一路"强支点。

8月25日，中国（广西）自由贸易试验区研究院在广西大学揭牌成立。

8月25日，"一枚印章管审批"改革创新服务模式在沈阳市浑南区、辽宁自贸试验区沈阳片区启动运行。

8月25日，辽宁自贸试验区沈阳片区管委会与天风证券股份有限公司共同签署合作协议。

8月26日，海南省人民政府印发《海南自由贸易港享受个人所得税优惠政策高端紧缺人才清单管理暂行办法》，落实海南自由贸易港高端人才和紧缺人才个人所得税优惠政策。

8月26日，黑龙江黑河自贸片区区域一体化党建工作第一次联席会议在黑河自贸片区管理委员会召开。

8月27日，中国（云南）自由贸易试验区挂牌一周年新闻发布会举行。

8月27日，中国（广西）自由贸易试验区举办第七、第八期自贸大讲堂。

8月27日，据中国日报网报道，搭建烟台对接上海人才科创资源桥头堡山东自贸区首个国内离岸孵化基地揭牌。

8月27日，中国（辽宁）自由贸易试验区沈阳片区管委会（以下简称沈阳片区）在东北新闻发布厅举办了中国（辽宁）自由贸易试验区沈阳片区法律服务联盟启动仪式暨综合法律服务高峰论坛。

8月27日，由中央网信办主办，省委网信办承办的"行走自贸区"网络主题座谈活动辽宁自贸试验区专场在线上举办。

8月27日，由中央网信办组织实施的"行走自贸区"网络主题活动福建站开展，来自中央、省、地市和网络媒体记者近30人走进福建自贸试验区，深入了解自贸试验区各方面的工作成效。

8月28日，市委、市政府在深圳举办中国（江苏）自贸试验区连云港片区恳谈会暨连云港—粤港澳经贸合作交流会，宣传推介我市优越的投资环境，深化与深圳等粤港澳大湾区城市的企业合作关系，巩固合作成果，拓展合作领域，共谱合作新篇。

8月28日，中国（广西）自由贸易试验区建设指挥部部分成员单位建立基层党组织党建联盟，并在南宁片区南宁市民中心新闻发布厅举行签约仪式。

8月28日，黑龙江团省委书记苑芳江带队，重点考察中国（黑龙江）自由贸易试验区绥芬河片区发展潜力。

8月30日，国务院印发《北京、湖南、安徽自由贸易试验区总体方案及浙江自由贸易试验区扩展区域方案》（国发〔2020〕10号），批复新设北京、湖南、安徽3个自贸试验区和浙江自贸试验区扩展区域。

8月30日，"第二届中国国际化营商环境高峰论坛暨《2020中国城市营商环境投资评估报告》发布会"在北京举行，中国（山东）自由贸易试验区青岛片区获批"国际化营商环境建设十佳产业园区"。

8月30日，黑龙江自贸试验区一周年交出亮眼的"成绩单"。

8月31日，中国（云南）自由贸易试验区红河片区举办主题为"共话开放发展　擎动自贸未来"挂牌一周年主题研讨会。

8月31日，广西壮族自治区政府新闻办公室在广西新闻发布厅举行中国（广西）自由贸易试验区成立一周年新闻发布会。

8月31日，在中国（山东）自由贸易试验区烟台片区设立一周年之际，市委、市政府在烟台开发区九目化学项目现场举行重点项目集中开工活动。

8月31日，民生证券落户浦东新区揭牌暨上海国资战投入股签约仪式在浦东新区办公中心举行。

8月31日，据中国日报网报道，云南自贸试验区挂牌一周年，红河片区打响"沿边"和"跨境"两大特色。

9月

9月1日，山东自贸试验区青岛片区完成了山东首票跨境电商企业对企业出口业务——青岛片区辖区内企业青岛联合恒通国际贸易有限公司的胶带、封箱器，以及菲尔斯特国际贸易有限公司的高尔夫球杆、T恤、纸箱等货品，在青岛前湾保税港区招商局跨境电商监管中心经黄岛海关查验后放行，分别被运往日本、泰国。

9月1日，全国首趟跨境电商B2B出口专列在重庆自贸试验区国际物流枢纽园区发车。

9月1日，辽宁大连片区贯彻落实大连市委、市政府决策部署，根据金普新区党工委统一安排，在全市园区中率先启动法定机构改革，探索构建更加充满活力的园区管理体制和运行机制。

9月1日，习近平总书记主持召开中央全面深化改革委员会第十五次会议并发表重要讲话，强调"要把构建新发展格局同实施国家区域协调发展战略、建设自由贸易试验区等衔接起来，在有条件的区域率先探索形成新发展格局，打造改革开放新高地"。

9月2日，商务部召开山东等自贸试验区和上海自贸试验区临港新片区建设一周年专题新闻发布会。

9月2日，广东省广州市政府第15届117次常务会议审议通过了《关于贯彻落实金融支持粤港澳大湾区建设意见的行动方案》，提出66条具体措施。

9月2日，浙江自贸试验区正式发布《中国（浙江）自由贸易试验区锚地国际航行船舶物料供应监管操作规程》。

9月2日，"中国（云南）自由贸易试验区数字经济创新论坛暨共建链创新公共服务平台签约仪式"在昆明隆重举行。

9月3日，广东、陕西加强互动交流，携手共促自贸发展。

9月3日,海南省委深改办(自贸港工委办)在海口召开海南自由贸易港制度创新案例新闻发布会,发布了8项制度创新案例。

9月3日,重庆市市长唐良智主持召开重庆自贸试验区工作领导小组第5次会议,研究部署自贸试验区在构建以国内大循环为主体、国内国际双循环相互促进的新发展格局中实现新作为问题。

9月3日,沈阳市市场监管局、商务局、辽宁自贸试验区沈阳片区管委会共同在桃仙机场举行沈阳药品进口口岸首单通关仪式,中国医药健康产业股份有限公司从捷克进口的240千克尼麦角林从桃仙机场口岸通关。

9月4日,习近平总书记在2020年中国国际服务贸易交易会上宣布,为更好发挥北京在中国服务业开放中的引领作用,将支持北京打造国家服务业扩大开放综合示范区,加大先行先试力度,探索更多可复制可推广经验;设立以科技创新、服务业开放、数字经济为主要特征的自由贸易试验区,构建京津冀协同发展的高水平开放平台,带动形成更高层次改革开放新格局。

9月4日,江苏南京片区发出第一张《企业境外投资证书》。

9月4日,中国(江苏)自由贸易试验区南京片区支持航运创新发展大会在江北新区(自贸区)召开。

9月5日,陕西省自贸办赴甘肃青海开展陕西自贸试验区交流推介活动。

9月6日,黑龙江省人民政府新闻办在中国国际服务贸易交易会新闻中心举行"最北自贸试验区,开放合作新高地"——中国(黑龙江)自由贸易试验区建设一周年新闻发布会。

9月6日,普华永道与中国(黑龙江)自由贸易试验区黑河片区在中国国际服务贸易交易会现场签署战略合作协议。

9月7日,国务院发布《国务院关于深化北京市新一轮服务业扩大开放综合试点建设国家服务业扩大开放综合示范区工作方案的批复》(国函〔2020〕123号),北京市服务业扩大开放正式由"试点"升级为"示范区"。

9月8日,云南自贸试验区:发挥特色优势,打造"沿边+跨境"开放高地。

9月8日,云南自贸试验区云座谈:红河片区加快谋划跨境电商二期建设。云南自贸区试验云座谈:自贸区持续探索深化边境贸易。云南自贸试验区云座谈：自贸区为中国与东盟区域发展注入动力。

9月8日，云南自贸试验区红河片区：五大创新机制，为边贸往来保驾护航。

9月8日，广西壮族自治区人大常委会副主任张晓钦一行来闽开展经贸合作活动，实地考察了福建自贸试验区厦门、平潭片区建设情况，福建省副省长郭宁宁会见了调研组一行。

9月9日，四川省商务厅在泸州召开川渝自贸试验区协同开放示范区建设工作推进会。

9月9日，河南自贸试验区开封片区8项案例入选河南自贸试验区2020最佳实践案例。

9月9日，坚持差异化探索，全力推进油气全产业链建设，浙江自贸试验区云座谈举行。

9月10日，陕西省商务厅召开长三角学习考察活动成果交流会。

9月10日，云南推进自贸试验区商事调解机制建设，中国（云南）自由贸易试验区商事调解中心昆明片区分中心挂牌启动活动在昆明片区（官渡区融城金阶中心）举行。

9月10日，河南自贸试验区开封片区行政审批局通过ISO9001中国质量认证中心年度监督审核。

9月10日，河南郑州片区"跨境电商零售进口退货中心仓模式"等7个案例入选河南省自贸试验区2020年最佳实践案例。

9月10日，浙江自贸试验区金融改革创新政策路演活动走进金华联动创新区。

9月11日，广西举办中国—东盟金融开放合作研讨会暨《2020年人民币东盟国家使用情况报告》发布会。

9月11日，浙江省政府举行省政协第101号重点提案《关于加快推进浙江自贸区创新发展的建议》办理工作座谈会。

9月11日，"法律服务龙江行——自贸区法律服务直通车"活动在黑龙江黑河举行。

9月12日，黑龙江黑河首批用互市贸易方式进口大豆落地加工完成压力测试。

9月15日，为推动全省自贸试验区实现高质量发展，由国家发改委对外经济研究所副研究员陈长缨带队，江苏省发展战略中心共同参与的课题组一行赴连云港市实地调研江苏自贸区连云港片区建设进展情况。

9月15日，云南省发展和改革委员会印发了《云南省发展和改革委员会关于印发中国（云南）自由贸易试验区投资建设项目"先建后验"管理新模式实施方案的通知》。

9月16日，当好沿边开放发展排头兵——云南自贸试验区红河片区成立一周年纪实。

9月17日，中国（黑龙江）自由贸易试验区绥芬河片区举行卢布现钞陆路跨境调运通道开通仪式暨人民币现钞跨境调运启动仪式。

9月17日，签约落地的正威哈尔滨新一代材料技术产业园项目在黑龙江哈尔滨新区举行。

9月18日，海南出台《海南自由贸易港境外人员执业管理办法（试行）》《海南自由贸易港境外人员参加职业资格考试管理办法（试行）》。

9月18日，位于江苏苏州自贸片区的硕腾生物制药有限公司顺利通过动物疫苗GMP静态认证。

9月18日，中国（广西）自由贸易试验区举办第十一期、第十二期自贸大讲堂。

9月18日，金融支持中国（黑龙江）自由贸易试验区哈尔滨片区发展融资政策宣讲暨政银企对接会召开。

9月19日，商务部调研组来滇调研云南自贸试验区建设等工作。

9月20日，重庆市市长唐良智在重庆自贸试验区南岸板块调研阿里巴巴重庆总部，出席重庆蚂蚁消费金融有限公司筹建启动仪式。

9月21日，国务院新闻办公室举行新闻发布会，安徽省人民政府副省长章曦介绍安徽自由贸易试验区总体方案，并答记者问。

9月21日，国务院新闻办举行"北京、湖南、安徽自由贸易试验区总体方案及浙江自由贸易试验区扩展区域方案发布会"，商务部副部长兼国际贸易谈判副代表王受文和湖南省人民政府副省长何报翔出席并答记者问。

9月21日，国务院印发《关于北京、湖南、安徽自由贸易试验区总体方案及浙江自由贸易试验区扩展区域方案的通知》(国发〔2020〕10号),批复同意设立中国(北京)自由贸易试验区。

9月21日,云南省委副书记王予波调研中国(云南)自贸试验区昆明片区(昆明经开区)非公有制经济组织基层党建工作。

9月21日,中国(广西)自由贸易试验区钦州港片区驻粤港澳大湾区企业服务处在广州正式揭牌成立。

9月21日,四川省人民政府常务会议审议决定,将14项与企业生产经营、群众创新创业有直接关系,有利于高水平推进自贸试验区建设的省级管理事项下放到自贸试验区实施,契合自贸试验区当前发展需要。

9月21日,中国政府网权威发布《中国(浙江)自由贸易试验区扩展区域方案》。

9月21日至22日,李克强总理在上海市考察,在上海自贸试验区听取浦东开发开放成就、自贸试验区改革发展新突破和上海深化"放管服改革"、优化政务服务的汇报,希望上海坚持以习近平新时代中国特色社会主义思想为指导,在改革开放上继续先行先试,树立更高水平标杆。

9月23日,中国(上海)自由贸易试验区国别(地区)中心东帝汶国家馆建立的咖啡产业中心正式揭幕。

9月24日,中国(安徽)自由贸易试验区正式揭牌,长沙、岳阳、郴州三个片区启动自贸试验区建设。

9月24日,中国(北京)自由贸易试验区正式揭牌。

9月24日,河北省第十三届人大常委会第十九次会议表决通过了《中国(河北)自由贸易试验区条例》,2020年11月1日起施行。

9月24日,中国(浙江)自由贸易试验区扩展区域举行挂牌仪式。

9月24日,"创新驱动发展·自贸引领未来"主题研讨会在黑龙江自由贸易试验区绥芬河片区召开。

9月25日,数字化转型研讨会在辽宁自贸试验区沈阳片区举行,为"北京大学·沈阳自贸大数据联合实验室""信用数据实验室""5G+数·智联合创新实验室"3个数字实验室现场授牌。

9月25日,湖南省政府新闻办举行了新闻发布会,发布湖南自贸试验区有关情况。

9月25日，商务部国际经贸关系司司长余本林带队赴上海开展新发展格局下进一步做好自贸协定工作专题调研。在沪期间，调研组与上海市有关单位、研究机构及企业代表座谈，并赴亚太示范电子口岸及上海自贸试验区实地考察。

9月25至27日，商务部副部长王受文兼国际贸易谈判副代表在黑龙江调研黑龙江自由贸易试验区。

9月27日，北京市海淀区政府、昌平区政府举办中国（北京）自由贸易试验区科技创新片区挂牌仪式。

9月27日，海南发布《海南自由贸易港高层次人才认定办法》《海南自由贸易港高层次人才分类标准（2020）》。

9月28日，北京市大兴区政府、北京经济技术开发区管委会举办中国（北京）自由贸易试验区高端产业片区挂牌仪式。

9月28日，北京市朝阳区政府、通州区政府、顺义区政府举办中国（北京）自由贸易试验区国际商务服务片区挂牌仪式。

9月28日，海南自由贸易港首条洲际越洋航线在洋浦小铲滩码头正式开通运营。

9月28日，2020金融服务创新支持江苏自贸试验区南京片区建设推进会召开。

9月28日，"2020京津冀协同发展参事研讨会"在石家庄召开，会议主题为"加快改革创新，打造开放高地，推动中国（河北）自由贸易试验区高质量发展"。

9月28日，据《湖南日报》报道，湖南省人民政府省长许达哲于今日主持召开省政府常务会议，学习贯彻习近平总书记近期重要讲话精神，研究部署中国（湖南）自贸试验区建设、政务公开、招商引资、区块链发展、无障碍环境建设等工作。

9月29日，江苏自贸试验区南京片区法治营商环境建设第二届高端论坛在南京片区举办。

9月29日，辽宁自贸试验区各片区完成"一章审批"制度试点工作。

9月29日，中国（黑龙江）自由贸易试验区绥芬河片区揭牌一周年。

10月

10月1日，安徽芜湖港口型国家物流枢纽正式获批，国家市场采购贸易方式试点落地蚌埠。

10月5日，2020中国马来西亚（广西）线上榴莲节在中国（广西）自由贸易试验区钦州港片区正式启动，活动首日线上销售猫山王榴莲达35万颗。

10月9日，全市建设国家服务业扩大开放综合示范区和中国（北京）自由贸易试验区动员部署大会召开。北京市委书记蔡奇强调，以首善标准推进"两区"建设，为构建新发展格局做出首都新贡献。中宣部、商务部等12个中央和国家部委有关领导同志受邀出席会议。

10月9日，中共海南省委办公厅、海南省人民政府办公厅联合印发《海南自由贸易港制度集成创新行动方案（2020—2022年）》。

10月9日，安徽自贸试验区合肥片区经开区块首批23个项目于10月9日集中签约入驻，包括集成电路、新能源汽车、5G及人工智能、总部办公及高端服务业等4类项目，总投资240亿元。

10月10日，中国（安徽）自由贸易试验区芜湖片区为首批入驻的34家企业办理登记注册手续，并颁发营业执照。

10月10日，韩国贸易协会副会长金基昌率代表团访问辽宁自贸试验区沈阳片区，围绕推动双方贸易合作进行座谈。

10月10日，"义新欧"（义乌—河内）中欧班列从铁路义乌西站缓缓启动，驶往越南首都河内。这是浙江首次开通至东南亚国家的铁路国际物流通道，也是浙江自贸试验区金义片区获批以来首次开通的新线路，标志着"义新欧"中欧班列的第13条国际铁路运输线路正式开通。

10月12日，黑龙江自贸试验区首家企业（宝康医药）获批互贸进口中药材加工许可。

10月12日，商务部驻大连特派员贾舒颖带队赴大连市商务局，与商务局领导就共同推进"两稳一促"、自贸试验区、数字经济等重点商务工作进行深入座谈交流。

10月13日，海南自由贸易港重点项目第三批集中签约活动在海口举行，共签约项目46个。

10月13日，国家金融科技认证中心在重庆成立并入驻重庆自贸试验区金融科技港。

10月13日，四川省成都市温江区与海南博鳌乐城国际医疗旅游先行区签订推动健康产业高质量发展战略合作协议，成为四川省率先与海南博鳌建立合作关系的自贸试验区协同改革先行区。

10月13日，《黑龙江省人民政府关于落实自由贸易试验区第六批改革试点经验复制推广工作的通知》发布。

10月13日，边境贸易创新发展推进会议暨全省边贸创新发展联席会议第二次会议在黑龙江黑河召开。

10月14日，商务部自贸区港建设协调司司长唐文弘一行来到江苏自贸试验区南京片区进行考察。

10月15日，国务院自由贸易试验区工作部际联席会议办公室在江苏苏州片区召开全国自贸试验区高质量发展现场会，深入学习贯彻习近平总书记关于自贸试验区建设的重要讲话指示精神，研究部署自贸试验区建设新任务新举措，着力推动自贸试验区高质量发展。

10月15日，江苏省南京市人民代表大会召开中国（江苏）自贸试验区南京片区建设情况专题座谈会，了解南京片区建设情况、存在的困难和亟待改进的问题，并就下一步工作提出建议。

10月15日，黑龙江省人民政府办公厅印发《关于中国（黑龙江）自由贸易试验区管理试行办法》的通知。

10月15日，全国自贸试验区高质量发展现场会在江苏省苏州市召开，传达学习习近平总书记关于自贸试验区建设的重要指示精神，总结7年来自贸试验区建设成效和存在的问题，部署下一步工作。商务部副部长兼国际贸易谈判副代表王受文出席会议并讲话。有关省、自治区、直辖市、新疆生产建设兵团商务主管部门，各自贸试验区管理机构以及财政部、工业和信息化部、交通运输部、人民银行、海关总署、市场监管总局、贸促会等有关部门代表共150人参会。

10月16日，2020江苏南京江北新区（自贸试验区）全球跨境贸易数字生态大会在长江之舟胜利召开。

10月16日，江苏江北新区（自贸试验区）发布《关于优化升级南京江北新区（自贸试验区）集成电路人才试验区政策》。

10月17日，中国（安徽）自贸试验区合肥片区高新区块首批项目签约活动暨新基建产品巡展在合肥市政务中心顺利举行。

10月19日，紧邻沪宁城铁园区站的江苏苏州自贸商务中心项目举行开工仪式。

10月19日，广西钦州市举办2020年第2期北部湾发展讲坛暨《中国（广西）自由贸易试验区条例》专题讲座。

10月19日，云南省省长阮成发主持召开第十三届省人民政府第88次常务会议，传达学习国务院常务会议精神，研究中国（云南）自由贸易试验区建设、公共文化领域财政事权和支出责任划分改革等工作。

10月20日，中国（云南）自由贸易试验区制度创新论坛在昆明举行。

10月20日，中国（云南）自由贸易试验区制度创新成果首场发布。

10月20日，黑龙江自贸试验区和云南自贸试验区在昆明签署《中国沿边自由贸易试验区协同制度创新框架协议》，双方将深化合作，聚焦重点领域开展协同创新，深入探索更多改革创新经验。

10月21日至23日，商务部驻广州特派员办事处谢莹副特派员陪同商务部副部长王受文在珠海横琴自贸片区、广州南沙自贸片区和东莞华为松山湖基地调研。

10月22日，南京集成电路大学揭牌暨产业人才培养高端论坛活动在江苏自贸试验区江北新区举行。

10月22日，金华市政府常务会议审议通过《中国（浙江）自由贸易试验区金义片区建设方案》。

10月23日，人力资源和社会保障部印发《关于支持海南自由贸易港人力资源和社会保障事业创新发展的实施意见》。

10月23日，云南自贸试验区红河片区实际利用外资取得零的突破。

10月23日，河北省自贸试验区推进工作领导小组办公室组织召开曹妃甸片区重点事项协调推进会。

10月24日，为加快推进中国（云南）自由贸易试验区昆明片区建设，提高领导干部推进中国（云南）自贸试验区昆明片区建设的能力，根据昆明市委要求和《2020年度昆明市干部教育培训主体班次计划》，"昆明自贸区建设专题培训班"于10月24日至10月31日在上海财经大学顺利举办。

10月26日，中国（云南）自由贸易试验区干部综合能力提升培训班圆满结束。

10月27日，海关总署及总署专家组一行围绕生物医药产业发展在江苏自贸试验区南京片区展开实地调研。

10月27日，阿里巴巴淘宝大学云南（东盟）数字商业人才孵化基地在中国（云南）自由贸易试验区昆明片区揭牌。

10月27日，黑龙江自贸试验区绥芬河片区中俄商事调解中心揭牌。

10月28日，最高人民检察院印发《最高人民检察院关于全面履行检察职能依法服务和保障自由贸易试验区建设的意见》。

10月28日，《中国（广西）自由贸易试验区条例》培训班在南宁开班。

10月28日，海关总署自贸区和特殊区域发展司司长陈振冲一行调研湖北自贸试验区武汉片区及综合保税区高质量发展情况。

10月28日，湖北自贸试验区宜昌片区在全市首发涉企数据"共享清单"，凡清单内数据一律采取部门共享方式获取，不得要求企业填报2次以上。

10月28日，最高人民检察院印发《关于全面履行检察职能依法服务和保障自由贸易试验区建设的意见》，就检察机关依法履行法律监督职能，努力为自贸试验区建设提供优质高效的法治服务和保障提出了15条具体举措。

10月29日，香港贸易发展局南京代表处走进江苏自贸试验区南京片区。

10月29日，为体现江苏自由贸易试验区南京片区标准化工作建设成果，持续推进南京片区实施标准化战略，江北新区市场监管局与综合协调局共同组织召开自贸试验区南京片区标准化工作推进会。

10月29日，四川天府新区成都片区人民检察院（四川自由贸易试验区人民检察院）举行自贸检察专家咨询委员会委员聘任仪式暨自贸工作座谈会，聘请20名来自不同领域的专家学者担任天府新区（四川自贸试验区）检察院专家咨询委员会委员。

10月30日，江苏省南京市委宣传部"梧桐论语"理论宣讲携手江苏省南京市工商联"新宁商沙龙"，走进江苏自由贸易试验区南京片区，举办"拥抱自贸区，奋进向未来"主题沙龙。

10月30日，河北省自贸办以云端线上方式组织开展河北自贸试验区投资合作项目推介会。

10月30日，中国（浙江）自贸试验区滨江区块项目签约暨高新区（滨江）扩大有效投资项目集中开工活动举行。

10月，重庆国际物流枢纽园区正式获批陆港型国家物流枢纽，重庆自贸试验区成为唯一兼有水港型、陆港型国家物流枢纽的自贸试验区。

11月

11月1日，上海外高桥保税区跻身全球十大自由区（Top 10 Global Free Zones）前四，同时荣获四个重量级奖项。

11月2日，江苏自贸试验区江北新区管委会副主任林其坤带领新区管委会综合部、综合协调局相关负责同志调研数研院。

11月2日，云南自由贸易试验区"小组团"在上海开展了精准招商引资活动。

11月2日，浙江自贸试验区杭州片区滨江区块启动建设，首批10个项目落地。

11月3日，全国、云南省人大代表为云南自贸试验区昆明片区发展建言献策。

11月3日，2020年桂港澳"共享广西自贸区机遇共建西部陆海新通道"

恳谈会在南宁举行。

11月3日，湖北武汉自贸片区药企研发出国内外停滞创新30年的镇静药。

11月4日，第三届中国国际进口博览会开幕式在上海举行，习近平总书记在第三届中国国际进口博览会开幕式上的主旨演讲指出，过去7年来，中国各自由贸易试验区锐意进取、大胆探索，取得显著成效。海南自由贸易港建设顺利开局。中国将有效发挥自由贸易试验区、自由贸易港引领作用，出台跨境服务贸易负面清单，在数字经济、互联网等领域持续扩大开放，深入开展贸易和投资自由化、便利化改革创新，推动建设更高水平开放型经济新体制。

11月4日，据《湖南日报》报道，中国（湖南）自贸试验区长沙片区长沙黄花综合保税区招商推介会在本届进博会上举办，吸引了大洋洲、非洲多个国家和地区的企业代表、国际商协会及长三角地区企业代表等100多名嘉宾参加。

11月4日，商务部驻大连特派员贾舒颖赴辽宁省沈阳市调研，与辽宁自贸试验区沈阳片区管委会座谈，交流片区制度创新、营商环境建设、产业发展等方面的情况，并实地参观走访片区涉企法人政务服务平台——"浑南会客厅"、远达国际快件监管中心、华狐生物科技有限公司等。

11月5日，中国（安徽）自由贸易试验区推介会举行。

11月5日，河北自贸试验区借助进博会"四大平台"积极推动开放创新发展。同日，北京大兴国际机场综合保税区正式挂牌成立。

11月5日，第三届中国国际进口博览会开幕首日，辽宁自贸试验区大连片区中石化北方能源（大连）有限公司与菲律宾永胜食品有限公司签署水果采购合作意向书，采购金额约2亿美元。这也是辽宁省在本届进博会上签下的首单。

11月5日，北京市交易团在第三届进博会期间举办了"共创北京开放新篇章"主题活动，重点围绕中国国际服务贸易交易会，国家服务业扩大开放综合示范区和中国（北京）自由贸易试验区"两区"建设的最新政策举措进行推介，并组织了一批重要项目现场签约。

11月6日，广西壮族自治区高级人民法院发布《关于为中国（广西）自由贸易试验区建设提供司法服务保障的指导意见》和《关于进一步推进法治化营商环境建设的意见》。

11月6日，湖北省副省长张文兵赴湖北自由贸易试验区武汉片区调研并召开重点提案办理工作督办会。副省长张文兵调研武汉自贸片区知识产权工作。

11月7日，由江苏省人民政府主办，南京市人民政府、江苏省商务厅、南京市江北新区管理委员会承办的中国（江苏）自由贸易试验区国际合作峰会于第三届中国国际进口博览会期间在上海举办。

11月7日，福建、海南两省联合举办公务员"推进自由贸易区（港）建设"专题培训班，在全国范围内首创性地开启跨省联合培训模式。

11月7日，2020年钦州蚝情节在中国（广西）自由贸易试验区钦州港片区开幕，正式拉开为期一个月的蚝情节系列活动。

11月8日，海南自由贸易港第九批（6项）制度创新案例正式发布。

11月10日，广西凭祥综合保税区、中国（广西）自由贸易试验区崇左片区举行"5G+数字口岸"信息化全面战略合作协议签约仪式。

11月10日，"在上海自贸试验区试点保税仓储文物临时进境6个月有效期后可N次延期""在浦东外高桥建设国际文物艺术品交易中心""支持外资拍卖企业拍卖境外征集的1949年以后去世的部分外国艺术家作品""与上海自由贸易试验区海关加强联动，试点文物进境登记管理制度"等，在上海自由贸易试验区外高桥片区试点落地。

11月10至11日，天津特办联合海南特办组织京津冀三地商务主管部门及自贸试验区片区负责同志赴海南自由贸易港进行考察交流。考察团先后赴海口江东新区、美安科技城、海口综保区和澄迈生态软件园进行参观学习，并与海南省商务厅有关负责同志进行座谈，讨论交流了京津冀自贸试验区和海南自由贸易港建设的工作思路、成熟做法和经验以及遇到的问题和困难。

11月11日，财政部、海关总署、税务总局联合发布《关于海南自由贸易港原辅料"零关税"政策的通知》。

11月11日，云南自贸试验区昆明片区（昆明经开区）党工委委员、管委会副主任王月冲一行来到自贸试验区南京片区考察。

11月12日，江苏—芬兰经贸合作交流会在江北新区（江苏自贸试验区南京片区）举办。

11月12日，江苏省第二届创业投资发展峰会在江北新区（江苏自贸试验区南京片区）举行。

11月12日，广西南宁片区举办专题讲座解读《中国（广西）自由贸易试验区条例》。

11月12日，浙江省自贸办第九次主任会议召开。

11月13日，海南自由贸易港重点项目（第四批）集中开工，共开工项目162个，总投资551.8亿元。

11月15日，黑龙江哈尔滨新区暨哈尔滨片区"互联网＋政务服务"及自贸片区政务服务中心建设方案研讨会在哈尔滨新区大数据中心召开。

11月15日，据中国日报网报道，近日，中国（广西）自由贸易试验区工作办公室、自治区绩效考评领导小组办公室联合印发《关于加强2020年度自贸试验区绩效考评工作的通知》，强调要充分发挥绩效考评的"指挥棒"作用，加强对自贸试验区建设工作绩效考评，对强化自贸试验区建设创新争优考核、及时申报自贸试验区临时性重大工作提出具体考评标准。

11月16日，陕西自贸试验区首创跨境贸易金融新模式。

11月16日，河北省唐山市曹妃甸区委、区政府出台《唐山市曹妃甸区关于人才集聚政策相关规定（试行）》，在积极引进河北自贸试验区曹妃甸片区急需的高端创新人才、加大人才创新创业支持力度、提升人才综合服务保障水平等方面提出了实行更加灵活的引才政策、加大荐才引才力度、实行人才优惠补贴政策等10条政策举措，将为曹妃甸片区高质量发展提供强力人才支撑和智力支持。

11月16日，福建省政府印发《福建省人民政府关于推广福建自贸试验区第八批可复制创新成果的通知》，将福建自贸试验区第八批23项改革创新成果在省内复制推广。

11月17日，江苏自贸试验区南京片区在建交局质安站窗口发出江苏自贸试验区首张房地产开发企业二级资质（省级事项）证书。

11月17日，商务部驻大连特派员贾舒颖赴黑龙江省调研，与黑龙江省商务厅康翰卿厅长会谈，并与王东副厅长及相关处室负责人座谈，就黑龙江省"两稳一促"、自贸试验区建设等商务重点工作进行交流。

11月18日，黑龙江省委书记、省人大常委会主任张庆伟深入中国（黑龙江）自由贸易试验区（哈尔滨片区）调研，宣讲党的十九届五中全会精神。

11月19日，中国贸促会（广西）自由贸易试验区服务中心揭牌仪式暨座谈会在南宁举行。

11月20日，泰国驻华大使阿塔育·习萨目（H.E.Arthayudh Srisamoot）阁下及夫人一行考察东湖高新区（湖北武汉自贸片区），参观了光谷展示厅，详细了解了东湖高新区的发展历程。

11月20日，上海浦东新区入选第一批全国法治政府建设示范地区，法治政府建设显现成效。

11月23日至24日，商务部驻大连特派员贾舒颖赴辽宁省营口市调研自贸试验区建设及跨境电商产业发展情况，与当地相关部门深入交流，并实地调研有关重点企业。

11月25日，河南自贸试验区洛阳片区发出全市首批"瘦身版"老旧小区施工许可证。

11月26日，香港贸易发展局华东、华中首席代表吕剑、香港贸易发展局江苏代表张厦一行考察了江苏自贸试验区南京片区，参观江北新区规划展览馆、江苏省产业技术研究院和国家健康医疗大数据（东部）中心。

11月26日，"跨国企业走进河北自贸试验区"系列活动成功举办。

11月26日，第69期宜宾大讲坛在宜宾市委党校举行。商务部驻成都特派员办事处副特派员、四川自贸办副主任邓德雄为大家作了"制度型开放与打造内陆改革开放新高地"专题辅导报告。

11月26日，浙江省再次高规格召开中国（浙江）自由贸易试验区建设推进大会。

11月26日，黑龙江哈尔滨新区暨中国（黑龙江）自由贸易试验区哈尔滨片区优化营商环境特邀监督员恳谈会召开。

11月27日，中国（广西）自由贸易试验区推介会在南宁举行，与会人士就进一步释放广西自贸试验区的政策红利、平台资源和制度创新成果进行探讨，共谋合作发展、共享自贸商机。

11月27日，四川自贸办副主任邓德雄带队到天府新区调研座谈。

11月28日，海南自由贸易港建设半年评估工作汇报会在海口召开。

11月28日，中国（山东）自贸试验区烟台片区经略海洋党建联盟在烟台经济技术开发区揭牌成立。

11月30日，黑龙江黑河高质量发展暨自贸片区开放创新研讨会在北京国际饭店举行。

12月

12月1日，中国（湖南）自由贸易试验区——长沙、岳阳、郴州搭建国际商事巡回审判庭。

12月1日，河北海事局国际航行船舶"模块化"检查新机制专家评审会在河北自贸试验区曹妃甸片区成功举行。

12月1日，联合国工业发展组织总部北方区域协同中心落户河南自贸试验区郑州片区。

12月1日，河北银保监局出台"金融十五条"支持自贸试验区改革发展。

12月2日，海南省第六届人民代表大会常务委员会第24次会议审议通过《海南自由贸易港三亚崖州湾科技城条例》。

12月3日，湖南省政协主席李微微赴长沙片区调研工程机械产业链和供应链。

12月3日，商务部自贸区港司陈洪副司长一行调研湖北武汉自贸片区，了解片区建设进展及产业发展情况。调研组一行重点关注武汉自贸片区产业发展情况，先后调研了华星光电、华大基因等企业，并考察光谷展厅、光谷政务中心，随后召开座谈会，了解武汉自贸片区相关发展诉求。

12月8日，中共中央政治局常委、国务院副总理韩正在北京同新加坡副总理王瑞杰进行视频会见，并共同主持苏州工业园区联合协调理事会第21次会议。会议充分肯定了理事会第20次会议以来，苏州工业园区紧抓中国（江苏）自由贸易试验区苏州片区设立带来的发展新机遇，坚持深化改革、扩大开放，全力推动经济社会各项事业发展提质增效取得的成绩。

12月14日，商务部国际贸易经济合作研究院发布《中国自由贸易试验区发展报告2020》。报告对2019年我国自贸试验区建设进展和制度创新等进行了梳理。

12月24日，据《人民日报》报道：中共中央政治局常委、国务院副总理、推进海南全面深化改革开放领导小组组长韩正23日主持召开推进海南全面深化改革开放领导小组全体会议，深入贯彻学习习近平总书记重要指示批示精神，贯彻落实中央经济工作会议部署要求，总结海南全面深化改革开放工作和海南自由贸易港建设进展情况，审议有关政策文件，研究部署2021年重点工作。

12月26日，随着第一趟高铁动车G5322次列车从平潭站开出，被誉为"海上最美高铁"的福（州）平（潭）铁路正式开通运营，结束了平潭岛不通铁路的历史，也为福建自贸试验区平潭片区创新发展开辟了一条新通道。

12月30日，河北唐山曹妃甸本土跨境电商品牌"糖度"在曹妃甸保税区金贸广场的跨境保税商品展示中心正式营业，标志着河北唐山首家跨境电商保税商品展示中心落户曹妃甸。

12月31日，经国务院批准，国家发展改革委、商务部发布第39号令，全文发布《海南自由贸易港外商投资准入特别管理措施（负面清单）（2020年版）》，自2021年2月1日起施行。

2020年1至12月，天津自贸区新设立企业10832家，其中内资企业10623家，外资企业209家；新增内资企业注册资本3004.40亿元，同比增长17.45%；中方协议投资额9.13亿美元，同比增长15.29%。市场主体扩容提质的背后，是天津自贸区紧扣改革创新和高质量发展，在投资贸易、金融开放等领域先行先试，高端产业集聚发展，自贸区引领开放作用持续增强的体现。

2020年中国自贸试验区小结

2020年，面对疫情冲击和严峻复杂的国内外经济形势，各自贸试验区统筹推进疫情防控和经济社会发展工作，持续推进制度创新和对外开放新高地建设，为稳外贸稳外资发挥了重要作用。习近平总书记在中央全面深化改革委员会第十五次会议时强调，要把构建新发展格局同实施国家区域协调发展战略、建设自由贸易试验区等衔接起来，在有条件的区域率先探索形成新发展格局，打造改革开放新高地。

各自贸试验区坚持大胆试、大胆闯，发挥制度创新优势，释放改革红利，对冲疫情影响，加快推出制度创新举措、推进重大制度创新成果推广应用，着力解决企业物流受阻、订单不足、用工困难等突出问题。保障外贸产业供应链畅通，提升通关便利化水平，推动线上线下消费深度融合，推动直播经济、电子商务等消费新业态新模式发展，促进消费增长，有效释放各地内需潜力。自贸试验区对进出口带动作用明显，成为我国经济复苏的重要动力，并且利用外资规模逆势上扬。

2020年9月21日，国务院批复同意设立中国（北京）自由贸易试验区、中国（湖南）自由贸易试验区、中国（安徽）自由贸易试验区，扩展中国（浙江）自由贸易试验区。湖南自由贸易试验区和安徽自由贸易试验区的设立更多地考虑地理布局因素；北京自由贸易试验区的建设主要考虑服务贸易，特别是数字贸易、数字经济的发展；而浙江自由贸易试验区扩展区的建立主要基于浙江地处数字经济发展优势区域，考虑如何将数字贸易等新经济业态纳入自由贸易试验区的试验内容，尤其关注比较发达的跨境电商等产业的业态。截至2020年年底，中国已经建立起21家自由贸易试验区。

2020年，自贸试验区继续以制度创新为核心，持续开展首创性、差异性探索，丰富制度供给，在投资、贸易、金融、事中事后监管等领域深化改革探索，破解深层次矛盾和结构性问题，围绕产业发展、要素保障以及各自所承担的差别化试点任务，形成了众多创新性强、集成度高、特色鲜明的制度创新成果。这些制度创新成果不仅为各自贸试验区所在省市以及全国其他地区提供了良好的示范，更重要的是，其本身创新突破的相关做法，也能够为各自贸试验区继续深入推进制度创新提供有益参考和借鉴。

党中央提出推动形成以国内大循环为主体、国内国际双循环相互促进的新发展格局。自贸试验区作为当前我国高水平的开放平台，承担着推动构建新发展格局的重要使命。各自贸试验区坚持供给侧结构性改革这个战略方向，抓住扩大内需这个战略基点，推动生产、流通、消费更多依托国内市场，提升供给体系对国内需求的适配性，为需求牵引供给、供给创造需求的更高水平动态平衡探索了经验。同时，自贸试验区持续提升国际合作水平，形成全方位、多层次、多元化的开放合作格局，更加紧密联系世界经济，为我国拓展双循环空间提供了支撑。建议各自贸试验区进一步完善政策制度体系、建设更高能级载体、推动区域协调发展、统筹开放和安全，加快打造成为国内国际双循环的重要枢纽。

过去7年，中国各自由贸易试验区锐意进取、大胆探索，取得显著成效。并在深化改革、扩大开放、推动产业发展、服务国家战略等方面充分发挥了示范引领作用。未来，自贸试验区要进一步深化改革、扩大开放，以制度创新破除体制机制障碍，对接高标准国际经贸规则，不断加大对外开放压力测试力度，集聚国内国际高端资源要素，推进产业链供应链开放发展，加快打造成为国内国际双循环的重要枢纽，为构建新发展格局贡献更大力量。

2021年中国自贸试验区大事记

1月

1月1日，浙江自贸试验区舟山片区成功落地全国单笔保税油品仓单质押融资业务。

1月4日，重庆两江新区鱼嘴铁路货运站南场、中远海运果园综合物流基地项目、果园保税物流中心（B型）二期、多式联运智慧运营中心4个重大项目举行集中开工仪式。

1月4日，上海市重大项目集中开工活动举行，上海在线新经济生态园——"张江在线"正式揭牌。

1月5日，中国（安徽）自由贸易试验区边界范围公布。

1月5日，海关总署发布《海南自由贸易港交通工具及游艇"零关税"政策海关实施办法（试行）》。

1月5日，四川自贸办副主任邓德雄一行赴中国（四川）自由贸易试验区各片区调研自贸试验区建设运行情况。

1月5日，政企合作，营口片区企业挺进欧盟市场。辽宁咪奇食品有限公司的8个集装箱货物通过营口综保区发往大连港，出口德国。这是在中欧投资协议签署之际，辽宁自贸试验区营口片区企业出口欧盟的"新年第一单"。

1月6日，中国（北京）自由贸易试验区Logo正式启用。

1月6日，江苏省南京市市长韩立明调研江北新区（自贸试验区南京片区），实地考察数字金融、高新科技、生物医药企业发展情况并主持工作会议。

1月6日，"一件事一次办"改革再升级，云南自贸试验区红河片区首发全省第一本行业综合许可证。

1月7日，海南自由贸易港立法咨询委员会在海口成立。

1月7日，昆明高新区获批第一批中国（云南）自贸试验区联动创新区。

1月7日，一批带有提升"全球资源配置能力"的产业项目集中在浦东新区开工；在上海自贸试验区张江片区，硬核研发项目——恒瑞医药全球研发总部项目宣布启动。

1月8日，湖南省人民政府印发《关于在中国（湖南）自由贸易试验区开展放权赋权极简审批的通知》，将97项省级经济社会管理权限首批下放至自贸试验区。

1月8日，中国（云南）自贸试验区红河片区一项超亿元的项目成功签约。

1月8日，东北地区首个"五位一体"综合能源服务站在辽宁自贸试验区大连片区试运行，探索氢能产业在东北地区的可持续发展路径。

1月9日，《中国（广西）自由贸易试验区南宁片区促进外商投资股权投资类企业发展暂行办法》印发并实施。

1月11日，辽宁自贸试验区沈阳片区获准设立商标业务受理窗口，将于2月1日正式启动运行，极大方便了市场主体办理商标业务。

1月11日，中国（黑河）跨境电子商务综合试验区跨境电商"1210"监管模式正式运行。

1月12日，江苏南京江北新区人民检察院和江北新区管委会综合治理局在江北新区人民检察院共同举行江北新区（自贸试验区）企业刑事合规研究中心揭牌仪式。

1月12日，广西自贸试验区实行制度创新绩效考核。同日，广西自贸办与南宁片区举行2021年工作座谈。

1月12日，辽宁自由贸易试验区大连片区建设（自由贸易港申办）工作领导小组召开第二次会议。

1月13日，海南自由贸易港建设项目2021年第1批集中开工，此次集中开工项目139个，总投资419亿元。

1月13日，德国北威州国际商务署南京代表处徐军一行走进自贸试验区南京片区。

1月13日，中国（云南）自由贸易试验区红河片区党工委、管委会2021年第一次会议、重点项目专题会议召开。

1月13日，四川自贸办副主任邓德雄率综信处、创新处负责人赴重庆就共同推进川渝自贸试验区协同开放示范区建设开展专题调研。

1月14日，江苏连云区行政审批局牵头召开自贸试验区连云港片区省级赋权管理事项工作过堂会。

1月14日，云南自贸试验区红河片区首个NRA账户落地。

1月15日，最高人民法院发布《最高人民法院关于人民法院为海南自由贸易港建设提供司法服务和保障的意见》。

1月15日，《中国（江苏）自由贸易试验区条例》经江苏省第十三届人民代表大会常务委员会第二十次会议通过后，于2月23日正式对外公布，并于3月1日起正式实施。该条例的出台，标志着江苏自由贸易试验区走上了法治化轨道。

1月15日，中国（浙江）自由贸易试验区杭州片区滨江区块建设推进大会召开，标志着杭州高新区（滨江）的自贸试验区建设掀开了崭新篇章。

1月15日，广西自贸办与钦州港片区举行工作座谈。

1月15日，重庆两江新区党工委常务副书记、管委会常务副主任王志杰在两江新区打造"高质量发展引领区、高品质生活示范区"新闻发布会上表示，突出抓好更高水平开放，加快建设内陆地区对外开放重要门户，两江新区将深入推进高水平制度型开放，建好枢纽港、拓展大通道、做强大平台，持续提升果园港、两路寸滩综保区、悦来国际会展城、江北嘴金融科技港等开放平台能级，积极争取布局国家重大战略项目、试点示范项目，创建内陆开放型经济试验区，推进全方位高水平开放，努力在重庆和西部地区带头开放、带动开放。

1月17日，重庆保税港区开发管理集团有限公司下属全资子公司重庆港腾公司与健合集团（H&H Group）正式签约，开展SWISSE品牌的贸易供应链及保税仓合作。

1月18日，上海浦东发展银行自贸试验区昆明片区支行揭牌成立。

1月18日，面积1.03平方千米的上海外高桥港综合保税区经实地验收予以通过。

1月18日，福建厦门国际贸易"单一窗口"成功上线建设银行"全球撮合家"智能撮合平台，面向具有跨境贸易、投资、合作诉求的境内外企业、跨境园区、金融机构等主体，提供跨境撮合、线上会展、活动管理、全球资讯等服务。

1月19日，商务部副部长兼国际贸易谈判副代表王受文到大兴临空经济区和北京经济技术开发区调研北京自贸试验区建设情况。

1月20日，同济大学附属东方医院与高博医疗集团在上海自贸试验区达成战略协议，将在共建细胞治疗中心领域开展紧密合作并落实系列举措，目标是打造细胞治疗行业旗舰中心，并形成产业转化闭环。

1月21日，中国（云南）自贸试验区红河片区首笔资本项目收入支付便利化业务落地。

1月21日，广西壮族自治区北海市委常委、市政府党组副书记、副市长谭秀洪率调研组深入广西自贸试验区南宁片区调研主导产业。

1月21日，湖北省政府办公厅发布了《支持中国（湖北）自由贸易试验区深化改革创新若干措施》。

1月22日，工业和信息化部人才交流中心公布2021年工业和信息化重点领域人才能力评价机构目录，江苏自贸试验区南京片区企业江苏电老虎工业互联网股份有限公司、南京纯白矩阵科技有限公司入选工业和信息化重点领域人才能力评价机构榜单。

1月22日，湖北襄阳市政府正式收到国务院批复同意设立襄阳综合保税区。

1月23日，安徽省政府发布《中国（安徽）自由贸易试验区专项推进行动计划方案》。

1月25日，湖南省司法厅印发《关于为中国（湖南）自由贸易试验区建设提供优质高效公共法律服务的实施意见》。

1月25日，福建厦门自贸片区两岸集成电路产业园被科技部认定为"2020年国家级科技企业孵化器"。

1月28日，福建国贸股份医疗数字供应链平台正式上线，该平台是厦门自贸片区供应链创新与应用的创新之举，厦门自贸片区管委会副主任陈敏等出席启动仪式。

2月

2月1日，国家知识产权局商标业务辽宁自贸试验区沈阳片区受理窗口正式启动运行，窗口设置"商标受理"和"商标咨询"两个服务岗位，可受理商标注册、变更、转让、续展和注册商标专用权质权登记申请等业务，这是辽宁自贸试验区运行的首个商标受理业务窗口。

2月1日，广州黄埔综合保税区正式通过黄埔海关、广东省发展和改革委员会、广东省财政厅、广东省自然资源厅、广东省商务厅、国家税务总局广东省税务局、广东省市场监督管理局、国家外汇管理局广东省分局等8个部门组成的联合验收组验收，验收面积0.49平方千米，全封闭围网3335.5米。

2月1日，全国首创跨境"淘电"模式，中国（云南）自贸试验区昆明片区发布首批3项制度创新案例。

2月2日，广西壮族自治区自贸办与自治区大数据发展局座谈交流，合力推进自贸试验区已下放行政权力事项改革。

2月2日，商务部驻广州特派员办事处谢莹副特派员带队赴中山大学，拜见了中山大学校长罗俊，并同中山大学自贸试验区综合研究院就我国自贸试验区发展情况等进行交流座谈。

2月4日，郴州高新区举行湖南自贸试验区郴州片区2021年首批入园项目集中签约仪式，共签约项目33个，签约总金额25.5亿元。其中，实体项目9个，总部经济项目24个，涵盖有色金属新材料、电子信息、先进装备制造和现代服务业4大产业。

2月3日，商务部举行新闻发布会，介绍我国自贸试验区的发展情况。"十三五"时期，各自贸试验区大胆探索、勇于突破，充分发挥改革开放试验田作用，为我国构建更高水平开放型经济新体制和实现高质量发展奠定了良好基础。

2月3日，陕西自贸试验区6项改革创新经验在全国推广。

2月3日，中国（云南）自由贸易试验区联动创新区挂牌仪式在昆明举行。

2月3日，云南召开"十三五"时期自贸试验区建设情况专题新闻发布会。

2月3日，福建商务部召开"十三五"时期自贸试验区建设情况专题新闻发布会。商务部自贸区港司司长唐文弘、副司长袁园介绍"十三五"时期自贸试验区建设的有关情况。

2月4日，浦东新区与上海市财政局举行"浦东创新贷"市、区联动合作签约暨"上海市中小微企业政策性融资担保基金管理中心自贸试验区服务基地"揭牌仪式。

2月4日，郴州高新区举行湖南自贸试验区郴州片区2021年首批入园项目集中签约仪式，共签约项目33个，签约总金额25.5亿元。

2月5日，《中国（云南）自由贸易试验区营商环境发展报告（2019—2020年度）》在昆明发布。

2月5日，"检察蓝护航创业者"服务站入驻辽宁自贸试验区沈阳片区。

2月5日，中国石化上海光源能源化工科学实验室落户上海市张江科学城，在中国科学院上海高等研究院上海光源正式启动建设。

2月5日，辽宁省政府印发文件，研究决定赋予辽宁自贸试验区省级行政职权事项454项。此举将进一步增强辽宁自贸试验区对经济社会管理的统筹协调、自主决策和公共服务能力，提高自贸试验区经济建设和社会管理水平。

2月7日，海南省委深改办（自贸港工委办）在海口召开海南自由贸易港第十一批制度创新案例新闻发布会，发布了8项制度创新案例。

2月7日，辽宁自贸试验区沈阳片区新增国际医疗中心。

2月7日，黑龙江黑河自贸片区与逊克县举行区域协同发展合作协议签约仪式。

2月8日，肯尼亚企业落户黑龙江绥芬河自贸片区，这是在绥芬河注册的首家非洲外商投资企业。

2月8日，黑龙江自贸试验区黑河自贸片区与五大连池市举行区域协同发展合作协议签约仪式。

2月9日，江苏自贸试验区南京片区企业南京药捷安康生物科技有限公司宣布5000+万美元的C+轮融资收官。

2月11日，商务部自贸区港司司长唐文弘到朝阳区调研北京自贸试验区建设情况。

2月11日，山东青岛自贸片区管委领导分别带队走访慰问片区部分企业，为春节期间坚守工作岗位的一线职工送上新春问候和良好祝愿，并为新一年的发展鼓劲加油。

2月17日，山东西海岸新区工委副书记、自贸片区管委主任赵士玉主持召开青岛自贸片区重点项目调度会。

2月18日，江苏江北新区（自贸试验区）2021年高质量发展大会召开，会议动员新区上下深入践行新思想、拿出更强精气神、勇争一流再出发，推动高质量建设现代化新主城迈出新的更大的步伐。

2月18日，山东青岛自贸片区工委管委组织开展2021年春节后理论学习教育活动。

2月19日，中国（云南）自由贸易试验区工作领导小组办公室召开专题工作会。

2月19日，云南省人民政府关于印发《中国（德宏）跨境电子商务综合试验区实施方案》。

2月19日，中国（广西）自由贸易试验区南宁片区举办政策兑现培训会。

2月20日，山东青岛自贸片区百丽国际鞋业（青岛）有限公司、青岛布道华夏新能源汽车销售连锁有限公司正式在全国在线消费纠纷解决（Online Dispute Resolution，简称"ODR"）平台上线，成为青岛自贸片区首批"ODR"企业，开启了片区处理消费投诉新模式。

2月22日，云南昆明2021年就业创业工作座谈会在自贸试验区昆明片区召开。

2月24日，广西自贸办召开中国—东盟大宗商品交易中心专题研究会议。

2月24日，为进一步做好新形势下保密工作，增强工作人员保密意识，筑牢保密安全防线，山东自贸试验区青岛片区工委邀请青岛市委机要保密局保密行政管理处解立波处长，举办了保密专题培训。

2月24日，河南自贸试验区开封片区行政审批局获示范区2020年度优化营商环境工作先进单位。

2月25日，中国（广西）自由贸易试验区首批制度创新成果新闻发布会在南宁举行。

2月25日，广西自贸试验区第二次片区联席会议在南宁召开。同日，广西壮族自治区政府新闻办公室在广西新闻发布厅举行中国（广西）自由贸易试验区首批制度创新成果新闻发布会。

2月26日，财政部、交通运输部、商务部、海关总署、税务总局联合印发《关于海南自由贸易港内外贸同船运输境内船舶加注保税油和本地生产燃料油政策的通知》，对以洋浦港作为中转港从事内外贸同船运输的境内船舶，允许其在洋浦港加注本航次所需的保税油；对其在洋浦港加注本航次所需的本地生产燃料油实行出口退税政策。对上述保税油和本地生产燃料油免征关税、增值税和消费税。

2月26日，南京江北新区人民法院自贸试验区法庭挂牌成立。

2月26日，江苏自贸试验区苏州片区管委会召开新闻发布会，解读新近出台的制造业和人才新政，将通过最优政策、最优服务，持续助推高质量发展。

2月26日，广西壮族自治区大数据发展局举办广西自贸试验区管理权限业务培训。

2月27日，海南自贸港2021年第一批重点项目集中签约，此次共签约重点项目34个（外资项目6个，内资项目28个），协议投资总额约138亿元。

2月27日，2021年中国（云南）自贸试验区昆明片区（昆明经开区）经济工作暨党建党风廉政建设工作会议召开，总结"十三五"和2020年工作，安排今后一个时期和2021年的主要任务。

3月

3月1日，中国（云南）自由贸易试验区昆明片区承接省、市121项行政权力。

3月1日，云南自贸试验区昆明片区121项赋权事项可接件审批河口县。

3月1日，云南"展望瑞丽'十四五'规划系列"自贸试验区德宏片区重点发展"三跨"产业。

3月1日，"中国贸促会（河北）自由贸易试验区服务中心"揭牌成立。

3月1日，《中国（江苏）自由贸易试验区条例》出台实施，结合国家赋予的任务和自身发展的需要，针对性地进行系统设计和整体安排，为江苏自贸试验区建设提供法治保障。

3月2日，重庆市举行2021年一季度重大项目集中开工活动，其中，两江协同创新区又一科创平台项目——创新工坊正式动工，预计今年年底形象完工。

3月3日，湖南省市场监督管理局印发《关于推进中国（湖南）自由贸易试验区高质量发展任务分工方案》。

3月3日，云南自贸试验区昆明片区举办营商环境建设专题讲座。

3月4日，中国（广西）自由贸易试验区钦州港片区企业开办智能审批系统正式上线，在广西自贸试验区三个片区中率先实现"秒批即办"。

3月4日，安徽省首个针对自贸试验区专设的贷款产品落地，标志着合肥片区搭建的一站式"金融超市"10类产品全部上线运营。

3月4日，财政部、海关总署、税务总局公布《关于海南自由贸易港自用生产设备"零关税"政策的通知》，对海南自由贸易港注册登记并具有独立法人资格的企业进口自用的生产设备，除法律法规和相关规定明确不予免税、国家规定禁止进口的商品，以及《海南自由贸易港"零关税"自用生产设备负面清单》所列设备外，免征关税、进口环节增值税和消费税。

3月4日，江苏自贸试验区南京江北新区启动建设基因与细胞实验室。

3月4日，上海市浦东新区人民代表大会常务委员会中国（上海）自由贸易试验区保税区、金桥、张江片区工作委员会设立,并出台片区人大工委工作规则,对浦东开发区人大工作做出了进一步创新探索。

3月5日,南京脑与类脑产业(未来脑园)计划启动暨南京脑科学与类脑智能创新中心揭牌仪式在江苏自贸试验区南京片区举行。

3月8日,中国(广西)自由贸易试验区外资招商专题培训班在上海顺利开班。

3月8日,浙江自贸试验区舟山管委会与上海签订一体化供油协议,助力长三角港口海事服务一体化。

3月8日,国务院新闻办公室就深入贯彻新发展理念,确保"十四五"开好局起好步有关情况举行发布会。会上提出将更好地发挥自贸试验区扩大开放试验田作用,继续先行先试。

3月9日,江苏省江北新区(自贸试验区)正式对外发布《江北新区(自贸试验区)高层次人才奖补实施办法(试行)》,这是自2019年6月28日以来对新引进高层次人才的集成电路设计企业实施"九成奖补"的基础上,在生命健康和新金融两大主导产业重点领域进行复制推广。

3月10日,财政部、海关总署联合印发《关于明确海南自由贸易港"零关税"自用生产设备相关产品范围的通知》,进一步明确海南自由贸易港自用生产设备"零关税"相关家用电器及设备零件、部件、附件、元器件产品清单。

3月10日,位于江苏自贸试验区南京片区的江北产投集团成功发行2021年第一期12亿元优质企业债,发行价格再创新低,在全国范围仅次于上海陆家嘴集团。

3月10日,云南规模最大人才公寓在中国(云南)自贸试验区昆明片区揭牌运营。

3月10日,云南自贸试验区昆明片区举办"走出去、引进来"专题政金企对接会。

3月12日,中国(广西)自由贸易试验区在上海举办的外资招商引资洽谈会成功举行。

3月13日,海南自由贸易港建设项目2021年度第二批集中开工活动在全省各地同步举行，本次集中开工项目共110个，总投资289亿元。

3月15日，云南自贸试验区红河片区完成首笔跨境融资登记业务。

3月15日，云南红河州市场监督管理局医疗器械行政职权赋权中国（云南）自由贸易试验区红河片区管委会承接工作完成。

3月15日，辽宁大连自贸片区出台出港边检"零送单"制度。为提升贸易便利化水平，大连自贸片区与大窑湾出入境边防检查站合作，推行出港船舶"零送单"制度，实现船舶通关手续办理"只跑一次"；对登轮、搭靠等边检行政许可的申请、审批和签发，实行网上办理，力争实现服务对象"一次不跑"；设置24小时常备服务力量，国际航行船舶入出大窑湾口岸，做到边检手续随到随办；努力实现一单服务、一窗受理、一网申办、一体监管、一个平台。

3月16日，商务部驻大连特派员贾舒颖赴辽宁自由贸易试验区大连片区调研，深入了解片区建设进展，听取港口运营及大窑湾保税港区发展情况，走访自贸大厅，并向一线窗口工作者了解"放管服"改革具体举措，尔后与片区管委会和重点企业进行座谈。

3月17日，黑龙江省商务厅召开自贸试验区建设专题讲座。

3月17日，中国（广西）自由贸易试验区钦州港片区管理委员会举办钦州港片区首批制度创新成果新闻发布会，通报钦州港片区首批制度创新成果。

3月18日，商务部副部长王受文赴河北调研河北自贸试验区正定片区和石家庄经济技术开发区。

3月18日，财政部、税务总局联合印发《海南自由贸易港旅游业、现代服务业、高新技术产业企业所得税优惠目录》。

3月18日，由江北新区综合协调局主办，南京市贸促会支持的"《区域全面经济伙伴关系协定》RCEP政策解读（第三期）——RCEP协定下企业的原产地合规"活动成功举办，江苏自贸试验区南京片区近20家企业代表参加了现场的培训交流活动。

3月18日，重庆市财政局、重庆海关、国家税务总局重庆市税务局联合发布《关于启运港退税政策有关事项的通知》，明确重庆启运港退税政策落地办法，助力出口企业尽早完成退税，加快资金周转，促进降本增效。

3月18日，辽宁省商务厅副厅长李军到大连市商务局、辽宁自贸试验区大连片区开展工作调研，了解大连市对外开放、自由贸易港探索、自贸试验区制度创新等工作情况。

3月18日，商务部、发展改革委、财政部、海关总署、税务总局、市场监管总局等六部门联合印发《关于扩大跨境电商零售进口试点、严格落实监管要求的通知》，将跨境电商零售进口试点范围扩大至所有自贸试验区。

3月19日，云南自贸试验区昆明片区加入世界自由区组织。

3月19日，中国（云南）自由贸易试验区红河片区与文山州马关县签订劳务合作协议。

3月19日，广东省政府网站公布了《广东省人民政府关于将第三批省级管理权限调整由中国（广东）自由贸易试验区各片区管委会实施的决定》，68项省级管理权限将调整由自贸试验区各片区管委会实施。

3月19日，据《湖南日报》报道，中国（湖南）自贸试验区首个以数字贸易为特色的专业子园区——黄花数字贸易港，在长沙黄花综保区举行开园暨首批入园企业签约活动，首批12个重点项目签约入驻，省内7所高校联袂授牌，携手打造长沙数字贸易产业发展示范基地。

3月20日，广西国际贸易"单一窗口"北部湾港跨境物流一体化改革被评为广西自贸试验区首批自治区级制度创新成果，正面向全区海港口岸复制推广。

3月21日，据新华社江苏分社报道，近年来，江苏自贸试验区连云港片区连云区块以便利化改革为重点，深化"不见面审批"，创设"白名单"制度，在准入、开户、税务等环节严控风险，在全国率先探索实现企业开办"一次都不用跑"，市场主体办事创业便利度稳步提升。2020年，连云区块新增注册企业实现税收2亿元，进出口总额25亿元。

3月22日，江苏省、市贸促会考察自贸试验区南京片区，深入了解自贸试验区建设情况。

3月22日，江苏省江北新区（自贸试验区）召开"政策罗盘"智能化服务平台线上新闻发布会。

3月23日，湖南省人民政府印发《中国（湖南）自由贸易试验区管理办法（试行）》。

3月23日，SAP智能制造联合创新中心正式投用，创新中心将立足重庆自贸试验区西永微电园，利用SAP先进技术探索数字经济发展，全面赋能本土企业数字化转型，打造创新型联合产业生态，为重庆及周边产业升级转型注入数字新活力。

3月24日，江苏省基层侨联建设组织现场会观摩活动走进南京片区，考察调研新侨驿站和"三位一体"基层侨联建设情况。

3月24日，中国国际经济贸易仲裁委员会一行到广西自贸试验区开展专项服务活动，并开庭审理了贸仲委（广西）自由贸易试验区办事处设立以来的第一件商事仲裁案件。

3月24日，腾讯（武汉）数字产业总部项目正式落户东湖高新区（湖北自贸试验区武汉片区），项目选址光谷中心城中建科技产业园，5年内预计人员规模约达1500人。目前人员规模已达300余人，预计6月正式入驻办公。

3月24日，福建省商务厅在福州举行福建省综合保税区建设情况新闻通气会。

3月24日，湖北省省长王晓东会见中国贸促会会长高燕，双方签署战略合作协议，并共同为中国贸促会（湖北）营商环境监测中心、中国贸促会（湖北）自贸试验区服务中心揭牌。

3月25日，北京CBD全球招商联络站中国上海分站正式揭牌，联络站将发挥专业招商平台作用，面向全球企业开展招商引资工作，助力北京自贸试验区国际商务服务片区建设。

3月26日，最高人民法院出台《最高人民法院关于人民法院为北京市国家服务业扩大开放综合示范区、中国（北京）自由贸易试验区建设提供司法服务和保障的意见》，助力北京营造一流法治化营商环境。

3月26日，"国家知识产权局黑龙江业务受理窗口"及"黑龙江省知识产权局商标业务黑龙江自贸试验区哈尔滨片区受理窗口"启动仪式在哈尔滨新区科技大厦成功举行。

3月27日，辽宁省委书记、省人大常委会主任张国清来到营口，就深入贯彻习近平总书记关于完整、准确、全面贯彻新发展理念的重要指示精神，坚定不移推动高质量发展进行调研。

3月27日，湖北襄阳自贸片区（综保区）招商推介会在东津新区民发瑞际酒店举行，由襄阳自贸片区管委会和湖北长江广电文创股权投资基金管理有限公司共同主办。

3月29日，江苏南京市商务局（市自贸办）会同自由贸易试验区南京片区和各板块，针对自贸联动企业和重点外向型企业组织开展了第四期"走进自贸"系列培训活动——信保和金融政策专场。

3月29日，上海自贸试验区"一带一路"技术交流国际合作中心东南亚分中心揭牌活动在浦东举行，在新加坡也同步进行"云挂牌"。

3月30日，中国（湖南）自由贸易试验区长沙片区人才政策发布暨项目集中签约活动举行。

3月30日，国家税务总局湖南省税务局印发《推进中国（湖南）自由贸易试验区高质量发展税收创新举措》。

3月30日，中国人民银行、中国银行保险监督管理委员会、中国证券监督管理委员会、国家外汇管理局联合印发《关于金融支持海南全面深化改革开放的意见》。

3月30日，中国人民银行杭州中心支行、浙江省自贸办联合印发《关于金融支持中国（浙江）自由贸易试验区扩区赋能的指导意见》，23条金融举措助力浙江自贸试验区建设，促进更高水平的贸易投资便利化。

3月31日，海南新型离岸国际贸易先行示范区在洋浦保税港区正式挂牌运行，同时，洋浦发布了全球贸易商计划。

3月31日，中国（重庆）自由贸易试验区北碚板块总部基地落成。

3月31日，陕西省第十三届人民代表大会常务委员会第二十五次会议通过《中国（陕西）自由贸易试验区条例》。

3月31日，商务部研究院调研组在陕西自贸办召开陕西自贸试验区"十四五"规划座谈会。陕西有关政府部门、高校智库代表参会并提出意见和建议。西安特办受邀派员参会。

3月31日，重庆市商务委召开重庆自贸试验区成立四周年新闻发布会。会上发布消息，经过4年的探索与实践，重庆自贸试验区全方位全领域的开放新格局正在加快形成。此外，国内首个跨省域自贸试验区协同开放方案——川渝自贸试验区协同开放示范区的总体方案不久将正式出炉。

4月

4月1日，位于安徽自贸试验区的国家技术标准创新基地（智能语音技术）获批筹建。

4月2日，湖南省委常委、常务副省长谢建辉主持召开中国（湖南）自由贸易试验区工作领导小组第二次会议，审议"一产业""一园区""一走廊"三大战略任务专项规划和三个片区产业发展规划。

4月2日，云南自贸试验区昆明片区发出全市首张告知承诺制食品经营许可证。

4月2日，中国（河北）自贸试验区大兴机场片区廊坊推进工作领导小组第四次会议召开。

4月2日，河南省第十三届人民代表大会常务委员会第23次会议通过《中国（河南）自由贸易试验区条例》。

4月6日，云南自贸试验区昆明片区发出首张C类外国人来华工作许可证。

4月6日，国际顶尖拍卖行佳士得已正式从上海自贸试验区国际文化投资发展有限公司一期库转库至新落成的上海国际艺术品保税服务中心VIP库。

4月7日，国家发展改革委、商务部联合发布《关于支持海南自由贸易港建设放宽市场准入若干特别措施的意见》，推出支持海南开展互联网处方药销售、支持国内知名高校在海南建立国际学院、优化海南商业航天领域市场准入环境、放宽海南种业市场准入等22条特别措施。

4月7日，陕西省人民政府新闻办公室召开中国（陕西）自由贸易试验区4年建设情况发布会。

4月8日，陕西省自贸办组织召开自贸试验区工作总结评估分析座谈会。

4月8日，河南自贸试验区洛阳片区，洛阳高新区智能制造高质量发展论坛举行。

4月8日，辽宁营口市政府首批批准设置盖州市、鲅鱼圈区建设辽宁自贸试验区营口片区协同发展示范区。

4月9日，辽宁省政府新闻办召开新闻发布会，辽宁省商务厅党组成员、副厅长李军就中国（辽宁）自由贸易试验区挂牌四周年建设发展有关情况进行了发布。

4月10日，海南自由贸易港第十二批5项制度创新案例集中发布。

4月10日，广西钦州至钦州东联络线正式开通运营，标志着北部湾经济区北海、钦州、防城港沿海三市之间正式结束不通动车的历史，北钦防一体化建设驶入快车道。

4月10日，据中国日报网报道，陕西自贸试验区西安经开功能区正式揭牌四周年。作为陕西自贸区的有机组成部分，西安经开功能区自2017年4月揭牌以来，坚持以制度创新为核心，在促进政府职能转变、提升投资贸易便利化水平、推动金融领域开放创新、促进"一带一路"经济合作和人文交流、推进区域协同发展等方面进行了积极探索与大胆实践，阶段性完成改革试点任务108项，形成创新案例60余项，其中40余项改革试点经验得以复制推广，形成特色鲜明的"经开样本"。

4月12日，陕西自贸试验区推行"不动产抵押登记进银行"服务模式。

4月12日，国务院新闻办公室召开海南自由贸易港建设专题新闻发布会，国家五部委联合海南省对海南三年全面深化改革开放及自贸港政策制度进行全面解读。

4月12日，黑龙江自贸试验区哈尔滨片区成功办理首笔跨境人民币直接投资。

4月13日，海南自由贸易港2021年（第二批）重点项目集中签约活动在海口举行，共签约106个项目，协议投资金额约657亿元。

4月14日，北京自贸试验区首批境外机构办理人民币与外汇衍生产品试点业务落地。

4月14日，云南自贸试验区昆明片区开出全国首张"绿色用电凭证"。

4月14日,浙江自贸试验区舟山片区"我眼中的自贸区"网络短视频大赛火热开赛,全面生动展示舟山片区四年来的改革创新与建设成效。

4月14日,福建省自贸办印发《关于全省开发区建设自贸创新成果复制推广先行区的实施意见的通知》,将在全省开发区建设自贸创新成果复制推广先行区。

4月15日,上海外高桥港综合保税区颁证揭牌暨重点项目签约仪式在浦东新区办公中心举行。这标志着全国第一个保税物流园区——外高桥保税物流园区,正式转型升级为外高桥港综合保税区。

4月16日,安徽省政府新闻办举办新闻发布会,邀请省商务厅副厅长、省自贸办常务副主任刘光,省委编办二级巡视员姚小虎,省市场监管局二级巡视员徐洪军,省地方金融监管局副局长程钢到会,介绍一季度安徽自贸试验区建设情况,并回答记者提问。

4月16日,由国泰君安证券牵头主承销的"南京江北新区科技投资集团有限公司2021年非公开发行第一期绿色科技创新公司债券(专项用于碳中和)"在江苏省成功发行。

4月16日,中国哈尔滨—韩国中韩FTA政策合作说明会在松北香格里拉大酒店举办。

4月17日,全市首家自贸试验区专营证券机构——中泰证券股份有限公司北京自贸试验区证券营业部落户北京朝阳。

4月19日,商务部等20部门联合印发《关于推进海南自由贸易港贸易自由化便利化若干措施的通知》,从货物贸易和服务贸易两方面明确了28项政策措施。其中,货物贸易方面共13项政策措施,服务贸易方面共15项政策措施。

4月19日,云南省调研组到河口县开展中国(云南)自由贸易试验区红河片区金融领域改革试点任务调研。

4月19日,广西壮族自治区人民政府印发《广西壮族自治区国民经济和社会发展第十四个五年规划和2035年远景目标纲要》的通知。

4月19日,黑龙江哈尔滨新区举办推动企业上市政策发布会暨签约仪式,正式发布《哈尔滨新区暨自贸试验区哈尔滨片区关于推动企业进入资本市场实现高质量发展的十条政策措施》。

4月19日，"聚焦六周年·福建自贸行"媒体记者团抵达采访活动第三站——平潭综合试验区。挂牌以来，平潭片区充分发挥近台优势，探索出的对台特色创新占福建自贸试验区七成以上，成为推动两岸融合发展的有效助力。

4月20日，金融支持陕西自贸试验区建设工作推进会议在西安召开。

4月20日，由江苏省商务厅、香港投资推广署和香港中联办经济部贸易处共同主办的"苏港合作——把握RCEP投资新机遇研讨会"召开。

4月20日，"共享广西自贸机遇，拓展桂港合作商机"广西—香港投资合作（线上）交流会在南宁和香港两地同时举行，桂港双方共商共享合作机遇，共谱合作新篇章。

4月21日，商务部印发《海南省服务业扩大开放综合试点总体方案》，提出围绕旅游、交通运输、金融、商务服务、技术服务、医疗健康、教育、文化娱乐等重点领域，全面有效推进海南省服务业扩大开放综合试点工作。

4月21日，中国（云南）自贸试验区红河片区首笔商业保理业务成功投放。

4月21日，广西"普法进边关进自贸试验区"暨税法宣传月活动在广西自贸试验区崇左片区顺利开展。

4月21日，国际贸易"单一窗口"航空物流公共信息平台工作现场会在福建厦门召开，厦门口岸航空电子货运平台获国家口岸办和各省市口岸办点赞。

4月22日，山东青岛自贸片区与黄岛海关联合举办"知识产权海关保护及相关政策解读讲座"。

4月23日，据中国日报网报道，为进一步深化"放管服"改革，优化口岸营商环境，提高跨境贸易便利化水平，中国（辽宁）自由贸易试验区大连片区联合大连海事局，针对口岸危险货物监管领域，创新推出"海洋污染物运输绿色通道"。这一举措可为外贸出口企业节约2至3天的物流运输时间，降低海运费、港杂费、保险费等成本20%至50%。

4月24日，中国—东盟经贸中心在广西自贸试验区南宁片区正式揭牌运营。

4月25日，北京市首家自贸试验区知识产权保护中心分中心在北京经济技术开发区挂牌成立。

4月26日，为落实市东西部协作领导小组会议精神，做好乡村振兴阶段的东西协作工作，结合党史学习教育，山东青岛自贸片区管委相关部门赴陇南西成经济开发区调研对接东西协作工作。

4月26日，重庆天府新区法院（四川自贸试验区法院）和重庆两江新区（自贸试验区）人民法院正式签署了《川渝自贸区知识产权司法保护合作备忘录》。

4月26日，辽宁沈阳知识产权风险防控中心在沈阳片区正式揭牌启动。

4月26日，全国首个科创企业知识产权海关保护中心揭牌仪式在上海张江举行；第一期上海自贸试验区"指南针"系列研讨沙龙在中国（上海）自由贸易试验区离岸转手买卖产业服务中心举办。

4月26日，中国（云南）自由贸易试验区昆明片区（昆明经开区）知识产权政策宣讲会在昆明片区综合服务中心召开，就省、区、市如何支持扶持、保护知识产权发展进行政策宣讲。

4月27日，北京市人力资源和社会保障局发布《国家服务业扩大开放综合示范区和中国（北京）自由贸易试验区对境外人员开放职业资格、考试目录（1.0版）》，造价工程师等35项职业资格考试首次对外籍人员开放。

4月27日，辽宁自贸试验区企业首获行业全国医疗器械生产许可证。

4月27日至29日，中国（广西）自由贸易试验区制度创新专题培训班在广西大学成功举办，以进一步宣传推广广西自贸试验区首批自治区级制度创新成果，推进广西首批44项制度创新成果及全国自由贸易试验区260项制度创新成果在全区范围内复制推广落地。

4月28日，黑龙江自贸试验区黑河片区举行沿边金融创新发展研讨会，中国人民银行黑河市中心支行、黑河银保监分局和各商业银行、金融行业代表参加研讨。

4月29日，第十三届全国人民代表大会常务委员会第二十八次会议决定：

授权国务院在自由贸易试验区内暂时调整适用《中华人民共和国民办教育促进法》《中华人民共和国会计法》《中华人民共和国注册会计师法》《中华人民共和国拍卖法》《中华人民共和国银行业监督管理法》《中华人民共和国商业银行法》《中华人民共和国保险法》的有关规定，自由贸易试验区所在县、不设区的市、市辖区的其他区域参照执行。上述调整的期限为三年，自本决定施行之日起算。

4月29日，第十三届全国人大常委会第二十八次会议对《中华人民共和国海南自由贸易港法（草案二次审议稿）》进行了审议。

4月29日，由中国（广西）自由贸易试验区工作办公室主办的"广西自贸大讲堂"2021年第一期顺利开讲。

4月29日，中国（天津）自由贸易试验区联动创新示范基地挂牌大会暨医疗健康大数据产业发展创新论坛正式举办。

4月30日，由中央组织部、商务部主办的"推进自由贸易试验区建设"专题公务员对口培训班座谈会在海口召开，来自全国22个省（区、市）的相关领导干部参加培训。

4月30日，首张"综合许可证"发出，云南自贸试验区昆明片区启动"一业一证"试点改革。

4月30日，为加快自贸试验区境外投资领域试点任务推进，解决境外投资企业融资难问题，青岛自贸片区财政金融部、制度创新部与国家外汇管理局黄岛支局联合举办了青岛自贸片区境外投资企业融资政策宣讲会。

4月30日，中国长江三峡集团有限公司上海总部正式落户世博片区，将具体承担中国长江三峡集团的财资中心、国际投资业务管理中心和电能中心等功能。

4月30日，马来西亚主流媒体《星报》刊发中国（广西）自由贸易试验区钦州港片区借势RCEP，深化与马来西亚合作重磅文章。

5月

5月1日，湖南省政府成立湖南自贸试验区驻京工作专班，就121项改革任务的重点、难点问题深度对接国家有关部委。

5月1日，河南跨境电商进口药品和医疗器械试点实施方案正式获批，该方案为全国首个试点实施细则。

5月4日，国务院正式批复同意设立海口空港综合保税区。

5月4日，"丰田系"国内首台电动压缩机在烟台首钢丰田工业空调压缩机有限公司成功下线，标志着山东自贸试验区烟台片区汽车产业集群换代升级又增强劲新引擎。

5月6日，云南省首笔"跨境E证通"业务成功落地中国（云南）自贸试验区红河片区。

5月6日，四川泸州市首家知识产权保护工作站在四川自贸试验区川南临港片区正式揭牌，这是当地为不断加大知识产权保护力度，强化企业知识产权保护意识，营造一流营商环境，服务川南临港片区企业提质转型、创新发展的又一举措。

5月6日，辽宁自贸试验区沈阳片区线上聚合、线下延伸畅通跨境通道实现海淘"零距离"。

5月6日，据中国日报网报道，辽宁自贸试验区大连片区聚焦企业商事法律服务需求，建立起"一库""一岗""一窗""一网""N个服务点"的'4个1'+N"企业法律需求快速反应、全时响应机制，为片区经济高质量发展构筑起法治"安全网"。

5月8日，陕西省自贸办组织召开自贸试验区工作专题组联络员会议。

5月9日，黑龙江自贸试验区哈尔滨片区召开"一枚印章管审批"改革行政许可事项划转听证会。

5月10日，长三角自由贸易试验区联盟在上海成立，沪苏浙皖自贸试验区代表签署联盟协议，发布长三角自贸试验区十大制度创新案例。

5月10日，海南省政府办公厅印发《海南自由贸易港投资新政三年行动方案（2021—2023年）》，在发展旅游业、现代服务业和高新技术产业三大主导产业基础上，将热带特色高效农业和制造业纳入鼓励发展的范畴，构建"3+1+1"现代化产业体系。

5月10日，中共舟山市委、舟山市人民政府印发《关于进一步推动中国（浙江）自由贸易试验区舟山片区高质量发展的若干意见》。

5月10日，浙江自贸试验区舟山片区"期现联动构筑一体化油气交易市场""跨港区供油拓展长三角海事服务一体化新模式"两项案例入选长三角自贸试验区十大制度创新案例。

5月10日，长三角自由贸易试验区联盟成立大会在沪举行。

5月10日，据中国网报道，挂牌4年来，辽宁自贸试验区沈阳片区全面落实党中央决策部署和省市要求，充分发挥"苗圃"效应，聚焦服务新时代东北振兴深化创新试验，以高水平制度型开放推动和服务高质量发展。4项创新经验在全国范围内推广；55项创新经验在全省推广。去年全年全口径税收、实际利用外资、进出口贸易额分别是成立之初的3.9倍、3.8倍和2.4倍。

5月10日至11日，商务部副部长王受文赴陕调研陕西自贸试验区中心片区，并参加第五届丝博会开幕式及2021"丝路电商"合作（西安）圆桌会。胡剑萍特派员陪同参加相关活动。

5月11日，上海自贸试验区陆家嘴管理局与法国巴黎银行、盈透证券分别签署战略合作备忘录。

5月12日，福建省厦门海沧港综合保税区正式通过验收，福建省厦门市委常委、自贸委主任倪超，市委办副主任郑耀，自贸委副主任陈敏等相关负责人出席。

5月12日，商务部国际经贸关系司余本林司长会见中国（福建）自由贸易试验区厦门片区管理委员会党组书记、常务副主任熊衍良一行，就金砖国家经贸合作、RCEP等自贸协定实施工作进行交流。

5月12日，山东省政府新闻办召开的新闻发布会，解读《济南新旧动能转换起步区建设实施方案》（以下简称《实施方案》），《实施方案》提出支持起步区复制自贸试验区、国家级新区、国家自主创新示范区和全面创新改革试验区经验政策，这是起步区建设的最大政策红利。

5月12日，据中国日报网报道，日前，大兴机场临空区发布促进自贸试验区产业发展支持政策30条，在中国（北京）自由贸易试验区高端产业片区大兴组团和中国（河北）自由贸易试验区大兴机场片区（北京大兴）范围内适用。产业支持政策重点聚焦生命健康、航空服务保障、枢纽高端服务、新一代信息技术、智能装备等"1+2+2"重点产业领域，发挥北京大兴国际机场、自贸试验区及服务业扩大开放综合试点叠加效应，进一步推动国际性高端产业在临空区内集聚发展。

5月12日，"金水自贸十条"产业扶持政策推介会暨项目集中签约活动在河南省郑州市金水区人民政府举行。北京中钢网等20个重大招商引资项目签约入驻金水自贸区块，签约企业注册资本金超35亿元。

5月13日，海南自由贸易港建设项目2021年度第三批集中开工活动在全省各地同步举行，本次集中开工项目108个，总投资291亿元。

5月13日，江苏省江北新区综合协调局、党群工作部联合南京大学自贸试验区综合研究院举办南京江北新区自贸试验区建设专题培训班。

5月13日，四川省商务厅副厅长佘骥率队到四川自贸试验区双流区块调研"空港1号"跨境电商新业态体验店，了解运营情况及跨境电商"前店后仓+快速配送"模式开展情况。

5月13日，福建自贸试验区厦门海沧港综合保税区正式揭牌，福建省厦门市市委常委、自贸委主任倪超、市委办副主任郑耀、自贸委副主任陈敏、海沧区委常委、常务副区长苏亮文等领导出席揭牌仪式。

5月14日，由江苏江北新区综合协调局主办，南京市贸促会（南京市国际商会）支持的自贸面对面"跨境电商B2B新政及应用"活动举办，南京片区近40家进出口企业代表参加了现场的培训交流活动。

5月14日，铂燕超级工厂发布会在广西自贸试验区钦州港片区隆重举行。

5月15日，由重庆市高级人民法院主办，重庆两江新区（自贸试验区）人民法院、内陆开放法律研究中心承办的"西部陆海新通道法治保障论坛"在重庆悦来举行。

5月15日，中国·天津供应链金融产业（人才）联盟在新区成立。首批吸引了140余家企业单位、高等院校、平台机构加入，将强化金融服务实体经济功能，搭建供应链金融领域人才创新创业、培养培育、交流合作平台，构建现代化、全球化、智能化供应链体系，推动供应链金融产业发展集聚，服务京津冀协同发展和天津市、滨海新区高质量发展。

5月中旬，全国首单"绿色+乡村振兴"双标债券落地自贸试验区昆明片区。

5月17日，为支持江苏自贸试验区南京片区金融高质量发展，有效服务实体经济，便利中小企业融资，国家外汇管理总局区块链出口信保保单融资应用场景业务全国首批试点成功落地自贸试验区南京片区。

5月17日，生态环境部、商务部等8部门印发《关于加强自由贸易试验区生态环境保护推动高质量发展的指导意见》（环综合〔2021〕44号）。

5月18日，"5·18"经洽会开幕当天，河北自贸试验区重点产业国际投资对接洽谈会在京津冀大数据创新应用中心举行。

5月19日，据《人民日报》报道，上海浦东发展银行安徽自贸试验区芜湖片区支行正式揭牌。

5月19日，据人民网报道，黑龙江省司法厅、省商务厅召开强化自贸试验区法治服务保障对接会。

5月19日，国务院印发《关于深化"证照分离"改革 进一步激发市场主体发展活力的通知》，自7月1日起，在全国范围内实施涉企经营许可事项全覆盖清单管理，对所有涉企经营许可事项按照直接取消审批、审批改为备案、实行告知承诺、优化审批服务等四种方式分类推进审批制度改革，同时在自贸试验区进一步加大改革试点力度。

5月20日，《中国（广西）自由贸易试验区南宁片区产业发展规划》出炉。

5月20日，广西自贸试验区代表前往重庆参加第三届中国西部国际投资贸易洽谈会。

5月20日，第三届中国西部国际投资贸易洽谈会在重庆国际博览中心和重庆悦来国际会议中心举行。中国（重庆）自由贸易试验区首次与中新（重庆）战略性互联互通项目联袂作为重庆开放平台代表在N1馆"双星"闪耀。

5月20日，四川省商务厅窗口会同流通业处、四川自贸办协调处在省政务服务和公共资源交易服务中心召开从事拍卖业务许可工作推进会。

5月21日，江苏自贸试验区工作领导小组召开第三次全体会议，深入贯彻习近平总书记关于自贸试验区建设的重要论述，听取江苏省自贸试验区工作进展情况汇报，研究部署下一阶段重点工作。

5月21日，黑龙江省副省长杨博赴黑龙江自贸试验区哈尔滨片区实地调研了自贸试验区交通物流便利化和优化营商环境等工作，并主持召开座谈会。

5月21日，《新华日报》报道《聚力改革创新　发挥特色优势推动自贸试验区建设取得更大突破》。

5月22日，中国（广西）自由贸易试验区钦州港片区驻川渝地区企业服务处在成都正式挂牌成立。

5月22日，黑龙江东北林业大学相关领导来绥调研并与边合区管理局、国林木业城举行合作共建签约的座谈会。

5月22日，人民网报道《辩证应对边境型自贸试验区外部事件》。

5月24日，中国（云南）自贸试验区第一笔"电证系统买方押汇业务"成功落地。

5月24日，河北省政务服务办、省商务厅联合印发《关于在中国（河北）自由贸易试验区开展"一窗办、承诺办、自由办"改革的指导意见》。

5月24日，上海金桥开发区搭建"智慧党建服务平台"。

5月25日，云南省发出首张跨区域"一照多址"营业执照。

5月25日，上海"洋山四期超大型自动化集装箱码头关键技术研究与应用"被授予科技进步奖特等奖。

5月26日，福建厦门自贸片区东渡港区提升改造项目通过验收正式开通。

5月27日，在第三届长三角一体化发展高层论坛上，一市三省签署《长三角自贸试验区一体化发展备忘录》。启动建设安徽省内第一批联动创新区。

5月27日，江苏自由贸易试验区连云港片区工作领导小组召开第四次会议，传达江苏自贸试验区工作领导小组第三次会议精神，听取片区工作推进情况，审议讨论相关文件，研究部署下一阶段重点工作。

5月27日，重庆两江协同创新区场景网联车路协同项目正式开工建设。

5月28日，黑龙江黑河自贸片区与黑河农商银行举办了战略合作协议签约仪式。

5月29日，中国（云南）自由贸易试验区顾问委员会揭牌。

5月30日，中国（云南）自由贸易试验区工作领导小组办公室印发《中国（云南）自由贸易试验区产业发展规划（2021—2025年）》。

5月30日，云南自贸试验区发布参与RCEP行动方案。

5月31日，广西"自贸大讲堂"第二期成功举办。

6月

6月1日，湖南省副省长何报翔为中国（湖南）自由贸易试验区工作办公室揭牌。

6月1日，辽宁自贸试验区沈阳片区推行"税事通"工作室服务新模式。

6月1日，人民网报道《黑龙江自贸试验区绥芬河片区将承接省级行政权力事项565项》。

6月2日，美敦力医疗创新中心（成都）在四川自贸试验区成都区域新川创新科技园正式开业运营。

6月2日，武汉自贸片区企业湖北国际经济技术合作有限公司（简称"湖北国际经合"）第一批新能源二手车以DAF贸易方式，通过东湖综保区海关报关后转至霍尔果斯海关出口，发往乌兹别克斯坦塔什干，系武汉自贸片区企业实现二手车出口的"首单"，拓展了湖北企业与"一带一路"共建国家合作新领域!

6月2日，重庆日报网报道《重庆自贸试验区"试验田"结出"创新果"》。

6月3日，陕西省商务厅组织召开陕西自贸试验区"十四五"规划研究报告研讨会。

6月3日，福建省自贸办召开"推动福建自贸试验区创新发展"媒体见面会。省商务厅厅长、自贸办主任吴南翔通报了福建自贸试验区建设情况，并介绍了下一阶段工作思路。

6月3日，《安徽日报》报道《沪苏浙皖签订自贸试验区一体化发展备忘录》。

6月4日，南亚未来（新加坡）投资集团有限公司考察团到云南自贸试验区红河片区投资考察。

6月4日，推进河北自贸试验区改革发展专题培训班在海南大学成功举办。

6月5日，《人民日报》报道《福建自贸试验区累计推出480项创新举措196项为全国首创》。

6月7日，国务院自由贸易试验区工作部际联席会议办公室印发自由贸易试验区第四批"最佳实践案例"（商自贸函〔2021〕189号）。

6月8日，陕西省商务厅组织召开自贸试验区工作专题组改革事项研讨会。

6月8日，中国（广西）自由贸易试验区建设指挥部办公室、自治区科技厅在中国—东盟经贸中心举办2021年"广西自贸大讲堂"第三期。

6月8日，河北省商务厅厅长、省自贸办主任张锋主持召开省自贸办全体会议研究部署自贸试验区工作。

6月9日，河南自贸试验区洛阳片区，高新区（自贸试验区洛阳片区）与汝州市签订政务服务"跨区域通办"试点合作协议。

6月10日，中华人民共和国第十三届全国人民代表大会常务委员会第二十九次会议表决通过了《中华人民共和国海南自由贸易港法》等。

6月10日，临沧边境经济合作区与中国（云南）自由贸易试验区昆明片区联动创新发展跨境电子商务首批货物从孟定清水河口岸通关。

6月10日，中国（黑龙江）自由贸易试验区绥芬河片区中俄合作对接会举行。

6月10日，中国（湖北）自由贸易试验区人才工作联席会议在襄阳召开。

6月11日，北京市首家自贸试验区保险专营机构"中国人民财产保险股份有限公司北京市自贸试验区支公司"揭牌仪式正式举行。

6月12日，浙江"中国舟山·低硫燃料油保税船供报价"正式发布，是首个以国内期货市场价格为定价基础的人民币报价机制。

6月15日，《撤销冒用他人身份信息取得公司登记告知承诺制实施办法》

出台，由江苏省江北新区（自贸试验区）行政审批局牵头将前期的创新改革做法用制度性文件进行固化，根据国家、省、市有关改革文件的精神，并结合江北新区（自贸试验区）实际制定。

6月16日，中国（广西）自由贸易试验区建设指挥部办公室召开关于经典示范考察路线研讨会。同日，国家税务总局中国（广西）自由贸易试验区钦州港片区税务局挂牌。

6月16日，在中国电子口岸数据中心石家庄分中心的支持下，建设银行雄安自贸试验区支行、曹妃甸自贸试验区支行顺利实现"关银一KEY通"合作制卡代理点开业，雄安片区、唐山曹妃甸片区企业从今天开始即可在家门口建设银行代理点办理海关电子口岸卡业务。

6月17日，山东青岛自贸片区开放合作项目落地大会胜利召开。

6月18日，跨境电商+中欧班列出口专列在安徽首发。

6月18日，由南京大学和江苏省商务厅共建的中国（江苏）自由贸易试验区研究院正式揭牌。

6月18日，中国（重庆）自由贸易试验区工作领导小组办公室组织开展2021年第一次重庆自贸试验区现场观摩活动，来自重庆市商务委、市改革办、市发改委、市市场监管局、市金融监管局、市高法院、市中新项目管理局、市政府口岸物流办、人行重庆营管部、重庆海关以及各自贸板块相关负责人组成观摩团，赴中国（重庆）自由贸易试验区展示中心、重庆帕斯亚科技有限公司、重庆二手名表珠宝交易市场现场观摩，并在渝中区举行座谈交流。

6月18日，四川自贸试验区成都管委会联合成都海关召开支持成都区域进一步开放发展政策专题研究会。

6月18日，河南郑州片区"'交房即发证'改革"入选河南自贸试验区第二批最佳实践案例。

6月18日，福建厦门自贸数字化促进中心正式揭牌。

6月18日，人民网报道《全市首家自贸试验区专营保险机构落户朝阳》。

6月20日，海南省正式对外发布《海南自由贸易港建设白皮书（2021）》。

6月20日，云南临港新片区跨境金融创新业务战略合作正式启动，临港新片区跨境金融联合工作室正式启动并揭牌。

6月21日，中共中央宣传部、国务院新闻办公室举行海南自由贸易港法有关情况新闻发布会。

6月21日，江苏江北新区（自贸试验区）举行智能网联产业总部落地峰会。现场，中寰卫星、麦哲科技、鲸鲨科技等总部项目落地新区签约仪式同步举行。

6月21日，中国（广西）自由贸易试验区南宁片区支持外商投资若干措施（试行）。

6月21日，河北省商务厅张记方副厅长赴大兴机场片区廊坊区域和雄安片区进行调研督导并检查商贸流通企业安全生产疫情防控等工作。

6月21日，全国首趟奥迪进口保税整车专列通过中欧班列（渝新欧）抵达西部（重庆）科学城西永综保区保税仓。本次专列运载了82台进口奥迪A8L轿车，货值超过3200万元，标志着奥迪进口保税仓储项目进入常态化运行。

6月22日，湖北省襄阳自贸片区安全生产委员会召开安全生产推进会。

6月22日，百度与上海张江（集团）有限公司签署战略合作协议。

6月22日，厦门自贸片区海沧园区成功进口首台飞机发动机。

6月23日，云南"沿边省会＋跨境口岸"统筹融合型开放——全国首个自贸试验区与跨合区联动创新模式案例发布。

6月23日，湖北宜昌自贸片区与广东、广西等9省14地签订"跨省通办"协议，本次签约再增加河南洛阳自贸片区、河南开封自贸片区、四川川南临港自贸片区、云南红河自贸片区、陕西杨凌自贸片区等，目前总共13省19地共同签订了跨省通办协议。

6月23日，人民网报道《安徽自贸试验区蜀山区块跨境电商迈向新阶段、开启新征程》。

6月24日，绿地香港在广西（中国）自贸试验区南宁片区打造的绿地东盟数字科创园开放，首批15家知名企业签约。

6月24日，河北自贸试验区重点产业澳门专场推介会成功举办。

6月24日，中国日报网报道《中国（山东）自由贸易试验区青岛片区绿色发展指标体系正式发布》。

6月25日，湖北省自贸试验区及海关特殊监管区安全生产专委会组织召开了安全生产工作推进视频会议。

6月25日，《人民日报》报道《广西自贸试验区钦州港片区营商环境持续优化》。

6月25日，上海洋山特殊综合保税区发布"十四五"规划。

6月27日，《人民日报》报道《自贸试验区德宏片区一案例获评"最佳实践案例"》。

6月28日，创新引领"链"接未来——江北新区区块链技术应用大会暨万向区块链股份公司落地签约仪式在江苏江北新区举行。

6月28日，中国船舶集团上海外高桥造船有限公司为山东海洋集团所属山东海运股份有限公司建造的10艘18万吨"好望角型"散货船系列中的最后一艘——"山东德泰"轮顺利命名交付。

6月29日，广西钦州铁路集装箱中心站港口作业区远程自动化门吊1#、4#机正式投入使用，标志着钦州中心站率先成为全路首家实现远程自动化装卸作业的铁路集装箱智能智慧化专业场站。同日，南宁市举行绿色金融服务中心揭牌仪式暨绿色产融对接会。

6月29日，河北省商务厅副厅长、省自贸办副主任张记方出席交通银行河北省分行战略合作协议签约暨正定自贸试验区支行揭牌仪式。同日，省商务厅厅长、省自贸办主任张锋赴唐山调研时召开曹妃甸片区座谈会。

6月29日，辽宁自贸试验区沈阳片区管委会在远达国际快件监管中心成功举行沈阳—首尔跨境电商国际货运包机首航仪式。

6月29日，《天津日报》报道《天津自贸试验区挂牌 种下制度创新"试验田"》。

6月30日，钦北高速公路改扩建项目控制性工程——北铁枢纽互通立交桥全部建成通车。同日，中国（广西）自由贸易试验区南宁片区矛盾纠纷调解中心举行揭牌仪式。

6月30日，河北省自贸办与建设银行总行有关专家就数字贸易领域制度创新开展对接交流。

6月30日，黑龙江省黑河自贸片区召开"两优一先"表彰大会。

7月

7月1日,跨境电商B2B直接出口、首票B2B出口海外仓业务在安徽首单通关。

7月1日,广西出入境边防检查总站对外公布《服务西部陆海新通道和广西自由贸易试验区建设十二项措施》,日前在全区对外开放口岸、边民通道正式实施。

7月1日,浙江自贸试验区舟山片区积极深化数字化改革,"江海联运数据中心""保税船用燃油智能调度服务系统"两项目入选自贸试验区态势感知中心第一批"揭榜挂帅"应用项目。

7月2日,河北省政府新闻办召开河北省持续深化"证照分离"改革工作新闻发布会。

7月5日,海南自由贸易港第13批7项制度创新案例集中发布。

7月6日,国务院自由贸易试验区工作部际联席会议办公室关于印发《国务院自由贸易试验区第四批"最佳实践案例"的函》,供各地在深化改革、扩大开放过程中借鉴。

7月6日,陕西省自贸办与自贸试验区西安管委会召开工作对接会。

7月6日,商务部召开专题新闻发布会,发布全国自贸试验区第四批18个"最佳实践案例",供各地在深化改革、扩大开放过程中借鉴。广西自贸试验区"边境地区跨境人民币使用改革创新"案例入选。河北自贸试验区、河南自贸试验区洛阳片区、浙江自贸试验区等入选。

7月6日,重庆永川综合保税区获国务院正式批复,成为全国第152个、重庆市第6个综合保税区,规划面积1.11平方千米,围网外配套产业发展区20平方千米。创造了从申报到获批仅用时8个月的又一"永川速度",是继"永川高新区"后又一国家级平台。

7月6日,商务部召开自贸试验区第四批"最佳实践案例"专题新闻发布会。

7月6日,新华社报道《我国自贸试验区已累计在国家层面推出278项制度创新成果》。

7月6日，《经济参考报》报道《自贸试验区联动发展步伐加快》。

7月7日，"自贸连世界·数字通未来"系列活动——数字经济数联东盟之中国东信专场在中国—东盟经贸中心以线下线上相结合的沙龙形式举办。同日，"桂企出海+"综合服务平台与中国—东盟跨境征信服务平台合作发布会在广西南宁市举行。

7月7日，中国新闻网报道《广西自贸试验区创新跨境人民币使用改革 促中越贸易发展》。

7月8日，安徽省委省政府印发《关于以中国（安徽）自由贸易试验区建设为先导打造具有重要影响力改革开放新高地的意见》，明确"十四五"期间73项重点工作任务，提出自贸试验区建设"三个从优""政策优先"等保障机制。

7月8日，海关总署印发《海关对洋浦保税港区加工增值货物内销税收征管暂行办法》，明确对在海南洋浦保税港区鼓励类产业企业生产的不含有进口料件或者含有进口料件且加工增值超过30%（含）的货物，出区内销的，免征进口关税。

7月8日，财政部会同海关总署、税务总局、民航局印发《关于海南自由贸易港进出岛航班加注保税航油政策的通知》。

7月8日，为提升中国（江苏）自由贸易试验区南京片区金融对外开放水平，促进外商股权投资企业在南京片区健康发展，南京市地方金融监管局、江北新区管委会联合印发《自贸试验区南京片区开展合格境外有限合伙人试点暂行办法》。

7月9日，江苏海事政务服务和船员服务正式入驻江北新区（自贸试验区），开启"自贸+航运"高质量发展的江北篇章。

7月9日，广西壮族自治区商务厅党组书记、中国（广西）自由贸易试验区工作办公室主任杨春庭到自贸办看望全体干部。同日，广西海事局发布公告，决定钦州港口岸三墩西作业区液体散货码头17泊位对国际航行船舶开放，标志着广西北部湾港钦州30万吨级油码头获准正式对外开放；习近平总书记主持召开中央全面深化改革委员会第20次会议，提出"以更大力度谋划和推进自由贸易试验区高质量发展"；广西壮族自治区人民政府办公厅印发《广西打造国内国际双循环重要节点枢纽行动方案》。

7月9日，《人民日报》海外版报道《前6月近1.7万家企业入驻广西自贸试验区》。

7月9日，习近平总书记主持召开中央全面深化改革委员会第20次会议，会议强调，党的十八大以来，我们先后部署设立21个自贸试验区，形成了覆盖东西南北中的试点格局，推出了一大批高水平制度创新成果，建成了一批世界领先的产业集群，为高质量发展做出了重要贡献。要深入推进高水平制度型开放，赋予自贸试验区更大改革自主权，加强改革创新系统集成，统筹开放和安全，及时总结经验并复制推广，努力建成具有国际影响力和竞争力的自由贸易园区，发挥好改革开放排头兵的示范引领作用。

7月11日，《陕西日报》报道《陕西自贸试验区创新成果入选全国自贸试验区"最佳实践案例"》。

7月12日，安徽自贸试验区月度调度会暨上半年工作总结分析会在蚌埠召开。

7月12日，四川自由贸易试验区人民法院，召开新闻通气会发布10件自贸审判典型案例，案例涉及公司纠纷、电子商务、小贷金融、运输保险、知识产权等集中反映了法院在自贸审判中的典型做法和创新机制。

7月13日，首都机场正式开通"大阪—北京首都—大阪—安格雷奇"航线，成为中国（北京）自由贸易试验区成立以来开通的首条第五航权应用航线。

7月13日，海南自由贸易港建设项目2021年度第四批集中开工。本次集中开工项目共计129个，总投资381亿元。

7月13日，福建省副省长郭宁宁带队在厦门国际航运中心召开双向交流座谈会，并赴厦门片区实地调研。

7月13日，《人民日报》报道《洛阳片区5项改革成果入选河南省自贸试验区第二批最佳实践案例》。

7月14日，北京银保监局印发《关于2021年北京银行业保险业支持"两区"建设的通知》。

7月14日，哈尔滨自贸片区青年志愿者协会揭牌。

7月14日，中国日报网报道《大连自贸片区首创施行食品经营分类承诺制》。

7月15日，由江苏南京江北新区科技创新局和自贸试验区综合协调局主办、江北新区自主创新服务中心承办的"自贸面对面——知识产权保护及融资主题沙龙活动"成功举办。

7月15日，国家知识产权局近日发布关于第二十二届中国专利奖授奖的决定，辽宁自贸试验区沈阳片区企业有1项专利获得优秀奖。

7月15日，《中共中央 国务院关于支持浦东新区高水平改革开放打造社会主义现代化建设引领区的意见》公布。

7月15日，福建厦门港首批"厦门—武汉"整车进口海铁联运落地厦门自贸片区。

7月15日，《云南日报》报道《中国（云南）自贸试验区出台产业发展规划》。

7月15日，中国日报网报道《大连自贸片区简化出版物发行单位年度核验流程》。

7月16日，黑龙江省首个行政审批局与民企合作的政务服务综合窗口试点哈尔滨新区正式揭牌投入使用。

7月16日，通过"云敲钟"与香港时间连线直播举行敲钟仪式。总部位于武汉自贸片区的康圣环球基因技术有限公司正式登陆港交所主板挂牌上市。据悉"康圣环球"（9960.HK）将发售226405000股。

7月16日，人民网报道《南宁出台措施促进自贸试验区两新组织党建强发展》。

7月17日，新时代健康产业集团"启航十四五 奋进新时代"合作项目启动仪式在山东自贸试验区烟台片区举行。

7月18日，2021年中国（广西）自由贸易试验区重大项目签约仪式在中国—东盟经贸中心举行。

7月19日，安徽合肥高新区获批国家外贸转型升级基地（家电）。

7月19日，《广西日报》报道《广西自贸试验区17个重大项目集中签约》。

7月20日，中国（湖南）自由贸易试验区跨境易货贸易首单试单成功（用建材换南非红西柚）。

7月20日，广西信昱互联网医院在中国（广西）自由贸易试验区钦州港片区上线运营，标志着广西自贸试验区首家创新业态的"互联网＋医疗"平台正式投入使用。

7月20日，河北省商务厅副厅长张记方带队赴中国钢铁工业协会对接工作。

7月20日，河南自贸试验区洛阳片区洛阳综合保税区顺利通过预验收。

7月21日，《中国证券报》报道《海南自贸港先行 首个跨境服务贸易负面清单将亮相》。

7月21日，陕西银保监局四举措助力自贸试验区建设。

7月21日，《安徽日报》报道《安徽力促长三角自贸试验区联动建设》。

7月22日，广西壮族自治区人民政府发布《关于以中国（广西）自由贸易试验区为引领加快构建面向东盟的跨境产业链供应链价值链的实施意见》。

7月22日，商务部国际贸易经济合作研究院产业国际化战略研究所（自贸试验区港建设研究中心）所长、研究员、博士张丹带队赴河南自贸试验区洛阳片区，就智能制造产业转型升级和国际产能合作进行实地调研。

7月22日，由中国船舶第七二二研究所投资建设、中建三局负责承建的通信与电子信息技术研发基地（一期）工程在武汉自贸片区举行开工奠基仪式。

7月22日，中山大学自贸区综合研究院召开研究成果发布会，发布"2020—2021年度中国自由贸易试验区制度创新指数"。

7月22日，上海市政府举行新闻发布会，介绍上海贯彻落实中央《中共中央 国务院关于支持浦东新区高水平改革开放 打造社会主义现代化建设引领区的意见》的具体举措等有关情况。

7月23日，湖北省法院在襄阳召开湖北自贸试验区法院司法协作推进会，就贯彻落实《中共中央国务院关于新时代推动中部地区高质量发展的意见》

精神，为湖北自贸试验区高水平发展提供更好的司法服务和保障，推动市场化、法治化、国际化、便利化营商环境建设进行安排部署。

7月23日，经党中央、国务院同意，商务部发布《海南自由贸易港跨境服务贸易特别管理措施（负面清单）（2021年版）》（商务部令〔2021〕3号），自2021年8月26日起施行。这是我国跨境服务贸易领域首张负面清单。

7月23日，中国新闻网报道《上半年中国21个自贸试验区吸引全国近17%的外资》。

7月23日，中国日报网报道《福建自贸试验区敢闯敢试敢改 全力构建全方位推进高质量发展超越示范区》。

7月24日，黑龙江自贸试验区哈尔滨片区"夏都夜肆—北国风情不夜城"夜经济活动正式启动。

7月27日，中越、中欧班列在广西首次联程运输。

7月27日，2021年四川首架保税租赁飞机在成都双流国际机场降落，标志着四川省航空经济发展又向前迈进一步。

7月27日，人民网报道《进出口银行广西分行助力广西自贸试验区建设》。

7月28日，安徽省政府印发《关于建立中国（安徽）自由贸易试验区特别清单的决定》。

7月28日，湖南省委副书记、省长毛伟明在深圳出席湖南"三高四新"战略暨中国（湖南）自由贸易试验区推介会并致辞。

7月28日，"河池—北部湾港"海铁联运班列在广西开行。

7月28日，福建省商务厅（自贸办）在厦门大学中国（福建）自贸试验区学院举办2021年首期"推进自贸试验区建设"专题培训班。

7月29日，"建设最北自贸试验区 打造龙江振兴新引擎高端论坛"在哈尔滨举行。

7月29日，浦东新区大企业开放创新中心（GOI）计划在上海科技馆正式发布。

8月

8月2日，国务院印发《关于推进自由贸易试验区贸易投资便利化改革创新若干措施》的通知。该措施赋予自贸试验区在贸易投资便利化方面更大的改革自主权，以期进一步加大改革创新力度，助力加快构建以国内大循环为主体、国内国际双循环相互促进的新发展格局。

8月2日，人民网报道《湖南自贸试验区长沙片区迎来首家保险公司》。

8月3日，《人民日报》报道《广西用好自贸试验区平台 推动重点产业提质增效》。

8月3日，人民网报道《广西自贸试验区改革试点任务总实施率达95%》。

8月3日，《杭州日报》报道《浙江自贸试验区发布第五批十大标志性成果》。

8月4日，中国银行昆明自贸试验区支行揭牌成立。

8月5日，黑龙江自贸试验区对俄经贸合作线上推介会在哈尔滨举办。黑龙江自贸试验区加强与俄罗斯经贸合作。

8月5日，人民网报道《中国银行云南自贸试验区昆明片区支行揭牌成立》。

8月5日，《安徽日报》报道《安徽省创新建立自贸试验区特别清单》。

8月6日，湖南省科技厅等12家单位联合印发《中国（湖南）自由贸易试验区外国高端人才服务"一卡通"若干措施（试行）》。

8月6日，四川省人力资源和社会保障厅印发《自由贸易试验区开展"劳务派遣经营许可"告知承诺改革试点实施方案》。

8月6日，人民网报道《广西自贸试验区政务服务线上专区投入试运行》。

8月6日，中国日报网报道《大连自贸片区首创综保区设备零配件监管新模式》。

8月7日，人民网报道《云南自贸试验区昆明片区党群服务中心揭牌》。

8月8日，由中国通信工业协会、中国工业报社及中国（广西）自由贸易试验区钦州港片区联合主办的2021年第三届智能终端产业大会在深圳举行。钦州港片区获评最具发展潜力智能终端产业园区。

8月9日，福建省首份多式联运"一单制"提单在厦门自贸片区签发。

8月10日，北京金融法院发布《关于为北京"两区"建设中金融领域改革创新提供司法服务和保障的若干举措》。

8月10日，南京江北新区公用控股集团有限公司"2021年度第一期中期票据（可持续挂钩）"成功发行。发行规模4亿元，期限3+2年，发行利率3.54%。本期债券系江北新区（自贸试验区）率先突破可持续挂钩债券发行主体AAA头部企业外延，为全国综合公用事业首单、全国AA+首单、江苏省首单可持续发展挂钩债券，是资本市场支持江北新区绿色能源发展的重要成果。

8月10日，为推动《关于促进中国（江苏）自由贸易试验区南京片区法律服务业高质量发展的若干意见（试行）》的具体实施，切实提高政策操作的便利性、规范性，确保各项政策有效落实，《关于促进中国（江苏）自由贸易试验区南京片区法律服务业高质量发展的若干意见实施细则（试行）》出台，按照"属地服务、就近保障"原则，进一步明确了具体适用标准和操作流程，为申报单位和实施单位制定了专用的办事指南。

8月10日，广西自贸试验区南宁片区2021年绿色金融与绿色项目政金企对接会在南宁召开。

8月11日，第十届中国创新创业大赛广西赛区钦州市选拔赛暨第八届钦州市科技创业大赛决赛成功举办。

8月11日，天津自贸试验区滨海高新区中新生态城联动创新区揭牌。

8月11日，天津自贸试验区"打造'自贸试验区+自创区+生态城'联动发展新格局"主题新闻发布会举行，会上对《中国（天津）自由贸易试验区滨海高新区联动创新区总体方案》《中国（天津）自由贸易试验区中新生态城联动创新区总体方案》进行了详细解读。

8月11日，《广西日报》报道《广西自贸试验区：加速产业集聚 构筑开放高地》。

8月12日，《自贸试验区陆家嘴片区发展"十四五"规划》正式发布。

8月12日，人民网报道《广西自贸试验区崇左片区助力广西外贸稳增长》。

8月13日，中国（江苏）自由贸易试验区苏州片区贸易便利化创新推进会召开。园区特殊物品风评中心揭牌仪式、关证一链通合作协议签约仪式同期举行。

8月13日,中国(广西)自由贸易试验区南宁片区发布《关于做好维护新就业形态劳动者劳动保障权益工作促进灵活用工平台经济健康发展的若干措施》。

8月13日,从襄阳市市场监管局获悉,襄阳市已确定在湖北自贸试验区襄阳片区开展市场主体列入移出经营异常名录修复的试点工作,即"异常痕迹一键清零",让失信市场主体尽快获得重塑信用的机会。

8月16日,人民网报道《成立2周年,广西自贸试验区打造一流营商环境》。

8月16日,《陕西日报》报道《陕西省多措并举推进自贸试验区高质量发展》。

8月16日,《安徽日报》报道《安徽自贸试验区力促"双招双引"》。

8月17日,重庆高新区举行了2021智博会西部(重庆)科学城线上集中签约活动,共计签约项目41个,投资总额达417亿元。

8月17日,《天津日报》报道《天津自贸试验区金融改革创新取得新进展》。

8月18日,优势互补 联动发展——自贸试验区哈尔滨片区管委会与绥芬河、黑河片区管委会签订战略合作框架协议。

8月18日,中国日报网报道《大连自贸片区将建设"产业创新特区"》。

8月18日,黑龙江省商务厅举办自贸试验区建设线上专题培训。

8月19日,昆明市委常委会召开会议,审议并原则通过了《中国(云南)自由贸易试验区昆明片区产业发展规划》。

8月19日,上海自贸试验区涉案企业合规第三方监督评估机制管理委员会成立。

8月20日,海南自由贸易港2021年(第四批)重点项目集中签约。本次活动共签署52个项目,协议投资额约240亿元。

8月20日,河北自贸试验区推进工作领导小组办公室印发《关于进一步深化"放管服"改革持续推进河北自由贸易试验区创新发展的贯彻落实意见》。

8月20日,为加快"产业创新特区"建设,《中国(辽宁)自由贸易试验区大连片区（大连保税区）产业创新特区建设方案》在国家、省、市及金普新区有关政策支持的基础上，围绕五项重点任务，推出15条扶持奖励政策。

8月24日，安徽省人民政府印发《安徽省深化"证照分离"改革　进一步激发市场主体发展活力实施方案》。

8月24日，江苏省、市地方金融监管局到自贸试验区南京片区调研指导合格境内有限合伙人（QDLP）对外投资试点工作，新区财政局、江北国资、华泰紫金等部门和企业参加调研。

8月24日，苏州自贸片区第十五期自贸会客厅特别活动举办。

8月25日，洛阳高新区（自贸试验区）在全省率先实施建设项目环评"告知承诺制"改革。

8月25日，国务院总理李克强主持召开国务院常务会议，会议指出要推动开放平台建设。支持沿江省市自贸试验区先行先试，建设综合保税区。

8月26日，中欧班列（长沙）开通首趟湖南自贸专列。

8月26日，江苏自贸试验区南京片区集成电路企业座谈会在研创园举行。

8月26日，四川自贸试验区成都青白江铁路港片区与资阳协同改革先行区签署战略合作。

8月26日，《人民日报》报道《成立两年来，上海自贸试验区临港新片区新增企业超四万户》。

8月26日，中国日报网报道《大连自贸片区首创"云眼查"新模式》。

8月27日，人力资源社会保障部同意建设中国海南人力资源服务产业园和中国三亚旅游人才市场。

8月27日，云南自贸试验区昆明片区与济南片区签订合作框架协议。

8月27日，黑龙江省政府新闻办举行"中国（黑龙江）自由贸易试验区成立两周年"新闻发布会。

8月27日，哈尔滨新区暨自贸试验区哈尔滨片区中俄产业园展示中心揭牌。

8月30日，中国（江苏）自贸试验区连云港片区新闻发布会举行。

8月30日，中国（广西）自由贸易试验区设立两周年。

8月31日，总投资额126亿元的20个重点项目在大连自贸片区产业创新特区推介暨项目集中签约仪式上正式签约。

8月31日，浙江自贸试验区舟山片区国际海事服务基地完成迄今最大一单外轮物料供应业务，货值约1700万元。出口货物自动"落装改配"改革在舟山落地，首批37票出口报关单完成自动改配。

8月31日，上海浦东新区和交通银行"打造社会主义现代化建设引领区全面战略合作协议"签署活动在新区办公中心举行。

8月31日，中国日报网报道《中国（广西）自由贸易试验区累计入驻企业3.9万家》。

9月

9月1日，安徽自贸试验区部分食品生产许可权限下放县级市监部门。

9月1日，深哈产业园政企服务中心启动暨深哈科创总部优惠政策发布与企业集中签约仪式在黑龙江深哈科创总部广场举行。

9月3日，服贸会举办"北京日"暨"两区"建设一周年主题活动，北京市委书记蔡奇，市委副书记、市长陈吉宁等市领导参观首钢园展区。

9月3日，河北省自贸办组织召开政务服务领域制度创新专题沟通对接会。

9月3日，为深入了解自贸试验区济南片区成立两周年建设发展情况，济南市纪委监委驻市检察院纪检监察组组长马国胜带领调研组一行来济南片区调研。

9月3日，国务院印发《关于推进自由贸易试验区贸易投资便利化改革创新的若干措施》的通知。

9月3日，新华网报道《央行：将为自贸试验区发展提供更加优质的银行账户服务》。

9月3日，新华网报道《我国推进自贸试验区贸易投资便利化改革创新》。

9月4日，"北京'两区'建设与企业全球化论坛"在北京国家会议中心举行。

9月4日，中国（河南）自由贸易试验区开封片区被授予国家文化出口基地。

9月4日，新华社报道《广西自贸试验区成中国—东盟合作提质升级"助推器"》。

9月4日，《人民日报》报道《赋予自贸试验区贸易投资便利化更大改革自主权》。

9月4日，《人民日报》海外版报道《自贸试验区改革创新再添十九项措施》。

9月5日，中共中央、国务院印发了《横琴粤澳深度合作区建设总体方案》，为全面贯彻落实习近平总书记关于粤澳合作开发横琴的重要指示精神，支持横琴粤澳深度合作区发展，制定本方案。

9月6日，北京发布"两区"建设人力资源开发目录，认可82项境外职业资格。

9月6日，《中国（广东）自由贸易试验区发展"十四五"规划》（粤府办〔2021〕26号）（以下简称《规则》）正式印发。

9月6日，中国（广西）自由贸易试验区首家法定机构——广西自贸试验区钦州港片区数字化发展管理中心揭牌成立。

9月6日，中共中央、国务院印发了《全面深化前海深港现代服务业合作区改革开放方案》，为推动前海深港现代服务业合作区全面深化改革开放，在粤港澳大湾区建设中更好发挥示范引领作用，制定本方案。

9月6日，《经济参考报》报道《国务院出台19条新举措　自贸试验区改革创新再提速》。

9月7日，中国（湖南）自由贸易试验区电子地图上线，可搜索查询是否在区内。

9月7日，中国云南自由贸易试验区首笔汇总征税保函业务落地红河片区。

9月7日，全国自贸试验区建设工作现场会在福建省厦门市召开，商务部副部长兼国际贸易谈判副代表王受文出席会议并讲话。

9月8日，中国（安徽）自由贸易试验区合肥片区高新区块党建联盟成立大会召开，中国（安徽）自由贸易试验区合肥片区高新区块党建联盟正式揭牌。

9月8日，《湖南日报》报道《湖南自贸试验区"电子地图"上线》。

9月8日，《人民日报》报道《湖南自贸试验区知识产权服务中心试运营》。

9月8日，《中国（安徽）自由贸易试验区条例（草案）》经省政府第154次常务会议审议通过。

9月8日，湖南自贸试验区在中国国际投资贸易洽谈会（厦门）举行专场推介。

9月8日，海南国际仲裁院国际贸易调解/仲裁中心在海口揭牌成立。

9月8日，中国电子口岸数据中心重庆分中心、成都分中心、建设银行四川省分行、重庆市分行四方通过在线网络签约的方式，共同签署"关银一KEY通"川渝一体化合作备忘录，举行项目启动仪式，并向首批2家项目试点企业制授"电子口岸卡"。

9月8日，人民网报道《合肥高新区成立自贸试验区党建联盟 系安徽首个》。

9月9日，在广西南宁举行巴基斯坦入驻中国—东盟特色商品汇聚中心揭牌仪式。

9月10日，滇桂签署自贸试验区协同制度创新协议。

9月10日，中国（广西）自由贸易试验区与中国（云南）自由贸易试验区在广西南宁签署《沿边自由贸易试验区协同制度创新框架协议》。同日，由广西壮族自治区人民政府主办的广西自贸试验区推介会在南宁举行。

9月10日，西部陆海新通道沿线省份自由贸易试验区高效联动闭门会在广西南宁召开，来自广西、重庆、四川、云南、海南等沿线省市自贸试验区相关负责人共同探讨和推进西部陆海新通道沿线省份自由贸易试验区联动发展。商务部驻南宁特派员办事处副特派员马英莉出席会议并讲话。

9月11日，在第13届中国—东盟金融合作与发展领袖论坛上，中国（广西）自由贸易试验区钦州港片区管理委员会、广西中马园区金融投资有限公司、瑞茂通（新加坡）有限公司三方共同签署了《外商投资股权投资基金战略合作协议》。同日，以"深化跨境产业合作，打造'两国双园'升级版"为主题的中国—东盟产能与投资合作暨中马"两国双园"合作升级推介会在南宁举行。

9月11日,《云南日报》报道《滇桂签署自贸试验区协同制度创新协议》。

9月13日,南京首批知识产权资产证券化项目路演活动在江苏自贸试验区南京片区举行。

9月13日,广西壮族自治区人民政府发布关于向中国(广西)自由贸易试验区下放自治区级行政权力事项的决定。

9月13日,中国(黑龙江)自由贸易试验区哈尔滨片区日本线上招商推介会成功举办。

9月13日,《广西日报》报道《云桂携手加强自贸试验区合作》。

9月14日,位于四川自贸试验区川南临港片区内的泸州港智能闸口(一期)项目经过1个月的试运行正式启用。这标志着由长江物流公共信息平台"卡车帮"小程序为港口推送进出港信息的预约提箱模式正式推行,实现无纸化办理进出港业务,奠定港口通过信息化技术与物流多方协同作业的基础。

9月14日,《人民日报》海外版报道《自贸试验区改革创新再提速》。

9月15日,国务院发布《国务院关于同意在全面深化服务贸易创新发展试点地区暂时调整实施有关行政法规和国务院文件规定的批复》,批复指出,同意在海南等全面深化服务贸易创新发展试点地区暂时调整实施有关行政法规和国务院文件规定。

9月15日,辽宁自贸试验区沈阳片区正式开通沈阳—阿拉木图跨境电商定班国际货运包机航线,这是东北地区开通的首条中亚定班货运包机航线。

9月15日,《广西日报》报道《广西在自贸试验区实施"负面清单"式放权》。

9月16日,全国政协"关于支持建设川渝自贸试验区协同开放示范区"重点提案督办活动在渝举行,协商会前的考察调研所见,给提案者代表们带来最直观的印象。

9月16日,河南自贸试验区开封片区行政审批局顺利通过ISO9001质量管理体系再认证。

9月16日,上海浦东软件园·金融数据港战略合作签约仪式在鑫智汇金融科技产业园顺利举办。

9月16日,《人民日报》报道《交通银行上海自贸试验区分行稳步推进"内控合规管理建设年"活动》。

9月16日,人民网报道《广西自贸试验区:推动开放型经济高质量发展》。

9月17日,为促进区域金融发展和安全,推动南京片区金融改革创新和高质量发展,南京片区金融发展和安全自律机制正式成立。

9月17日,厦门自贸片区"大力发展文化保税业态"案例入选商务部、中宣部等四部门发布的《国家文化出口基地首批创新实践案例》。

9月17日,人民网报道《【合肥的一字之变】自贸试验区先行先试:没有"预见"就没有"遇见"》。

9月18日,湖南省人民政府举行中国(湖南)自贸试验区建设一周年新闻发布会,副省长(时兼任省自贸办主任)何报翔出席。

9月18日,厦门市首笔"单一窗口"(标准版)进口信用证业务在厦门自贸片区落地。

9月18日,中国(福建)自由贸易试验区工作领导小组发布《中国(福建)自由贸易试验区"十四五"发展规划》。

9月19日,《湖南日报》报道《前8月湖南自贸试验区进出口破千亿元》。

9月22日,人民网报道《设立国际窗口 安徽自贸试验区蜀山区块综合服务中心服务再升级》。

9月22日,《湖南日报》报道《【湖南自贸试验区揭牌一周年】"兜里没钱",也能来湖南买买买》。

9月22日,中国新闻网报道《经济观察:中国21个自贸试验区"高"在哪?》。

9月23日,滇粤自贸试验区签署深化合作协议。

9月23日,中国(广西)自由贸易试验区南宁片区和钦州港片区顺利完成钦州市六村街(滨江西大道—下埠路)、金一街(滨江西大道—金鼓江疏港〈钦海〉大道)工程(一期)第三方检测项目远程异地评标。

9月23日,四川自贸办专职副主任、商务厅党组成员陈友清主持专题会议,传达学习全国自贸试验区建设工作现场会精神,丰富完善新发展格局下推动四川自贸试验区高质量发展的新思路和新举措。

9月23日,《南方日报》报道《广东自贸试验区"十四五"规划发布》。

9月24日,增强长三角欠发达区域高质量发展动能暨皖北承接产业转移集聚区建设推进大会在蚌埠召开。安徽自贸试验区蚌埠片区与浙江自贸试验区金义片区签订了跨境电商联动发展合作项目战略框架协议。

9月24日,中国(云南)自由贸易试验区昆明片区密集签订了一批合作协议。

9月24日,中国(广西)自由贸易试验区钦州港片区管理委员会、中国(云南)自由贸易试验区昆明片区管理委员会在昆明签署《携手共建"一带一路"西部陆海新通道合作框架协议》,双方将推动两地深入合作,发挥共同优势和各自特色,携手共建"一带一路"西部陆海新通道。

9月24日,全国高新技术企业认定管理工作领导小组办公室公示了辽宁省2021年第一批认定报备的高新技术企业名单,其中有46家沈阳自贸试验区企业成功入围。

9月24日,《云南日报》报道《滇粤自贸试验区签署深化合作协议》。

9月24日,《广西日报》报道《广西自贸试验区首个远程异地评标项目顺利完成》。

9月25日,《北京青年报》报道《北京市将抓紧出台自贸试验区条例》。

9月26日,安徽自贸试验区经济发展集团有限公司正式挂牌。

9月26日,中国(重庆)自由贸易试验区工作领导小组办公室印发复制推广重庆自贸试验区新一批改革试点经验和最佳实践案例。

9月26日,福建自贸试验区推出第18批35项创新举措,其中全国首创25项、复制拓展10项,对台特色5项。

9月27日,全省首个跨境电商保税进口退货中心仓建成运营。保税维修、市场采购贸易实现新突破。

9月27日,首届京津冀自贸试验区联席会议在天津召开,京津冀自贸试验区联席会议机制正式建立。

9月27日,河北省法院出台印发《河北省高级人民法院关于为中国(河北)自由贸易试验区建设提供司法服务和保障的实施意见》。

9月27日，四川自贸办专职副主任、商务厅党组成员陈友清赴省政务服务和资源交易服务中心开展"厅长进大厅"活动，看望慰问窗口工作人员，并调研国际化营商环境工作。

9月27日，中国新闻网报道《福建自贸试验区推出第18批35项创新举措》。

9月27日，《湖南日报》报道《湖南自贸试验区实现全流程电子化退税》。

9月28日，商务部自贸区港司副司长陈洪表示，将在提升开放水平、推进制度创新、推动高质量发展、服务国家战略等方面持续发力。

9月28日，商务部召开"北京、湖南、安徽自贸试验区和浙江自贸试验区扩展区域建设一周年"专题新闻发布会，湖南省商务厅厅长（时兼任省自贸办常务副主任）沈裕谋发言并答记者问。

9月28日，《天津日报》报道《京津冀共绘自贸试验区联动发展路线图 天津自贸试验区目前复制推广38项经验案例》。

9月29日，由山东青岛自贸片区管委会产业促进部与山东国际大宗商品交易市场有限公司联合举办的中国（山东）自由贸易试验区青岛片区大宗商品数字化产业论坛顺利召开。

9月29日，长三角自由贸易试验区联盟在上海国际会议中心举办以"对接国际高标准经贸规则，深入推进高水平制度型开放"为主题的制度创新论坛。

9月29日，新华网报道《我国将研究制定自贸试验区跨境服贸负面清单》。

9月30日，四川自由贸易试验区人民法院召开金融审判白皮书暨金融案件典型案例选编新闻通气会，对该院2019年1月至2021年6月的金融类案件审理情况进行全面通报，总结审判经验，并首次对外发布《四川天府新区成都片区人民法院（四川自由贸易试验区人民法院）金融审判白皮书》，提出金融风险防控建议，助力四川天府新区和四川自贸试验区高质量发展。

9月30日，人民网报道《云南自贸试验区昆明片区推出多项移民和出入境便利措施》。

10月

10月6日，厦门市首票多式联运"一单制"进口货物提单正式签发。

10月8日，中国云南自由贸易试验区红河片区召开高质量发展务虚会。

10月8日，厦门港全面实施堆场设备交接单无纸化作业。

10月8日，中国（山东）自由贸易试验区青岛片区发布《中国（山东）自由贸易试验区青岛片区商事主体登记即认制（即时确认制）实施意见（试行）》。

10月9日，中国（云南）自贸试验区昆明片区"创业者港湾"揭牌。

10月9日，西南首家线上跨境免税电商体验馆——大唐正品，正式落户位于四川自贸试验区成都天府新区片区高新区块的交子大道东方希望中心。

10月9日，河南自贸试验区洛阳片区，高新区2021年第二期"三个一批"项目集中开工。

10月11日，钦州召开促进中国（广西）自由贸易试验区钦州港片区高质量发展大会。

10月11日，"2021上海国际生物医药产业周——首届张江生命科学国际创新峰会"举行。

10月12日，今年1月至9月舟山油气吞吐量完成10024.14万吨，同比增长6.73%，较去年提前一个月突破亿吨大关。

10月13日，成都海关在四川自贸试验区川南临港片区开展了"RCEP（《区域全面经济关系伙伴协定》）框架下的原产地和关税减让政策以及税政调研"的相关培训。

10月13日，第四届世界油商大会暨大宗商品投资贸易推广月在舟山成功举办。大会持续一个月开展，共推出9场专业论坛和1场全体大会，累计1300余位业内高规格嘉宾通过"线上+线下"方式参会，共同探讨油气产业如何迎接挑战、抢抓机遇。

10月13日，黑龙江省商务厅在大数据中心举办中国（黑龙江）自贸试验区统计报表制度培训会议。

10月14日，云南省青年人才助力乡村振兴和自贸试验区建设服务活动启动。

10月14日，广西首单QFLP落地自贸试验区南宁片区。

10月14日，山东省济南市委市政府召开新闻发布会，对济南市出台的《中国（山东）自由贸易试验区济南片区法治化营商环境提升三年行动方案（2021—2023年）》进行发布解读。

10月14日，中国（上海）自由贸易试验区"离岸通"平台在外高桥保税区正式上线。

10月14日，李克强出席第130届中国进出口商品交易会暨珠江国际贸易论坛开幕式，在会上李克强总理表示要进一步压缩外资准入负面清单，实现自贸试验区负面清单制造业条目清零，持续放宽服务业准入。

10月14日，人民网报道《宁波"易跨保"入选中国（浙江）自贸试验区制度创新案例》。

10月15日，南京市人大召开中国（江苏）自贸试验区南京片区建设情况专题座谈会，了解南京片区建设情况、存在的困难和亟待改进的问题，并就下一步工作提出建议。

10月15日，中国（辽宁）自由贸易试验区沈阳片区人民法庭正式挂牌成立，受理沈阳片区全域内各类市场主体的商事案件、第一审知识产权民事案件、涉外以及涉港澳台民商事案件。

10月15日，辽宁自贸试验区大连片区推出"金融服务店小二"创新举措，助推片区中小企业和金融行业协同发展。

10月15日，大连片区在全国率先推出特种设备移动在线监管平台。为推进特种设备"互联网+监管"，辽宁自贸试验区大连片区深度融合"互联网+大数据+现有监管手段"，推出集数据采集、动态监管、风险预警、信息共享、云端储存计算等功能于一体的移动在线智能监管平台。

10月15日，大连自贸片区产业创新特区项目集中开工典礼隆重举行。

10月15日，为进一步推动湖北自贸试验区建设，湖北省自贸办组织召开湖北自贸试验区深化改革工作推进会。

10月15日，人民网报道《中国（云南）自贸试验区昆明片区"创业者港湾"揭牌》。

10月15日，人民网报道《安徽自贸试验区建设"开门红"一年落地见效73项试点任务》。

10月16日，江北新区（自贸试验区）发布《关于优化升级南京江北新区（自贸试验区）集成电路人才试验区政策》。

10月16日，《安徽日报》报道《安徽自贸试验区一周年目标任务全面完成》。

10月17日，《广西日报》报道《两单QFLP基金落地广西自贸试验区》。

10月18日，河南开封市市场监管局自贸试验区分局实施小食品经营户许可"先证后核"。

10月18日，人民网报道《安徽自贸试验区建设"开门红"》。

10月19日，安徽省市场监督管理局与中华人民共和国合肥海关在合肥签署《加强中国（安徽）自由贸易试验区和进出口环节知识产权快速协同保护协作备忘录》。

10月19日，全国口岸与自贸试验区融合发展论坛在岳阳举行。

10月19日，陕西省自贸办召开陕西自贸试验区协同创新区建设对接会。

10月19日，中国（云南）自贸试验区昆明片区与空港经济区签约推进联动创新合作发展。

10月19日，《人民日报》海外版报道《新亚欧陆海联运通道自贸试验区联盟成立》。

10月19日，天津市跨境电子商务示范园区（经开区）暨天津环球购跨境电商产业园揭牌签约仪式在天津经开区举办。

10月20日，博鳌亚洲论坛全球经济发展与安全论坛在长沙举行，其间举行了自贸试验区与国内改革开放高地建设论坛。

10月20日，湖南省财政厅、湖南省商务厅联合印发《支持中国（湖南）自由贸易试验区加快发展的若干财政政策措施（试行）》。

10月21日，中国（江苏）自由贸易试验区苏州片区游戏企业服务中心揭牌仪式举行。

10月21日，天津市跨境电子商务示范园区（经开区）暨天津环球购跨境电商产业园揭牌签约仪式在天津经开区举办。

10月21日，辽宁沈阳自贸试验区企业沈阳飞驰电气设备有限公司成功入围第三批国家级专精特新"小巨人"企业。

10月24日，《辽宁日报》报道《辽宁自贸试验区大连片区入选全球最佳自由贸易区》。

10月25日，安徽省商务厅、安徽大学共建中国（安徽）自由贸易试验区研究院合作协议签约暨揭牌仪式在安徽大学磬苑校区举行。

10月25日，2021中国（云南）自贸试验区昆明片区（昆明经开区）"双创活动周"正式启动。

10月25日，由自治区科技厅与中国（广西）自由贸易试验区指挥部办公室联合组织举办的2021年"自贸试验区数字经济创新发展"专题培训采取"线上＋线下"的方式在南宁市、钦州市、崇左市顺利举行。

10月25日，第三届陆家嘴国际再保险会议在浦东举行，会议围绕"数智新能　众行致远——全球再保险数字化转型"主题，探讨再保险行业的数字化转型之路，推动行业打造面向未来、面向全球的核心竞争力。

10月26日，河北省商务厅副厅长张记方主持召开河北省自贸试验区制度创新专题对接会。

10月27日，云南自贸试验区昆明片区"跨境电力"案例被国务院采用推广。

10月27日，在重庆市商务委员会推动下，重庆经开区、长寿经开区、万州经开区、西永综合保税区、两路寸滩综合保税区、江津综合保税区、涪陵综合保税区、国际物流枢纽园区、果园港国家物流枢纽、南彭公路物流基地等10个开放平台在2021年重庆市开放平台协同联动创新发展专题培训会上共同签订了协同联动创新发展倡议书，将推动平台之间基础设施互通、数据信息共享、产业招商联动、创新政策和成果共用，提升开放平台发展的整体性、系统性，为全市开放平台相互支撑、提质增效打下良好基础。

10月27日，2021年开放平台协同联动创新发展专题培训会在重庆举行。

10月27日，厦门自贸片区进口商品溯源平台正式上线试运行。

10月27日，《人民日报》报道《"关银一KEY通"共享盾自贸试验区昆明片区代办点启动》。

10月28日，中国（广西）自由贸易试验区建设指挥部办公室在中国—东盟经贸中心举办广西自贸试验区2021年营商环境培训班。

10月28日，厦门国际贸易"单一窗口"跨境电商综合服务平台正式上线并启动运营。

10月29日，湖南自贸试验区外国人来华工作一站式服务中心启动运营，副省长何报翔出席。

10月29日，第二届中国自由贸易试验区发展论坛举行。

10月29日，四川自由贸易试验区人民法院正式成立并运行司法释明中心。

10月29日，《湖南日报》报道《19条政策措施支持湖南自贸试验区加快发展》。

10月30日，《人民日报》报道《自贸试验区昆明片区推出商事登记确认制改革方案》。

11月

11月1日，湖南省第十二次党代会报告提出，以制度创新为核心，高标准高质量建设中国（湖南）自由贸易试验区，探索建设自贸试验区联动创新区，形成更多有国际竞争力的制度创新成果。

11月1日，全国首个保税燃料油跨关区直供无纸化试点在舟山启动。

11月2日，重庆市商务委副主任李巡府在新闻发布会上介绍，为更好发挥自贸试验区改革开放"试验田"的示范带动作用，在更大范围内进行复制与推广、拓展自贸试验区功能、扩大自贸试验区影响，重庆选择首批符合区域协调发展和开放型经济发展要求、开放条件和发展基础较好的开放平台，建设自贸试验区联动创新区。重庆高新技术产业开发区、重庆经济技术开发区、长寿经济技术开发区、万州经济技术开发区、永川高新技术产业开发区、涪陵高新技术产业开发区、重庆公路物流基地、黔江正阳工业园区、垫江高新技术产业开发区、云阳工业园区等10个联动创新区从19家申报单位中脱颖而出，成功入选。

11月3日，以"相约北京共赢未来"为主题，北京"两区"开放场景尼日利亚专场演示会成功举办。

11月3日，舟山发布全球首个"锚地供油气象指数"，进一步提升锚地供油作业效率。

11月3日，人民网报道《重庆这10个区域将复制推广自贸试验区试点经验》。

11月3日，中国日报网报道《协同创新助力陕西自贸试验区高质量发展》。

11月4日，北京市人力资源和社会保障局发布《关于为北京自贸试验区引进毕业生赋权的通知》。

11月4日，第四届中国国际进口博览会开幕式在上海举行，国家主席习近平在以视频方式发表的主旨演讲中两次提及海南：海南自由贸易港跨境服务贸易负面清单已经出台。中国将在自由贸易试验区和海南自由贸易港做好高水平开放压力测试。

11月4日，由黑龙江省商务厅、中国（黑龙江）自由贸易试验区工作办公室、普华永道共同主办的中国（黑龙江）自由贸易试验区招商推介暨投资潜力发展报告发布会在上海召开。

11月4日，工信部公示168家2021年度国家小型微型企业创业创新示范基地名单，宜昌高新区（自贸片区）2家基地成功入选。

11月5日，"中国（安徽）自由贸易试验区暨新兴产业合作洽谈会"在上海国际会议中心举办，安徽省政府副省长周喜安出席活动并致辞。

11月5日，福建海丝中央法务区启动大会暨首届论坛在厦门举行，福建省委书记、省人大常委会主任尹力出席并讲话。会上，尹力为厦门市颁授"海丝中央法务区"和"海丝中央法务区自贸先行区"牌匾，为首批海丝中央法务区专家顾问颁发聘任证书，并与嘉宾共同启动"海丝中央法务区·云平台"。

11月5日，第四届中国国际进口博览会福建省团首场配套活动——"福建自贸试验区暨闽台产业融合发展推介对接会"在上海成功举办。

11月6日，全国政协召开双周协商座谈会，参会代表在会上表示要利用好自贸试验区等开放平台，加大保税维修、再制造等业务发展，促进加工贸易转型升级。

11月6日，《福建日报》报道《福建自贸试验区暨闽台产业融合发展推介对接会举办》。

11月7日，河北省商务厅厅长、省自贸办主任张锋在上海参加国际进口博览会期间主持召开《中国（河北）自由贸易试验区建设"十四五"规划》专家论证会。

11月7日，《广西日报》报道《广西自贸试验区在沪推介投资商机》。

11月8日至11日，中国共产党第十九届中央委员会第六次全体会议在北京举行。会议审议通过的《中共中央关于党的百年奋斗重大成就和历史经验的决议》指出，我国坚持对内对外开放相互促进、"引进来"和"走出去"更好结合，推动贸易和投资自由化便利化，构建面向全球的高标准自由贸易区网络，建设自由贸易试验区和海南自贸港，推动规则、规制、管理、标准等制度型开放，形成更大范围、更宽领域、更深层次对外开放格局，构建互利共赢、多元平衡、安全高效的开放型经济体系，不断增强我国国际经济合作和竞争新优势。

11月9日，国务院印发《国务院关于同意在中国（上海）自由贸易试验区临港新片区暂时调整实施有关行政法规规定的批复》（国函〔2021〕115号），同意即日起至2024年12月31日，在上海自贸试验区临港新片区暂时调整实施《中华人民共和国国际海运条例》《国内水路运输管理条例》的有关规定。

11月10日，"许可审批"改为"行政确认"，中国（云南）自由贸易试验区昆明片区在全省率先推出商事登记确认制。

11月10日，浙江2020年全球十大船加油港口名单发布，舟山港2020年度保税船用燃料油加注量达472万吨，跻身全球第六大加油港、东北亚第一加油港。

11月10日，在第四届进博会上，河北自贸试验区聚焦特色优势产业，精准开展系列招商活动，签署13个项目合作协议，涵盖大宗商品贸易、港航服务、能源储配及先进制造业等重点产业，总投资额63亿元，较上届进博会增长60%以上。

11月10日，《河北日报》报道《河北自贸试验区签署13个项目合作协议》。

11月11日，江苏省自贸办在苏州召开江苏自贸试验区重点任务督导推进机制第一次专题会议。

11月11日，习近平总书记在亚太经合组织工商领导人峰会的主旨演讲中强调，中国将打造高水平、制度型对外开放格局，持续优化营商环境，鼓励自由贸易试验区创新发展。

11月12日，安徽蚌埠片区成功落地的首笔NRA账户结汇业务，为自贸试验区内企业货物贸易收结汇打开了新通道。

11月12日，海淀区在全市率先出台"两区"高质量发展环境管理方案。

11月12日，河南自贸试验区洛阳片区，河南印发行动方案坚决遏制"两高"项目盲目发展。

11月14日，人民网报道《爱才好士！湖南自贸试验区长沙片区发布人才政策配套实施办法》。

11月15日，国务院办公厅发布《关于对国务院第八次大督查发现的典型经验做法给予表扬的通报》，海南以"机器管规划"赋能国土空间智慧治理、全力支持南繁科研育种基地开展种源关键核心技术攻关、洋浦经济开发区深化制度集成创新打造海南自由贸易港建设"样板间"等3项典型经验做法入选。

11月15日，由中国（广西）自由贸易试验区南宁片区数字经济产业促进会主办，中国银行广西自贸试验区南宁片区支行、南宁市商标协会、南宁IT圈、中国—东盟新型智慧城市协同创新中心协办的南宁片区数字经济产业促进会揭牌仪式在中国—东盟新型智慧城市协同创新中心举行。

11月15日，《湖南日报》报道《中国（湖南）自贸试验区长沙片区发布人才政策配套实施办法》。

11月16日，陕西省自贸办举办自贸试验区创新经验复制推广工作专题培训班。

11月16日，山东自贸试验区烟台片区正式试点商事登记确认制改革。

11月16日，商务部、海关总署等8部门印发《关于推动海关特殊监管区域与自贸试验区统筹发展若干措施的通知》（商自贸发〔2021〕224号），推动两类区域统筹发展，率先探索形成新发展格局，打造对外开放新高地。

11月17日，2021年"云南人才周"在云南自贸试验区昆明片区启幕。

11月18日，大连自贸片区管委会联合太平洋财产保险，创新推出全国首单"低碳项目机器损坏碳交易损失保险"，为片区企业中国华粮物流集团北良有限公司大连热力分公司提供减排设备碳损失保障。

11月18日，中国（广西）自由贸易试验区南宁片区惠企惠民一站通系统上线情况发布会在南宁国际会展中心B区新闻发布厅召开。

11月19日，最高人民检察院制发《最高人民检察院关于服务保障海南自由贸易港建设的意见》，就充分发挥检察职能作用，为建设高水平的中国特色自由贸易港提供优质法律服务和有力司法保障提出21条具体措施。

11月19日，河北省商务厅印发《支持中国（河北）自由贸易试验区创新发展的若干措施》的通知。

11月19日，全市重点项目集中开工、集中签约暨中国（山东）自由贸易试验区烟台片区两周年推介活动在烟台开发区举行。

11月19日，以"新格局　新平台　新作为"为主题的中国（安徽）自由贸易试验区建设发展论坛在合肥举行。

11月19日，据新华社报道，一年多来，安徽自贸试验区以不到全省千分之一的面积贡献了全省22%的进出口额、10%的外商直接投资，改革开放试验田作用加速释放。

11月20日，以"更大力度谋划和推进自由贸易试验区高质量发展"为主题的第八届中山大学自贸试验区高端论坛在广州南沙成功举办。会上发布了"2020—2021年度中国自由贸易试验区制度创新十佳案例"，南京片区"境内外律所'多元复合式'联营"入选。

11月20日，河北自贸试验区大兴机场片区廊坊区域案例入选中山大学自贸试验区研究院"2020—2021年度中国自由贸易试验区制度创新十佳案例"。

11月22日，李克强总理表示上海自贸试验区作为全国第一个自贸试验区，要继续先行先试、取得新经验，更好为全国做示范。

11月23日，浙江合格境外有限合伙人（QFLP）境内股权投资政策落地浙江自贸试验区舟山片区。

11月23日，福建省商务厅（自贸办）依托福建干部网络学院，举办全省开发区建设自贸创新推广先行区专题培训班（线上）。

11月24日，《中国（北京）自由贸易试验区条例（草案）》通过市人大常委会一审。

11月24日，中国（广西）自由贸易试验区钦州港片区行政审批局向广西炬申智运信息科技有限公司颁发道路运输经营许可证，经营范围为网络货运。这是钦州港片区核发的首张"网络货运"的道路运输经营许可证，标志着钦州港片区开启了"网络货运"模式新时代。

11月24日，青岛自贸片区融媒体中心揭牌暨"一刊一栏目"上线发布会顺利举行。

11月25日，《北京青年报》报道《北京：建立健全自贸试验区制度创新容错机制》。

11月26日，广西壮族自治区人民政府发布《关于做好中国（广西）自由贸易试验区第二批自治区级制度创新成果复制推广工作的通知》。

11月26日，辽宁自贸试验区沈阳片区首个商标注册证签发。

11月26日，中国农业银行哈尔滨自贸试验区分行举行揭牌暨签约仪式。

11月28日，盛大门全球精品直达店在辽宁自贸试验区沈阳片区正式开业运营，首批上架3000余种进口商品。

11月29日，熊朝阳在全面深化服务贸易创新发展试点一周年新闻通气会上表示，重庆市口岸物流办依托重庆国际贸易"单一窗口"，积极推进与银行、保险、征信、支付等机构的对接，创新"贸易+金融"服务模式，在全国首创服务贸易国际结算便利化。

11月30日，云南省政协民建、特邀界别委员开展"加快推动云南自贸试验区昆明片区建设发展"视察，提出精准服务，提升软环境。

11月30日，中国（广西）自由贸易试验区钦州港片区投资推介会在上海举行，吸引了阿里巴巴（Alibaba）、雅宝（Albemarle）、卡博特（Cabot）、中国商飞（COMAC）等超过40家中外重点企业参加。

12月

12月1日，安庆市商务局党组成员、副局长毕长流赴省商务厅参加安徽自贸试验区联动创新区建设实施方案论证会。

12月1日，海南省第六届人民代表大会常务委员会第31次会议审议通过《海南自由贸易港征收征用条例》《海南自由贸易港安居房建设和管理若干规定》《海南自由贸易港闲置土地处置若干规定》《海南自由贸易港免税购物失信惩戒若干规定》《海南自由贸易港企业破产程序条例》《海南自由贸易港市场主体注销条例》《海南自由贸易港知识产权保护条例》《海南自由贸易港科技开放创新若干规定》等配套法规。

12月1日，海关总署公布，自当日起，海南自由贸易港洋浦保税港区先行先试的"一线放开、二线管住"进出口管理制度，将扩大到海口综合保税区、海口空港综合保税区试点。

12月1日，辽宁自贸试验区沈阳片区与神州方圆签署合作协议。

12月1日，人民网报道《自贸试验区昆明片区打造"一站式"电力零售交易平台》。

12月1日，《广西日报》报道《广西自贸试验区公布第二批40项制度创新成果》。

12月2日，安徽省政府和国家市场监管总局在合肥签订合作备忘录，根据备忘录协议，国家市场监管总局将支持安徽自由贸易试验区建设。

12月2日，河南洛阳综合保税区通过国家正式验收。

12月2日，光谷移民事务服务中心在湖北武汉自贸片区揭牌。这是光谷首家集政务服务、信息服务、政策咨询以及法律服务和文化融入等于一体的外籍高层次人才服务平台。

12月2日，《人民日报》报道《广西自贸试验区第二批制度创新成果出炉 40项成果全区复制推广》。

12月3日，河北省政府新闻办召开"中国河北自由贸易试验区发展'十四五'规划"新闻发布会。

12月3日，全国大宗商品仓单登记系统在中国（山东）自由贸易试验区青岛片区正式上线，航运贸易金融数字化综合服务平台同步启动。

12月4日，沈阳数字化建筑产业园落户辽宁自贸试验区沈阳片区。

12月4日，河北提出4方面重点任务推动河北自贸试验区创新发展，包括实施高水平制度型开放、推动现代前沿产业开放发展、促进区域联动创新、加快转变政府职能。

12月4日，人民网报道《河北自贸试验区改革试点任务有效实施率达90.8%》。

12月5日，商务部督查组赴湖南开展自贸试验区改革试点综合督查并给予充分肯定。

12月6日，河北省自贸办以云端线上方式组织开展了河北自贸试验区创新发展专题培训。

12月6日，人民网报道《河北自贸试验区改革试点任务有效实施率达90.8%》。

12月7日，中国（安徽）自由贸易试验区高质量发展研讨会在蜀山区召开。

12月7日，京港签署2022年度京港合作备忘录，共推北京"两区"建设。

12月8日，中国贸促会法律事务部、国际商事争端预防与解决组织秘书处、安徽省商务厅及省贸促会多方举行视频会议，强化自贸试验区商事争端预防与解决。

12月8日，广西钦州综合保税区举行封关运营仪式。

12月8日，人民网报道《云南自贸试验区昆明片区为制度创新十佳案例、十佳线索颁奖》。

12月8日，人民网报道《多项全国首个！浙江自贸试验区建设第七批"十大"成果发布》。

12月9日，自由贸易园区发展国际论坛在江苏自贸试验区南京片区举办，本次论坛以"开放创新合作，培育自由贸易新动能"为主题，采用线上线下结合方式举办，由开幕式、全体会议、专题讨论、经验交流会等环节构成。

12月9日，辽宁自贸试验区大连片区管委会联合大连市住建局召开新闻发布会，正式对外发布《大连自贸片区（保税区）促进建筑业、建筑产业高质量发展的十五条政策措施（试行）》。

12月10日，中共中央政治局常委、国务院副总理、推进海南全面深化改革开放领导小组组长韩正在北京主持召开推进海南全面深化改革开放领导小组全体会议，认真学习贯彻党的十九届六中全会和中央经济工作会议精神，总结2021年推进海南全面深化改革开放工作，审议有关文件，研究部署2022年重点工作。

12月10日，河北自贸试验区四片区（石家庄、唐山、廊坊、雄安新区）中级人民法院会签司法协作框架协议，并召开服务保障自贸试验区工作座谈会。

12月10日，由中国贸促会、江苏省人民政府、世界自由区组织主办的2021自由贸易园区发展国际论坛在江苏省南京市举办。

12月10日，"中国（泸州）跨境电商公共服务平台"建设项目验收会在四川临港物流信息服务股份有限公司举行，经过现场审核资料和功能评测，正式通过验收，这标志着泸州有了自己的跨境电商线上综合服务平台。

12月10日，新华社报道《4年来辽宁自贸试验区13项案例在全国复制推广，累计新设企业超6.8万户 试点经验不断落地　制度创新释放活力》。

12月10日，新华社报道《敢闯敢试　11月云南自贸试验区创新步伐再提速》。

12月10日，人民网报道《广西自贸试验区加快形成万亿级绿色新材料产业集群》。

12月10日，《辽宁日报》报道《4年来辽宁自贸试验区13项案例在全国复制推广》。

12月10日，《天津日报》报道《天津自贸试验区闯出多个"全国首单"》。

12月12日，四川一列满载木料的中欧班列通过"快通模式"经霍尔果斯铁路口岸入境后直接运抵成都，由成都海关所属青白江海关办理通关监管手续后快速放行。该批货物的顺利通关，标志着"铁路快通"业务模式正式在成都青白江铁路港片区落地。

12月13日，据《湖南日报》报道，湖南省第十二次党代会报告提出，"以制度创新为核心,高标准高质量建设中国(湖南)自由贸易试验区,形成更多有国际竞争力的制度创新成果"。

12月13日,河南自贸试验区洛阳片区,洛阳高新区获批"企业创新积分制"试点。

12月14日,据《湖南日报》报道,自湖南自贸试验区设立至今年11月底,新设立企业7988家,新增注册资本497.32亿元,分别增长65.85%、22.17%。

12月15日,据《人民日报》报道,习近平总书记主持召开中央全面深化改革委员会第二十次会议时强调:"要围绕实行高水平对外开放,充分运用国际国内两个市场、两种资源,对标高标准国际经贸规则,积极推动制度创新,以更大力度谋划和推进自由贸易试验区高质量发展。"

12月15日,据《湖南日报》报道,在中国(湖南)自由贸易试验区郴州片区,郴州正威新材料科技城项目二期正在火热建设中。

12月15日,据《云南政协报》报道,河口瑶族自治县政协委员和政协工作者保持战略定力,深入学习领会习近平总书记考察云南重要讲话精神,牢牢把握总书记指出的"云南的优势在区位,出路在开放"的深刻内涵,大力弘扬"红河奔腾、奋勇争先"的精神,增强政治责任感和历史使命感,在推进河口"区县"融合发展中践行初心、担当使命,不做旁观者,不当局外人,抢抓机遇,主动作为,为助推中国(云南)自由贸易试验区红河片区建设献计出力。

12月15日,北京"两区"开放政策全球推介活动于11月17日至12月15日期间,分别在澳门、伦敦、惠灵顿、慕尼黑、比利时、韩国等地举办"两区"政策宣讲。

12月16日,上海自贸区临港新片区管委会、临港集团与星展银行(中国)有限公司("星展中国"),政企银三方携手在上海市—新加坡全面合作理事会("沪新理事会")第三次会议上签署战略合作备忘录。

12月17日,据《广西日报》报道,中国(广西)自由贸易试验区崇左片区地处国际陆海贸易新通道陆路枢纽位置,是面向东盟最便捷的要道和中国与东盟合作的开放前沿。

12月17日,安徽省省长王清宪在合肥市调研安徽自贸试验区建设工作。

12月18日，河北省政府印发《关于推进河北自贸试验区贸易投资便利化改革创新的若干措施》的通知。

12月20日，国务院发展研究中心开展海南自由贸易港建设2021年年度评估调研工作。

12月20日，合肥经开区政务服务中心窗口印发合肥首张"行业综合许可证"，标志着"一业一证"试点改革正式在中国（安徽）自由贸易试验区合肥片区落地。

12月20日，据《国际商报》报道，北京市十五届人大常委会第35次会议对《中国（北京）自由贸易试验区条例（草案）》进行一审、湖南省人大常委会相关负责人前往岳阳片区开展《中国（湖南）自由贸易试验区条例（草案）》立法调研、安徽省人大常委会法工委相关负责人到芜湖片区开展《中国（安徽）自由贸易试验区条例（草案修改初稿）》立法调研。

12月21日，云南自贸试验区昆明片区打造"一站式"电力零售交易平台。

12月21日，中国（河北）自由贸易试验区工作办公室关于印发《中国（河北）自由贸易试验区发展"十四五"规划》的通知。

12月21日，舟山召开高质量推进浙江自贸试验区舟山片区建设大会，聚焦打造9大标志性成果，全力谱写自贸试验区高质量发展新篇。

12月22日，安徽省委书记郑栅洁主持召开中国（安徽）自由贸易试验区建设工作领导小组第二次会议。

12月22日，首批平行进口汽车从天津口岸运抵沈阳综保区桃仙园区，标志着辽宁自贸试验区沈阳片区首批平行进口汽车保税展示业务正式开通。

12月23日，为研究自贸试验区在数据跨境流动、数据存储本地化、知识产权保护、跨境电商便利化等方面潜在的政策突破点，由中国（江苏）自由贸易试验区研究院、新华日报社新华传媒智库联合组成省内专家调研组走进南京片区，开展数字经济与数字贸易专项调研。

12月23日，中国（广西）自由贸易试验区顾问委员会成立大会暨第一次会议，在广西南宁以线上线下相结合方式举行。

12月24日，财政部、海关总署、税务总局联合发布《关于调整海南自由贸易港原辅料"零关税"政策的通知》。

12月24日，河南自贸试验区洛阳片区《洛阳市创新引领行动计划》和《洛阳市制造业高质量发展行动计划》发布。

12月24日，河南自贸试验区郑州片区"跨境电商市场领域智慧监管新模式""大宗商品供应链数字化服务平台"等9个案例入选河南自贸试验区第三批最佳实践案例。

12月24日，中国（湖南）自贸试验区郴州医院揭牌暨省级区域医疗中心合作共建签约仪式在郴州市第一人民医院东院举行。

12月25日，湖南郴州召开新闻发布会，面向社会发布人才新政52条，同时配套出台湖南自贸试验区郴州片区专项人才政策，加大对国内外人才的引进力度。

12月26日，丝丽品牌在中国经济特区、海南自由贸易试验区举行了主题发布会，会上公布了丝丽品牌重磅利好消息：海南省药品监督管理局已通过法国CYTOCARE丝丽动能素516及532作为临床急需医疗器械的批复。

12月27日，国家发改委、商务部对外发布《外商投资准入特别管理措施（负面清单）（2021年版）》和《自由贸易试验区外商投资准入特别管理措施（负面清单）（2021年版）》，自2022年1月1日起施行。

12月28日，中国（云南）自由贸易试验区德宏片区成功办理首笔中缅银行人民币账户跨境结算业务。

12月28日，中国（山东）自由贸易试验区烟台片区国际仲裁院成立。

12月28日，《中国（湖北）自由贸易试验区武汉片区深化改革创新发展三年行动方案》正式出台。该方案规划了武汉自贸片区未来3年改革创新路径，致力为湖北省、武汉市外向型经济高质量发展做出更大贡献，为全国制度创新提供更多武汉经验。

12月29日，中国（云南）自由贸易试验区昆明片区与上海临港集团、华为技术有限公司强强合作。

12月29日，重庆市自贸试验区工作领导小组办公室召开联动创新区建设推进会。

12月29日，福建省商务厅（自贸办）在三明市在乐县召开全省自贸创新推广工作交流会，促进自贸试验区和开发区协同创新、融合发展。

12月30日，连云区人民政府与中国人民银行连云港市中心支行共同牵头，举办政银企合作，助推江苏自贸试验区连云港片区连云区块建设发展签约仪式，进一步打造自贸试验区金融开放创新高地，落实迈向金融领域改革"深水区"的任务要求。

12月30日，中国（云南）自由贸易试验区出台容错纠错实施办法。

12月30日，由广西壮族自治区商务厅、广西贸促会、南宁市人民政府主办的RCEP企业服务中心揭牌仪式在南宁举行。

12月31日，为解决科技型企业融资难、融资贵问题，加快培育行业龙头和独角兽企业，陕西自贸试验区西咸新区沣东新城功能区聚集各类金融服务资源，搭建线上线下相结合的"科技金融超市"，为企业提供全生命周期综合性金融服务，助力区内科技企业快速发展。

12月31日，江苏自贸试验区南京片区企业丝路之舟一批轨道交通配件顺利出关，发往"一带一路"共建国家。与以往不同，这批货物由丝路之舟采用市场采购贸易（1039）模式通关，实现了南京市场采购贸易模式首单突破，推动了南京市场采购贸易新业态从0到1的飞跃，具有开创性的深远意义。

12月31日，江苏自贸试验区苏州片区首创的"查验协同"模式向全国推广。

12月31日，重庆万州综合保税区（一期）顺利通过由重庆海关、重庆市商务委等8个部门组成的联合预验收组验收，标志着万州综合保税区向正式封关运行迈出了坚实一步。

2021年中国自贸试验区小结

2021年是自贸试验区推陈出新与勇攀高峰之年。2021年，创新成为年度热门词汇之一，习近平总书记也再次对自贸试验区制度创新提出新的要求。这一年，自贸试验区深入贯彻落实习近平总书记关于自贸试验区建设的重要指示精神和党中央、国务院部署，结合"十四五"期间整体规划安排，瞄准新要求，坚持高标准，继续在投资、贸易、金融、全过程监管等领域深化改革探索，围绕产业发展、要素资源破解深层次矛盾和结构性问题，并更加重视整合自贸试验区之间合力，不断拓展制度创新的地域边界。自贸试验区形成的制度创新成果在各领域的改革突破和先导示范作用更加凸显。

2021年是自贸试验区释放活力与积蓄动力之年。习近平总书记在中央全面深化改革委员会第二十次会议上，对自贸试验区建设提出了明确要求，强调要赋予自由贸易试验区更大改革自主权，加强改革创新系统集成，统筹开放和安全，及时总结经验并复制推广，努力建成具有国际影响力和竞争力的自由贸易园区，发挥好改革开放排头兵的示范引领作用。2021年，自贸试验区着力高质量发展，为培育和打造世界级产业集群筑势赋能。这一年，自贸试验区依托制度创新优势，以服务构建新发展格局、塑造创新驱动优势、对标高标准国际经贸规则，以制度创新、技术赋能、区域联动、国际合作为培育路径，以优化要素供给、营造良好环境为发展保障，持续培育和打造现代物流、生物医药、新材料、光电信息等产业集群，探索打造世界级产业集群的路径经验，为我国加快构建现代化经济体系，抢占未来产业发展的制高点做出了重大贡献。

2021年，我国进一步完善自贸试验区在扩大外商投资准入、服务贸易领域扩大开放、与其他开放平台协同发展等方面的政策制度，进一步提升自贸试验区开放水平。

一是推动自贸试验区进一步放宽外资准入，进一步缩减自贸试验区外资准入负面清单。二是推出国家层面首张跨境服务贸易负面清单，清单之外对国内外服务提供者一视同仁，实现了我国服务贸易管理模式的重大突破。三是推动自贸试验区深化金融领域对外开放，决定在上海自贸试验区临港新片区、广东自贸试验区南沙新区片区、海南自由贸易港洋浦经济开发区、浙江省宁波市北仑区等4个区域开展跨境贸易投资高水平开放外汇管理改革试点，推进跨境贸易和投融资便利化。四是推动自贸试验区与其他开放平台协同发展，从布局、管理、政策、产业发展、创新等方面加强统筹，进一步发挥海关特殊监管区域政策功能优势和自贸试验区改革开放试验田作用，促进两类区域优势互补、协同发展。五是赋予海南自由贸易港更加自由便利的贸易投资措施，推进贸易自由便利政策制度的系统集成创新，促进生产要素自由便利流动，加快培育产业发展动能，高质量高标准建设自由贸易港。

2021年，各自贸试验区深入学习领会贯彻习近平总书记最新重要指示精神，进一步健全政策制度体系，加快推动落实各项改革试点任务，积极推动与各类国家级平台协同发展，建设发展取得了一系列新进展新成效：河南自贸试验区郑州片区聚焦健全航空物流网络，畅通国内大循环，形成了航空物流产业集群；四川自贸试验区川南临港片区聚焦完善水运物流网络畅通国内大循环，形成港口物流产业集群；浙江自贸试验区宁波片区通过创新跨境电商金融服务方案，培育跨境电商产业集群；海南自贸港培育免税购物品牌，打造免税购物产业集群；江苏自贸试验区南京片区以"三融合"推动科技创新一体化发展；安徽自贸试验区蚌埠片区打造生物基产业集群，攻克了高光学纯乳酸制备、丙交酯纯化、聚乳酸合成等一批技术难题；湖北自贸试验区武汉片区培育光电产业集群，诞生全国首台10万瓦光纤激光器；安徽自贸试验区合肥片区培育量子通信产业集群，研发国内首款量子安全通话产品；河北自贸试验区大兴机场片区完善物联网标准体系，培育物联网产业集群；湖南自贸试验区长沙片区建设具有全球影响力的工程机械制造业基地，完善工程机械标准体系；北京自贸试验区围绕新金融规则，通过培育金融科技产业集群对标新金融国际规则探索监管经验；上海自贸试验区临港新片区围绕数据跨境流动规则，培育数字经济产业；重庆自贸试验区依托中欧班列，将陆上贸易规则向全球拓展；天津自贸试验区吸引跨国企业入驻，打造细胞产业集群；山东自贸试验区济南片区探索新型研发机构管理创新，支持战略性新兴产业发展壮大；辽宁自贸试验区大连片区通过国企混合所有制改革推动制造业服务化，培育具有国际竞争力的龙头企业；黑龙江自贸试验区绥芬河片区构建中国—俄罗斯中药材跨境产业链；广西自贸试验区南宁片区通过搭建工业互联网平台，推动制糖企业数字化转型；广东自贸试验区南沙新区片区创新港澳工程专业人才职称评价标准体系；湖南自贸试验区岳阳片区探索 M0 产业用地新模式；福建自贸试验区福州片区实现区块链保单融资；江苏自贸试验区南京片区创新与碳配额挂钩的贷款产品；云南自贸试验区昆明片区打造"一站式、全方位"的全生命周期服务体系。

党的十八大以来，自由贸易试验区形成了覆盖东西南北中的试点格局，推出了一大批高水平制度创新成果，建成了一批世界领先的产业集群，为高质量发展做出了重要贡献。要深入推进高水平制度型开放，赋予自由贸易试验区更大改革自主权，加强改革创新系统集成，统筹开放和安全，及时总结经验并复制推广，努力建成具有国际影响力和竞争力的自由贸易园区，发挥好改革开放排头兵的示范引领作用。

2022年中国自贸试验区大事记

1月

1月1日，浙江国家外汇管理局对外发布，在宁波北仑等4区域开展首批跨境贸易投资高水平开放试点。

1月1日，云南首份RCEP原产地证书在昆明签发。

1月4日，广东深港国际法务区正式启用，跨境商事法律适用规则衔接取得突破。前海正式启用深港国际法务区，联动香港打造国际法律服务中心和国际商事争议解决中心。最高人民法院第一巡回法庭（第一国际商事法庭）等国家级平台整体入驻。粤港澳大湾区国际仲裁中心挂牌设立。

1月5日，150亿元注册资本央企投资平台公司——中冶长城投资有限公司正式落户北京自贸试验区顺义组团。

1月5日，"改革激活力 建设强省会"济南改革融媒体行活动来到山东自贸试验区济南片区，在国家文化出口基地展示中心、日本乐购仕跨境电商保税中心仓等项目现场，实地感受山东自贸试验区济南片区的旺盛活力。

1月7日，海南省委深改办（自贸港工委办）召开新闻发布会，正式对外发布海南自由贸易港形象标识"启航"。

1月7日，中国（云南）自由贸易试验区昆明片区官渡"自贸数字港"正式揭牌。

1月10日，中国—东盟信息港小镇（研发中心）项目正式竣工，该项目2019年被列为广西壮族自治区统筹推进的重大项目，是五象新区首个带设计方案出让、拿地即开工的项目,也是首个建筑师负责制试点项目。

1月11日,湖南省人大常委会审议通过《中国(湖南)自由贸易试验区条例》,并于3月1日正式施行。

1月11日,云南自贸试验区昆明片区"官渡自贸数字港"揭牌。

1月11日,上海市浦东新区第七届人民代表大会第一次会议在浦东城市规划和公共艺术中心开幕。

1月12日,江苏自贸试验区南京片区、江北新区迎来RCEP(区域全面经济伙伴关系协定)进口"开门红"。

1月12日,广东省人民政府印发关于《广东省推动服务贸易高质量发展行动计划(2021—2025年)》的通知。

1月13日,五象新区(广西自贸试验区南宁片区)举行高质量发展情况通报新闻发布会。

1月13日,重庆江津综合保税区(二期)基础和监管设施正式通过联合验收,标志着江津综保区实现全域封关,开启提级扩能新阶段。

1月13日,茶里集团总部在广州南沙正式落成,标志着茶里集团自建供应链体系工作取得里程碑式突破,成为国内首个拥有全自动化生产中心、研发中心、国际茶学院三位一体的茶产业研究中心,以及精深加工生产制造中心的袋泡茶企业。

1月13日,据中国新闻网报道,河北自贸试验区雄安片区综合管理服务中心进入地上施工阶段。

1月14日,河北省商务厅张锋厅长与河北省石家庄市政府领导就正定片区建设发展进行对接座谈。

1月14日,安徽自贸试验区建设工作领导小组办公室印发《关于印发推进中国(安徽)自由贸易试验区贸易投资便利化改革创新工作举措的通知》。

1月16日,由上海区块链协会主办的"链你我·赢未来"2021上海区块链年度盛典在上海市黄浦区科学会堂举行。江苏自贸试验区南京片区企业荣泽科技"区块链电子证照共享平台"荣获2021年度全国区块链技术应用精选案例。

1月16日,据《广西日报》报道,各类开放试验区阔步前行,广西自贸试验区改革试点任务完成95%，入驻企业超5.6万家，南宁、崇左跨境电商综合试验区进出口额分别增长2.6倍、10倍，百色、东兴、凭祥重点开发开放试验区和防城港国际医学开放试验区平台建设收获新成效。

1月17日，安徽省十三届人大五次会议开幕，《政府工作报告》指出，安徽将深化自贸试验区专项推进行动，在商事制度、贸易投资、金融开放创新、科技创新等领域形成一批可复制可推广的制度创新成果。

1月17日，中国（云南）自贸试验区昆明片区（昆明经开区）2022年首场制度创新专题新闻发布会召开，区党工委委员、制度创新部部长张秋出席新闻发布会，并就片区2021年制度创新亮点成绩及今年拟开展重点工作进行介绍。

1月17日，据《人民日报》报道，我国2021年外贸成绩单发布，货物贸易进出口规模首次突破6万亿美元。其中，自由贸易试验区进出口增长26.4%，呈现蓬勃发展态势。

1月19日，北京城市副中心"两区"业界理事委员会宣布成立。

1月19日，重庆西永跨境电商产业园（eBay园）暨渝贝跨境电商学院人才孵化基地落成揭牌。

1月19日，四川省陆海新通道发展有限公司在天府新区片区正式成立。

1月19日，据中国日报网报道，2021年湖南自贸试验区以全省万分之六的面积贡献了全省32%的外资、28%的进出口和5%的税收。

1月20日，北京市"两区"办联合经开区管委会、澳大利亚商会，在北京、澳大利亚同步举办了走进高端产业片区（亦庄组团）在线沙龙。

1月20日，河北省发改委出台6方面措施支持河北自贸试验区创新发展。

1月20日，辽宁自贸试验区大连片区联合海事部门，在全国率先推出海运拼箱涉危业务便捷通关新模式。

1月21日，江苏省驻海外经贸代表和境外驻苏机构代表赴江苏省江北新区（自贸试验区）调研。

1月24日，陕西自贸试验区构建三级联动区域医学检验生态圈。

1月24日，国家发改委、商务部印发《关于深圳建设中国特色社会主义先行示范区放宽市场准入若干特别措施的意见》（国家发展改革委商务部〔

2022〕年第135号），鼓励深圳针对中国（广东）自由贸易试验区前海蛇口片区内优质企业制定支持政策。

1月25日，陕西商务部：推动出台自贸试验区跨境服务贸易负面清单。

1月25日，四川一列悬挂着"泸州—杜伊斯堡"字样的货运火车缓缓驶出泸州港进港铁路专用线，这标志着中欧班列（泸州号）首发成功。

1月25日，在国务院新闻办公室举行的新闻发布会上，商务部表示将聚焦重点领域、关键环节、基础性制度开展深层次改革试点，破除体制机制障碍，推动形成更多高质量的制度创新成果。持续推动向自贸试验区下放更多省级经济管理权限。

1月26日，据中国日报网报道，云南自贸试验区昆明片区、综合保税区、跨境电商综试区等开放"窗口"不断增多，进出口总额从66.1亿美元提高到265.7亿美元。

1月27日，江苏自贸试验区连云港片区召开专题工作推进会。

1月28日，中国（云南）自由贸易试验区昆明片区官渡区集群注册托管企业揭牌。

1月28日，据中国日报网报道，为更好地满足企业在自贸试验区发展需求，营造法治化营商环境，湖南自贸试验区长沙片区本着"审批提速，服务提效"原则，加快引进专业律师事务所，为自贸试验区高质量发展提供坚实的法律保障。

1月29日，广东省人民政府印发《关于推进广东自贸试验区贸易投资便利化改革创新若干措施》的通知。

2月

2月1日，安徽自贸试验区第一批联动创新区在亳州、阜阳、滁州、马鞍山、宣城、安庆等6市设立。

2月2日，据中国日报网报道，2021年，河南自贸试验区开封片区入驻企业6611家，是挂牌前的36.7倍；注册资金1075.05亿元，其中超亿元企业163家、超10亿元企业16家，有40余家国内500强企业和行业龙头企业入驻河南自贸试验区开封片区。

2月3日，海关将在湖北部分自贸试验区先行先试全面与进步跨太平洋伙伴关系协定（CPTPP）部分规则。

2月8日，安徽省副省长单向前赴安徽省商务厅、省贸促会、合肥海关调研，并在省商务厅组织召开工作座谈会，研究推进安徽自贸试验区开放型经济工作。

2月8日，在集中收听收看了青岛西海岸新区春季重点项目集中开工仪式直播后，山东自贸试验区青岛片区举行春季重点项目集中开工仪式。在现场，总投资446亿元的25个重点项目宣告开工，正式吹响了2022年高质量发展集结号，打响项目建设攻坚战。

2月9日，据中国日报网报道，中国（辽宁）自贸试验区大连片区面向小微企业推出共享办公空间。

2月10日，国家发改委负责同志主持召开海南自由贸易港全岛封关运作准备工作启动会，海南自由贸易港全岛封关运作准备工作启动。

2月10日，"上海海关、浦东新区人民政府、临港新片区管委会合作备忘录签约仪式"在新区办公中心举行。

2月10日，最高人民法院公布"人民法院服务保障自由贸易试验区建设典型案例和亮点举措"评选结果。

2月11日，广西自贸试验区南宁片区印发《支持中国—东盟黄金产业园区发展的若干措施（试行）》。

2月14日，财政部、海关总署、税务总局联合发布《关于调整海南自由贸易港自用生产设备"零关税"政策的通知》。

2月14日，总投资37亿的华勤技术"汽车电子临港研发总部"和"智能制造基地"项目签约落地上海自贸试验区临港新片区；"中国（上海）自由贸易试验区临港新片区开展跨境贸易投资高水平开放外汇管理改革试点启动会"在临港新片区召开。

2月15日，云南省昆明市官渡区举办主题为"汇聚发展新动能 共启开放新征程"2022年招商引资暨重点项目推介会。

2月16日,《安徽省"十四五"知识产权发展规划》出台,规划明确了安徽省将加快自贸试验区知识产权领域信用体系建设,建立信用黑名单制度。

2月16日,中国—马来西亚钦州产业园马莱大道以南片区道路控制绿化带工程(一期)一标段监理项目在钦州市公共资源交易中心顺利完成,这是广西自贸试验区首个"网上开标"项目。

2月16日,河北省商务厅会同商务部国际贸易经济合作研究院召开制度创新工作专题视频对接会。

2月16日,据《人民日报》报道,中国(上海)自由贸易试验区临港新片区跨境贸易投资高水平开放外汇管理改革试点日前正式启动。

2月18日,海南省财金集团、海南自由贸易港建设投资基金在海口揭牌。

2月18日,《中国(上海)自由贸易试验区临港新片区条例》将于3月1日起施行,成为临港新片区第一部综合性地方性法规。

2月21日,据《人民日报》报道,2021年,全国综合保税区实现进出口值5.9万亿元,同比增长23.8%,较同期全国外贸进出口21.4%的增幅高2.4%,占同期全国外贸进出口值的15.1%,对我国外贸的贡献率达16.5%。

2月21日,商务部、中国出口信用保险公司印发《商务部中国出口信用保险公司关于加大出口信用保险支持做好跨周期调节进一步稳外贸的工作通知》(商财函〔2022〕54号),强调着力提升对自贸试验区、自由贸易港、国家级经济技术开发区、跨境电子商务综合试验区、边境(跨境)经济合作区、加工贸易重点承接地和示范地、加工贸易产业园内企业服务水平。

2月23日,重庆国际物流枢纽园区集中共签约12个项目,协议投资额达69.95亿元,主要涉及口岸经济、数字经济和现代服务业等领域。

2月23日,据中国日报网报道,河南自贸试验区国际艺术品保税仓受邀参加香港特别行政区行政长官VIP圆桌会议。

2月23日,据中国日报网报道,陕西省商务厅简报第3期(自贸试验区建设动态第1期)刊发《陕西自贸试验区西安经开区功能区深耕"两链融合"加速产业聚集》改革创新经验,介绍了经开功能区通过大中小企业融通型特色载体建设，依托区域龙头企业带动和产业创新联盟，围绕做大做强商用汽车、新材料新能源等特色产业集群，加速"两链"融合和大中小企业融通发展的经验做法和实践效果。

2月24日，山东自贸试验区烟台片区商事登记服务天马相城分厅在中国银行烟台自贸试验区支行正式揭牌启用。

2月25日，陕西省自贸办召开陕西自贸试验区2021年度"最佳实践案例"评选会。

2月25日，湖北省委常委会召开会议，研究我省贯彻落实《长江中游城市群发展"十四五"实施方案》举措；部署加快推进武汉长江新区建设，推动中国（湖北）自由贸易试验区改革发展。

2月25日，地处浦东后滩核心板块的上海SK大厦举行首场客户签约仪式，推动上海自贸试验区的发展。

2月28日，以"走进北京'两区'，共享'双碳'先机"为主题的中日新能源产业主题沙龙在北京、东京同步举办。

2月28日，安徽省自贸办调研组一行赴阜阳调研安徽自贸试验区阜阳联动创新区和阜阳保税物流中心（B型）建设情况。

3月

3月1日，把生态环境保护作为第一要务，山东自贸试验区烟台片区先行先试。

3月1日，福建自贸试验区工作领导小组印发《福建自贸试验区建设2022年工作要点》，将聚焦6个"着力点"16项重点任务，在新的起点谋划和推进自贸试验区高质量发展，发挥好改革开放排头兵的示范引领作用，着力打造国内国际双循环相互促进的重要枢纽。

3月1日，据中国日报网报道，开封市市长李湘豫所作的《政府工作报告》，明确了2022年开封市的重点工作及主要预期目标，并就自贸试验区开封片区的发展建设进行了明确规划和指引。

3月1日，据河北新闻网报道，新奥研究总院项目副经理后东亮介绍，新奥研究总院基于中国（河北）自贸试验区大兴机场片区廊坊区域"临空高端服务"产业集群构建，围绕"新奥集团科研中心及总部基地门户"定位，总投资15亿元，计划于2023年建成，未来将打造成为一座科技生态、绿色节能的智慧园区。

3月2日，湖南自贸试验区国际化复合型人才培养基地揭牌。

3月2日，辽宁自贸试验区大连片区推出"白名单+线上融资"新模式，助力企业拓展RCEP市场。

3月3日，以"北京'两区'与'双奥'之城"为主题的专场推介会在北京、挪威、芬兰、丹麦、德国等欧洲国家和地区同步举办。

3月4日，河北省成功举办河北自贸试验区贸易便利化发展论坛。

3月4日，辽宁自贸试验区沈阳片区召开企业高端人才表彰会，旨在表彰先进，培育典型，营造引才、留才、护才的氛围。当天有66位企业高端人才获得奖励，奖励总金额2543万元。

3月6日，中共中央政治局常委、国务院总理李克强参加十三届全国人大五次会议广西代表团的审议。

3月6日，据中国日报网报道，在今年的全国两会上，全国政协常委，湖南省政协副主席、九三学社省委会主委张大方提交了《关于支持将郴州列入2022年国家物流枢纽建设计划的提案》。

3月7日，辽宁自贸试验区大连片区创新推出市场监管与企业合规性服务智库。

3月7日，高峰委员代表民建中央在全国政协十三届五次会议视频会议上作大会发言时说，面对世界百年未有之大变局特别是贸易保护主义逆势，要推动自贸试验区高质量发展，扩大高水平对外开放。

3月8日，"自贸新高地 开放新湖南"主题摄影征集活动启动，广邀社会各界朋友"见摄"湖南自贸试验区的发展。

3月8日，据《经济日报》报道，今年的政府工作报告提出，扎实推进自贸试验区、海南自由贸易港建设。

3月9日，由郑州中原新丝路国际多式联运有限公司打造的郑州—连云港铁海联运班列正式开行，推动了河南自贸试验区的发展。

3月10日，由安徽省贸促会与蜀山区人民政府共同发起设立的安徽自贸试验区合肥片区蜀山区块国际商事法律综合服务中心在蜀山经济技术开发区揭牌成立。

3月11日，湖南省商务厅与三六零数字安全科技集团就促进中非经贸数字化发展签署战略合作协议，双方将在长沙自贸试验片区雨花区块共同打造"中非经贸数字智谷"。

3月11日，西部陆海新通道渝黔综合服务区重庆（万盛）内陆无水港正式开工建设，未来将成为重庆南部国际物流枢纽、无水港产业新城、城乡融合高质量创新发展示范区。

3月11日，中国（浙江）自由贸易试验区工作领导小组第十次会议在杭州召开，深入贯彻落实浙江自贸试验区建设推进大会精神，研究部署下一阶段重点工作。

3月11日，辽宁省人民政府印发《进一步深化中国（辽宁）自由贸易试验区改革开放方案》，明确了未来5年发展的指导思想、发展目标和重点工作举措。

3月15日，陕西自贸试验区：以营商环境为支点，构筑高质量发展新优势。

3月15日，安徽省十三届人大常委会第33次会议在合肥开幕，会议审议了《中国（安徽）自由贸易试验区条例（草案修改稿）》。

3月15日，上海自贸试验区共享动物实验平台落户外高桥。

3月16日，重庆国务院台办、商务部、国家市场监督管理总局联合印发实施《关于做好台湾居民在服务贸易创新发展试点地区申请设立个体工商户工作的通知》，明确自2022年3月16日起，台湾居民在北京、天津、上海、重庆（涪陵区等21个市辖区）等全面深化服务贸易创新发展试点地区，可直接申请登记为个体工商户（特许经营除外）。

3月18日，江苏自贸试验区南京江北新区人民法院召开新闻发布会，通报江苏省内首个自贸试验区法庭履职一年来审判工作情况及司法服务保障江苏自贸试验区南京片区工作举措与成效。

3月18日，新修订的《中国（浙江）自由贸易试验区条例》经省第十三届人民代表大会常务委员会第35次会议审议通过，并于5月1日起施行。

3月20日，山东省政府办公厅印发《关于做好中国（山东）自由贸易试验区制度创新成果推广工作的通知》，围绕"营商环境优化、贸易转型升级、金融领域创新、创新驱动发展、海洋经济、中日韩区域经济合作"等6大领域，集中发布了51项可在全省范围内推广的制度创新成果。

3月21日，郑州至蒙古国首都乌兰巴托班列首发，中欧班列（郑州）集结中心始发和终点到中欧班列线路增至16条。

3月24日，据中国经济网报道，近年来，广州南沙先后获批国家级新区，挂牌自贸试验区、粤港澳全面合作示范区，在国家战略大局中地位不断提升。

3月25日，安徽省第十三届人大常委会第三十三次会议表决通过了《中国（安徽）自由贸易试验区条例》，自2022年5月1日起施行。

3月25日，"我最喜欢的重庆自贸试验区改革案例"评选正式启动。

3月25日，辽宁省政府印发《进一步深化中国（辽宁）自由贸易试验区改革开放方案》，从体制机制改革、制度型开放、产业创新发展、深度融入共建"一带一路"四方面入手，确立20项重点任务，力争取得更多可复制可推广的制度创新成果，更大范围释放改革开放红利。

3月26日，中国（云南）自贸试验区技术性贸易措施研究评议基地在昆明揭牌。

3月26日，西部陆海新通道中越（重庆果园港—越南河内）首趟国际跨境货运班列在果园港国家物流枢纽出发。

3月26日，辽宁省政府印发《辽宁省人民政府关于借鉴推广中国（辽宁）自由贸易试验区第五批改革创新经验的通知》，在全省范围借鉴推广35项自贸试验区改革创新经验。其中，来自辽宁自贸试验区大连片区的改革创新经验14项，占全部借鉴推广经验的40%。截至目前，自贸试验区大连片区改革创新经验已有3项入选国务院改革试点经验，2项纳入商务部最佳实践案例，76项在全省借鉴推广。

3月29日，湖北省政府向湖北省人大常委会报告《中国（湖北）自由贸易试验区条例》实施满3年情况，湖北自贸试验区累计形成253项制度创新成果，其中26项经国务院批准在全国复制推广。

3月30日，南宁市人民政府办公室印发《南宁市人力资源服务产业园建设方案》，决定在中国（广西）自由贸易试验区南宁片区建设南宁市人力资源服务产业园。

3月30日，河南省政府新闻办举行河南自贸试验区建设5周年新闻发布会，发布了河南自贸试验区5周年改革创新标志性成果，综合评选出的10项标志性成果和10项提名成果名单。其中，河南自贸试验区开封片区的2项措施被评入10项标志性成果名单、3项措施被评入10项提名成果名单。

3月31日，北京市十五届人大常委会第38次会议表决通过了《中国（北京）自由贸易试验区条例》，自2022年5月1日起施行。

4月

4月1日，安徽省政府批准设立淮北、宿州、淮南、六安、铜陵、池州、黄山7个市中国（安徽）自由贸易试验区第二批联动创新区。至此，全省除合肥、芜湖、蚌埠3个片区外的13个地市全部设立了联动创新区。

4月1日，河北省商务厅、石家庄海关等8部门联合发布《关于推动海关特殊监管区域与中国（河北）自由贸易试验区统筹发展若干措施》的通知。

4月1日，中国（陕西）自由贸易试验区迎来挂牌五周年。西安市人民政府新闻办公室召开中国（陕西）自由贸易试验区西安区域建设成果发布会，介绍陕西自由贸易试验区揭牌五周年来的建设成就。

4月1日，是湖北自贸试验区宜昌片区正式挂牌5周年的日子。作为中国（湖北）自由贸易试验区3大片区之一，经过五年探索，宜昌片区以创新引领、改革突破为主导，提升开放能级，对接"一带一路"，融入新发展格局，发展成效斐然：共形成255项自主创新成果，贡献75项"宜昌经验"，开放平台强势叠加，产业项目纷至沓来，开放发展片区的引擎作用日益显现。

4月1日，作为国内唯一以铁路枢纽为核心独立成片的自贸试验片区，四川自贸试验区青白江片区迎来成立5周年。5年来，在这个仅有9.68平方公里的"国家试验田"里，形成了108项改革创新经验，其中15项获国家部委认可或推广，外贸进出口额、FDI年均增长率分别达到137.9%、49.29%。

4月2日，据中国日报网报道，河南自贸试验区开封片区充分发挥制度型开放试验田作用，以制度型开放推动营商环境国际化，逐步探索建立一套与国际贸易投资通行规则相衔接的基本制度体系和监管模式。围绕打造营商环境国际化中部引领区的定位，率先于全省推出了营商环境评估指标体系，以系统化营商环境建设集成了146项改革创新经验，其中，商事改革55项，占比37.6%，投资贸易便利化改革42项，占比30.8%。160项试点改革任务全面完成。

4月7日，"江北科投—绿色担保灵雀知识产权1—5期资产支持专项计划"成功获批，成为时隔半年江北新区（江苏自贸试验区）在知识产权金融创新领域斩获的又一全国首创性成果。

4月8日，陕西省自贸办组织召开第三届中国（陕西）自由贸易试验区发展论坛工作筹备会。

4月8日，据中国日报网报道，作为陕西自贸试验区的"主力军"，5年来，西安高新功能区抢抓机遇、持续创新，通过不断深化"放管服"改革和"行政效能革命"，以优质营商环境加码区域经济社会高质量发展。

4月10日，中共中央总书记、国家主席、中央军委主席习近平在海南考察。

4月11日，北京市委书记、市"两区"工作领导小组组长蔡奇主持召开市"两区"工作领导小组第四次全体会议。

4月11日，新加坡航空（重庆）保税航材分拨中心正式揭牌运营，这是在海关总署支持下中新互联互通项目航空产业领域探索制度型开放的重要可视化成果，是全国首创"以航空公司为单元"保税航材海关监管模式的重大制度创新，标志着中新互联互通项目航空产业领域合作在助力重庆自贸试验区、推进服务业扩大开放综合试点、支持重庆航空产业和临空经济发展方面迈出了坚实一步。

4月11日，国家跨境电商零售进口药品试点业务在河南保税物流中心园区正式启动。

4月11日，中国（黑龙江）自由贸易试验区哈尔滨片区对俄企业联盟成立，并举行对俄企业联盟第一次全体会员大会及第一届理事会第一次会议。

4月11日，据中国日报网报道，今年1日至2月份CBD功能区新注册企业1553家，为北京CBD区域的发展持续注入新鲜"血液"，同时，"两区"建设也为区域优质企业的快速成长增添助益。

4月11日，辽宁自贸试验区沈阳片区紧紧把握市场取向体制机制改革方向，加快推进国资国企改革，一个个特色经验破茧而出。

4月12日，北京市商务局印发《把握RCEP机遇 助推"两区"高水平发展行动方案》。

4月12日，2022北京自贸试验区科技创新片区海淀组团创新论坛以"科创金融赋能产业发展"为主题邀请各界代表开展深度交流。

4月12日，云南自贸试验区昆明片区召开金融机构座谈会，探索市场化招商新路径。

4月12日，中国（广西）自由贸易试验区南宁片区管理委员会印发《中国（广西）自由贸易试验区南宁片区支持外商投资若干措施》。

4月12日，据中国日报网报道，在河南自由贸易试验区开封片区的"234"产业集群体系中，"医疗旅游"产业是两大特色产业亮点之一。

4月13日，陕西省自贸办组织召开陕西自贸试验区建设考评及营商环境评估工作部署会。

4月13日，习近平总书记在海南考察时强调，要坚决贯彻党中央决策部署，坚持稳中求进工作总基调，完整、准确、全面贯彻新发展理念，全面深化改革开放，坚持创新驱动发展，统筹疫情防控和经济社会发展，统筹发展和安全，解放思想、开拓创新，团结奋斗、攻坚克难，加快建设具有世界影响力的中国特色自由贸易港，让海南成为新时代中国改革开放的示范，以实际行动迎接党的二十大胜利召开。

4月14日，淮安市政府副市长、宁淮智能制造产业园党工委书记、宁淮合作前方工作组组长、南京市发改委一级巡视员许明一行来到江苏自贸试验区南京片区调研联动创新发展工作。

4月14日，中国（山东）自由贸易试验区烟台片区内市场主体之间的一起借款纠纷案件在中国（山东）自由贸易试验区烟台片区国际仲裁院开庭审理。

4月14日，福建省商务厅、福建省财政厅联合印发《关于申报2021年度自贸创新成果复制推广先行区的通知》（闽商务〔2022〕31号），组织开展开发区建设，自贸创新成果复制推广先行区工作，首年评估将奖励10家开发区。

4月15日，天津自由贸易试验区发布首个省级ESG评价标准。该评价标准为企业提供一套科学系统的综合评价指标体系，鼓励各类企业利用其开展ESG信息披露和评价，更好满足上市、外部监管等引导性或强制性信息披露要求。

4月15日，据《人民日报》海外版报道，作为我国最北自贸试验区和首批在沿边地区布局的自贸试验区之一，黑龙江自贸试验区获批两年多来，坚持统筹"为国家试制度、为地方谋发展"，正成为制度创新的"试验田"、开放合作的"桥头堡"、优势和特色产业的"集聚地"。

4月16日，陆海新通道RCEP—北部湾港—河南海铁联运双向对开班列开通仪式在广西钦州和河南漯河同步举行。

4月17日，《人民日报》头版头条刊发题为《耕好改革试验田 打造开放新高地》的报道，聚焦党的十八大以来我国先后设立21个自由贸易试验区及海南自由贸易港，点赞了山东自贸试验区烟台片区的"自贸海洋品牌"，这也是继去年《人民日报》头版头条刊登烟台片区海洋牧场"一证一险"信贷新模式创新举措后的再次点赞。山东自贸试验区烟台片区自设立以来，聚焦经略海洋，探索海洋牧场平台确权机制和融资风险评断标准体系，不断擦亮中国海洋自贸名片。

4月18日，北京市邮政管理局向北京快达供应链管理有限公司颁发了国际快递业务经营许可证，这是全国第一家由省级邮政管理部门核准的国际快递业务许可企业，是北京自贸试验区"下放国际快递业务（代理）经营许可审批权"政策的第一个项目。

4月18日，山东自贸试验区烟台片区正式承接"外国人来华工作许可"

审批权限后颁发了首张"外国人工作许可证"，标志着烟台自贸片区外国人才管理服务工作进入新阶段。

4月18日，重庆市委书记陈敏尔调研开放型经济发展时提出，自贸试验区要积极探索创新，加强与其他开放平台和区域的功能互补、协同发展，不断提升开放度和竞争力。5年来，重庆自贸试验区积极打造内陆开放高地，着力锻长板、补短板，持续做好"通道带物流、物流带经贸、经贸带产业"文章，以高水平开放推动高质量发展新格局。

4月18日，国家工业信息安全发展研究中心公布了2021年中小企业数字化转型典型案例，广西自贸试验区南宁片区企业广西泛糖科技有限公司的"工业互联网＋供应链协同解决方案"成功入选，成为广西唯一入选的案例，与华为、海尔、美的以及九牧等各行业工业互联网案例一同进入案例集，向全国推广。

4月19日，"哈尔滨新区暨中国（黑龙江）自由贸易试验区哈尔滨片区对俄国际招商大会及对俄经贸活动周启动大会"在哈尔滨新区管委会全体会议室以线上线下形式举办。

4月20日，北京"两区"建设"全球超链接"系列之德国线上专场推介会——中德通用航空及文旅服务产业对接会以线上形式在北京和德国柏林、法兰克福、科隆、杜塞尔多夫等多城市同步举办。

4月20日，四川自贸试验区川南临港片区与西南医科大学校地合作交流座谈会。

4月20日，中国（四川）自由贸易试验区广安协同改革先行区正式揭牌。

4月20日，国务院办公厅印发《关于进一步释放消费潜力促进消费持续恢复的意见》（国办发〔2022〕9号），支持有条件的地区依托自由贸易试验区等，与国（境）外机构合作建设涉外消费专区。

4月21日，北京CBD管委会发布了《促进中国（北京）自由贸易试验区国际商务服务片区北京CBD高质量发展引导资金管理办法（试行）》，是全市首个针对中小微企业的外汇衍生品补贴扶持政策。

4月21日，国家主席习近平在博鳌亚洲论坛2022年年会开幕式上以视频方式发表题为"携手迎接挑战，合作开创未来"的主旨演讲，其中提及：中国将扎实推进自由贸易试验区、海南自由贸易港建设，对接国际高标准经贸规则，推动制度型开放。

4月21日，商务部召开例行新闻发布会，强调对标高标准国际规则，充分发挥自贸试验区、自由贸易港等改革开放高地示范引领作用，加大改革创新力度，促进内外贸规则有效衔接。

4月21日，福建自贸试验区厦门片区数字空间平台与厦门自贸片区企业综合信息基础平台正式上线。

4月21日，中国（广东）自由贸易试验区广州南沙新区片区创新成果专题发布会在南沙"创享湾"举行，发布会现场发布广东自贸试验区广州南沙片区2021—2022年度重大制度创新成果，广州海关在广东自贸试验区广州南沙片区创新推出的"跨境电商出口退货'一站式'监管服务模式"成功入选。

4月22日，据中国网报道，3月中旬，一票装有3.9吨已进境的国际中转货物与大连本地出口拼箱货物进行集拼后，在大窑湾港区顺利通关发往第三国，这标志着大连口岸首票国际中转集拼业务在辽宁自贸试验区大连片区正式落地。启航的不仅是装箱复运的集装箱，更是东北亚国际航运中心建设迈出的崭新步伐。

4月22日，据中国日报网报道，今年以来，成都市双流区坚定落实中央和四川省委、成都市委决策部署，切实扛起自贸试验区、成都国际门户枢纽城市、西部（成都）科学城建设等战略使命，经济社会发展取得了明显成效。

4月22日，安徽省政府新闻办举行中国（安徽）自由贸易试验区建设新闻发布会（第九场）。

4月22日，河北省自贸办组织召开正定片区重点工作专题调度会。

4月22日，中国（山东）自由贸易试验区青岛片区数字仓库发布会暨京东云城市峰会青岛站举行，会议重磅发布了数字仓库平台。

4月25日，江苏集萃药康生物科技股份有限公司在扬子江国际会议中心远程敲响上市铜锣，成为今年江北新区（自贸试验区）首家上市企业，也是新区范围内第23家上市企业。

4月25日，辽宁自贸试验区大连片区在总结提升日常工作经验的基础上，推出"四个一"（即一张导图、一份清单、一套台账、一组报告）多领域闭环监管工作新模式。

4月26日，中国（湖南）自由贸易试验区首场宣传工作培训交流会邀请《湖南日报》社编委金中基、《湖南日报》新湖南编辑中心主编杨思开展新闻宣传业务培训。

4月26日，中国共产党海南省第八次代表大会在海口召开。沈晓明代表中共海南省第七届委员会向大会做题为"解放思想开拓创新团结奋斗攻坚克难加快建设具有世界影响力的中国特色自由贸易港"的报告。

4月26日，广西壮族自治区政府、马来西亚国际贸易及工业部共同举办马来西亚—中国（广西）投资论坛暨中马"两国双园"建设十周年庆祝活动。

4月29日，湖南自贸试验区首单"融资租赁＋工程机械设备出口"试点业务成功落地。

4月29日，北京市委办公厅、市政府办公厅联合印发实施了《"两区"建设知识产权全环节改革行动方案》。

4月29日，中国（广西）自由贸易试验区钦州港片区管委会成功帮助中国香港、新加坡两位境外纳税人办理两笔跨境跨国人民币电子缴税业务，标志着广西首笔跨境跨国人民币电子缴税业务、广西首笔面向东盟国家跨境人民币电子缴税业务在钦州港片区落地。

5月

5月2日，据《浙江日报》报道，一季度，浙江自贸试验区各片区积极推出"政策大礼包"助企纾困。

5月5日，国务院印发《国务院关于同意在海南自由贸易港暂时调整实施〈中华人民共和国船舶登记条例〉有关规定的批复》（国函〔2022〕42号），规定对在海南自贸港登记，仅从事海南自贸港内航行、作业的船舶，取消船舶登记主体外资股比限制。

5月5日，天津自贸试验区颁发首张确认制营业执照。市场主体确认登记改革，是商事登记制度改革以来一次全新的、更深层次的重大突破。

5月5日，据《人民日报》报道，浙江自贸试验区推动油气全产业链发展。

5月5日，据《人民日报》报道，在黑龙江自贸试验区发布的第五批20项省级创新实践案例中，黑龙江自贸试验区哈尔滨片区入选5项，在全省3个片区的综合评估中位居第一。

5月7日，陕西自贸试验区西安区域高质量发展研讨会在市政府举行。

5月7日，据中国日报网报道，广西启迪创新跨境电子商务有限公司是服务中国—东盟及RCEP国家的跨境电子商务产教融合创新型企业，是东南亚头部电商平台Lazada的官方服务商，是教育部跨境电商海外营销1+X职业技能等级证书标准制定单位之一，同时也是广西壮族自治区产教融合型试点企业，"面向东盟跨境电商人才培养模式创新"项目被广西壮族自治区人民政府认定为中国（广西）自贸试验区自治区级制度创新成果最佳实践案例。

5月8日，中国（云南）自贸试验区昆明片区一线服务企业完成全省首例转让土地预告登记。

5月8日，云南昆明经开区建区三十周年暨2022年自贸试验区昆明片区（昆明经开区）工作会议召开。

5月8日，中国（云南）自贸试验区昆明片区（昆明经开区）老挝语官方网站全新上线。截至发稿前，云南自贸试验区昆明片区已开通汉语、英语、缅甸语、老挝语官方网站。

5月9日，商务部等14部门联合印发《关于开展内外贸一体化试点的通知》（商建函〔2022〕114号），要求发挥自由贸易试验区等高水平对外开放平台的示范引领作用，对标高标准国际经贸规则推进高水平制度型开放，促进内外贸融合发展。

5月10日，中国（湖南）自由贸易试验区第一批制度创新成果发布，共计47项。

5月10日，《关于海南自由贸易港统筹区域协调发展的若干意见》发布实施。

5月10日，海关总署发布《关于印发促进外贸保稳提质的十条措施》的通知。同日，河北省人民政府办公厅印发《河北省人民政府办公厅关于向中国（河北）自由贸易试验区下放省级行政许可事项的通知》。

5月10日，在第14个全国防灾减灾日来临之际，山东自贸试验区青岛片区管委组织召开青岛自贸片区安全防范数智监管平台上线启动仪式。

5月10日，全国首列采用进境"铁路快通"新模式的中老班列顺利抵达成都国际铁路港，并完成所有清关程序。

5月11日，开业两月整的四川鲲志运动装备制造有限责任公司首批230余辆"泸州造"自行车在四川自贸试验区川南临港片区鱼塘智能终端产业园装车发运，以B2B出口海外仓（9810）模式出口至鲲志公司在俄罗斯的跨境电商标准仓库。

5月11日，河南自贸试验区洛阳片区一季度发展实现"开门红"。

5月11日，黑龙江自贸试验区开发运营全国首个省级"智慧自贸"综合管理系统。

5月12日，安庆市正式印发《中国（安徽）自由贸易试验区安庆联动创新区建设实施方案》。

5月12日，河南自贸试验区洛阳片区：零成本"个转企"激发市场新活力。

5月12日，据中国日报网报道，国投钦州电厂三期项目是中国（广西）自贸试验区钦州港片区在继国投电厂一、二期工程后进一步改善广西电源布局、提升电力供应能力、保障电力热力供给的具体实践。

5月13日，河北省自贸办联合省建行以云端线上方式组织举办了"2022年河北自贸试验区片区政策推介会"，全省百余家优质外贸企业在线参加。同日，河北省商务厅副厅长、河北省自贸办副主任张记方主持召开河北自贸试验区项目建设和利用外资工作视频专题调度会议。

5月14日，据央视网报道，一季度，全国21个自贸试验区货物进出口总额1.7万亿元，同比增长21.7%；实际使用外资568.9亿元，同比增长43.5%，增速较全国高出17.9%。

5月16日，云南自贸试验区昆明片区老挝语官方网站上线。

5月17日，由广西贸促会、广西政府对接、粤港澳大湾区建设办公室主办，中国（广西）自由贸易试验区工作办公室、日本贸易振兴机构广州代表处、广州日本商工会支持的广西与日本在穗企业经贸合作恳谈会在南宁以线上线下相结合方式举行。本次恳谈会以"共促中日合作 共享发展商机"为主题，旨在深化广西与日本在穗企业的经贸交流与务实合作。

5月18日，山东自贸试验区青岛片区石油化工数字化流通研讨会成功举办。

5月18日，据华声在线报道，中国（湖南）自由贸易试验区第一批制度创新成果印发，共47个，向全省推广，供各市州政府和省内相关单位在深化改革、扩大开放中借鉴，共享改革创新红利。

5月19日，河北省自贸办与省税务局召开税务支持河北自贸试验区改革发展对接交流会。同日，石家庄海关发布关于促进外贸保稳提质的15条具体措施。

5月19日，据中国日报网报道，作为对外开放创新的平台，陕西自贸试验区西安经开功能区已累计完成108项改革试点任务，形成5项全国首创业务和创新成果、30余项省级创新案例，在发展对外贸易、吸引外商投资、促进产业转型升级等方面发挥着重要作用。

5月19日，辽宁自贸试验区大连片区对事中事后监管体系进行深入探索和尝试，推出"信用监管+社会监督"协同监管新模式，进一步优化营商环境、激发市场主体活力。

5月20日，江苏自贸试验区苏州片区召开贸易便利化改革创新例会，通报2022年贸易便利化专题事项进展情况，研讨贸易便利化创新事宜，研究部署下阶段重点工作任务。

5月20日，安徽省商务厅党组书记、厅长方旭赴芜湖市就商务经济、自贸试验区和经开区工作开展调研，主持召开商务助企纾困（芜湖）座谈会，面对面问需问计问策于企。

5月20日，"长岛海洋碳汇研发实验基地"挂牌成立仪式在山东自贸试验区烟台片区国际人才港举行。

5月21日，安徽省商务厅（省自贸办）"法治护航　皖美自贸"——《中国（安徽）自由贸易试验区条例》主题展览在安徽省法治宣传教育基地开展。

5月23日，在福建自贸试验区福州片区管委会及中国人民银行福州经济技术开发区支行的推动与指导下，福州自贸片区银行成功为全球海外仓头部企业——ZT集团办理了全国首笔海外仓跨境直贷通业务。

5月23日，位于福建自贸试验区厦门片区的厦门国际酒类交易平台B馆开业运营，标志着厦门国际酒类交易平台（进口酒和名优白酒）的全面落地。

5月24日，创新机制谋发展　向北开放求共赢——中俄合作线上视频交流会在黑龙江自贸试验区成功举办。

5月24日，据《陕西日报》报道，陕西自贸试验区西安区域将在对标RCEP等国际经贸规则方面深化制度创新，统筹自贸、口岸、综保区、秦创原、开发区协同发展、相互赋能，探索"一带一路"人文交流和经贸合作新模式等，形成更多制度创新成果，推动自贸试验区高水平开放高质量发展。

5月24日，商务部等6部委发布《关于印发对外文化贸易"千帆出海"行动计划2022年工作方案的通知》，厦门自贸片区国家文化出口基地的"东南亚中国图书巡回展""国际图书版权超市"获评重点项目。

5月24日，据中国日报网报道，河南自贸试验区开封片区精准防控，靠前服务，在逆势中以稳生产为底线，推动经济持续健康发展。

5月25日，陕西省人民政府印发《推进陕西自由贸易试验区贸易投资便利化改革创新若干措施》，从15个方面提出19项措施，更大力度推进陕西自贸试验区建设，提升贸易投资便利化水平。

5月26日，中国（江苏）自由贸易试验区连云港片区工作领导小组召开全体会议，学习贯彻省自贸试验区工作领导小组第四次会议精神，听取连云港片区工作情况汇报，研究部署下一阶段任务，审议相关文件、方案。

5月26日，江苏自贸试验区苏州片区高认加工贸易企业海关保税政策专享会暨第二十五期自贸会客厅在园区举行。

5月26日，中国（郑州）重要国际邮件枢纽口岸业务正式开通，标志着郑州成为继北京、上海、广州之后的第四个全国重要国际邮件枢纽口岸。

5月26日，据中国新闻网报道，河北自贸试验区雄安片区综合管理服务中心项目主体钢结构封顶，正式进入二次结构、幕墙安装等施工阶段。

5月26日，商务部召开例行新闻发布会，强调发挥好自贸试验区、自由贸易港等高水平开放平台带动作用，持续优化营商环境，不断提升贸易自由化便利化水平，提升对全球资源要素的吸引力，拓展外贸产业空间。

5月27日，湖南省首单出口货物"抵港直装"业务落地岳阳自贸片区。

5月27日，重庆万州综合保税区（一期）通过正式验收，正式进入封关运营的新阶段。

5月27日，广州省政府批准广州市人工智能与数字经济、中新广州知识城、空港、南沙等4个片区118.783平方千米纳入中国（广东）自由贸易试验区广州联动发展区，涵盖了以人工智能与数字经济为主导的试验区、医药创新和半导体的新兴产业核心区、以航运和物流为依托的临空经济区、全球海洋科学与工程创新中心。

5月27日，湖北自贸试验区襄阳片区综合保税区顺利通过海关总署、国家发改委、财政部、自然资源部、商务部、国家税务总局、国家外汇管理局等七部委的联合云验收。

5月27日，据中国日报网报道，陕西自贸试验区2021年度"最佳实践案例"已正式揭晓，西安高新功能区探索总结的技术境外输出新模式和文化贸易"1+2+N"新模式成功入选，并将在全省复制推广。

5月27日，2022中国（广西）自由贸易试验区海外招商合作大会成功举办。

5月29日，重庆自贸试验区联动创新区的云阳芸山农业开发有限公司利用中新管理局、渝贸通等平台资源，打通农产品出口通道，实现三峡阳菊继出口新加坡、日本、马来西亚等国家后，首次进入北美，开启了拓展海外市场的"加速模式"。

5月30日，据新华网报道，上海将进一步发挥自贸试验区和临港新片区、虹桥国际中央商务区等开放平台的作用，增强开放门户枢纽功能，通过更高水平对外开放吸引和欢迎外资企业来沪投资兴业。

5月30日，中国人民银行营业管理部、北京外汇管理部联合印发《关于支持北京"两区"建设 提升地区跨境贸易投融资便利化水平的意见》。

5月30日，云南自贸试验区昆明片区（昆明经开区）出台专项政策打造数字经济产业生态圈。

5月31日，举办京津冀对接韩国自贸试验区"两区"专场推介活动。

5月31日，京津冀自贸试验区联合举办韩国专场线上招商推介会。

5月31日，山东自贸试验区烟台片区布局在海南的PDRN生产基地完成了全线交付，将实现我国医用级PDRN的多品类量产。

5月31日，河南自贸试验区开封片区行政审批局向新开办企业免费发放实体印章。

5月31日，RCEP（大连）国际商务区启动仪式在辽宁自贸试验区大连片区隆重举行。

6月

6月2日，在湖北宜昌综合保税区综保服务大楼，三峡坝区法院驻湖北自贸试验区涉中小微企业多元解纷工作站正式揭牌成立。

6月6日，安徽自贸试验区芜湖片区知识产权保护中心揭牌成立。

6月6日，国务院印发《广州南沙深化面向世界的粤港澳全面合作总体方案》（国发〔2022〕13号），要求按照以点带面、循序渐进的建设时序，以中国（广东）自由贸易试验区南沙片区的南沙湾、庆盛枢纽、南沙枢纽3个区块作为先行启动区，总面积约23平方千米。充分发挥上述区域依托交通枢纽快捷通达香港的优势，加快形成连片开发态势和集聚发展效应，有力带动南沙全域发展，逐步构建"枢纽带动、多点支撑、整体协同"的发展态势。

6月7日，据中国日报网报道，今年前4个月，辽宁自贸试验区沈阳片区对外贸易实现高速增长。片区进出口总值46.28亿元，同比增长160%；出口金额32.6亿元，同比增长255.7%；进口金额13.68亿元，同比增长58.9%。创新型企业总量达3000余家，高新企业总量达314家，是成立初期的24倍，增速位列全市首位，辽宁自贸试验区对外开放引领带动作用已显现。

6月9日，南京市商务局（市自贸办）会同南京片区和各板块，针对自贸联动企业和重点外向型企业组织开展了第七期"走进自贸"（FTA惠企"一键通"智慧平台应用专场）系列培训活动，来自全市各板块的90余家企业参加培训。

6月9日，云南自贸试验区昆明片区召开1—5月经济运行分析会。

6月9日，广西边境口岸智慧化现代物流综合体及中国—东盟（凭祥）跨境产业服务云平台项目在凭祥市北投跨境物流中心正式启动。

6月9日，福建省人民政府印发《关于推广福建自贸试验区第九批可复制创新成果的通知》（闽改〔2022〕16号），将福建自贸试验区第九批14项改革创新成果在全省复制推广。

6月9日，福州港江阴港区整车进口口岸平行进口汽车符合性整改场所顺利通过验收。场所通过验收后，试点企业在江阴整车口岸进口的平行进口汽车，在海关监管区内即可完成整车标志、照明、信号装置和其他电气设备等5大类16个小项的符合性技术整改活动。

6月9日，湖南、云南两省自贸试验区签署《协同开放发展合作协议》。

6月9日，据《重庆日报》报道，《中国（重庆）自由贸易试验区"十四五"规划（2021—2025年）》已于5月15日出台。

6月10日，北京市文化和旅游局把港澳服务提供者在自贸试验区投资设立旅行社审批权下放至自贸试验区所涉辖区。

6月10日，由江苏自贸研究院编写的《中国（江苏）自由贸易试验区制度创新蓝皮书（2022）》在南京正式发布。

6月10日，安徽省省长王清宪在合肥调研并主持召开座谈会，专题研究安徽自贸试验区制度创新与主导产业发展暨稳外贸、稳外资工作。

6月12日，据中国日报网报道，中国（辽宁）自由贸易试验区大连片区以"四链联动"为核心主题的党建联盟正式成立，片区各级党组织将围绕党建链、创新链、服务链、产业链融合发展"四链联动"，携手发挥党建引领作用，打造自贸试验区"红色引擎"。

6月13日，浙江省政府出台《关于赋予中国（浙江）自由贸易试验区一批省级管理事项权限的决定》，依法将32项省级事权下放到各个片区。

6月14日，哈尔滨市印发了《哈尔滨市人民政府关于赋予中国（黑龙江）自由贸易试验区哈尔滨片区市级经济社会管理权限的通知》。

6月14日，大连电视台新闻综合频道《高质量实施RCEP打造自贸试验区升级版》系列报道播出。

6月15日，中国（江苏）自由贸易试验区南京工作领导小组召开2022年第一次全体会议，深入学习贯彻习近平总书记关于自贸试验区建设发展的重要讲话指示精神，落实省领导小组第四次会议部署要求，总结近期工作，审议相关文件，部署重点任务，推动南京片区在新起点上取得更大成效，为全市高质量发展发挥牵引支撑作用。

6月15日，马来西亚、柬埔寨、泰国、缅甸和越南驻南宁总领事及领馆官员先后参观了南宁国际铁路港、广西自贸试验区南宁片区综合服务大厅、中银香港东南亚业务营运中心、中国—东盟信息港、广西国际壮医医院健康管理中心和广西壮族自治区人民医院国际医疗部。

6月16日，中国（广西）自由贸易试验区钦州港片区产业服务中心会同人社部门、工业振兴特派员片区工作分队，组织开展"政校企"合力服务企业招工主题沙龙活动。

6月16日，河北自贸试验区向全省推广第四批制度创新案例。

6月16日，湖北宜昌自贸片区（高新区）"惠企政策面对面"启动仪式暨首场宣讲活动举行，助力企业高质量发展。

6月17日，辽宁自贸试验区首笔人民币贸易融资资产跨境转让业务落地沈阳片区。

6月17日，福建省象屿综合保税区落地首单带租约飞机资产包交易。综合保税区是开放型经济的重要平台，自《国务院关于促进综合保税区高水平开放高质量发展的若干意见》（国发〔2019〕3号）出台以来，象屿综保区积极推进园区转型升级，一方面牢牢把握保税底色，另一方面积极发挥综保区政策优势，推进功能创新，引进新业态。

6月20日，《长沙、岳阳、郴州法院服务中国（湖南）自由贸易试验区十大创新成果》发布。

6月20日，湖南湘免国际贸易有限公司在长沙黄花综保区7号保税仓举行揭牌暨开仓仪式，标志着全省首个湘琼合作项目落地湖南自贸试验区。

6月20日，湖南自贸试验区长沙片区临空区块首个湘琼合作项目落地。

6月20日，北京"两区"建设全球超链接之对接荷兰专场推介会在北京、阿姆斯特丹同步举办。

6月23日，广西首家科技保险专营机构在钦州港片区正式揭牌成立。

6月23日，河北省自贸办印发《关于充分发挥自贸试验区政策优势推动北戴河生命健康产业创新示范区开放发展的若干措施的通知》。

6月24日，中共中央政治局常委、国务院副总理、推进海南全面深化改革开放领导小组组长韩正在北京主持召开推进海南全面深化改革开放领导小组专题会议。

6月24日，中国（广西）自由贸易试验区改革试点任务实施情况新闻发布会在中国—东盟经贸中心召开。

6月26日，中国工商银行北京自贸试验区高端产业片区支行在临空区的自贸试验区创新服务中心正式开业。

6月26日，河北自贸试验区重点产业招商推介会成功举办，签约7个项目，总投资额26亿元。

6月27日，广东自贸试验区推出"惠港九件实事"，深港合作更加紧密。在迎接香港回归祖国25周年之际，前海推出"惠港九件实事"，在住房、创业、服务、就业、平台、科创、金融、落户、民生9个方面为港企港人拓展发展空间、提供优质服务。

6月28日，"两区"建设对接以色列医疗健康产业专场在北京、特拉维夫两地同步举办。

6月28日，全国首个海铁联运集装箱码头——北部湾港钦州自动化集装箱码头在广西自贸试验区正式启用。

6月28日，太平财险海洋保险创新研发中心在烟台自贸片区揭牌成立，政策性海洋碳汇指数保险、政策性综合指数保险等两个全国首单海洋保险产品同步发布并签约。

6月28日，广东省政府新闻办举行广东自贸试验区联动发展区建设新闻发布会。

6月30日，以"搭建政银服务平台 助力外贸企业发展"为主题的安徽省劳动密集型外贸企业银企对接会暨"双保贷"签约仪式在合肥成功举办。

6月30日，中国（湖南）自由贸易试验区主题空间站揭牌，全国首趟自贸临空号主题列车发车。

6月30日，北京自贸试验区"京贸兴"新型国际贸易公共服务平台试运行上线。

6月30日，为推动山东自贸试验区济南片区人工智能产业创新发展，进一步提升产业发展集聚度和影响力，济南片区组织召开人工智能创新发展工作交流会。

6月30日，2022中国（浙江）自由贸易试验区生命健康产业推介会暨第六届国际生物医药（杭州）创新峰会在杭举行。

6月30日，湖北省商务厅举办自贸试验区相关业务学习活动。

6月30日，中国（广西）自由贸易试验区钦州港片区RCEP企业服务中心、公共法律服务中心、钦州国际商事纠纷调解中心揭牌成立。

6月30日，经郑州海关、省发改委、省财政厅、省自然资源厅、省商务厅、省税务局、省外汇管理局组成的联合预验收组严格评审，开封综保区顺利通过预验收，这标志着开封综保区建设取得了阶段性成果，为正式封关运作奠定了坚实基础，朝着建设开放型经济创新平台迈出了重要一步。

7月

7月1日，中非经贸合作促进创新示范园启用国际互联网数据专线，这也是湖南自贸试验区首个以园区为单位开通的国际专线。

7月1日，《国家服务业扩大开放综合示范区和中国（北京）自由贸易试验区对境外人员开放职业资格考试目录（2.0版）》发布，40项职业资格考试将对境外人员开放。

7月1日，"2021—2022年度中国自由贸易试验区制度创新指数"正式发布，根据指数得分，前海、南沙、上海（浦东）、上海（临港）、厦门、天津、成都、北京、武汉、重庆进入全国前10名。

7月1日，福建自贸试验区工作领导小组办公室印发《关于加强自贸联动创新发展工作的通知》（闽自贸办〔2022〕2号），要求各自贸片区牵头联动包含开发区在内的相关区域开展自贸联动创新发展工作，通过开展制度创新、培育重点产业、共享招商资源、深化对外开放、提升服务能力等5方面的联动，推动福建省区域经济高质量发展，促进闽东北、闽西南两大协同发展区建设。

7月4日，福建省市场监管局正式公布首批25个两岸标准互通试点项目，《两岸中医药融合（栽培与利用）标准共通试点》项目入选首批一类试点。《两岸中医药融合（栽培与利用）标准共通试点》项目将由福建省中医药科学院主持，中国（福建）自由贸易试验区福州片区管委会作为业务指导单位，福州新区产业促进局（新兴产业局）、福州市长乐区市场监督管理局、福建省牛樟芝协会共同参与，这也是全省中医药领域唯一入选项目。

7月5日，北京博锐开放政策研究院正式登记设立，将主要承担市"两区"工作领导小组及其办公室交办的"两区"建设有关战略规划等的理论和实践研究，为北京高水平开放推动构建新发展格局提供智力支撑。

7月6日，在天津自贸试验区挂牌7周年之际，"媒体走进自贸试验区"采访活动第4站来到天津自贸试验区中心商务片区，各级媒体采访团一行数10人实地采访调研了该区域特色产业的企业代表、片区管理部门相关负责同志，探寻自贸创新下的发展新变化。

7月6日，北京市人大纵深推进"两区"建设专项监督工作国际商协会座谈会在市投资促进服务中心举办。

7月6日，陆海新通道海铁联运班列（RCEP—广西北部湾港—河北）开通。

7月6日，经重庆海关、重庆市商务委等7个市级部门组成的联合预验收组评审同意，重庆永川综合保税区通过预验收，这标志着永川综保区从"高质量建设"向"高水平运营"迈出关键一步。

7月6日，湖北以线上线下相结合的方式，在武汉召开湖北自贸试验区制度创新成果复制推广会，重点推介财智服务平台和外债便利化试点这两项金融领域制度创新成果。

7月7日，《"十四五"中国（云南）自由贸易试验区建设规划》发布，昆明将建设76平方千米的自贸试验区。

7月8日，由浙江省自贸办轮值主办的长三角自由贸易试验区联盟第二次工作会议在线召开，协同联动推动长三角枢纽自贸试验区建设。

7月11日，北京市商务局印发《中国（北京）自由贸易试验区投资自由便利专项提升方案》，在自由贸易试验区以更大力度探索投资自由化便利化规则。

7月11日，重庆两江新区人民法院（重庆自贸试验区人民法院）与四川天府新区成都片区人民法院（四川自由贸易试验区人民法院）通过视频连线联合举行新闻发布会，分别通报两地法院涉外商事案件审判情况，并首次发布了《川渝新区（自贸试验区）法院涉外、涉港澳台商事典型案例》。

7月12日，一批经长江水运进口至四川的600余万元设备零件运抵泸州港，这是四川首票通过"离港确认"模式办理进口转关手续的货物，标志着四川进口货物转关增加了"离港确认"新模式。

7月12日，浙江自贸试验区2022年首批20项最佳制度创新案例发布。

7月13日，"两区"建设"全球超链接"之以色列农业科技服务专场推介会在北京成功举办。

7月13日，为推动高质量建设陕西自贸试验区，打造高素质、专业化人才队伍，由陕西省商务厅（省自贸办）主办，西安交通大学自贸研究院承办的陕西自贸试验区建设业务培训班在西安交通大学举办。

7月13日，广西壮族自治区人民政府新闻办公室在广西新闻发布厅举行中国—东盟矿业合作论坛暨推介展示会新闻发布会。

7月14日，北京市人大常委会纵深推进"两区"建设专项监督工作数字经济调研座谈会在北京国际大数据交易所举办。

7月14日，四川泸州综保区引进的首家保税加工企业——四川新康意众申新材料有限公司与桂林格莱斯科技有限公司成功签约，将引进中国首条进口组装高速宽幅BOPP生产线。

7月15日，云南自贸试验区昆明片区举行管理办法听证会。

7月18日，辽宁自贸试验区营口片区积极落实创新驱动发展战略，在东北振兴战略和高质量发展的大格局、大背景、大框架下去思考、谋划产业转型升级，聚焦产业导入和培育，构建了一套行之有效的科技创新型企业"靶向培育"新机制。

7月18日，商务部等27部门印发《关于推进对外文化贸易高质量发展的意见》（商服贸发〔2022〕102号），指出探索有序放宽文化领域限制性措施，发挥自由贸易试验区、自由贸易港、服务贸易创新发展试点和服务业扩大开放综合示范区等先行先试作用。

7月19日，以"共享共创——北京'两区'建设中的现代服务业发展机遇"为主题，北京"两区"建设云推介现代服务业专场活动成功举办。

7月19日，以"科技赋能产业、创新引领未来"为主题，"两区"政策海外云推介日本专场活动在北京成功举办。

7月19日，3场外资总部经济集聚区建设系列活动暨外资总部政策宣讲会在江苏自贸试验区苏州片区举行。

7月21日，共享RCEP新机遇 共创旅游新未来——RCEP框架下国际旅游交流与合作发展论坛在云南自贸试验区成功举办。

7月21日，重庆铁路口岸物流开发有限责任公司与大众汽车（中国）销售有限公司、中国进口汽车贸易有限公司签订三方谅解备忘录，就大众汽车平行进口项目落户沙坪坝区国际物流枢纽园区达成了共识。

7月22日，北京市人大常委会纵深推进"两区"建设专项监督工作生物医药专题调研座谈会在中关村生命科学园举办。

7月22日，中国—东盟博览会秘书处与中国—马来西亚钦州产业园区管理委员会共同在云上东博会平台举办2022中国—马来西亚"两国双园"投资商机分享会。

7月23日，云南自贸试验区昆明片区富滇银行开通一站式跨境人民币结算服务。

7月25日，湖南省人民政府印发《深入推进中国（湖南）自由贸易试验区改革创新的若干措施》。

7月26日，福建自贸试验区福州片区联合福州市地方金融监督管理局正式印发《自贸试验区福州片区开展合格境外有限合伙人（QFLP）试点暂行办法》（榕自贸委〔2022〕18号）。

7月26日，据中国日报网报道，今年以来，广西自贸试验区钦州港片区全面实施"建大港、壮产业、造滨城、美乡村"四轮驱动战略。钦州港片区2022年上半年GDP完成219亿元，高质量发展指标正朝着"四年翻一番"的总体目标迈进。

7月27日，湖南首条直飞非洲货运航线开通，长沙至亚的斯亚贝巴首航，进一步丰富了长沙黄花机场国际航线网络，为湖南与非洲之间搭起了一座便捷的空中桥梁。

7月27日，柯润玺医疗技术研发中心项目通过告知承诺制完成了环评审批，实现当天申报，当天获批。该项目是江北新区（自贸试验区）首个南京市产业园区规划环评与项目环评联动改革试点审批的项目。

7月28日，北京市政协召开议政性主席会议，围绕"积极对接国际高水平自由贸易协定规则，推动'两区'建设取得新进展"专题协商议政。

7月28日，阿尔及利亚、南非、尼日利亚等15个非洲国家驻华使节走进湖南自贸试验区长沙片区，近距离感受湖南自贸试验区蓬勃的改革动力，聆听创新热土之上的开放故事。

7月28日，辽宁自贸试验区沈阳片区再添国际货运新航线。该国际货运航线的开通是辽宁自贸试验区沈阳片区、沈阳综保区响应华晨宝马对国际定班全货机的紧迫需求，借助海南航空下属金鹏航空公司的国际货运网络，将自德国总部生产的汽车零部件运至阿姆斯特丹并搭乘货运包机直接运往沈阳，有效解决其货物在国内二次周转的难题，是辽宁自贸试验区沈阳片区保障区域产业生产经营及供应链安全的又一重要举措。

7月29日，第四届中韩联合增殖放流活动，通过线上线下相结合的方式，在山东自贸试验区烟台片区和韩国全罗南道木浦市同步举行。

7月30日，据《经济日报》报道，近年来，山东烟台黄渤海新区积极开展差异化探索，实施海洋生物资源养护模式创新，实现了放流重心由"大宗经济物种"向"生态环境需要的系统物种"的精准转移，推动了从"政府主导政府做"到"政府指导全民做"的模式转变，形成的"多方联动构筑海洋生物资源'大养护'格局"案例成功入围全国自贸试验区"第四批最佳实践案例"。

7月,《中国(江苏)自由贸易试验区制度创新蓝皮书(2022)》由江苏人民出版社出版。

8月

8月3日,安徽省政府新闻办举行中国(安徽)自由贸易试验区建设新闻发布会(第十场)。

8月3日,湖南省工程机械二手设备出口行业联盟成立,联盟聚焦建设全球高端装备制造业基地的改革定位,重点推动工程机械二手设备出口改革试点任务落地落细。

8月5日,以"共享共创——北京科技创新与先进制造发展机遇"为主题的北京"两区"建设云推介——先进制造与科技创新专场活动成功举办。

8月5日,提升数字经济服务水平云南自贸试验区昆明片区举办数字经济政策宣讲会。

8月5日,成都国际铁路港多式联运项目已通过竣工验收,即将投入运营。

8月7日,河南开封·自贸试验区国际文化艺术品交易中心建筑设计方案国际征集评审会顺利召开。

8月10日,中国(黑龙江)自由贸易试验区绥芬河片区组织开展自贸试验区改革试点经验政策解读宣讲会。

8月10日,商务部办公厅通报首批国家文化出口基地第二次综合评价结果,福建自贸试验区厦门片区国家文化出口基地连续两年获评功能区类第一名。

8月11日,第五届中国国际进口博览会推介会暨首场招商路演(成渝地区双城经济圈专场)在重庆两路果园港综合保税区举办。

8月11日,福建自贸试验区推出第19批48项创新举措。其中全国首创28

项、复制拓展19项，复制1项；对台特色7项。

8月12日，以"共享共创——北京数字经济赋能产业发展"为主题，北京"两区"建设云推介——数字经济专场活动成功举办。

8月12日，山东自贸试验区自贸青岛片区联合济南自贸片区、烟台自贸片区发起的"济青烟"三片区知识产权跨域协同保护正式启动，这标志着中国（山东）自由贸易试验区率先在同批次自贸试验区实现知识产权跨域协同保护。

8月12日，10余万粒冰岛大西洋鲑鱼卵运抵山东自贸试验区烟台片区现代海洋种质资源引进中转基地。此次进口的鱼卵经由丹麦一家企业通过国内代理公司完成进口业务，经上海口岸入关后直接进入基地，以"隔离+孵化"的模式顺利实现优质冰岛大西洋鲑鱼卵的跨国中转。

8月15日，陕西省人民政府主办，陕西省商务厅、西安市人民政府、杨凌示范区管委会、西安交通大学"一带一路"自贸研究院承办的第六届丝博会重要活动之一"第三届中国（陕西）自由贸易试验区发展论坛"在西安国际会展中心举行。

8月15日，广西自贸试验区钦州港片区发放首批医疗器械注册及生产许可证。

8月15日，由商务部自贸试验区港司组织的"中央媒体自贸行·走进湖北自贸区"调研采访活动在宜昌启动。

8月15日，以"助力区域企业持续创新，创造高服务价值"为核心的北京自贸试验区科技创新片区海淀组团创业合伙人招募计划正式启动。

8月16日，安徽省副省长周喜安赴芜湖调研商务领域暖民心工程即"文明菜市""放心家政"行动实施情况、安徽自贸试验区芜湖片区制度创新工作。

8月16日，湖南省委宣传部召开打造内陆地区改革开放高地新闻发布会透露，2021年湖南对非贸易实现403.9亿元，较2012年增长了1.6倍，总量居全国第8、中部第1。

8月16日，山东自贸试验区青岛片区国际航行船舶供退物料通关服务平台正式上线启动，口岸国际航行船舶海事服务的油料、食品、船舶备件等物料供应等主要通关业务全部实现了无纸化申报。

8月17日，"中央媒体自贸行·走进湖北自贸区"活动走进湖北自贸试验区武汉片区，来自中央及省内多家媒体共同见证湖北自贸试验区武汉片区5年多来的建设成效。

8月17日，上海自贸试验区临港新片区新型国际贸易创新发展论坛在滴水湖金融湾举办，新型国际贸易公共服务平台在会上上线发布。

8月18日，广东省政府新闻办公室举行了广东自贸试验区改革创新阶段性成果新闻发布会。

8月19日，湖南郴州国际陆港举行"郴州—长沙—欧洲"国际班列试运行发车，该班列是郴州与长沙联合以"冠名+接续"模式开行的中欧班列，是郴州国际陆港发挥物流枢纽功能，服务"一带一路"建设与区域协调发展的又一重大举措。

8月19日，云南自贸试验区红河片区首单保税加工业务落地。

8月19日，在批复成立3周年之际，中国（山东）自由贸易试验区青岛片区举行建设发展大会，商务部国际贸易经济合作研究院发布青岛自贸片区3周年综合评估报告，30名创新先锋人物同步被揭晓。

8月20日，上海正式发布《关于支持中国（上海）自由贸易试验区临港新区加快建设独立综合性节点滨海城市的若干政策措施》。

8月20日，上海自贸试验区临港新片区迎来正式揭牌三周年。

8月21日，中国（江苏）自由贸易试验区连云港片区一周年图片展在行政中心二楼开展。

8月23日，黄河流域自贸试验区联盟启动暨对外开放高质量发展大会在济南开幕。黄河流域自贸试验区联盟旨在发挥自贸试验区制度创新优势，赋能黄河流域高质量发展。大会活动期间，商务部党组成员、部长助理郭婷婷一行到济南片区调研自贸试验区建设工作。

8月23日，黄河流域自贸试验区联盟在山东济南启动共建，四川自贸试验区天府新区片区、青白江铁路港片区分别与黄河流域自贸试验区联盟成员单位签订了《"云端自贸审批服务联盟"政务服务"跨域通办"合作协议》。

8月25日，广西自贸办营商环境监测中心调研组先后对广西自贸试验区南宁片区、钦州港片区及崇左片区开展营商环境纳税指标及办理破产指标专题调研活动。

8月25日,《中国(天津)自由贸易试验区天津机场片区支持实体经济开展离岸贸易若干意见》新闻发布会在天津港保税区召开。该意见的正式发布,旨在进一步支持实体经济因业务需要,积极开展离岸贸易等新型贸易业态,不断完善跨境结算功能和有效提升国际竞争力,积极促进实体经济创新发展和制造业转型升级、提升产业链供应链完整性和现代化水平。

8月25日,黑龙江自贸试验区黑河片区首张行业综合许可证正式颁发。

8月25日,新华网转载《经济参考报》报道《自贸试验区加快培育重点产业集群》。

8月26日,江苏省召开新闻发布会,向社会各界通报中国(江苏)自贸试验区连云港片区获批3年来的建设发展成果。

8月26日,《人民日报》海外版报道《自贸试验区扩围再添新成果》。

8月29日,湖南省打造内陆地区改革开放高地推进大会召开,吹响新一轮改革开放的集结号。

8月29日,北京"两区"建设第二批市级改革创新实践案例印发。

8月29日,"云南这十年"系列新闻发布会中国(云南)自由贸易试验区专场发布会在昆明举行,发布会介绍了自贸试验区成立以来全面落实中央关于加快沿边开放要求的各项举措,以及在投资、贸易、金融等领域的改革创新成果。

8月29日,新华网报道《中国(江苏)自贸试验区高质量发展结硕果》。

8月30日,江苏省政府召开中国(江苏)自由贸易试验区设立3周年新闻发布会。

8月30日,云南自贸试验区中老铁路"一单制"首单发车。

8月30日,中国(云南)自由贸易试验区设立3周年:以制度创新建设改革开放新高地。

8月30日,"四路出海"开辟国际传播新途径"自贸Time"讲好南向开放新故事——云南自贸试验区昆明片区中英老缅四语官方网站正式上线。

8月30日,由浙江省人民政府主办、浙江省自贸办、浙江自贸试验区舟山管委会共同承办的第五届世界油商大会在舟山举办。

8月30日，我国最北自由贸易试验区——中国（黑龙江）自由贸易试验区迎来挂牌3周年。

8月31日，习近平总书记在向2022年中国国际服务贸易交易会致的贺信中指出：要发挥高水平服务贸易发展的引领示范作用，充分发挥服务业扩大开放综合试点、自由贸易试验区、海南自由贸易港、粤港澳大湾区等高水平开放地区的先行先试作用，探索建设国家服务贸易创新发展示范区，打造服务贸易体制机制创新高地。

8月31日，中国（湖南）自由贸易试验区工作领导小组印发《关于做好中国（湖南）自由贸易试验区协同联动区申建工作的通知》，这标志着湖南自贸试验区协同联动区建设工作全面启动。

8月31日，山东自贸试验区烟台片区3周岁生日，该区举行3周年成果发布暨自贸全域主题大会。

8月31日，海关总署正式发文同意并批复厦门海沧港综合保税区一期验收通过，标志着厦门海沧保税港区顺利转型升级为综保区。

8月底，位于湖南自贸试验区长沙片区雨花区块的中非经贸博览会常设展馆收到了一艘来自毛里求斯的帆船，这不仅是中毛两国之间深厚友谊的真实诠释，还是对现阶段中非经贸合作领域的认可和褒奖。

9月

9月1日，《光明日报》报道《中国（广西）自由贸易试验区设立三周年成效显著》。

9月1日，2022年中国国际服务贸易交易会安徽主题日活动在北京凯迪克格兰云天酒店举行。

9月1日，北京市对外发布"两区"建设第二批市级改革创新实践案例。

9月1日，北京发布"两区"建设十大最具影响力政策，反映了"两区"建设的核心价值和企业、社会的期盼。

9月1日，2022北京"两区"建设国际合作暨投资北京峰会亮相服贸会。

9月1日，江苏自贸试验区南京江北新区（自贸试验区）举办以"投资江北 共赢未来"为主题的金秋重点产业项目签约会。

9月1日，2021年度福建省自贸创新成果复制推广先行区评估结果揭晓，福州金山工业园区、晋江经济开发区、宁德东侨经济技术开发区、龙岩高新技术产业开发区、石狮高新技术产业开发区、泉州半导体高新技术产业园区、泉州经济开发区、福州高新技术产业开发区、南安经济开发区、福清融侨经济技术开发区等10个开发区获评全省十佳自贸创新推广先行区。

9月2日，《中国民用无人机产业第一城——长沙自贸临空区无人机产业发展白皮书》正式颁布。

9月2日，北京人力资源服务贸易高峰论坛成功举办，论坛上发布了《"两区"建设人力资源开发目录（2022年版）》。

9月2日，全球化智库（CCG）与北京市"两区"工作领导小组办公室联合主办的北京"两区"建设与企业全球化论坛（第九届中国企业全球化论坛）在国家会议中心举办。

9月2日，北京《"两区"建设绿色金融改革开放发展行动方案》印发，加快建设全方位服务研究决策和市场运行的全球绿色金融和可持续金融中心。

9月2日，海关总署、海南省人民政府印发《海南自由贸易港"一线放开、二线管住"进出口政策制度试点扩区工作实施方案》《海南自由贸易港"一线放开、二线管住"进出口政策制度试点扩区风险防控措施》，推进海南自由贸易港"一线放开、二线管住"进出口政策制度在海关特殊监管区域以外开展试点工作。

9月2日，云南自贸试验区昆明片区3周年官渡区先行先试建设成果显著。

9月2日，广东深港首次联合发布金融支持政策，金融业对外开放提质增效。深港首次联动发布风投创投18条措施，开了深港两地联合发布政策的先河，为深化深港金融合作探索一条新路，受到香港特区政府和业界高度认可。

9月2日，中国（浙江）自由贸易试验区国际咨询委员会及高端智库专题研讨会在北京召开。

9月2日，新华网转载《河北日报》报道《河北自贸试验区曹妃甸片区以制度创新激发市场活力》。

9月4日，河南自由贸易试验区开封片区基地相关案例在2022年服贸会成功发布。

9月4日，新华网转载《辽宁日报》报道《辽宁自贸试验区设立5年多来，充分发挥改革开放试验田作用》。

9月6日，中国（广西）自由贸易试验区南宁片区管理委员会印发《广西自贸试验区南宁片区关于〈促进中国（广西）自由贸易试验区高质量发展的支持政策〉实施指引（2022年版）》并发出通知，要求有关单位结合实际，认真组织实施。

9月7日，中国（湖南）自由贸易试验区招商推介会在厦门举行，世界500强企业、跨国公司、境外投促机构、商协会代表和在闽湘商企业家等100余位客商参会。

9月8日，连云港市委副书记、代市长邢正军专题调研江苏省自贸试验区连云港片区建设工作，强调要深入学习贯彻习近平总书记关于自贸试验区建设的重要指示精神，按照国家和省市各项决策部署，紧扣功能定位，强化创新意识，培育创新优势，形成创新成果，全面开辟高质量发展新赛道，为加快跨越赶超、实现后发先至注入强劲动能。

9月8日，辽宁自贸试验区首笔跨省异地电子缴税业务在沈阳片区落地，中国建筑第四工程局有限公司在北京顺利向沈阳自贸试验区税务局缴纳36.99万元税款。

9月8日，上海自贸试验区张江机器人谷迎来了全市首批、浦东首个NQI服务站。

9月9日，借助第二十二届中国国际投资贸易洽谈会平台，中国（湖南）自由贸易试验区在泉州举办外贸和跨境电商专场推介会。

9月9日，河北省通信管理局根据工业和信息化部办公厅关于印发《开展第二类增值电信业务相关许可事项告知承诺审批试点工作实施方案》的通知，积极支持河北自贸试验区电信企业创新发展。

9月10日，《南方日报》报道《累计203项改革创新经验在全省复制推广 广东自贸试验区制度创新动能释放》。

9月13日，河南自贸试验区开封片区行政审批局顺利通过ISO9001质量管理体系2022年度审核。

9月13日，河南自贸试验区开封片区获评"河南省2021年度营商环境建设先进国家级功能区"。

9月14日，北京"两区"建设两周年新闻发布会（生物医药全产业链开放专场）召开。

9月16日，北京"两区"建设两周年国际人才服务保障全环节改革专场新闻发布会召开，市人才局、市人力资源和社会保障局、市公安局、朝阳区、怀柔区分别发布有关内容。

9月16日，河北省商务厅组团参加第19届中国—东盟博览会。河北自贸试验区正定片区和大兴机场片区廊坊区域、石家庄经济技术开发区、曹妃甸综合保税区以及唐山市、张家口市、秦皇岛市、廊坊市相关负责人现场推介了各自投资发展环境和招商引资重点项目。

9月16日，2022中国（广西）自由贸易试验区推介会在广西南宁举办。会上，广西、云南、黑龙江三省（区）自贸试验区签署了《沿边自由贸易试验区协同创新发展框架协议》，在制度创新、产业合作、国际通道建设、人才交流等方面建立创新合作机制。

9月17日，海南省发布新一批海南自由贸易港制度（集成）创新案例。本次共发布5项制度（集成）创新成果，分别为"中国洋浦港"船籍港制度集成创新、离岛免税商品全流程溯源管理"零关税"进口商品全流程监管模式、海洋水产种质资源跨省协同跨国引育新路径以及创设省级统一的类案裁判指引制度。

9月19日，中国（云南）自由贸易试验区建设干部综合能力提升专题研修班开班。

9月19日，河南自贸试验区洛阳片区荣获"河南省2021年度营商环境建设先进国家级功能区"称号。

9月20日，北京"两区"建设两周年文化旅游和数字经济领域专场新闻发布会召开，北京东城区发布国家文化与金融合作示范区服务中心成立和总规模10亿元的"文菁"文化+产业基金融资等成果。

9月20日,《河北日报》报道《"我们对这里未来的发展非常看好"——中国(河北)自由贸易试验区大兴机场片区廊坊区域设立3周年记》。

9月21日,北京"两区"建设金融领域专场发布会上介绍,数字人民币试点已扩大到北京全域,累计落地40余万个场景。

9月21日,"山海有界·自贸无疆"2022洛阳高新区(自贸试验区、综合保税区)跨境企业成长峰会圆满举行。

9月22日,河北省政府新闻办召开石家庄药品进口口岸建设情况新闻发布会,发布了石家庄药品进口口岸成功获批的消息。中国(河北)自由贸易试验区将以此为契机,以更大力度推动生物医药产业开放创新。

9月22日,以"赋能产业新生态 开启未来新征程"为主题的"双碳"领域第一展会——2022中国(烟台)碳达峰碳中和能源装备博览会,在山东自贸试验区烟台片区的八角湾国际会展中心举办。

9月22日,"司法赋能进自贸"工作机制启动仪式举行。仪式上,重庆市商务委员会与两江新区(自贸试验区)人民法院签订了《共同推进"司法赋能进自贸"工作机制建设合作协议》。

9月23日,江苏自贸试验区南京片区召开绿色低碳发展投融资对接会。

9月23日,江苏自贸试验区苏州片区宣传视频《卓越自贸开放名区》发布。

9月23日,辽宁自贸试验区大连片区"东北亚国际航运中心船舶数字化综合服务平台"成功上线,是全国首个无纸化,集云交易、云服务、云融资功能于一体的船舶数字化综合服务平台。

9月23日,上海自贸试验区浦东新区人大常委会第七次会议表决通过了《浦东新区推进特色产业园区高质量发展若干规定》,将于10月15日正式施行。

9月23日,《辽宁日报》报道《辽宁自贸试验区大连片区氢能产业园二期项目开建》。

9月27日,国家部委、广东省、深圳市全力推进《全面深化前海深港现代服务业合作区改革开放方案》落实,改革开放成果丰硕。广东省深入推进《全面深化前海深港现代服务业合作区改革开放方案》现场会在深圳召开。10月31日至11月1日,广东省委、省政府主要领导围绕学习宣传贯彻党的二十大精神、着力推动高质量发展，深入深圳前海调研。

9月28日，中国（广西）自由贸易试验区工作办公室印发《关于设立中国（广西）自由贸易试验区协同发展区的指导意见》的通知。

9月29日，安徽自贸试验区两周年制度创新成果发布会在安徽省商务厅举行。

9月29日，安徽省自贸试验区领导小组办公室召开主任办公会，总结安徽自贸试验区建设两周年工作进展，研究下一步重点工作，审议两周年评估报告、2022年考核细则等事项。

9月29日，北京"两区"建设两周年贸易投资便利化专场新闻发布会召开，市"两区"办、市商务局、市投促中心、北京海关、通州区、顺义区分别发布有关内容。

9月29日，全国首个跨省市综合保税区——大兴机场综保区首家"仓储货物按状态分类监管"企业首批货物入区。

9月30日，北京"两区"政策导航平台1.0版正式上线试运行。

9月30日，商务部、文旅部和广电总局联合发布《国家文化出口基地第二期创新实践案例》，河南自贸试验区开封片区案例位列其中，予以全国复制推广。

10月

10月1日，国内元宇宙龙头企业"元力星球"已正式落户上海自贸试验区，并在上海国际文物艺术品保税服务中心注册。

10月1日，位于厦门自贸片区的远海码头《基于5G+北斗高精度定位的智慧港口创新应用》项目荣获全国卫星导航定位科学技术创新应用最高奖项白金奖。

10月8日，黑龙江自贸试验区哈尔滨片区营商局组织召开政务服务和守信践诺营商环境指标培训会。

10月8日，在厦门市市场监督管理局、厦门自贸片区管委会的联合推动下，《中国（福建）自由贸易试验区厦门片区商事主体登记确认制试行办法》正式印发，明确厦门自贸片区试行商事主体登记确认制。

10月11日，陕西自贸试验区创新建立诉讼与仲裁、调解有效衔接的国际商事争端"融解决"机制，有效提升了国际商事争端解决效率，助力打造辐射"一带一路"国家和地区的国际商事法律服务高地。

10月12日，北京"两区"建设"全球超链接"泰国专场推介会成功举办。

10月14日，北京"两区"建设"全球超链接"系列之法国专场推介会成功举办。

10月15日，"蓉欧非"铁海多式联运线路首发仪式在成都市青白江区举行。伴随着列车鸣笛声，一列满载着"四川造"产品的中欧班列从成都国际铁路港发车驶向境外，最终将抵达非洲摩洛哥。

10月15日，生态环境部办公厅印发《自由贸易试验区加强生态环境保护推动高质量发展案例汇编》，福建自贸试验区入选5项，占全部52项案例的9.6%。厦门片区积极打造零排放示范区，围绕航空产业积极发展绿色供应链，科学防控航空进境维修废物监管风险，助推航空产业高质量发展。平潭片区创新海洋多元共治模式，探索"海上风电+海洋牧场"融合发展方法，相关举措此次入选，印发全国，供各地学习借鉴。

10月16日，习近平总书记主持召开中国共产党第二十次全国代表大会并发表重要讲话，明确指出，（10年来，）我们实行更加积极主动的开放战略，构建面向全球的高标准自由贸易区网络，加快推进自由贸易试验区、海南自贸港建设。

10月18日，安徽省副省长周喜安赴铜陵调研外贸发展和安徽自贸试验区铜陵联动创新区建设工作。

10月18日，北京"两区"开放，优势亮相2022全球可持续发展授权峰会。

10月18日，黑龙江省委依法治省办赴中国（黑龙江）自由贸易试验区哈尔滨片区开展法治服务保障专题调研。

10月19日，黑龙江自贸试验区首家中外合资旅行社落户绥芬河自贸片区。

10月20日，北京"两区"亮相第27届澳门国际贸易投资展览会（MIF）

线上展厅。

10月21日，河南自贸试验区开封片区行政审批局发放首张食品生产许可证。

10月24日，商务部公示，拟将江苏、浙江（含宁波）、福建（含厦门）、广东（含深圳）、北京、上海、重庆、湖南和新疆等9个地区作为内外贸一体化试点地区。湖南自由贸易试验区将发挥高水平对外开放平台的示范引领作用，对标高标准国际经贸规则，推进高水平制度型开放，促进内外贸融合发展。

10月24日，河南自贸试验区开封片区文化产业开放先行区建设经验在《文化贸易蓝皮书：中国国际文化贸易发展报告（2022）》中刊发。

10月25日，随着捷克俄斯特拉发至河北石家庄的国际货运航班安全进港，首批进口药品顺利通关，标志着石家庄药品进口口岸正式投入运营。

10月25日，《人民日报》报道《海南自由贸易港建设高标准推进》。

10月26日，北京"两区"建设"全球超链接"之墨西哥科技创新与投资贸易专场推介会成功举办。

10月26日，国家发展改革委、商务部发布《鼓励外商投资产业目录（2022年版）》，海南适用全国目录519条和海南省目录72条，共591条，海南自由贸易港鼓励外商投资产业目录进一步扩大。

10月27日，以"法律赋能，助企发展"为主题的烟台仲裁委服务自贸试验区重点企业座谈会在中国（山东）自由贸易试验区烟台片区国际仲裁院召开。

10月27日，根据中国船级社碳中和评价认证，福建自贸试验区厦门片区内的象屿综合保税区成为全国首个实现零碳排放的综合保税区。

10月27日，新华社报道《自贸试验区助力中国高水平对外开放》。

10月28日，以"展望携手50年开放合作新机遇"为主题，北京"两区"开放场景西班牙专场演示会成功举办。

10月28日，"海丰维纳斯"轮顺利抵达广西北部湾港钦州港区，靠泊北部湾集装箱公司码头3号泊位，这标志着北部湾港—缅甸直航航线成功开通。

10月28日，全国首个航运企业集成化审批服务平台启动仪式在山东自贸试验区青岛片区举行。

10月28日，山东自贸试验区青岛片区山东国际大宗商品交易市场有限公司顺利完成数字人民币在大宗商品交易领域的应用。

10月31日，商务部国际贸易经济合作研究院发布《中国自由贸易试验区发展报告（2022）》。

11月

11月1日，广东自贸区前海蛇口片区入选"国家进口贸易促进创新示范区"，促进进口、服务产业、提升消费、示范引领四大作用日趋明显，国际贸易自由化便利化水平迈上新台阶。

11月1日，辽宁自贸试验区沈阳片区进口消费品展示体验中心正式运营，涵盖7大类2000余种品类美妆、母婴、3C等商品。

11月3日，《陕西自贸试验区建设"一带一路"跨国农业全链条发展体系着力保障粮食供应安全》创新案例被国务院自由贸易试验区工作部际联席会议简报印发，供各地学习借鉴。

11月3日，云南自贸试验区多式联运"一单制"中缅方向首单落地。

11月4日，习近平总书记在第五届中国国际进口博览会开幕式上的致辞中强调，中国坚持对外开放的基本国策，坚定奉行互利共赢的开放战略，坚持经济全球化正确方向，增强国内国际两个市场两种资源联动效应，不断以中国新发展为世界提供新机遇，推动建设开放型世界经济；同时明确要实施自由贸易试验区提升战略，加快建设海南自由贸易港，发挥好改革开放综合试验平台作用。

11月4日，为贯彻落实党的二十大关于自贸工作的相关论述和部署，进一步推动自贸试验区南京片区改革试点和建设发展，南京市商务局（市自贸办）会同南京片区和市相关部门召开自贸工作领导小组成员单位联席会议。

11月4日，淘宝全球购与菜鸟一城一仓跨境保税直播项目青岛站落地山东自贸试验区青岛片区。

11月5日，中国（广西）自由贸易试验区暨西部陆海新通道专题推介会在上海成功举办。

11月5日，"潮涌长三角，联通最北方"走进中国（黑龙江）自由贸易试验区哈尔滨片区恳谈会在上海举行。

11月5日，中国（黑龙江）自由贸易试验区成立3周年营商环境评估报告发布会在上海举行。

11月6日，河北自贸试验区抢抓进博会创造的投资促进机遇，先后组织举办了曹妃甸片区国际招商推介会、正定片区产业招商对接会、雄安片区企业对接沙龙，邀请德国肖特、强生医疗器械、药明康德等一批跨国公司和知名央企民企高层管理人员参加有关活动。

11月7日，相聚进博·2022苏州进口贸易促进大会暨跨国公司开放创新合作交流会在苏州召开，苏州自贸片区8家跨国公司获地区总部和功能性机构授牌，26家外企获年度特别贡献奖，7位外企高管获聘"投资苏州顾问"，全市占比超过1/4。

11月8日，广西中马钦州产业园区华物盛丰投资有限公司在缴清土地出让价款及税费并确认交地后，立即领取到了不动产权证，这是中国（广西）自由贸易试验区钦州港片区办理的首宗国有建设用地使用权"交地即交证"。

11月9日，由陕西省人民政府主办、陕西省商务厅承办的"陕西省功能区项目推介会"在西安举行。陕西自贸试验区作为陕西省重要开放平台被重点推介。

11月10日，云南自贸试验区首笔区域联动非主要货币清算业务落地河口。

11月10日，新华网报道《云南自贸试验区："一坚持　三提升"聚焦制度型开放　服务跨越式发展》。

11月11日，中国（安徽）自由贸易试验区合肥片区高新区块召开两周年成果新闻发布会，正式发布《合肥高新区支持自贸试验区建设　推进"双自联动"发展若干政策》（简称"双自十条"）。

11月11日，中西部自由贸易试验区协同开放发展论坛在湖南岳阳举行。湖南、云南、四川、黑龙江、广西自贸试验区代表现场签署中西部自贸试验区协同开放发展合作协议，湖北、安徽、重庆、河南、陕西自贸试验区代表线上签约。

11月11日，河南自贸试验区企业贝威·斯高研究院获批建设河南省心脏电生理重点实验室。

11月11日，中西部自由贸易试验区协同开放发展论坛在湖南岳阳举行。

11月12日，安徽省委常委、市委书记虞爱华到蜀山区、合肥高新区宣讲党的二十大精神，调研安徽自贸试验区合肥片区建设运行情况，并主持召开座谈会。

11月14日，河南省发改委：支持依托中国（河南）自由贸易试验区在细胞治疗等领域开展改革试点。

11月15日，中国（浙江）自由贸易试验区高质量提升发展大会召开。会议提出全面实施自贸试验区提升战略，部署了"八大提升行动"，明确了未来5年及明年目标任务。

11月16日，国务院参事室调研组来湘调研湖南自贸试验区建设并举行专题研讨会，邀请上海、广东、福建、浙江等沿海先进自贸试验区领导专家到湘传经送宝，分享成功经验。

11月16日，河南自贸试验区行政审批局颁发首张"证照联办"营业执照及食品小经营店登记证。

11月16日，"中国（河南）自由贸易试验区开封片区推动共建'一带一路'高质量发展，文化贸易之吉尔吉斯斯坦站发车仪式"在开封片区国家文化出口基地顺利举行。

11月18日，中国（安徽）自由贸易试验区铜陵联动创新区建设实施方案出台。

11月18日，以"京港携手共赢未来"为主题，北京"两区"开放场景香港专场演示会成功举办。

11月18日，河北省外办印发《关于外事支持中国（河北）自由贸易试验区建设的若干措施》，出台19条政策措施全力支持河北自贸试验区开放发展。

11月18日，中国（黑龙江）自贸试验区哈尔滨片区"中俄新时代商业活动周"正式"线上"开幕。

11月18日，黑龙江自贸试验区哈尔滨片区召开外贸政策宣讲会。

11月18日，国家知识产权局发布通知，确定2022年新一批及通过复核的国家知识产权示范企业和优势企业。湖北自贸试验区多家企业上榜。

11月18日，《人民日报》报道《深耕自贸"试验田" 争先进位再出发 中国（湖南）自由贸易试验区长沙片区获批成立2周年》。

11月20日，安徽省商务厅、省发展和改革委员会等12部门联合出台安徽省支持外贸稳定发展若干政策措施，对标先进地区，突出新业态赋能，为企业纾困解难。

11月20日，中欧（厦门）班列开启从厦门自贸片区海沧站直达白俄罗斯明斯克新路线。

11月21日，长三角自贸试验区制度创新论坛在南京举办。长三角自贸试验区联盟发布了长三角自贸试验区第二批制度创新案例，安徽自贸试验区有3个制度创新案例成功入选，分别为合肥片区"产业化经费股权投资改革""长三角'双创券'通用通兑模式"芜湖片区"长江支线运输航线共舱管理新模式"。

11月21日，北京市商务局、中国人民银行营业管理部、北京外汇管理部与北京银保监局联合印发《"两区"建设国际收支便利化全环节改革工作方案》，全力推动国际收支便利化全环节改革。

11月21日，北京"两区"建设与开放型经济新体制专题培训班顺利举办。

11月21日，长三角自贸试验区制度创新论坛在南京举办，浙江3案例入选长三角自贸试验区第二批制度创新案例。

11月22日，以"开放北京 合作创新"为主题，北京"两区"开放场景以色列专场演示活动成功举办。

11月23日，"研究支持自贸试验区哈尔滨片区建设发展"专题会议在哈尔滨召开。

11月24日，以"数字经济赢先机 绿色发展向未来"为主题，北京"两区"开放场景新加坡专场演示活动成功举办。

11月24日，为进一步健全多元化解金融纠纷机制，切实提升金融纠纷化解实效，烟台市地方金融监督管理局领导赴山东自贸试验区烟台片区国际仲裁院开展金融行业不良资产处置座谈调研。

11月30日，第三届中国（辽宁）自由贸易试验区高层论坛"RCEP背景下东北亚区域合作与辽宁自贸区制度创新"学术研讨会以线上形式举行。

11月30日，中国（山东）自由贸易试验区青岛片区完成一宗以1.5级模式开发的土地供应工作，面积42035平方米，标志着山东省首个1.5级开发项目成功落地实施。

11月30日，安徽省政府新闻办举行新闻发布会，会上指出省自贸办会同合肥、芜湖、蚌埠三个片区，紧紧围绕主导产业开展首创性、差异性改革创新，重点在贸易便利、金融开放、科技产业等领域开展探索突破，今年1月至10月形成了60项制度创新成果。

12月

12月1日，《中国（福建）自由贸易试验区厦门片区商事主体登记确认制试行办法》正式施行。

12月6日，河南自贸区郑州片区"探索创意产业知识产权全链条保护机制""银行间市场首单类REITS"等6个案例入选河南自贸试验区第四批最佳实践案例。

12月6日，福建省副省长李建成主持召开省政府自贸试验区工作专题会议，听取福建自贸试验区建设情况汇报，研究《福建自贸试验区提升战略实施方案》（送审稿）和《福建自贸试验区创新发展平台提升行动方案》（送审稿），为召开年度省自贸工作领导小组会议做准备。

12月8日，安徽省商务厅联合合肥市政府举办了主题为"推动高水平开放　促进高质量发展"2022跨国公司对接会外资招引专题活动。

12月8日，福建福州港江阴港区顺利完成全球量产最长108米风电叶片吊装作业工作，跻身全国主要风电设备作业港口前列。

12月9日，由岳阳海关会同湖南自贸试验区岳阳片区创新推出的"综合保税区优化进出区管理新模式"获得海关总署批复，将在全国率先试行综保区进出区管理模式改革，此举将有力促进湖南自贸试验区高水平对外开放。

12月9日，中关村延庆园重点项目落地暨"两区"建设签约仪式在中关村延庆园举行，预计产值超30亿元。

12月9日，中国（江苏）自由贸易试验区南京片区"自贸提升战略"研讨会暨《中国（江苏）自由贸易试验区南京片区建设评估报告（2019—2022年）》发布会召开，邀请知名智库专家学者共同探讨如何践行提升战略，实现下一阶段更高质量发展、更高标准建设。

12月11日，作为浙江自贸试验区扩区成果之一，由浙江省人民政府和商务部联合主办的首届全球数字贸易博览会在杭州成功举办。

12月12日，北京市"两区"办印发实施《北京市"两区"重点园区（组团）发展提升专项行动评价办法（试行）》。

12月12日，浙江省本外币合一银行结算账户体系扩大试点启动仪式举行，新增宁波、温州、金华、台州、舟山5个试点地区，实现了本外币合一银行结算账户体系浙江自贸试验区全覆盖。

12月12日，《人民日报》报道《海南自由贸易港建设中的新海口》。

12月13日，新华网报道《天津自贸试验区联动创新区细胞生态生物医药供应链服务平台成立》。

12月14日，安徽自贸试验区芜湖片区与浙江自贸试验区舟山片区签订战略合作协议。

12月14日，《中国（江苏）自由贸易试验区苏州片区研发用物品进口"白名单"制度试点方案》（即"研易达2.0"）获江苏省自贸办、省科技厅、南京海关和省药监局四部门联合发文批准，同步对外发布。

12月15日，北京第二十五届京港洽谈会"两区"主题活动在北京和香港同步线上成功举办。

12月15日，商务部国际贸易经济合作研究院在线上举办《中国自由贸易试验区发展报告（2022）》发布会。

12月15日，中央经济工作会议在北京举行。中共中央总书记、国家主席、中央军委主席习近平出席会议并发表重要讲话。习近平在会议上指出要合理缩减外资准入负面清单，加大现代服务业领域开放力度，发挥好自由贸易试验区、海南自由贸易港、各类开发区和保税区等开放平台的先行先试作用,已宣布的外资准入政策要抓紧落地见效。

12月16日,新华网转载《重庆晨报》报道《重庆自贸试验区:全方位全领域的开放新格局正在形成》。

12月19日,中国(黑龙江)自由贸易试验区成功举办广东招商推介会。

12月19日,央视新闻报道《上海自贸区本外币合一银行结算账户体系试点启动》。

12月19日,《人民日报》报道《上海浦东出台支持"全球营运商计划"系列举措》,报道中记述了上海自贸试验区保税区管理局发布《支持"全球营运商计划(GOP)"在中国(上海)自由贸易试验区保税区域发展的若干措施》(简称"GOP十条")。

12月下旬,大陆集团全球首家5G数字化超级工厂——长沙工厂、攀华集团年产150万吨型钢项目等重大项目在湖南自贸试验区顺利投产。

12月20日,国务院对外发布《国务院关于同意在沈阳等6个城市开展服务业扩大开放综合试点的批复》,杭州成为浙江省首个服务业扩大开放综合试点。

12月20日,云南省文化和旅游厅发布通告,委托中国(云南)自由贸易试验区各片区行使12项省级行政审批权。委托时间自2022年12月20日起执行。

12月21日,新华网转载《天津日报》报道《天津自贸试验区设两大服务中心》,报道中指出中国(天津)自由贸易试验区管理委员会发文同意在滨海新区中心商务片区设立天津自贸试验区跨境投融资综合服务中心,在天津港(东疆)片区设立天津自贸试验区海外工程投资服务中心。

12月22日,天津自贸试验区管委会印发《中国(天津)自由贸易试验区促进商业保理行业高质量发展的若干措施》,进一步促进天津自贸试验区商业保理行业高质量发展,持续巩固本市商业保理的行业龙头地位,擦亮"中国商业保理之都"金字招牌。该措施是全国首个自贸试验区专门针对商业保理行业升级发展制定的系统性支持方案,具有引领行业发展的重要意义。

12月23日,为研究自贸试验区在数据跨境流动、数据存储本地化、知识产权保护、跨境电商便利化等方面潜在的政策突破点，由中国（江苏）自由贸易试验区研究院、新华日报社新华传媒智库联合组成省内专家调研组走进南京片区，开展数字经济与数字贸易专项调研。

12月23日，河北省政府新闻办召开中国（河北）自由贸易试验区改革发展情况新闻发布会，会上指出河北自贸试验区形成各类制度创新成果149项，主要经济指标每年均实现两位数增长。

12月23日，新华网转载《天津日报》报道《全国首家自贸试验区二手车出口服务中心在津成立》。

12月26日，国务院副总理、推进海南全面深化改革开放领导小组组长韩正主持召开推进海南全面深化改革开放领导小组专题会议。

12月26日，《河北日报》报道《全国首创！河北自贸试验区曹妃甸片区实现保税混矿代理收汇和境内原币划转》。

12月27日，山东省商务厅、山东省市场监督管理局、山东省药品监督管理局和济南海关联合印发关于《中国（山东）自由贸易试验区药食同源商品进口通关便利化改革试点方案》的通知，明确在自贸试验区济南片区和联动创新区德州乐陵市，以自贸制度创新赋能＋联动创新区辐射带动方式实现药食同源商品进口通关便利化，推动山东调味品产业集聚创新发展，打造具有自贸区济南特色和辐射省会经济圈发展的新模式。

12月28日，安徽省委书记郑栅洁在中国（安徽）自由贸易试验区建设工作领导小组第三次会议上强调"解放思想、敢闯敢试、拉高标杆、加大力度、全面提升中国（安徽）自由贸易试验区建设能级"。

12月28日，山东省政府办公厅印发《关于做好中国（山东）自由贸易试验区57项制度创新成果复制推广工作的通知》，提出在全省复制推广山东自贸试验区新形成的57项制度创新成果。

12月29日，为深入贯彻习近平法治思想，落实《进一步深化中国（辽宁）自由贸易试验区改革开放方案》中关于"建立和完善风险防控体系"要求，辽宁自贸试验区大连片区着眼进一步深化法定机构改革，提高依法行政管理水平，在全省率先构建全面风险防控体系，持续优化法治化营商环境，为经济高质量发展提供安全保障。

12月30日，广西（南宁）人力资源服务产业园在南宁片区举行揭牌仪式。

12月30日，中山大学自贸区综合研究院在中山大学召开新闻发布会，发布《中国自由贸易试验区发展蓝皮书（2021—2022）》及"2021—2022年度中国自由贸易试验区制度创新十佳案例"。2021—2022年度中国自由贸易试验区制度创新十佳案例包括：南沙自贸片区发布全国首个《南沙自贸片区对标 RCEP CPTPP 进一步深化改革扩大开放试点措施》，获得投资自由化领域"十佳"；前海自贸片区的"金融资产审查 AI 智能服务平台"在金融改革创新领域获得"十佳"；绥芬河自贸片区的"创建互市贸易全流程监管模式"和大连自贸片区的"铁路敞顶箱'班列+班轮'海铁联运新模式"在贸易便利化领域获得"十佳"；北京自贸试验区的"推动股权投资和创业投资份额转让模式创新"在投资自由化领域获得"十佳"；蚌埠自贸片区的"'五长五联'机制深化林长制改革"和海南自由贸易港的"备案即入、承诺即入行政审批事项改革"在政府职能转变领域获得"十佳"；厦门自贸片区的"新型离岸国际贸易推动国内国际双循环发展"在金融改革创新领域获得"十佳"；苏州自贸片区的"全国首个电子劳动合同标准"和长沙自贸片区的"海外知识产权保护新模式助力企业'走出去'"在法治化环境领域均获得"十佳"。

12月30日，京津冀3地政务服务部门联合推出第4批京津冀自贸试验区政务服务"同事同标"事项26项，事项累计达到179项，包括行政许可、行政征收、行政确认、其他行政权力、公共服务等5种事项类型，涉及税务、市场监管、住房建设、交通、药监、知识产权等12个部门，3地跨境贸易便利度和对外开放深度进一步提高。

12月30日，东北地区首票保税维修货物在辽宁自贸试验区营口综保区（自贸试验区）顺利通关。

12月31日，习近平总书记通过中央广播电视总台和互联网发表"二〇二三年新年贺词"，贺词中指出要加快自贸试验区建设，推动海南自由贸易港蓬勃兴起。

2022年中国自贸试验区小结

2022年10月,习近平总书记在党的二十大报告中提出"实施自由贸易试验区提升战略",对自贸试验区工作做出了新的重要部署。

我国将加快实施自由贸易区部署,推进立足周边、辐射"一带一路"、面向全球的自由贸易区网络建设,在国际上积极推进自由贸易协定谈判,在国内积极推进自由贸易区高质量发展。当前,构建以国内大循环为主体、国内国际双循环相互促进的新发展格局,对扩大开放提出新的更高要求。

应对疫情冲击,政府推动一揽子政策和接续措施落地实施,全年商务总体运行稳中有进。自贸试验区积极发挥改革开放新高地作用,引领带动全国货物贸易、服务贸易、利用外资和对外投资稳步发展。贸易投资发展成效显著,一是货物贸易发展质效提升。全国22个自贸试验片区以不到国土4‰的面积,为我国贡献了17.8%的货物进出口额,货物贸易额同比增长14.5%,增速高于全国平均水平6.8%,成为引领和支撑我国外贸稳定发展的重要平台。二是服务贸易发展成效显著,自贸试验区积极扩大服务贸易开放,创新服务贸易管理模式,集聚服务贸易发展新动能,推动服务贸易平稳发展。三是利用外资水平显著提升,22家自贸试验片区实际利用外资2225.2亿元,较上年增长4.5%,以不到国土4‰的面积贡献了18.1%的利用外资额。四是对外投资合作更加深化,自贸试验区不断探索对外投资领域改革,推动对外投资规模稳步扩大,对外投资结构不断优化,对外投资合作实现有序发展。

自建设以来,自贸试验区紧密对接新一轮科技革命和产业变革,围绕产业高质量发展开展制度创新,培育形成一批产业规模排名靠前、技术水平全球领先、在国际上具有较大影响力的世界级产业集群。2022年,厦门海关累计监管进出境维修飞机385架次,同比增长13.9%,航空维修加工贸易实际进出口值同比增长超一倍。天津自贸试验区内租赁企业超过4000家,累计完成2100架飞机租赁业务、470艘船舶租赁业务,飞机、船舶、海工产品租赁量占全国80%,东疆现已成为全球第二大飞机租赁集聚地。湖南自贸试验区长沙片区大力推动工程机械产业发展,围绕二手工程机械评估标准缺失、税收规则不明、道路类设备异地销户难等堵点难点，制定工程机械二手设备出口的标准体系，助力提升在全球工程机械二手设备标准制定上的主动权和话语权。上海、江苏、浙江、天津等自贸试验区针对生物医药研发用品的特殊性，出台生物医药研发用物品进口试点联合推进机制并认定"白名单"，同时，积极完善人才、资金、知识产权等配套支持，推进生物医药全产业链发展。

2022年1月1日，《区域全面经济伙伴关系协定》（RCEP）正式生效，标志着全球人口最多、经贸规模最大、最具发展潜力的自贸试验区正式启航，这将带给中国自贸试验区新的发展机遇。在RCEP落地生效的加持下，中国高水平对外开放的步伐将更加稳健。一方面，更开放的贸易和投资需求呼唤自贸区规模和数量的进一步增长；另一方面，自贸试验区自身的高质量发展将加速，其背后是开放政策措施的进一步增加以及中国外贸基本面较强的韧性。

RCEP大幅降低了各成员国的贸易和投资成本，将有力促进区域内贸易投资往来，提升区域产业链供应链韧性，助力各国抵御外部经济动荡和冲击。自贸试验区以做足增量扩大利用外资来源，以创新变量拓宽利用外资渠道，推动利用外资国别更加多元。2022年，中韩（广西—江原道）产业园项目在南宁片区落户，实现韩国投资在广西零的突破。2022年，在海南自贸港投资的国家和地区达127个，较2021年增加了14个。其中，吸引RCEP成员国直接投资达8.4亿元，占利用外资总额比重达20.7%。

自贸试验区应该抓住RCEP正式生效机遇，更好地发挥自贸试验区制度优势和实践经验。与此同时，RCEP对国际营商环境提出了更高要求，许多强制性的义务履约将落地，自贸试验区需要及时积极地对接这些政策变化，主动提升通关效能和贸易企业服务质量，来满足新的开放要求。

2023年中国自贸试验区大事记

1月

1月1日,国务院正式批复,同意厦门象屿保税区与厦门象屿综合保税区整合优化为新的厦门象屿综合保税区,整合优化后的综合保税区规划面积0.64平方千米。这标志着厦门所有海关特殊监管区域均已转型为综合保税区。

1月3日,《中国(湖南)自由贸易试验区食品用药食同源商品进口通关便利化改革试点方案》印发。

1月3日,福建省委书记周祖翼主持召开省委常委会会议(省自贸工作领导小组第十三次会议),会议听取福建自贸试验区建设情况汇报,审议《福建自贸试验区提升战略实施方案》《福建自贸试验区创新发展平台提升行动方案》。

1月3日,厦门自贸片区"新型离岸国际贸易推动国内国际双循环"创新案例被中山大学自贸区综合研究院评为"2021—2022年度中国自由贸易试验区制度创新十佳案例"。

1月4日,安徽省委依法治省办印发《关于第二批法治政府建设示范地区(部门)和项目命名的决定》,省商务厅"以中国(安徽)自由贸易试验区建设为引领,助力打造法治化、国际化、便利化营商环境"获评全省法治政府建设示范项目。

1月5日,黑龙江自贸试验区绥芬河自贸片区基层央行法律服务站举行揭牌仪式。

1月6日，在"重庆自贸试验区提升战略研讨会"上，重庆市商务委员会和中国经济信息社有限公司签署战略合作协议，整合优势资源，实现共赢发展，共同服务中国（重庆）自由贸易试验区建设。

1月6日，黑龙江自贸试验区哈尔滨片区创新成立自贸试验区保险（金融）综合服务联合体（试点）。

1月6日，由广西壮族自治区商务厅与柬埔寨商业部贸易促进总局联合举办的中国（广西）—柬埔寨贸易投资推介会在柬埔寨金边成功举办。中国（广西）自由贸易试验区钦州港片区参加了推介会。

1月10日，福建省商务厅（自贸办）召开自贸试验区工作专题会议，传达贯彻省委常委会会议要求，研究部署2023年自贸区重点工作。

1月11日，湖南自贸试验区《商务部等14部门办公厅（室）关于公布内外贸一体化试点地区名单的通知》发布。

1月11日，天津港综合保税区顺利通过联合验收组验收。该综保区由天津港保税区与原天津港综合保税区整合优化而成，截至目前，天津市海关特殊监管区域已全部升级为综合保税区。

1月11日，上海"张江智盒"进入热火朝天的建设阶段，将为集成电路设计产业园增添一抹科创亮色；30千米之外的浦东机场综合保税区，历时两年多建设的现代产业创新供应链基地（一期）项目完成竣工验收。

1月11日，《人民日报》海外版报道《感受中国开放包容的营商环境》，文中以浙江自贸试验区的索瑞·瑟布、四川自贸试验区的库里漾·维多利亚·谢尔盖耶芙娜、广西自贸试验区的赵海燕以及天津自贸试验区的米尔科·图里纳4位外国友人的切身感受彰显了开放包容的营商环境和蓬勃发展的机遇。

1月11日，商务部和中国人民银行联合印发《关于进一步支持外经贸企业扩大人民币跨境使用 促进贸易投资便利化的通知》。通知要求，依托自贸试验区、海南自由贸易港、境外经贸合作区等各类开放平台，促进人民币跨境使用。

1月11日，新华网报道《卫星视角看高质量发展新气象｜安徽自贸区开放新图景扫描》。

1月12日，2023年全省商务工作会议在福州召开。福建省商务厅党组书记、厅长、自贸办主任黄河明作全省商务工作报告，其中强调要推动自贸试验区扩区提质、创新提升和联动发展。福州、厦门、平潭三个自贸片区负责人参加会议。

1月13日，河北省外办、河北省自贸办共同研究推动外事领域审批模式创新，联合印发相关通知，指导各有关市、雄安新区管委会为相关自贸片区企业邀请外国人来华审批开辟"绿色通道"，大力支持企业引进人才和开展合作交流。

1月13日，光明网报道《海关总署：积极支持自由贸易试验区、海南自由贸易港发展》。

1月中旬，商务部国际贸易经济合作研究院正式发布《中国（湖南）自由贸易试验区运行情况综合评估报告》。

1月16日，上海自贸试验区"张江科学城法治服务中心"揭牌暨律师驻点服务启动仪式在张江科学会堂举行。

1月18日，2022年中国（安徽）自由贸易试验区建设情况新闻发布会（第14场）举行。

1月19日，中国（福建）自由贸易试验区工作领导小组印发了《福建自贸试验区提升战略实施方案》，配套出台了《福建自贸试验区创新发展平台提升行动方案》，率先推动国家战略在福建落地实施。

1月20日，时任海南省人大常委会原副主任在《人民日报》发表《强化海南自由贸易港建设的地方立法保障》。

1月20日，《湖南日报》报道《湖南自贸试验区制度创新步入全国第一方阵》。

1月21日，山东省人民政府发布《中国（山东）自由贸易试验区深化改革创新方案》。

1月28日，国务院总理李克强主持召开国务院常务会议。会议指出，要更好地发挥自贸试验区等平台作用。

1月29日，湖南自贸试验区长沙片区经开区块无人机制造公司的湖南植保无人机技术有限公司获得欧盟知识产权局（EUIPO）颁发的两项专利证书。

1月29日，江苏自贸试验区江北新区召开推动高质量发展，争当示范走在前列动员会。

1月31日，全国性大宗商品仓单注册登记中心浙江保税商品登记系统（简称"保登系统"）正式上线。保登系统是浙江自贸试验区围绕保税商品登记打造的一项公共服务平台，也是全国性大宗商品仓单注册登记中心的重要组成部分。

2月

2月1日，广西壮族自治区人民政府印发《进一步深化中国（广西）自由贸易试验区改革开放方案》。

2月1日，中国人民银行会同原银保监会（现国家金融监督管理总局）、中国证监会、国家外汇管理局、广东省人民政府联合印发《关于金融支持横琴粤澳深度合作区建设的意见》，按照"远近结合、民生优先、循序渐进、防控风险"的思路，部署6大方面30项金融改革创新举措。

2月1日，全国首创！黑龙江自贸试验区哈尔滨片区打造保险创新改革示范样本。

2月1日，上海浦东新区举行"抢先机 拼速度 闯新路——2023年重大科技产业及配套项目首轮集中签约暨开工仪式"，项目共计146个，总投资额约867亿元。

2月2日，国新办举行2022年商务工作及运行情况新闻发布会。商务部副部长郭婷婷回答记者提问时指出：党的二十大提出要实施自贸试验区提升战略。2023年，我们将按照党中央、国务院决策部署，切实履行好国务院自由贸易试验区工作部际联席会议办公室职能。一是主动对接国际高标准经贸规则，在自贸试验区和自由贸易港加大压力测试力度，稳步扩大规则、规制、管理、标准等制度型开放，为深化国内相关领域的改革积累经验、探索路径。二是支持自贸试验区深入开展差别化探索，推动集成电路、生物医药、高端装备制造等重点领域全产业链开放创新发展。三是复制推广更多更好的制度创新成果，进一步释放改革开放红利。

2月2日，安徽省人民政府调整实施中国（安徽）自由贸易试验区特别清单。

2月2日，国务院新闻办公室举行新闻发布会。商务部副部长郭婷婷表示，2022年，21家自贸试验区实现进出口总额7.5万亿元，同比增长14.5%，占全国的17.8%。

2月3日，重庆市商务委召开中国（重庆）自由贸易试验区联动创新区（第二批）集中评审会，重庆市商务委党组成员、副主任李巡府出席了评审会，15个申报单位的商务主管部门主要负责人或分管领导对申报方案进行了陈述，5名专家教授对各申报单位的方案文本和现场陈述进行了评审。

2月3日，《河北日报》报道《规划范围33.23平方公里！雄安自贸试验区"四至"范围明确》，文中介绍了雄安片区规划范围33.23平方公里，涵盖容东区块、启动区区块、第五组团区块、昝岗区块、朱各庄区块。

2月6日，海南自由贸易港建设项目2023年度第一批集中开工活动在全省各市县同步举行。本次集中开工项目共167个，总投资597亿元。

2月6日，交通运输部、商务部、海关总署联合印发《关于推进海南邮轮港口海上游航线试点落地实施的通知》，推进海南邮轮港口海上游航线试点工作落地实施。

2月7日，海关总署与澳门海关签署《海关总署和澳门海关关于内地海关企业信用管理制度与澳门海关认可经济营运商计划互认的安排》。内地海关成为澳门海关首个AEO互认伙伴。

2月7日，《成都市青白江区持续优化提升营商环境十大举措》正式发布，标志着青白江区正式开启营商环境5.0建设时代，这也是成都市首个发布营商环境5.0版政策的区（市）县，释放出青白江优环境、强信心、抓项目、谋发展、拼经济、促建设的鲜明信号。

2月8日，为进一步了解元宇宙产业，及时把握产业动向，把握元宇宙发展历史机遇，发挥元宇宙倍增效应，带动数字技术、数字产业实现跃升，推动数字经济高质量发展，南京片区自贸研习堂——"元宇宙"专题培训举行。

2月8日，苏州市委依法治市办、市司法局与对外经济贸易大学法学院、对外经济贸易大学涉外法治研究院签署合作共建协议，共同成立苏州市涉外法治研究中心暨对外经济贸易大学涉外法治研究院苏州分院，并入驻苏州自贸片区法律服务中心。这是我国首家涉外法治研究机构在地级市设立的首个涉外法治研究分院。

2月8日，河南自贸试验区开封片区发出首张诊所备案凭证。

2月8日，陕西自贸试验区助力秦创原氢能产业创新发展研讨会在西安召开。

2月9日，外商投资股权投资类QFLP基金——广西自贸试验区新基石能源投资中心（有限合伙）运用中马钦州产业园区金融创新试点下的跨境人民币双向流动便利化政策，以境外人民币形式，将首期实缴资金134万元从香港汇入其在建设银行钦州港自贸试验区支行开立的资本金账户，这标志着广西首笔"QFLP+跨境人民币"业务成功落地。

2月9日，黑龙江自贸试验区哈尔滨片区莫斯科招商推介会在俄罗斯的格林伍德成功举办。

2月10日，福建自贸试验区厦门片区落地首票跨境电商"1210"出口海外仓零售业务，标志着跨境电商特殊区域出口海外仓零售模式正式落地厦门。

2月14日，全国人大代表、苏州市委副书记、市长吴庆文一行对苏州自贸片区建设情况开展专题视察。

2月14日，商务部外贸司李硕副司长率司电子电器处、轻纺处、加贸处有关同志到安徽开展稳外贸专题调研。

2月14日，广西壮族自治区人民政府新闻办公室在广西新闻发布厅举行《进一步深化中国（广西）自由贸易试验区改革开放方案》解读新闻发布会。

2月15日，陕西省自贸办在西安交通大学召开"实施自贸试验区提升战略"研讨会，邀请省内自贸领域有关专家学者为陕西自贸试验区实施提升行动、助力陕西经济发展建言献策。

2月15日，广西壮族自治区主席蓝天立主持召开自治区十四届人民政府第二次常务会议，审议中国（广西）自由贸易试验区第四批自治区级制度创新成果，推进高水平对外开放。

2月15日，上海自贸试验区外高桥地区邮轮产业规划、政策发布暨项目签约仪式在外高桥邮轮内装产业基地举行。

2月15日，海南自由贸易港推介会在香港举行。

2月16日，长沙自贸临空区企业家联盟成立。

2月16日，长沙海关关长、党委书记朱光耀带队，先后赴长沙自贸片区芙蓉区块、雨花区块，调研植物提取物产品技术贸易措施研究评议基地和中非技术贸易措施研究评议基地。

2月16日，中国（山东）自由贸易试验区青岛片区第三届大宗商品数字化贸易论坛召开。

2月16日，中国社会科学院习近平新时代中国特色社会主义思想研究中心研究员、国家全球战略智库研究员徐秀军在《光明日报》发文《建设开放型世界经济，更好惠及各国人民中国高水平对外开放创造全球发展新机遇》，文中指出，党的十八大以来，中国实行更加积极主动的开放战略，构建面向全球的高标准自由贸易区网络，加快推进自由贸易试验区、海南自由贸易港建设，共建"一带一路"，成为深受欢迎的国际公共产品和国际合作平台。

2月17日，辽宁自贸试验区沈阳片区法庭开启司法服务"云端"新模式。

2月17日，浙江省自贸办在杭州片区钱塘区块召开浙江自贸试验区信息宣传工作交流会，全面总结2022年信息宣传工作、交流2023年工作思路。

2月18日，新华网转载《南宁日报》报道《广西自贸试验区南宁片区出台新政 外资准入条件进一步放宽》。

2月18日，上海自贸试验区首届法律服务业品牌发展论坛暨律新社2022年度品牌盛典在中国金融信息中心举行。

2月20日，安徽网报道《中国（安徽）自由贸易试验区特别清单公布》。

2月20日，为进一步降低企业通关成本，促进物流降本增效，构筑内陆地区效率高、成本低、服务优的国际贸易通道，陕西自贸试验区西安国际港务区功能区创新推出中欧班列（长安号）集拼中心散货"先查验、后装箱"业务新模式，显著提高查验效率，为企业节约了时间和资金成本。

2月20日，青岛作为首批试点地区正式启用国家外汇管理局跨境金融服务平台银企融资对接应用服务，山东自贸区青岛自贸片区率先实施。

2月21日，山东省政府新闻办举行新闻发布会，介绍中国（山东）自由贸易试验区深化改革创新情况。山东自贸试验区获批3年来，锚定"走在前、开新局"，自贸试验区建设取得显著成效。截至目前，《中国（山东）自由贸易试验区总体方案》112项试点任务已全部实施，累计形成304项制度创新成果，其中144项已在全省复制推广，40项获国家部委认可并推广，5项被国务院自贸试验区部际联席会议推广，1项入选全国"最佳实践案例"。

2月22日，国务院发展研究中心对外经济研究部综合研究室主任赵福军在《中国经济时报》上发表了《实施自由贸易试验区提升战略该从何处着力》。

2月23日，湖南省商务厅（省自贸办）联合中国人民银行长沙中心支行（国家外汇管理局湖南省分局）组织10余家金融机构，开展走进湖南自贸试验区系列活动。

2月23日，为进一步营造更加便利的外籍人才发展环境，吸引优秀外籍人才在自贸试验区创新创业，陕西省自贸办召开外籍人才创新创业试点工作研讨会。

2月23日，"川邮集运"专柜在四川邮政成都双流国际邮件互换局园区内装货首发。

2月23日，浙江省政府新闻办举行中国（浙江）自由贸易试验区建设新闻发布会（第11场）。

2月24日，河南自贸试验区洛阳片区大力发展跨境电商，全力打造对外开放新高地。

2月26日，中集车辆全国首条高端制造LoM生产线在沈阳自贸试验区营口片区落成投产。

2月28日，中国新闻网报道《福建"升级"自由贸易试验 深化闽台各领域融合》。

3月

3月1日，北京"两区"建设之台湾青年参访团（石景山区）主题沙龙成功举办。

3月1日，中国（广西）自由贸易试验区钦州港片区（以下简称钦州港片区）管委会组织综合执法局、社会事务局等部门，对金桂二期PM3项目范围房屋进行依法拆除和维护正常施工，加快推进该项目建设。

3月1日，在长三角国家技术创新中心举办的"浦东揭榜挂帅公共服务平台推广会"上，首批在平台"牵手"成功的2个项目正式签署了合作协议。

3月1日，福建自贸区厦门片区探索"跨境电商+中欧班列+丝路海运"新模式入选商务部全面深化服务贸易创新发展试点第三批"最佳实践案例"。

3月2日，上海自贸试验区张江高科895创业营第十二季航空航天专场宣告正式开营。

3月2日，国务院新闻办公室举行"权威部门话开局"系列主题新闻发布会，介绍"坚定信心，奋发有为，推动商务高质量发展迈出新步伐"有关情况。商务部部长王文涛表示，要发挥好自贸试验区改革开放综合试验平台的作用，为全面深化改革、扩大开放探索新路径。

3月3日，浙江省自贸办召开浙江自贸试验区统计分析工作专题会，全面总结2022年统计工作情况，交流2023年工作思路。

3月3日，中国（黑龙江）自贸试验区哈尔滨片区召开立法调研座谈会。

3月3日，全国首个数字人民币增信基金——中国（福建）自贸试验区厦门片区台资和航运物流企业融资增信基金正式落地启动，基金每年总规模2000万元，单一客户信用额度最高可达1000万元。

3月3日，全国政协十四届一次会议新闻发布会举行，大会新闻发言人郭卫民指出全国自贸试验区数量达到21个，在投资、贸易、金融、人员流动等方面实施了一系列开放举措，引领带动全国对外开放度和透明度不断提升。在海南加快建设具有世界影响力的中国特色自由贸易港，打造新时代中国改革开放的示范。

3月3日，中国日报网报道《广西自贸试验区深改方案政策宣讲会在南宁举办》。

3月5日，"中国（江苏）自贸试验区南京片区"发展专家座谈会召开。

3月6日，河南省人民政府发布《关于印发中国（河南）自由贸易试验区2.0版建设实施方案》的通知。

3月6日，黑龙江自贸试验区绥芬河片区召开深化能力作风建设暨优化营商环境工作会议。

3月7日，重庆果园港进境粮食指定监管场地顺利通过海关总署验收，标志着果园港成为重庆首个具备直接进口粮食资质的口岸，将进一步提升重庆粮食安全和生态安全保障水平，降低企业贸易成本，增强口岸物流辐射带动作用，更高质量促进重庆外向型经济发展。

3月7日，浙江推出宁波片区首笔区块链"出口信保中小企业险"保单融资业务。

3月8日，商务部机关报《国际商报》头版刊发了河北省商务厅党组书记、厅长张泽峰署名文章：《立足"三个重要"工作定位　河北扎实开创商务工作新局面》。

3月9日，《海南自由贸易港营商环境白皮书（2022年）》发布。

3月9日，辽宁自贸试验区沈阳片区与工商银行沈阳分行举行合作签约仪式。

3月9日，为期两天的中国（黑龙江）自由贸易试验区片区联动创新第一次全体会议在绥芬河市召开。

3月10日，北京"两区"建设之驻外使节走进北京自由贸易试验区主题沙龙（顺义、大兴专场）成功举办。

3月10日，北京市"两区"走进珠三角（广州、佛山、深圳）主题沙龙活动成功举办。

3月10日，海关总署印发《洋浦保税港区政策措施（第一批）扩大至洋浦经济开发区试点实施方案》。

3月10日，辽宁自由贸易试验区营口自贸区10项改革创新经验在全省复制推广。

3月13日，2023年中国广西壮族自治区开放型园区推介会在日本成功举办，现场签约项目近50亿元。同日，中国—东盟（广西）船舶与海洋工程中高级技能实训基地签约暨揭牌仪式在中国（广西）自由贸易试验区钦州港片区举行。

3月13日，黑龙江省黑河自贸片区党工委举办"业务大讲堂"跨境产业合作专题讲座。

3月13日，财政部、海关总署、国家税务总局联合印发《关于扩大启运港退税试点政策实施范围的通知》（财税〔2023〕8号），批准福建自贸试验区福州江阴港区、厦门海沧港区、厦门东渡港区自4月1日起作为离境港实施启运港退税政策。

3月14日，宁波市自贸办印发《浙江自贸试验区宁波片区"一区一件事"改革联动发展2023年行动方案》，2023年将大力实施11项改革联动攻坚项目。

3月15日，国务院服务贸易发展部际联席会议办公室印发《全面深化服务贸易创新发展试点第三批"最佳实践案例"》，在全国推广25个制度创新性强、市场主体反映好、具备借鉴推广价值的案例。其中，江苏省自贸试验区南京片区"国家'芯火'双创平台链接全球服务"和自贸联动发展"一区一件事"重点合作项目"搭建'跨境直播服务贸易'新场景"入选。

3月16日，《辽宁省人民政府关于借鉴推广中国（辽宁）自由贸易试验区第六批改革创新经验的通知》（辽政发〔2023〕4号）印发。

3月17日，北京举办"开放北京的活力与动力"招商推介系列活动外资专场，发布"两区"建设合作商机。

3月17日，浙江舟山开辟自贸试验区外籍人才引进"绿色VIP通道"。

3月17日，福建省委宣传部召开"稳经济·促发展"系列主题新闻发布会（深化改革开放专场），省商务厅（自贸办）刘德培副厅长出席并介绍全省自贸试验区建设成效。

3月18日，2023中国跨境电商交易会在福州举行，福州自贸片区同期举办"物流＋金融"高峰论坛。

3月20日，湖南省省长毛伟明主持召开省政府常务会议，部署当前各项重点任务，研究湖南自贸试验区省级赋权事项调整、安全生产重大隐患反馈问题整改、服务打好"发展六仗"若干财政政策措施等工作。

3月20日,据《辽宁日报》报道,近日,辽宁省政府印发通知,要求各地借鉴推广辽宁自贸试验区31项改革创新经验,并明确具体实施内容、负责部门、推广范围。

3月21日,为深入贯彻落实省委、省政府关于营商环境突破年的工作安排,打造全省营商环境改革攻坚新高地,陕西自贸试验区联动各功能区,率先升级自然人全生命周期"一件事一次办"改革事项,旨在以改革"小切口"推动服务"大提升"。

3月22日,河南自贸试验区开封片区"创新艺术品交易'新路径'打造文化产业开放先行区"一案例入选2022年度河南省经济体制改革10大案例。

3月22日,"未来车·法治道"浦东新区促进无驾驶人智能网联汽车创新应用启动仪式在中国(上海)自由贸易试验区金桥开发片区举行。

3月23日,浙江省委书记易炼红主持召开的中国(浙江)自由贸易试验区工作领导小组会上,审议通过了《中国(浙江)自由贸易试验区提升发展行动方案(2023—2027)年》,对浙江自贸试验区的提升发展进行了全面部署。

3月23日,福建省委常委、政法委书记黄海昆调研海丝中央法务区自贸先行区,实地考察国际法务运营平台。

3月24日,教育部联合海南省政府研究制定了《境外高等教育机构在海南自由贸易港办学暂行规定》,支持境外高等教育机构在海南自由贸易港办学。

3月24日,河北省商务厅党组成员、副厅长,省自贸办副主任张记方主持召开河北自贸试验区制度创新工作推进会,传达了近期商务部有关工作要求,听取了各片区管委会和有关市自贸办2023年重点谋划推进的制度创新事项汇报,对下一步制度创新工作进行了部署。

3月27日,南京银行江北新区分行为江苏自贸试验区江北新区(自贸试验区)企业南京长江江宇环保科技股份有限公司(以下简称"江宇环保")发放信用贷款1000万元,标志着江北新区(自贸试验区)首单新"环保贷"业务成功落地。

3月27日,山东自贸试验区青岛自贸片区数智委"数智讲堂"学术分享活动第二期在青岛自贸片区管委一楼八号会议室成功举办。

3月28日，毛里求斯经济发展局上海代表处在湖南自贸试验区长沙片区雨花区块举办推介会。

3月29日，博鳌亚洲论坛2023年年会第二场海南主题分论坛——第三届全球自由贸易港发展论坛在博鳌举行。

3月29日，商务部自贸区港司副司长马成芳率自贸港处处长王远思、商务部研究院产业所副主任叶欣等一行奔赴重庆自贸试验区调研。

3月30日，为进一步学习和掌握我国数据治理及数据跨境相关政策法规，落实《数据出境安全评估办法》《数据出境安全评估申报指南（第一版）》工作要求，更好指导和服务片区数据处理者申报数据出境安全评估、合法依规开展数据出境活动，江苏自贸试验区南京片区组织召开企业数据治理及数据出境安全评估政策解读专题培训活动。作为省委网信办数据安全巡讲活动第一站，首场培训活动在南京生物医药谷举行。

3月30日，以"数字新经济 自贸新动能"为主题的第二届新亚欧陆海联运通道自由贸易试验区联盟大会暨创新发展高峰论坛在古都西安圆满召开。

3月31日，北京"两区"建设线上招商推介会（智利专场）在北京、圣地亚哥同步举办。

3月31日，陕西省人民政府新闻办公室举办新闻发布会介绍中国（陕西）自由贸易试验区六年建设情况。

4月

4月1日，中国（河南）自由贸易试验区开封片区迎来挂牌6周年。中国（浙江）自由贸易试验区挂牌满6周年。陕西自贸试验区也迎来6周岁生日。

据央视网报道，4月1日，中国（四川）自由贸易试验区推介会暨四川整车贸易全球行（老挝站）活动在老挝万象举行。

4月3日，"一带一路"服务机制赋能陕西自贸试验区发展座谈会在西安高新区举办。

4月7日，杨灵、唐晓华、尹博、蔡冬冬在软科学上发表了《自贸区对城市绿色全要素生产率的影响效应研究》一文。

4月7日，陕西省地方金融监管局等七部门发布《陕西自贸试验区开展合格境外有限合伙人（QFLP）试点暂行办法》及工作指引。

4月7日，山东自贸试验区青岛自贸片区数智委"数智讲堂"学术分享活动第三期在青岛自贸片区管委一号会议室成功举办。

4月7日，福建自贸试验区厦门自贸片区举办首届自贸区产业租赁高峰论坛。中国入世首席谈判代表、原国家外经贸部副部长龙永图，中国首席经济学家论坛理事长连平等出席论坛，对深入推进租赁业迈向高质量发展建言献策。

4月10日，华夏银行总行产业数字金融部副总经理许庆峰、华夏银行青岛分行副行长李建航一行来访山东自贸试验区青岛自贸片区，就基于片区数字仓库开展金融业务进行会谈交流。

4月10日至12日，据中国日报网报道，由哈尔滨市人民政府、俄罗斯中小企业联合会主办，哈尔滨新区管理委员会、中国（黑龙江）自由贸易试验区哈尔滨片区管委会承办的"俄企中国行·走进哈尔滨新区暨自贸试验区"活动在哈尔滨新区香格里拉酒店隆重举办。此次活动以"合作促发展·携手向未来"为主题。

4月10日，深化创新促提升：浙江自贸试验区制度创新工作指引（第一期）发布。

4月11日，以制度创新引领，为充分发挥数智专员这一创新举措在片区数智化工作中的作用，山东自贸试验区青岛自贸片区召开数智专员工作述职评议会，对一季度数智专员工作进行总结。

4月11日，俄企中国行·走进哈尔滨新区暨自贸试验区国际经贸交流活动举行。

4月12日，辽宁省政府新闻办召开新闻发布会，省商务厅及辽宁自贸试验区沈阳片区、大连片区、营口片区相关负责同志介绍辽宁自贸试验区挂牌运行6周年建设发展有关情况，并回答记者提问。

4月12日，上海自贸试验区外高桥造船成功交付第50艘阿芙拉型油轮。

4月13日，云南自贸试验区昆明片区受理窗口将于4月18日启动运营。

4月13日，辽宁省自贸办召开工作推进会议，听取沈阳、大连、营口3个片区工作汇报，研究《辽宁自贸试验区创新发展新突破三年行动方案（2023—2025年）》以及辽宁自贸试验区考核评价体系建立等工作。

4月14日，北京市副市长司马红主持"两区"建设"一条例一决定"执法检查组第一次全体会议。

4月14日，中共中央政治局委员、国务院副总理何立峰在第133届中国进出口商品交易会暨第二届珠江国际贸易论坛开幕式上发表视频致辞。

4月14日，中国（广西）自由贸易试验区投资领域改革政策宣讲会在南宁举办。

4月14日，浙江自贸试验区宁波片区法治保障中心在宁波北仑正式开馆亮相。

4月16日，"台湾青年企业家参访团"一行30人走进北京自贸试验区国际商务服务片区通州组团。

4月16日，中欧班列（成渝）暨青白江开放合作专场推介活动在133届广交会上亮相，与全球各个国家和地区客商见面。

4月17日，湖南省自贸办专职副主任廖光辉主持召开第三届中非经贸博览会自贸专场活动调度会。

4月17日，北京市建设国家服务业扩大开放综合示范区和中国（北京）自由贸易试验区工作领导小组召开会议。市委书记、市"两区"工作领导小组组长尹力主持会议，市委副书记、市长、领导小组第一副组长殷勇出席。

4月17日，广西南宁五象新区建设投资有限责任公司成功发行全市第一单自贸试验区离岸人民币债券，是广西自贸试验区内企业首次成功发行自贸试验区债券，也是2023年南宁市第一单成功发行的境外债券。

4月17日，甘肃省临夏回族自治州临夏县委书记何存鹏一行到中国（山东）自由贸易试验区济南片区考察交流，进一步巩固自贸东西协作成果，助推济南片区与临夏县有关项目落实落地。

4月17日，河南自贸试验区洛阳片区助力"双循环"，洛阳综保区设立首个跨境电商海外仓。

4月17日，福建省商务厅（自贸办）组织福州、厦门、平潭3个片区负责同志赴广东、云南自贸试验区学习交流。

4月18日，北京城市副中心与河北省自贸试验区签署政务服务"自贸通办"试点框架协议，京冀政务服务"自贸通办"窗口上线运行，近3500项北京和通州政务服务事项在河北自贸试验区实现跨区域无差别办理。

4月18日，《中国（黑龙江）自由贸易试验区重点产业平台招商指引》新闻发布会召开。

4月18日，浦东新区人民政府与中国银行全面战略合作协议签约仪式在新区办公中心举行。

4月18日，厦门海关、厦门自贸片区管委会、中国邮政速递物流厦门市分公司携手打造的"出口原产地证服务"系统正式上线。该系统可为企业办理出口原产地证书提供"一站式"服务，并率先在全国实现原产地证书EMS自助寄递。

4月20日，成渝RCEP跨境贸易中心（下称"跨贸中心"）招商推介会在重庆两路果园港综保区举行。

4月20日，天府国际机场全货机航线首发发布会暨成都东部新区与四川川航物流签约仪式举行。

4月21日，广东自由贸易试验区挂牌8周年。8年来，广东省内海关以畅通粤港澳大湾区物流通道、促进新型贸易业态发展、实施智慧监管为着力点，支持广东自贸试验区高质量发展。2022年，全省自由贸易试验区实现进出口总值5350.8亿元，同比增长27.8%，在全省外贸占比稳步提升。

4月21日，辽宁营口自贸区建设发展有限公司入选辽宁省工业互联网及智能制造服务商资源池（第一批）。

4月22日，据《天津日报》报道，天津海关累计推出178项创新制度措施，支持自贸试验区建设9项创新举措为全国首创。

4月23日，"春风十里 相约自贸"市民走进陕西自贸试验区系列主题活动启动仪式在西安高新区都市之门举行。

4月24日，由北京市"两区"办主办、西城区承办，"亲密伙伴"计划——

金融开放专场政策解读会在西城区新动力金融科技中心举办。北京市金融监管局等9家单位为与会企业解读了"两区"建设金融领域制度创新成果。

4月24日,中国(云南)自由贸易试验区跨境金融专题研修班开班。

4月24日,由中国(广西)自由贸易试验区工作办公室主办的广西自贸试验区提升战略专题研修班在上海对外经贸大学开班。

4月24日,黑龙江自贸试验区哈尔滨片区管理局举办快件跨境电商海关监管中心工作研讨会。

4月25日,江苏自贸试验区苏州自贸片区内的荣旗科技在深交所创业板上市,成为苏州自贸片区今年首家上市的公司,也是从4年前苏州自贸片区推出"上市苗圃工程"中成功培育出的第27家上市公司,另有34家企业在上市过程中。

4月26日,连云港市开发区、江苏自贸试验区连云港片区举行重大项目集中签约仪式,签约项目6个、总投资236亿元。市委书记马士光出席并见证签约。

4月27日,北京市"两区"办组织举办全市"两区"重点园区(组团)标准化服务体系建设专题培训交流会。

4月27日,北京市"两区"办组织召开新闻发布会,发布"两区"建设一季度新进展、新成效。市金融监管局、北京海关、市投促中心、市贸促会、朝阳区、海淀区政府有关负责同志参加。

4月27日,河南自贸试验区开封片区举办"自贸有约——'产业链链长制'与国际产业合作园和招商引资工作机制"专题讲座。

4月28日,中国(广西)自由贸易试验区钦州港片区工人文化宫启用,成为钦州港片区第一座功能齐全的工人文化活动场所,也是广西首个设置在产业园区建设一线,贴近企业、直接服务一线产业工人的工人文化宫。

4月29日,《天津日报》发文《12项措施向全国复制推广!天津自贸试验区成立八年 海关累计推出创新制度措施178项》。

5月

5月1日,《中国(浙江)自由贸易试验区条例》修订施行一周年成果丰硕。

5月1日,浦东新区发布的《中国(上海)自由贸易试验区专项发展资金功能提升类项目实施细则》正式施行。

5月2日,据新华社报道,为发挥自贸试验区制度创新"试验田"功能,以制度创新服务国家标准化战略,近日中国(山东)自由贸易试验区济南片区联合济南市市场监督管理局共同举办"标准化创新发展研讨会暨'首席标准官'试点启动"活动。

5月4日,河南自贸试验区开封片区行政审批局荣获"开封青年五四奖章"。

5月5日,北京市政协"两区"建设联合调研组召开"深化'两区'制度型开放"专题座谈会。

5月5日,中国(广西)自由贸易试验区南宁片区管理委员会印发《〈促进中国(广西)自由贸易试验区高质量发展支持政策〉实施指引(2023年版)》,并发出通知要求有关单位结合实际,认真组织实施。

5月5日,近日,辽宁省工业和信息化厅在官方网站对辽宁省2023年"5G+工业互联网"融合应用先导区试点示范项目(第一批)拟定名单进行公示,辽宁自由贸易试验区营口自贸区管委会组织实施的工业互联网园区项目成功入选。

5月6日,国家知识产权办公室公布2023年度第一批20个知识产权信息服务优秀案例,湖南自贸试验区的"信息服务赋能企业创新发展"入选。

5月6日,辽宁省工业和信息化厅公布"2022年辽宁省数字化车间、智能工厂"名单,辽宁自贸试验区企业营口新山鹰报警设备有限公司的火灾自动报警产品数字化车间获评省级数字化车间。

5月7日,河北港通物流有限公司的一票货值1.7万元的药品通过石家庄综合保税区海关智能卡口非申报通道实现"秒级"放行,完成首批非保税货物进区,标志着河北自贸试验区改革试点经验"仓储货物按状态分类监管"

制度在中国（河北）自由贸易试验区正定片区石家庄综合保税区内落地。

5月8日，上海浦东新区金融局联合中证指数公司编制中证浦东新区绿色50 ESG指数和中证浦东新区绿色主题信用债指数。

5月9日，江苏自贸试验区苏州片区"保服通"保税服务平台上线。

5月9日，湖北自贸试验区及海关特殊监管区专委会印发《省自贸区及海关特殊监管区专委会重大事故隐患专项排查整治2023行动实施方案》。

5月10日，林海英、丁茹、许海清、侯淑霞在《商业经济研究》发表了《"双循环"视域下自贸区对农产品贸易的区域异质性影响》。

5月10日，为贯彻落实《中国（山东）自由贸易试验区深化改革创新方案》要求，持续优化片区法治化营商环境，进一步推动民营企业提振信心、合规发展，济南片区管委会组织召开法治化营商环境建设座谈会。

5月10日，福建省委常委、厦门市委书记崔永辉前往海丝中央法务区福建自贸试验区厦门片区调研并召开座谈会，研究部署推进海丝中央法务区厦门片区建设工作。

5月11日，中共中央总书记、国家主席、中央军委主席习近平在河北考察，并主持召开深入推进京津冀协同发展座谈会。

5月11日，由上海市自贸办、江苏省自贸办、浙江省自贸办、安徽省自贸办、长三角自贸试验区联盟秘书处联合举办的长三角自贸试验区联盟第三次工作会议在安徽合肥召开。

5月11日，河北省政府新闻办召开河北省加快建设开放强省新闻发布会，河北省商务厅印发《河北省加快建设开放强省行动方案（2023—2027年）》；围绕招商引资、对外贸易、服务贸易、经开区、自贸试验区、综合保税区、沿海开放、雄安新区开放、对接RCEP、"一带一路"建设等方面研究制定了10个配套专项行动方案；协调各有关部门分别组建开放强省建设工作专班，不折不扣推动各项重点任务落地见效。

5月11日，山东自贸试验区青岛自贸片区数智委办公室召开"政府招投标项目流程及风险管控"内部培训会，研学政府采购方面相关知识。

5月11日，浙江自贸试验区杭州片区建设领导小组办公室会议举行：打响数字自贸区金名片。

5月11日，长三角自贸试验区联盟第三次工作会议在安徽合肥召开。

5月12日，湖南省审计厅对中国（湖南）自由贸易试验区发展状况开展了专项审计调查。

5月12日，江苏自贸试验区第三次督导推进专题会在自贸试验区南京片区召开，江苏省商务厅（自贸办）党组成员、副主任汤大军，江北新区党工委委员、管委会副主任林其坤参加。

5月12日，据光明网报道，商务部11日发布的数据显示，作为改革开放新高地，一季度自贸试验区外贸外资实现较快增长。自贸试验区助力外贸外资平稳发展。

5月12日，重庆市委常委会举行会议，传达学习贯彻习近平总书记在二十届中央财经委员会第一次会议上的重要讲话精神，听取中国（重庆）自由贸易试验区建设情况汇报。

5月12日，广东前海管理局联合深圳市税务局发布《关于支持前海深港现代服务业合作区涉税服务业创新发展的十八条措施》（简称"十八条"），从打造前海涉税服务业集聚区、支持涉税服务业高质量发展、深化深港澳涉税服务业合作、建设国际化涉税服务专业队伍、营造良好的产业生态环境等五个方面，支持前海打造大湾区涉税服务业发展高地。

5月13日，据新华网报道，记者从11日在安徽省合肥市举办的长三角自贸试验区联盟第三次工作会议上了解到，长三角三省一市自贸试验区持续深化合作交流，联动发展的新成效不断显现。

5月14日，湖南自贸试验区代表团远赴肯尼亚、马拉维、南非，面对面推介湖南自贸区，洽谈合作。

5月15日，"全国实施自由贸易试验区提升战略专题培训班"在厦门举行。

5月15日，陈灿祁在《湘潭大学学报（哲学社会科学版）》上发表了《我国自贸区（港）公平竞争审查制度创新探索及路径优化》。

5月15日，俄罗斯工商会经贸代表团到辽宁自贸试验区营口自贸区（综保区）考察。

5月15日，由中央组织部、商务部联合主办，福建省商务厅（自贸办）等协办的"全国实施自由贸易试验区提升战略专题培训班"在厦门举办。福建省商务厅（自贸办）主办的全省自贸试验区提升战略专题培训班同期举行。

5月15日，商务部自贸区港司杨正伟司长在厦门主持召开福建自贸试验区工作调研座谈会，福建省商务厅（自贸办）及福州、厦门、平潭三个自贸片区负责同志参加会议。

5月17日，浙江自贸试验区北仑论坛：企业创新联盟！对接DEPA行动！绿色贸易倡议！汇聚起对标国际的共识与力量！

5月19日，湖南自贸试验区长沙片区组织开展出口食品生产企业对外推荐注册培训会。

5月19日，第五届中国西部国际投资贸易洽谈会（以下简称"西洽会"）自由贸易试验区高质量发展论坛在重庆举行，业界专家学者及自贸试验区（港）代表齐聚重庆，围绕全面实施自贸试验区提升战略，为数字赋能自贸试验区高质量发展建言献策。

5月19日，浙江自贸试验区杭州片区举行2023年第一批改革试点经验评审会。

5月19日，黑龙江自贸试验区绥芬河自贸片区边民合作社首次通过海关互市贸易2.0系统进口134.6吨亚麻籽申报成功。

5月19日，黑龙江自贸试验区哈尔滨协同发展先导区家电出口贸易联盟揭牌成立。

5月22日，由安徽省委组织部、省商务厅（省自贸办）、省委党校联合举办的"高标准高质量推进中国（安徽）自贸试验区发展，推动构建新发展格局"专题培训班在合肥举办。

5月23日，广西自贸试验区钦州港片区实现"交海即交证"。

5月23日，山东自贸试验区青岛片区数智委办公室在管委七楼礼堂举办第六期"数智讲堂"。

5月24日，《天津日报》报道《以自贸试验区提质升级 更好服务滨海新区高质量发展》，天津市"十项行动"见行见效主题系列第六场新闻发布会，即"十项行动·滨海新区高质量发展支撑引领行动方案"新闻发布会召开。

5月24日，由北京市"两区"办主办、朝阳区承办的"亲密伙伴"计划——人才专场政策解读会在朝阳区望京科技园举办。市人才局等6家单位为与会企业解读了"两区"建设人才领域制度创新成果。

5月25日，北京市政府召开常务会议，研究"两区"建设进展情况等事项。市委副书记、市长殷勇主持会议。

5月25日，川渝自贸试验区法院通过视频连线形式联合召开新闻发布会，共同发布《川渝自贸区法院金融审判典型案例》。

5月25日，首列汽车散件"一单制"融资出口专列在成都国际铁路港准时发车。

5月25日，黑龙江自贸试验区黑河自贸片区代表团参加2023阿穆尔州国际洽谈会。

5月25日，据《安徽日报》《深化"双招双引"推进高质量发展｜安徽自贸试验区成"双招双引"领头羊》报道，作为改革开放的战略综合平台，安徽自贸试验区始终以制度型开放为引领，实施更大范围、更宽领域、更深层次的对外开放。

5月25日，厦门芯一代集成电路有限公司为其聘任的台湾籍专家向富邦财产保险有限公司投保"两岸通保"专案，标志着全国首款为在大陆台胞提供的紧急救援返台保险服务在福建自由贸易试验区厦门自贸片区成功落地。

5月26日，据《湖南日报》报道，湖南自贸试验区深圳推介高端医疗器械产业，我省医疗器械生产企业近5年增长超3倍。

5月26日，中国（湖南）自由贸易试验区工作领导小组印发《中国（湖南）自由贸易试验区制度创新促进办法（试行）》。

5月26日，湖南省自贸办发布"出海吧，自贸——企业涉外法律保障专家咨询团首批专家名录"并发放聘书。

5月26日，由湖北省商务厅、香港特别行政区政府驻武汉经济贸易办事处、香港贸易发展局、湖北省香港商会共同主办的港资企业走进湖北自由贸易试验区活动在武汉片区举行。

5月29日，北京市"两区"办组织举办"两区"重点园区（组团）人力资源、税务专题讲座及服务对接活动。

5月30日，湖南省人民政府发布《湖南省人民政府关于调整一批中国（湖南）自由贸易试验区省级赋权事项通知》（湘政发〔2023〕8号）。

5月30日，中国南方地区首个锰硅期货交割仓库落户钦州港片区。

5月30日，浙江自贸试验区金义片区及联动创新区工作例会在金东召开，浙江自贸试验区宁波片区召开2023年第一批制度创新评审会。

5月31日，泰国、马来西亚投资考察团分别走进北京自贸试验区国际商务服务片区顺义组团。

5月31日，陕西自贸试验区RCEP企业服务中心在西咸新区空港新城揭牌，标志着西北地区首个省级RCEP企业服务中心正式启用。

5月31日，重庆市商务委组织召开自贸试验区联动创新区（第二批）建设启动工作会。

5月31日，黑龙江自贸试验区黑河自贸片区举办"业务大讲堂"，深化体制机制改革专题讲座。

6月

6月1日，北京市商务局与北京三中院举行共建"服务'两区'建设司法实践基地"合作协议签约暨揭牌仪式。

6月1日，苏州工业园区管委会（苏州自贸片区管委会）印发《苏州工业园区2023年营商环境建设方案》。

6月1日，绥芬河铁路车站接运入境宽轨货车14列，创下了车站今年日接宽轨重车最高入境接车记录。

6月1日，国务院印发《关于在有条件的自由贸易试验区和自由贸易港试点对接国际高标准推进制度型开放的若干措施》（国发〔2023〕9号），率先在上海、广东、天津、福建、北京等具备条件的自由贸易试验区和海南自由贸易港试点对接相关国际高标准经贸规则，稳步扩大制度型开放；聚焦货物贸易、服务贸易、商务人员临时入境、数字贸易、营商环境、风险防控等6个方面，提出具体试点措施和风险防控举措。

6月2日，北京市政协委员聚焦"两区"建设，到国家对外文化贸易基地

（北京）、金盏国际合作服务区开展调研。

6月2日，数字仓库联盟成立暨全球首单发布会在山东自贸试验区青岛片区成功召开。

6月5日，国务院批复同意设立天津临港综合保税区。

6月5日，为推动"两区"建设向更高水平迈进，2023年"两区"建设专题研讨班在海南省举办。

6月5日，中国（广西）自由贸易试验区钦州港片区管委会举行钦州港经济技术开发区实验学校揭牌仪式。

6月5日，由黑龙江省委组织部和省商务厅联合举办的"推进中国（黑龙江）自由贸易试验区提升战略专题培训班"在绥芬河开班。

据新华网报道，2023年度长三角地区主要领导座谈会6月5日在安徽合肥举行。6日，安徽省委书记韩俊代表与会各方通报了此次座谈会以及长三角一体化发展的主要成果。推动高水平对外开放，打造重大开放平台，推动三省一市自贸试验区联动发展，落实长三角"一带一路"合作共建机制，联合开展出海招商等活动，推进世界级机场群建设。

6月6日，为深入对接外资外贸及大宗商品项目优质资源，积极邀请企业"走进来"，江苏自贸试验区连云港片区举办大宗贸易及外资外贸经贸合作交流会。

6月6日，宁波舟山港接连开通新线路、迎来"最大船"、完成场地改造，持续推动浙江自贸试验区宁波片区打造"枢纽自贸区"。

6月6日，湖北省委副书记、省长王忠林到湖北自贸试验区武汉片区调研。他强调，要深入贯彻习近平总书记关于对外开放的重要论述，更大力度推动湖北自贸试验区高质量发展，为加快建设全国构建新发展格局先行区提供坚实支撑。

6月6日，浦东发布全国首部CCC免办管理措施。

6月7日，重庆两江新区（自贸区）法院党组成员、副院长张小波带领部分干警走进成渝银行业保险业消费者权益保护中心（重庆），联合召开金融纠纷诉源治理座谈会，探索金融纠纷高效化解新路径。

6月7日，"国际图书版权超市"中外出版对接交流会在厦门自贸片区举行，来自泰国、马来西亚等"一带一路"共建国家的10多家出版机构参会。

据新华网报道，6月7日，广东省新闻办举行中国（广东）自由贸易试验区成立八周年建设成果新闻发布会，广东省商务厅厅长、自贸办主任张劲松等有关负责同志出席发布会并介绍情况。广东自贸试验区交出8周年"成绩单"。

6月8日，山东自贸试验区青岛片区数智委办公室在管委一楼1号会议室举办第7期"数智讲堂"。

6月8日，福建自贸试验区厦门片区台商发展服务中心揭牌成立，正式面向全市台胞台企提供专业化、特色化服务。

6月9日，商务部印发《自贸试验区重点工作清单（2023—2025年）》，明确164项重点工作。

6月9日，在天津市政府新闻办举行的《天津市促进港产城高质量融合发展的政策措施》新闻发布会上，市商务局二级巡视员徐凤成表示，结合商务职能，推动"通道经济"向"港口经济"转型，市商务局将从鼓励口岸大型外贸主体落户、优质商品进口、跨境贸易分拨中心建设、保税展示交易中心建设四个方面出台实施资金奖励措施，纳入《天津市促进港产城高质量融合发展的政策措施》。

6月9日，宁波北仑举行自贸·科创总部经济项目集中签约暨重大项目集中开工仪式，10大总部项目正式签约落户，总签约金额156.4亿元，10个重大项目集中开工，总投资额达207.1亿元。

6月12日，北京市副市长司马红专题调度"两区"美丽健康产业政策"会诊"工作。

6月12日，湖北省自贸办制定《湖北自贸试验区创新工作指引》，提出"创新26条"，引领湖北自贸试验区高质量建设。

6月13日，四川省商务厅党组成员、四川自贸办专职副主任吴舸在商务厅会见乌拉圭牧农渔业部副部长胡安·伊格纳西奥·布法先生一行。

据环球网报道，6月13日下午，中央及地方新闻网站记者、正能量网络代表等组成的"'粤'升湾区阔　潮涌看中国"线下走访团来到广州港南沙港区。高质量发展在湾区良港扬帆起航。

6月14日，江苏省政务办副主任李晓雷一行到江苏自贸区连云港片区，重点就"放管服"改革等方面工作开展调研。

6月14日，河南自贸试验区洛阳片区抢抓风口、拥抱"数智"，洛阳开远智能精机积极抢滩轴承柔性装配智能产线领域——微米级精度驱动爆发式增长。

6月15日，北京市副市长司马红主持召开"两区"招商引资和稳外资半年工作会，会议总结了2023年上半年"两区"招商引资和稳外资工作开展情况，研究部署了下半年重点工作。

6月15日，以"携手北京'两区' 共促产业合作"为主题，2023北京"两区"建设线上招商推介会（新加坡专场）成功举办。

6月15日，据《天津日报》《"双区联动"打造创新名片——走进天津自贸试验区东疆片区》报道，天津自贸试验区挂牌8年来，东疆片区在制度创新、开放格局、产业发展、协同联动等方面取得了众多创新突破。如今，发挥自贸试验区和综合保税区的双重优势，东疆正不断展现新气象、焕发新活力。

6月15日，以"投资自贸，共赢未来"为主题的中国（广西）自由贸易试验区QFLP政策宣讲会在上海举办。

6月15日，重庆两江新区（自由贸易试验区）人民法院、重庆仲裁委员会、重庆市知识产权纠纷人民调解委员会共同签署《知识产权纠纷诉讼、仲裁与调解多元共治平台建设合作协议》，创新知识产权纠纷治理方式。

6月15日，中缅新通道（曼德勒—成都）公铁联运班列从缅甸曼德勒发车，这是首趟从缅甸始发经猴桥口岸到成都的公铁联运班列，标志着成都打通了经云南腾冲猴桥口岸衔接缅甸联通东南亚的中缅新通道。

6月15日，河南自贸试验区示范区召开文旅市场品质提升暨国家文化出口基地项目推进会。

6月15日，中国贸促会浙江自贸试验区（海事商事）调解中心在舟山揭牌。据悉，这是中国贸促会首个自贸试验区（海事商事）调解中心，将进一步改善浙江自贸试验区舟山片区的法治化营商环境。

6月16日，香港品质保证局驻中国（湖南）自贸试验区岳阳片区工作站正式揭牌成立。

6月16日,近20个国家的40余名驻华使节、商协会、跨国公司负责人,集体走进北京自贸试验区高端产业片区亦庄组团,感受北京高端产业前沿活力。

6月16日,黑龙江自贸试验区黑河片区跨境电商产业园区项目建设现场举办"安全宣传咨询日"活动。

6月17日,黑龙江省牧场溯源食品有限公司与自贸试验区哈尔滨片区管委会签署入区合作协议,成为黑龙江自贸试验区哈尔滨片区首家签约即发证的招商引资企业。

6月18日,河北省商务厅联合商务部投资促进事务局以及省中、工、建、交四大金融机构,成功举办河北自贸试验区招商合作对接会。

6月19日,河南自贸试验区洛阳片区:氢赢未来!洛阳市发布相关政策助推氢能产业高质量发展。

6月20日,湖南省人民政府印发《关于复制推广中国(湖南)自由贸易试验区第一批改革试点经验和改革创新典型案例的通知》。

6月20日,由广西壮族自治区商务厅主办,为期三天的"聚焦中国—东盟大通道,全国物流行业商协会代表企业广西自贸行"考察学习主题活动在中国(广西)自由贸易试验区举行。

6月20日,黑龙江自贸试验区黑河片区、黑河银保监分局共同举办的"金融行助振兴"黑河自贸片区金融服务专场银企对接会在自贸区中小企业创业中心举办。

6月21日,渝东北首个"保税展示+跨境电商"新零售模式项目在重庆市万州区签约。

6月21日,湖北自贸试验区工作领导小组办公室召开会议,传达学习湖北省委专题会议和湖北自贸试验区调研座谈会精神,研究贯彻落实工作措施,更大力度推动湖北自贸试验区高质量发展。

6月24日,国务院印发《国务院关于做好自由贸易试验区第七批改革试点经验复制推广工作的通知》(国函〔2023〕56号),要求复制推广的主要内容共24项,其中涉及在全国范围内复制推广的改革事项22项(投资贸易便利化领域3项、政府管理创新领域5项、金融开放创新领域6项、产业高质量发展领域5项、知识产权保护领域3项），涉及在特定区域复制推广的改革事项2项。

6月25日，河南自贸试验区洛阳片区，"洛阳创新"建成国内首条最高时速200公里城轨快线建设。

6月25日，商务部印发《自贸试验区重点工作清单（2023—2025年）》（商自贸函〔2023〕181号），明确2023—2025年相关自贸试验区拟自主推进实施164项重点工作，每个自贸试验区的重点工作7—10项，包括重大制度创新、重点发展产业、重要平台建设及重大项目活动等。

6月26日，瑞士加密谷（Crypto Valley）数字经济产业区参访团一行，走进北京自贸试验区科技创新片区海淀组团。

6月26日，北京市"两区"办举办"两区"重点园区（组团）发展提升专题培训及2023年上半年工作总结交流活动。

6月26日，中国（广西）自由贸易试验区南宁片区生产性服务业赋能高质量发展交流大会在广西南宁市举行。同日，广西市场监管局出台《中国（广西）自由贸易试验区商事登记确认制改革实施方案》。

6月26日，两江新区（自贸区）法院副院长贾科带领涉外商事审判庭部分干警赴重庆国际物流枢纽园区走访调研。

6月27日，北京"两区"推介招商团组赴成渝地区绵阳、成都、重庆3个城市开展"两区"主题推介招商工作。

6月27日，在2023年广西·凭祥中越边关旅游节开幕之际，中国（广西）自由贸易试验区崇左片区产业招商推介会在凭祥沿边产业园举行。

6月28日，由浙江省自贸办主办、省自贸中心承办、杭州市上城联动创新区协办的2023年浙江自贸试验区第一批省级制度创新成果案例评审会在杭州召开。舟山、宁波、杭州、金义4大片区选送的共19项制度创新成果案例参与评审。

6月29日，天府新区法院（四川自贸试验区法院）在天府中央法务区举行"天府中央法务区涉外商事'一站式'多元解纷中心"揭牌仪式。

6月30日，据《湖南日报》报道，第三届中国—非洲经贸博览会期间，中国（湖南）自由贸易试验区长沙片区对非合作创新成果发布会举行，会上发布8大对非合作创新成果。

6月30日，据《海南日报》报道，商务部率先在5个自贸试验区和海南自由贸易港主动开展试点。国务院新闻办公室召开政策例行吹风会，介绍有条件的自由贸易试验区、自由贸易港试点对接国际高标准经贸规则有关情况。

6月30日，由广西壮族自治区商务厅、市场监督管理局联合主办的中国—东盟经贸中心承办的"桂品出海"外经贸大讲堂系列活动——中国（广西）自由贸易试验区海外市场商标品牌指导站揭牌启动仪式暨国际商务认证外经贸大讲堂培训班在中国—东盟经贸中心举行。

6月30日，全国性大宗商品仓单注册登记中心上海项目正式上线运行。

7月

7月1日，《哈尔滨市与中国（黑龙江）自由贸易试验区哈尔滨片区、黑河片区、绥芬河片区外资企业营业执照通办、通取改革实施方案》出台。

7月2日，中国（湖南、贵州）与尼日利亚、加纳、利比里亚三个非洲国家的重大项目合作签约仪式在湖南自贸试验区长沙片区雨花区块举行。

7月2日，在云南自贸试验区，首列"中老铁路＋中欧班列"过境货物列车顺利发运。

7月2日，央广网推发文章《高质量发展看中国｜广西加快智慧口岸建设助推中国—中南半岛合作再升级》。

7月2日，2023年陆海新通道跨欧亚供应链协同发展论坛暨国际货运展洽会在重庆市江津区举行。

7月3日，河南自贸试验区开封片区探索药品与医疗器械仓储集中监管模式。

7月3日，河南开封综合保税区封关运行暨首批入区项目集中签约仪式在开封综合保税区东区块举行。

7月3日，胡艳、陈张婷、李彦在中国流通经济发表了《自贸区建设对城市环境污染的影响——基于我国267个地级及以上城市的实证分析》。

7月5日，重庆（化龙桥）国际商务区自贸联动创新区建设发布会在重庆市渝中区举行。

7月5日，中央媒体采访团一行赴福建自贸试验区三个片区，对福建自贸试验区在改革制度创新、两岸融合发展、加快平台建设，服务高质量发展等方面的情况进行实地采访调研。

7月6日，由浙江省人民政府指导，中国（浙江）自由贸易试验区工作领导小组办公室、杭州市人民政府主办的"2023中国（浙江）自由贸易试验区生命健康产业推介会暨第七届国际生物医药（杭州）创新大会"在杭州市钱塘区开幕。

7月7日，广西自贸试验区工作办公室举办产业发展政策宣讲会，授课专家分别从面向RCEP的跨境贸易数字化转型、沿边临港产业园建设、越南经济形势与中越经贸合作等方面对产业发展领域相关政策进行深度解读。

7月7日，成都国际铁路港，随着一声汽笛长鸣，首趟"澜湄蓉欧快线"（罗勇—万象—昆明—成都—布达佩斯）班列缓缓驶出。

7月7日，广东省商务厅（自贸办）在深圳前海举办广东自由贸易试验区—联动发展区合作交流活动。广州市商务局局长洪谦代表广州联动发展区及其他12个联动发展区代表，在活动上签署《中国（广东）自由贸易试验区—联动发展区高质量发展合作倡议》。

7月7日，浙江省人民政府办公厅印发《中国（浙江）自由贸易试验区提升发展行动方案（2023—2027年）》，重点部署了浙江自贸试验区的大宗商品配置能力提升、数字自贸试验区提升、国际贸易优化提升、国际物流体系提升、项目投资提升、先进制造业提升、制度型开放提升、数智治理能力提升等8个方面的24项具体举措。

7月9日，习近平总书记主持召开中央全面深化改革委员会第二十次会议，提出"以更大力度谋划和推进自由贸易试验区高质量发展"。

7月10日，国务院印发《关于做好自由贸易试验区第七批改革试点经验复制推广工作的通知》，决定在全国范围和特定区域内复制推广24项改革事项。山东自贸试验区烟台片区报送的"入海排污口规范化'分级分类管理'新模式"成功入选。苏州自贸片区"应用电子劳动合同信息便捷办理人力资源社会保障业务"案例成功入选，在全国范围内复制推广。出口货物检验检疫证单"云签发"平台、水路运输危险货物"谎报瞒报四步稽查法"等2条辽宁经验在全国复制推广。

7月10日，黑龙江自贸试验区：第七届中国—俄罗斯博览会在俄罗斯叶卡捷琳堡市举行。

7月12日，据新华网报道，为提速川渝自由贸易试验区协同开放示范区建设，支持两地自由贸易试验区协同开放，重庆市与四川省近日共同出台行动方案。

7月12日，大足海关监管作业场所经重庆海关验收组现场查验和评审，顺利通过验收。

7月12日，营口市"近采近销近创"园区行首站走进辽宁自贸试验区营口片区，其间举行了"近采近销近创"园会对接暨营口市直播工厂协会成立大会，推动园区与商（协）会深度对接。

7月12日，湖南省市场监督管理局发布了湖南省《企业商业秘密保护管理规范》地方标准，中国（湖南）自由贸易试验区知识产权服务中心的"知识产权'前置保护'新模式"被纳入《企业商业秘密保护管理规范》。

7月12日，为推进若干措施落地见效，商务部在海口市举办"自贸区港对接国际高标准经贸规则推进制度型开放"专题培训班，组织6个试点省市自贸办、各片区有关负责同志及负责具体工作的同志学习交流。

7月13日，在中国（广西）自由贸易试验区即将迎来建设4周年之际，为及时、全面地展示广西自贸试验区建设进展和成效，充分展现"自贸红利"，广西自贸试验区建设指挥部办公室组织20多家中央、自治区主流媒体到钦州港片区开展"自贸四周年"媒体采风活动。

7月13日，中国（重庆）自由贸易试验区（两路果园港综保区）企业服务中心、西部陆海新通道数智算力中心在两路果园港综保区正式揭牌成立，打造两路果园港综保区企业服务"升级版"，探索重庆自贸试验区企业服务新模式。

7月13日，浙江省自贸办组织了2023年浙江自贸试验区第一批省级制度创新成果案例评选活动，共有17项案例入选本次的省级制度创新成果案例。这些案例涉及投资和资金、贸易、人员往来、运输的自由化便利化以及对标DEPA推进制度型开放5大领域。

7月17日，20多家中央、自治区主流媒体赴广西自贸试验区崇左片区开展"自贸四周年"媒体采风活动。

7月18日，国务院自由贸易试验区工作部际联席会议简报刊发安徽自贸试验区芜湖片区"探索打造长江航运综合服务新模式"供各地借鉴推广。

7月18日，第一届夏季中山大学自贸区高端论坛暨2022—2023年度中国自由贸易试验区制度创新指数发布会将于7月19日至20日在红河举办。

7月18日，中国（广西）自由贸易试验区钦州港片区（以下简称钦州港片区）政务服务中心公安交警、出入境、户政业务"一窗通办"试点窗口正式启用。

7月18日，山东自贸试验区青岛片区召开数智化专题工作会。

7月19日，北京自贸试验区高端产业片区大兴组团首个项目——临空区国际再生医学产业园开工。

7月19日，为做好数字仓库有关工作，服务片区企业发展，提升产业数字化智能化水平，山东自贸试验区青岛片区数智委办公室举办了第8期数智讲堂。

7月19日，牡丹文化艺术及文创展在中国（河南）自贸区国际艺术品保税仓盛大开幕。

7月19日，首届浦东新区绿色低碳产业发展大会举行，启动浦东新区绿色低碳产业发展联盟。

据中国日报网报道，7月20日，第一届夏季中山大学自贸区高端论坛暨2022—2023年度中国自由贸易试验区制度创新指数发布会在红河州蒙自市举办。

7月20日，2023北京"两区"建设线上招商推介会在北京、墨西哥城同步举办，共同探讨CPTPP机遇下的合作机会。

7月20日，中山大学自贸区综合研究院发布"2022—2023年度中国自由贸易试验区制度创新指数",北京自贸试验区在21个自贸试验区省市排名中居第4,较去年提升1位。

7月20日,北京"两区""亲密伙伴"计划文旅和商务服务专场政策解读会成功举办,近800家企业通过线下和线上的方式参会。

7月20日,中国(广西)自由贸易试验区钦州港片区行政审批局为广西乾丰人力资源有限公司发出了钦州市首张"三证合一"的人力资源服务行业综合许可证,人力资源服务企业办事成本得到进一步压缩。

7月20日,随着"宁波地区博洋服饰零售会员活跃度分类数据"获得授权,浙江自贸试验区宁波片区首张数据知识产权登记证书诞生。

7月20日,福建省(平潭)台胞职业资格一体化服务中心广东分中心正式揭牌运营,揭牌仪式在广州人才集团测评中心办公总部举办。现场,还为在广东就业的台胞发放首本采信证书并签署战略合作协议。作为全国唯一的对台综合试验区,平潭对台交流融合资源丰富、氛围浓厚。为破解"台湾地区职业证书无法在大陆使用"的问题,试验区在全国率先开展对台职业资格比对采信工作,该举措被国务院列入"第六批改革试点经验全国复制推广"项目。截至目前,已为1400多名台胞获得大陆就业资格,受到了台湾基层群众的热烈响应。

7月20日,商务部副部长兼国际贸易谈判副代表凌激与乌克兰经济部副部长卡奇卡共同主持召开中国—乌克兰政府间合作委员会经贸合作分委会第七次会议。

7月20日,中山大学自贸区综合研究院发布"2022—2023年度中国自由贸易试验区制度创新指数"。本年度,全国54个自贸片区制度创新指数总体得分平均值为78.03分。

7月21日,以"走进北京'两区'共享新能源汽车产业链合作新机遇"为主题,"两区"建设中日新能源汽车主题线上推介会在北京、东京同步举办。

7月21日,辽宁自贸试验区营口片区3项改革创新案例获国务院部际联席会议简报肯定。

7月23日,由商务部主办、国际商报社组织开展的中央媒体"自贸行"活动走进广西自贸试验区。

7月24日，据《湖南日报》《种好改革开放"试验田"——湖南高质量发展怎么看怎么干之三》报道，自贸试验区是我国改革开放的"试验田"。

7月24日，湖南省人力资源社会保障厅等5部门制定出台了《中国（湖南）自由贸易试验区港澳专业人才执业备案管理办法（试行）》。

7月24日，2023北京"两区"建设赴匈牙利、瑞士招商推介小组圆满完成出访任务，收获了11个项目、增设了2家"两区"全球联络站。

7月24日，据新华网报道，中共中央政治局召开会议，分析研究当前经济形势和经济工作，中共中央总书记习近平主持会议。要支持有条件的自贸试验区和自由贸易港对接国际高标准经贸规则，推动改革开放先行先试。

7月24日，据《经济参考报》报道，近期，我国制度型开放的推进步伐加快。其中，作为改革开放综合试验平台的自由贸易试验区和海南自由贸易港等开放平台再担重任，探路制度型开放。

7月25日，商务部部长王文涛视频会见尼加拉瓜发展、工业和贸易部部长贝穆德斯，中国与尼加拉瓜宣布实质性完成自贸协定谈判。

7月26日，中国（湖南）自由贸易试验区协同联动区工作推进会暨授牌仪式在湖南自贸试验区招商服务中心举行。

7月26日，四川自贸试验区成都天府新区片区高新区块企业——吉利沃飞长空（简称沃飞长空）与华龙航空在成都签署独家战略合作协议，沃飞长空将作为华龙航空核心电动垂直起降飞行器（eVTOL）提供商，同时，华龙航空与沃飞长空签署100架AE200意向采购协议。

7月27日，辽宁自贸试验区营口片区10个创新产品列入省工业企业创新产品目录。

7月27日，浙江自贸试验区各片区多项案例入选"地瓜经济"提能升级"一号开放工程"首批最佳实践案例。

7月27日，据新华社报道，中共中央政治局常委、国务院总理李强7月26日至27日在上海市调研自贸试验区建设。并强调，大力实施自贸试验区提升战略，积极开展高水平对外开放新探索。

7月28日，上半年中国（安徽）自由贸易试验区建设情况新闻发布会举行。

7月28日，中国（广西）自由贸易试验区工作办公室与中银香港召开座谈会，双方就进一步深化合作，营造良好的金融环境、创新环境和营商环境作交流。

7月28日，河南自贸试验区洛阳片区，丰联科光电：从代工到自主研发，突破多项高端靶材"卡脖子"难题。

7月28日，位于金桥路535号的中国（上海）自由贸易试验区社会创新示范园（浦东社会创新示范园）正式开园。

7月28日，驻福州保税港区纪检监察组坚持把优化营商环境作为强化政治监督的重点内容，聚焦自贸区金融业务创新改革，结合惠企政策落地见效与服务优化升级专项监督，持续擦亮派驻监督"探头"，助力福建自贸试验区福州自贸片区打造一流的营商环境。

7月29日，据《安徽日报》《这一重要指标增长2.3倍！安徽自贸试验区"半年报"出炉》报道，安徽自贸试验区不断探索开展首创性、差异化改革试点，目前累计探索形成162项制度创新成果，其中已有6项在全国复制推广。上半年以来，安徽自贸试验区实现进出口额922.2亿元，其中出口716.7亿元、同比增长18.4%，分别高于全国、全省出口平均增幅14.7个、3.9%；实际使用外资3.7亿美元、同比增长2.3倍；新增注册企业1.1万家、同比增长26.9%，高于全省增幅3%，有力有效地服务全省经济社会发展大局。

7月31日，河北省商务厅党组成员、副厅长，省自贸办副主任张记方率队赴石家庄市、雄安新区、廊坊市调研自贸片区和综合保税区建设。

7月31日，上海自贸试验区"一带一路"技术交流国际合作中心中亚分中心在哈萨克斯坦阿拉木图正式成立。

7月，中国（重庆）自由贸易试验区首个企业服务中心在两路果园港综保区正式挂牌，推出了涵盖政务服务、政策服务、生产经营服务、生活配套服务、企业交流服务等协同创新集成化高的服务体系。

8月

8月1日，国家发改委等部门发布《关于实施促进民营经济发展近期若干举措的通知》，围绕5方面提出28条具体措施，推动破解民营经济发展中面临的突出问题，激发民营经济发展活力，提振民营经济发展信心。

8月1日，中国（天津）自贸试验区RCEP实施合作事项签约仪式在保税区空港投资服务中心举行。此次签约是落实《关于高质量实施〈区域全面经济伙伴关系协定〉（RCEP）的指导意见》和市委、市政府"十项行动"特别是滨海新区高质量发展支撑引领行动的重要举措，对保税区高质量发展具有重要意义。

8月2日，2023年"两区"建设专题培训班圆满结业。北京市有关部门"两区"工作处负责同志，16区及北京经济技术开发区"两区"办专职副主任、有关科室负责同志、区重点园区有关负责同志等94人参加培训。

8月2日，据《中国日报》报道，近日，2022中国正能量网络精品征集展播活动持续火热进行，包括21个自贸试验区在内的展现中国正能量的作品激荡人心，在网络空间奏响了新时代团结奋进的乐章。

8月2日，河南自贸试验区开封片区参加2023年国家文化出口基地联席机制年会暨基地建设发展交流会。

8月2日，杭州中院召开涉外法治研讨会，发布10项举措保障杭州数字自贸试验区高质量发展。

8月2日，黑龙江省绥芬河铁路口岸中欧班列迎来开行5周年。

8月2日，新华社发文《十年磨一剑，敢为天下先——中国自贸区建设交出亮眼"成绩单"》，文中提到各地自贸试验区据自身区位特点，有着不同的战略目标和定位。立足新起点，自贸试验区建设迎来新的机遇，将继续为中国经济高质量发展注入澎湃活力。

8月3日，为落实河北省省长王正谱拜访商务部部长王文涛议定的事项，推动商务部研究支持河北自贸试验区生物医药产业先行先试举措，河北省商务厅会同省卫健委、省药监局在石家庄市召开生物医药企业座谈会。

8月3日，重庆西永综保区新世界工厂正式投产，成为西南地区首家新世界工厂。

8月3日，天府新区法院（四川自贸试验区法院）与四川天府"一带一路"商事调解中心会签《民商事纠纷诉调对接合作协议》。

8月3日，福建自贸办委托第三方机构对创新举措开展评估，有59项创新成果入选福建自贸试验区第20批创新举措，其中，全国首创26项、对台特色6项。

8月4日，中国商务部国际贸易经济合作研究院发布《中国自由贸易试验区发展报告（2023）》。报告显示，2021年21个自贸试验区以不到全国4‰的国土面积，实现了占全国18.5%的外商投资和17.3%的进出口，为全面深化改革、扩大开放探索新路径，自贸试验区制度型开放稳步扩大。2022年以来，各自贸试验区形成制度创新成果537项，涵盖投资、贸易、金融、全过程监管等领域，其中有120项制度创新成果在各领域推动了新进展。

8月4日，"中新企业家面对面"法律服务业主题沙龙暨首期"理想·月月谈"在江苏自贸片区苏州片区法律服务中心举行。

8月4日，为积极推进数智自贸建设，高质量谋划片区下阶段数智化工作，山东青岛自贸实验片区数智委办公室举办了第9期数智讲堂。

8月4日，第三届自由贸易试验区发展论坛在郑州开幕，论坛以"新起点、新格局、新提升"为主题，交流自贸经验，共谋创新发展，探路开放新局。

8月8日，北京市副市长司马红主持专题调度会议推进京津冀自贸试验区协同创新工作和专题部署试点对接国际高标准推进制度型开放工作。

8月8日，中国（浙江）自由贸易试验区工作领导小组办公室第16次主任会议暨省"世界一流强港建设工程"工作专班港贸发展组、DEPA专班会议在杭州召开。

8月11日，陕西自贸试验区西安区域创新成果入选国务院自贸试验区部际联席会议简报。

8月11日，2023年"浙江自贸试验区共话航运衍生金融帮助航运实体论坛"于宁波成功举行。

8月11日，《中国日报》发文《向海图强，打造高水平国际门户港》，广西自贸试验区钦州港片区发挥独特临海优势，加快建设国际陆海贸易新通道门户港，向海产业集群加速崛起，推动广西面向东盟开放合作深化。

8月11日，《中国日报》发文《广西自贸试验区南宁片区：以创新为驱动 蓄势向未来》，文中提到广西自贸试验区南宁片区累计形成132项制度创新成果，已初步建成集现代金融产业、数字经济产业以及智慧物流产业为一体的成熟产业园，在加快打造国内国际双循环市场经营便利地上"大胆闯"，全力搭建连接中国—东盟的最强纽带。

8月12日，2023年湖北自贸试验区襄阳片区（综保区）高质量发展专题培训班在浙江大学举办。

8月13日，由商务部自贸试验区港建设协调司主办、国际商报社组织开展的"中央媒体自贸试验区实地采访行"活动走进重庆自贸试验区。

8月14日，云南首个QFLP试点工作在自贸试验区昆明片区正式启动。

8月14日，国际商报社党委副书记、副社长于世伟带领由国际商报社、央视新闻、新华社组成的中央媒体自贸采访团走进四川，与四川自贸办相关负责同志进行深入交流。

8月15日，财政部、海关总署、国家税务总局发布《关于调整海南自由贸易港交通工具及游艇"零关税"政策的通知》，明确在海南自贸港进口半挂车用的公路牵引车、机坪客车、全地形车、9座及以下混合动力小客车（可插电）等22项商品免征进口关税、进口环节增值税和消费税。

8月15日，新加坡航空正式入驻位于苏州工业园区（江苏自贸试验区苏州片区）的苏州城市航站楼。

8月15日，中国（黑龙江）自由贸易试验区—粤港澳大湾区—俄罗斯哈巴罗夫斯克边疆区超前发展区经贸合作推介会在俄举行。

8月16日，湖南自贸试验区郴州片区、高新区与三一重机有限公司签约矿山工程项目。

8月16日，第7届中国—南亚博览会暨第27届中国昆明进出口商品交易会在云南昆明开幕。

8月17日，北京市"两区"建设2023年上半年新闻发布会成功举办。会上介绍了今年上半年"两区"建设总体进展成效、数字经济、贸易便利化及北京自贸试验区落实试点对接国际高标准推进制度型开放部分措施情况，以及大兴、亦庄两个自贸组团建设的最新进展。

8月17日，陕西自贸试验区实现"同标准、无差别、零跑动、零见面"的行政审批全过程"智慧办"。

8月17日，河南自贸试验区开封片区行政审批局国家级社会管理和公共服务标准化试点项目顺利通过终期验收。

8月17日，中国（宁波）跨境贸易数智枢纽港项目首期试运营。

8月17日，由上海市商务委、浦东新区商务委共同主办的"促进生产性互联网服务平台高质量发展央国企在沪总部推介对接会"在上海浦东新区世博园区央企总部顺利举办。

8月17日，《人民日报》发表《不断扩大开放的中国充满机遇》，文中提到自贸试验区已成为中国深层次改革的开路先锋。外商投资准入负面清单、国际贸易"单一窗口"、自由贸易账户等便利措施在自贸试验区实践、探索、成熟，再推广到全国。自贸试验区已累计向全国复制推广278项制度创新成果。

8月18日，《中国日报》记者从"加速构建临港产业集群，大力发展向海经济，推动钦州经济高质量发展"新闻发布会获悉，近年来，广西钦州抢抓西部陆海新通道建设、自贸试验区开放发展等重大发展机遇，以产业为根基，以港口为牵引，以开放为动力，坚定不移向海聚产业、向海建通道、向海拓开放，加速构建临港产业集群，大力发展向海经济，全力推动经济社会高质量发展。

8月20日，海南（东方）自由贸易港先进制造产业园（湘琼合作）首开区开工仪式在东方市举行。此次首批有3个项目集中开工，总投资约17亿元，涉及工程机械再制造业等。

8月20日，辽宁自贸试验区营口片区举行2023年智能制造产业链招商推介会。

8月20日，湘琼（湖南和海南）合作共建产业园（首开区）开工仪式在海南省东方市举行。

8月21日，上海浦东新区发出首张"免申即办"的行业综合许可证，企业全程免申请、免填写、免提交。

8月22日，吉林省商务厅在吉林省长春市成功举办投资安徽行（长春）恳谈会。

8月22日，北京"两区"亲密伙伴计划生物医药专场政策解读会在北京昌平区成功举办，全市1200余家企业通过线下和线上的方式参会。

8月22日，由广西、黑龙江、云南商务厅共同主办的2023年沿边自贸试验区协同发展大会在南宁召开，以"联动创新　共谋沿边自贸新发展"为主题，旨在加强三省区自贸试验区协同创新和提升发展，共同推动沿边地区高水平开放和高质量发展。

8月24日，中国（江苏）自由贸易试验区连云港片区工作领导小组召开第六次全体会议。

8月24日，河南自贸试验区洛阳片区，"百名科技人才入企计划"正在持续推进中。

8月24日，福建自贸试验区厦门自贸片区管委会成功办理厦门市首例"建筑业企业公路总承包二级资质"省级行政许可事项。

8月25日，中共安徽省委　安徽省人民政府《关于深度融入长三角一体化发展国家战略推动高质量发展的指导意见》新闻发布会举行。

8月25日，"标准新征程　产业共发展"智慧园区建设发展论坛暨2023年度智慧园区专题组第四次全体会议在中国（山东）自由贸易试验区青岛片区举行。

8月28日，《中国日报》记者从"开好局、强信心、促发展——贯彻落实党的二十大精神"系列新闻发布会·红河专场发布会获悉，党的二十大以来，红河州对标贯彻落实省委"3815"战略发展目标，提出"337"工作思路，坚决扛起新时代新征程使命任务，全面推进中国式现代化红河新实践，全力建设"七个红河"，奋力开创红河社会主义现代化建设新局面。

8月29日，辽宁自贸试验区营口片区与连云港自贸片区在连云港举行战略合作签约仪式。

8月29日，上海市人民政府办公厅对外印发《上海市落实〈关于在有条件的自由贸易试验区和自由贸易港试点对接国际高标准推进制度型开放的若干措施〉实施方案》的通知，部署8方面共31条措施，其中多条措施也涉及充分给予外资金融机构国民待遇并进行审慎监管等内容。

8月30日，中国日报网发表《广西自贸试验区4周年：砥砺深耕 乘风破浪不止步》，提到4年以来，广西自贸试验区累计使用实际外资14.76亿美元，累计外贸进出口额8580亿元，以不到全区万分之五的土地面积实现了全区外资外贸的36.8%和37.4%。

8月30日，中国（云南）自由贸易试验区红河片区创建4周年。

8月30日，黑龙江自贸试验区哈尔滨片区建设4周年。

8月30日，"2023年自贸试验区制度创新成果复制推广工作专题培训班"在苏州工业园区开班，全国21个省自贸办（片区）共76人参加。

8月31日，广西壮族自治区人民政府新闻办公室在广西新闻发布厅举行中国（广西）自由贸易试验区设立四周年建设成果新闻发布会。

8月31日，中国海事仲裁委员会、中国（福建）自由贸易试验区厦门片区管理委员会、厦门市贸促会、厦门市律师协会在厦门联合召开新闻发布会，联合发布《中国（福建）自由贸易试验区临时仲裁指南》（以下简称《指南》）。《指南》是国内第一部关于临时仲裁如何开展的实践指引，阐明了在自贸区开展临时仲裁的前提条件，突出了临时仲裁区别于机构仲裁的差异性实践，强调了仲裁机构在必要时提供管理的服务范围，对于进一步推动临时仲裁在我国落地发展具有重要的引领作用。

8月31日，"镜彩自贸"青岛自贸试验片区摄影（短视频）大赛颁奖仪式在山东青岛自贸片区管委一楼东大厅举行。

8月31日，中国海事仲裁委员会、厦门自贸片区管委会、厦门市贸促会、厦门市律师协会在厦门联合召开新闻发布会发布《中国（福建）自由贸易试验区临时仲裁指南》。

9月

9月1日,河南自贸试验区开封片区(经开区)管委会二级调研员秦志国、综合协调与政策研究局局长郑波、经开数字文化投资有限公司总经理郭一霖一行7人赴北京参加2023年中国国际服务贸易交易会。

9月2日,2023陕西自贸试验区重点产业链推介会在上海举办。

9月2日,习近平总书记在北京向2023年中国国际服务贸易交易会全球服务贸易峰会发表视频致辞。提到"扩大面向全球的高标准自由贸易区网络,积极开展服务贸易和投资负面清单谈判,扩大电信、旅游、法律、职业考试等服务领域对外开放,在国家服务业扩大开放综合示范区以及有条件的自由贸易试验区和自由贸易港,率先对接国际高标准经贸规则"。

9月3日,河北省商务厅厅长、省自贸办主任张泽峰带领省支持服务河北自贸片区和综保区提升工作组在唐山市主持召开对接见面会。

9月3日,浙江自贸试验区国际咨询委员会及高端智库专题研讨会在北京召开。

9月4日,北京"两区"建设第三批市级改革创新实践案例印发。

9月4日,北京市发布《北京市境外职业资格认可目录(3.0版)》《国家服务业扩大开放综合示范区和中国(北京)自由贸易试验区建设人力资源开发目录(2023年版)》,进一步推动高水平对外开放,吸引优秀人才来京创新创业。

9月5日,中国(湖南)自由贸易试验区创新发展研究院揭牌仪式在湖南大学举行。

9月5日,河南自贸试验区洛阳片区:北玻股份成功拿下来自欧洲一家业内知名企业的钢化炉订单,一举在设备尺寸、技术含量和产品价格方面创下三项"行业之最"。

9月7日,中国(安徽)自由贸易试验区三周年建设情况(第十七场)新闻发布会举行。

9月8日,河南自贸试验区开封片区作为发起单位之一参加开发区工作委员会成立大会揭牌仪式暨第一届一次全体会议。

9月8日，湖北自贸试验区宜昌片区企业入选全国商贸物流重点联系企业公示名单。

9月8日，上海自贸试验区"一区一品"网络安全政策法规宣讲活动在外高桥保税区精彩开讲。

9月9日，河南自贸试验区开封片区成功协办第三届中国外资展系列活动——2023数字经济发展大会暨"丝路电商"30人论坛。

9月11日，河北省商务厅副厅长张记方主持召开河北自贸试验区和综合保税区专题推进会，围绕做好河北自贸试验区和综合保税区绩效考核与各相关市商务局负责同志及自贸各片区、各综合保税区有关负责同志进行逐一交流，就制定3年提升任务清单等重点工作进行部署。

9月11日，为办理业务更便捷，河南自贸试验区洛阳片区打造"预约叫号"新模式。

9月11日，中国（湖北）自由贸易试验区工作领导小组办公室印发《湖北自贸试验区落实重点工作清单任务（2023—2025年）实施方案》，明确8项工作21条具体任务。

9月12日，新华社受权发布的《中共中央　国务院关于支持福建探索海峡两岸融合发展新路　建设两岸融合发展示范区的意见》表示，努力在福建全域建设两岸融合发展示范区。

9月12日，自福建自贸试验区福州片区获悉，由榕城海关探索创新的"跨境电商货物快速智能转关模式"与"跨境电商9610'邮关直连'通关模式"成功入选福建自贸试验区第20批创新举措。

9月13日，湖南省政府新闻办召开湖南自贸试验区获批建设3周年新闻发布会。形成湖南特色制度创新成果84项，新设企业3.4万多家，外贸进出口、实际利用外资今年分别占到全省总额的近三成……中国（湖南）自由贸易试验区建设三周年交出一份亮眼"成绩单"。

9月14日，河南省委办公厅、省政府办公厅印发《河南省营商环境综合配套改革市场化专项方案》，出台由"双环境、双体系"4个维度构成的27项具有牵引性、关键性、标志性的市场化营商环境举措，全力打造一流市场化营商环境。

9月14日，"德资企业投资交流圆桌会暨外资企业联谊会"在湖北自贸试验区武汉片区举办。

9月15日，"金融助力开放龙江——黑龙江自贸试验区专场银保企对接会"成功召开。

9月15日，2023年"深宜两地 携手跨境"电商招商推介会在深圳举办。活动诚邀深圳企业家到宜昌投资兴业，共话合作，共谋发展，共建共享全球跨境电商生态圈。

9月18日，中国（广西）自由贸易试验区崇左片区重点产业对接洽谈会在南宁举行，向与会嘉宾推介崇左片区发展优势，与优秀企业家共商合作、共谋发展。

9月19日，北京市政府召开常务会议，研究"两区"建设进展情况等事项。北京市委副书记、市长殷勇主持会议。

9月19日，中国（云南）自由贸易试验区云南代表团参加在上海举办的中国（上海）自由贸易试验区建设10周年主题论坛。

9月19日，全球领先物联网软件服务公司G7易流在天津港保税区举行其天津综合业务总部揭牌活动，这标志着G7易流天津综合业务总部全面落成，全新的展示中心也正式对外开放。

9月19日，《经济参考报》发表《聚焦"三个提升"自贸试验区释放新动向》，文中提到提升国际高标准经贸规则对接水平、提升市场准入水平、提升改革系统集成水平等"三个提升"成为自贸试验区新的发展任务的重点。

9月20日，浙江自贸试验区金义片区成功获批实施陆路启运港退税政策。

9月20日，湖北自贸试验区襄阳片区加速构建动力电池产业集群。

9月20日，中国（上海）自由贸易试验区建设10周年主题论坛及开放主题分论坛召开。

9月22日，上海一中院与上海浦东法院联合召开"中国（上海）自由贸易试验区司法服务保障白皮书新闻发布会"，向社会发布《中国（上海）自由贸易试验区司法服务保障白皮书（2013—2023年）》。

9月24日，河南自贸试验区洛阳片区、洛阳高新区与天津中车四方所战略合作全面启动。

9月24日，新华网发文《中国自贸区十年"领航"开放发展路》，文中提到共有302项制度创新成果从中国自贸试验区走向全国。

9月24日，安徽发文《3年探路，安徽自贸试验区探索出了什么？》，跨越3个春秋，安徽自贸试验区这片119.86平方千米的土地用无数个"0"到"1"，展现出蓬勃生机和活力，形成了一批具有安徽辨识度的标志性成果，初步实现国家赋予的战略定位和发展目标。

9月25日，中国（上海）自由贸易试验区10周年金桥片区创新研讨会举行。

9月26日，全国自贸试验区建设10周年座谈会在商务部召开。中共中央政治局委员、国务院副总理何立峰出席会议传达了习近平总书记关于自贸试验区建设的重要指示，并提出贯彻落实要求。

9月27日，习近平总书记就深入推进自由贸易试验区建设做出重要指示，强调勇做开拓进取攻坚克难先锋，努力建设更高水平自贸试验区。

9月27日，国务院新闻办公室举行新闻发布会，商务部副部长盛秋平、交通运输部水运局负责人易继勇、商务部自贸试验区港建设协调司司长杨正伟、海关总署自贸试验区和特殊区域发展司司长陈振冲、国家外汇管理局外汇研究中心主任丁志杰介绍自贸试验区建设10周年有关情况以及下一步工作考虑，并答记者问。

9月27日，2023北京"两区"建设匈牙利意向合作项目线上专场对接会在北京、匈牙利同步举办。

9月27日，云南省贸促会、法学会联合举办新发展格局下自贸试验区高质量发展专题培训。

9月27日，重庆成都双核联动联建会议第二次会议在蓉举行，共谋落实国家战略之计，共谱区域合作新篇。

9月27日，以"全球精品·自贸优选"为主题的辽宁自贸试验区营口片区首届国际商品展示展销节成功举办。

9月27日，浙江自贸试验区宁波片区企业实现油气行业数字仓单在线交割业务。

9月27日,《中国日报》发文《沈阳海关:以自贸试验区制度创新打造高水平对外开放合作平台》,提到沈阳海关坚持大胆试、大胆闯、自主改,立足辽宁自由贸易试验区沈阳片区建设发展,充分发挥自贸试验区制度创新的"头雁"效应,全力支持辽沈地区打造高水平对外开放合作平台。

9月28日,新华网发布以"乘势而上,河北自贸试验区活力涌动"为主题的海报。

9月28日,《天津日报》发文《高标准对接国际经贸规则 天津打造更高水平自贸试验区》,文中提到天津自贸试验区累计实施615项制度创新措施,33项改革试点经验和6个最佳实践案例在全国范围内复制推广。

9月28日,《光明日报》发布数字图解,总结自贸试验区建设10周年成绩,文中提到10年来,自贸试验区建设成绩斐然,21家自贸试验区以不到4‰的国土面积,贡献了占全国18.1%的外商投资和17.9%的进出口贸易。

9月28日,《北京日报》发文《十年间自贸试验区建设"领航"高水平开放》总结十年间自贸试验区建设成绩。

9月29日,中国(黑龙江)自由贸易试验区绥芬河片区挂牌4周年。

9月29日,央视网联播+报道自贸试验区10周年成绩单。

9月30日,《人民日报》开设"自贸试验区建设10周年巡礼"专栏,充分报道我国自贸试验区10年建设走过的历程,反映各自贸试验区在政府职能转变、服务国家战略、投资贸易自由化便利化、金融开放创新服务实体经济等领域取得的新突破、新进展。

9月30日,《湖南日报》发文总结湖南自贸试验区2023年数据,据悉进出口额1145.79亿元,占全省总额的27.3%。

10月

10月1日,新华社《学习进行时》梳理习近平总书记关于自贸试验区、自贸港发展的重要论述。

10月4日，《天津日报》发文《"双自联动"提速"双谷"建设——走进天津自贸试验区滨海高新区片区》。

10月6日，山东发文，山东自贸试验区累计实现进出口1.62万亿元，年均增长24.3%。

10月6日，《人民日报》发文《用心耕好这块"大试验田"》，文中总结上海自贸试验区10年硕果，强调牢记习近平总书记殷殷嘱托，用心耕好上海自贸试验区这块"大试验田"。

10月7日，新华网发文《走过非凡十年，中国自贸试验区改革红利惠及世界》，相信自贸试验区将继续凝聚各方力量，促进各国开放合作与共同发展。

10月8日，广西壮族自治区党委党校第12期中青年干部培训班二班全体学员赴钦州，以"自贸试验区建设与广西改革创新"为主题开展现场教学。

10月8日，《光明日报》发文《四川自贸试验区：拓展对外通道 走向开放前沿》，报道四川自贸试验区6年发展情况。

10月9日，陕西自贸试验区能源金贸功能区联合区内数字科技企业搭建供应链金融平台，推出以电子债权凭证——"秦信单"为载体的融资新模式。

10月9日，山东青岛市首个以"信用+承诺"实现差异化减免投标保证金的工程招投标项目"中德生态园D2组团河道生态修复整治工程——南侧水系绿化治理工程（施工）"在山东自贸试验区青岛片区公共资源交易中心顺利完成开评标。

10月9日，河南自贸试验区开封片区国家文化出口基地展厅荣获绿色节能特色创意铜奖，是15个获奖单位中唯一一个地级市自贸试验区参展方。

10月9日，中国新闻网对话中国（上海）自由贸易试验区管理委员会相关负责人及华东师范大学中亚研究中心主任陆钢、对外经济贸易大学国家对外开放研究院副教授陈建伟，问答上海自贸区如何在"一带一路"倡议中发挥"桥头堡"功能。

10月10日，国务院新闻办公室发布《共建"一带一路"：构建人类命运共同体的重大实践》白皮书，系统阐述共建"一带一路"的历史渊源、理念愿景、实现路径、实践成就和世界意义，全面介绍共建"一带一路"倡议提出10年来的丰硕成果，阐明中国推动共建"一带一路"高质量发展、同各国携手构建人类命运共同体的决心和行动。

10月10日，李氏贸易总部项目落地山东自贸试验区青岛片区。

10月10日，泸州跨境电商产业园开园暨创新创业大赛启动仪式在四川自贸试验区川南临港片区举行。

10月11日，山东自贸试验区烟台片区启用首条"日本—烟台—中亚"跨境商品车海铁联运新通道。

10月11日，《中国日报》报道中国银行成都自贸试验区分行推动首笔对公经常项目在线即期购汇业务在中国（四川）自由贸易试验区成都天府新区（直管）区块内落地，标志着四川全省范围内首次实现线上化结汇、售汇完整双向服务。

10月11日，海淀区"两区"建设3周年新闻发布会在中关村壹号举行，对三年来"两区"建设取得的成就进行介绍和解读。

10月12日，海南自贸港在丹麦举行推介会，备受北欧生物医药企业关注。

10月12日，首届海事（司法）创新大会在山东自贸试验区青岛片区举行。

10月12日，四川自贸试验区"链动全球"欧洲活动爱尔兰经贸推介会在都柏林成功举办。

10月12日，河南自贸试验区洛阳片区积极开展"综合窗口"改革。

10月13日，助推绿色转型发展，辽宁自贸试验区营口片区再添4户省级绿色工厂。

10月15日，"山东济宁—重庆万州"江河联运集装箱航线正式通航，这是鲁渝协作的又一标志性成果，将助力开辟鲁渝协作新空间。

10月16日，云南自贸试验区中老、中越铁路国际冷链货运班列双向首发。

10月16日，广东省广州市南沙区市场监督管理局制定了《广州南沙新区（自贸片区）促进知识产权高质量发展扶持办法》。

10月17日，河南开封市城乡一体化示范区·开封经济技术开发区·中国（河南）自由贸易试验区开封片区·开封综合保税区汽车零部件产业链招商推介会在开封国际文化交流中心举行。

10月17日，梅赛德斯－奔驰与上海自贸试验区管委会金桥管理局、上海金桥（集团）有限公司正式签署合作备忘录。

10月19日，辽宁自贸试验区营口片区全程参加了围绕"赋能新型工业化　打造新质生产力"会议主题的制造业数字化转型对接交流活动，并与浪潮软件股份公司签署战略合作框架协议。

10月19日，"丝路壮歌　东盟同奏——'一带一路'倡议10周年暨东博会和峰会创办20周年成果大型网络采访活动"采访团到访中国（广西）自由贸易试验区钦州港片区。

10月20日，福建省首个航天人力资源产业园在福建自贸试验区厦门片区正式揭牌并开园。

10月21日，国务院以国发〔2023〕17号文，印发《中国（新疆）自由贸易试验区总体方案》的通知，至此，中国自贸试验区增加为22个。

10月23日，天津市委副书记、市政府党组书记、市长张工主持召开市政府党组会议，传达学习贯彻习近平总书记在中央政治局第八次集体学习时的重要讲话和就深入推进自由贸易试验区建设做出的重要指示精神。

10月27日，国务院以国发〔2023〕122号文批复同意自即日起在海南自由贸易港暂时调整实施《中华人民共和国认证认可条例》《中华人民共和国市场主体登记管理条例》有关规定。在海南自由贸易港仅开展出口产品认证业务的境外认证机构，无须取得认证机构资质和办理经营主体登记，向国务院认证认可监督管理部门备案后，即可开展出口产品认证业务，认证结果仅限出口企业境外使用。备案条件和程序由国务院认证认可监督管理部门制定。

10月28日，《焦点访谈》报道我国自由贸易试验区10年的历程。

10月30日，山东自由贸易试验区与海南自由贸易港在海口签署合作框架协议。本次活动共签署10个项目，涵盖区港合作、片区合作、机构合作、企业合作等多种合作类型，涉及海洋产业、医疗康养、国际贸易、离岸金融等多个领域。

11月

11月1日,《人民日报》发文《创新监管制度 优化营商环境》,文中叙述中国自由贸易试验区建设10年来,海关以可复制可推广为基本要求,积极开展监管制度创新,持续优化营商环境,助力打造高水平对外开放平台。

11月1日,中国(新疆)自由贸易试验区揭牌仪式在新疆维吾尔自治区乌鲁木齐市举行,标志着新疆自贸试验区建设全面启动。该自贸试验区是我国西北沿边地区首个自由贸易试验区。

11月2日,河北省委书记、中国(河北)自由贸易试验区推进工作领导小组组长倪岳峰主持召开领导小组第五次会议,深入学习贯彻习近平总书记就深入推进自由贸易试验区建设做出的重要指示精神,研究部署重点工作。

11月3日,《人民日报》发文《推广改革创新成果,助力高水平对外开放》,总结福建自贸区发展情况,自2015年4月挂牌以来,福建自贸试验区耕好深化改革和扩大开放试验田,累计推出20批622项创新举措。

11月4日至6日,进博会期间,央视网、新华社、《人民日报》等多家媒体报道进博会中国馆"自贸试验区建设十周年成就展"有关情况,肯定了10年来中国自贸试验区的建设成就。

11月6日,《人民日报》第11版刊登商务部党组书记、部长王文涛署名文章《努力建设更高水平自贸试验区》,总结了自贸试验区在改革开放全局中的重要作用和新征程上自贸试验区建设的新使命新要求。

11月6日,在商务部主办的"投资中国年"自贸试验区专场投资促进活动上,联合国贸发会议发布题为《中国自贸试验区在促进制度创新、产业转型和南南合作中的作用》的报告,报告肯定了过去10年中国自贸试验区的建设成就。

11月7日,中国(新疆)自由贸易试验区乌鲁木齐片区高新功能区块首批项目集中签约仪式在乌鲁木齐高新区(新市区)举行。

11月8日,东方网发文《通联支付六度亮相进博会,共谋数字时代全球贸易便利化发展》，文中提到上海自贸区设立10周年之际，通联支付获评了"上海自贸试验区建设10周年制度创新样本企业"的称号。

11月18日，第十届中山大学自贸区高端论坛在中山大学举行。当天，中国自贸区港研究智库联盟成立。

11月17日，石家庄市委书记张超超主持召开中国（河北）自由贸易试验区正定区推进工作领导小组第11次会议。

11月21日至22日，全国自贸试验区建设工作现场会在北京召开。

11月27日，《经济日报》以《河北深耕改革试验田》为题对河北自贸试验区进行了报道，文中指出自2019年8月设立以来，中国（河北）自由贸易试验区强化制度创新，聚焦贸易投资便利化、金融创新、产业开放、政府职能转变等重点领域，加大改革探索。截至目前，河北自贸试验区已累计形成各类制度创新成果204项，其中5项成果在国务院自贸试验区工作部际联席会议简报专版刊发，29项首创性成果得到国家有关部门认可，5批共81项制度创新案例面向全省推广。

11月30日，习近平总书记主持召开深入推进长三角一体化发展座谈会。强调推动长三角一体化发展取得新的重大突破，在中国式现代化中走在前列，更好发挥引领示范作用。习近平强调，长三角区域要积极推进高层次协同开放。推进以制度型开放为重点的高水平对外开放，加强改革经验互学互鉴和复制推广，努力成为畅通我国经济大循环的强大引擎和联通国内国际双循环的战略枢纽。要加快上海"五个中心"建设，加快推进浦东新区综合改革试点，进一步提升虹桥国际开放枢纽辐射能级，大力实施自由贸易试验区提升战略，推进上海自由贸易试验区临港新片区更高水平对外开放。促进长三角一体化发展和共建"一带一路"高质量发展深度融合，推动长三角优势产能、优质装备、适用技术和标准"走出去"。带头落实鼓励、支持、引导民营经济健康发展的政策举措，进一步优化民营企业发展环境，推动民营经济健康发展、高质量发展。

12月

12月7日，国务院印发《全面对接国际高标准经贸规则推进中国（上海）自由贸易试验区高水平制度型开放总体方案》（国发〔2023〕23号）。

12月25日，第二届京津冀自贸试验区联席会议在雄安新区召开，会上发布了京津冀三地自贸试验区协同创新系列成果，其中包括《京津冀三省市自贸试验区协同发展报告》。

12月27日，财政部、生态环境部、商务部，海关总界、税务总局联合发布《关于在有条件的自由贸易试验区和自由贸易港试点有关进口税收政策措施的公告》（2023年第75号）。

2023年中国自贸试验区小结

2023年是自贸试验区建设10周年，更是全面贯彻党的二十大精神的开局之年。自贸试验区10年的成就证明，自贸试验区已成为高水平开放的先导力量、深层次改革的开路先锋、高质量发展的示范引领和服务国家战略的重要平台。习近平总书记在中央政治局会议上强调，要全面深化改革、扩大高水平对外开放。支持有条件的自贸试验区和自由贸易港对接国际高标准经贸规则，开展改革开放先行先试。

截至2023年9月，自贸试验区已累计向全国或特定区域复制推广了302项制度创新成果，包括：一是经国务院批准推广7批共167项自贸试验区改革试点经验。二是联席会议办公室印发4批共61个"最佳实践案例"，供各地参考借鉴。三是联席会议成员单位等自行发文复制推广74项在自贸试验区探索形成的改革经验。

自贸试验区积极推动中欧班列高质量发展，共建"一带一路"的枢纽节点。截至2023年6月，西部陆海新通道铁海联运班列开行量累计突破25000

列，年增幅超30%，大大提升了西部陆海新通道与"一带一路"的联动水平。

2023年11月1日，中国（新疆）自由贸易试验区揭牌仪式在乌鲁木齐市举行，标志着新疆自贸试验区建设全面启动。新疆自贸试验区是我国西北沿边地区首个自贸试验区，实施范围179.66平方千米，涵盖乌鲁木齐、喀什、霍尔果斯三个片区。新疆是我国连接中亚、西亚、欧洲的关键节点，现有18个国家对外开放口岸，已开通国际道路运输线路118条、中欧（中亚）班列线路23条、国际航线33条，建成"西气东输"管道3条、跨境光缆26条、"疆电外送"通道2条，初步形成了公路、铁路、民航、管网、通信、电网"六位一体"的互联互通网络体系，"东联西出、西引东来"枢纽通道优势明显。新疆自贸试验区的设立，将有利于把自贸试验区的制度创新优势和新疆的区位优势叠加起来，进一步激发新疆经济社会发展的内生动力，促进高水平开放，推动高质量发展，更好惠及人民群众和经营主体。赋予自贸试验区更大改革自主权，充分发挥新疆"五口通八国、一路连欧亚"的区位优势，深入开展差别化探索，培育壮大新疆特色优势产业。

建设自由贸易试验区是以习近平同志为核心的党中央在新时代推进改革开放的重要战略举措。在自贸试验区建设10周年之际，党中央设立新疆自贸试验区，进一步完善自贸试验区总体布局，这也是深入实施自贸试验区提升战略的新部署。用好国内国际两个市场、两种资源，持续推进投资、贸易、金融等领域开放创新，服务"一带一路"核心区建设，助力创建亚欧黄金通道和我国向西开放的桥头堡，为共建中国—中亚命运共同体做出积极贡献。加快转变政府职能、深化投资领域改革、推动对外贸易创新发展、打造开放型特色产业体系、深化金融服务和开放创新、建设联通欧亚的综合物流枢纽、深化向西开放多领域交流合作、深化人才发展体制机制改革。经过3至5年的改革探索，努力建成营商环境优良、投资贸易便利、优势产业集聚、要素资源共享、管理协同高效、辐射带动作用突出的高标准高质量自由贸易园区。

建设中国（新疆）自由贸易试验区，是党中央、国务院赋予新疆的重大战略机遇，对新疆扩大开放、推进高质量发展、服务和融入新发展格局等将产生深远影响。完整准确全面贯彻新时代党的治疆方略，牢牢把握新疆在国家全局中的战略定位，进一步把新疆区域性开放战略纳入国家向西开放总体布局，抢抓有利机遇、积极改革探索，努力打造思想解放先行区、制度创新试验田、产业集聚增长极、扩大开放新高地、营商环境样板区，努力把中国（新疆）自贸试验区建设成为营商环境优良、投资贸易便利、优势产业集聚、要素资源共享、管理协同高效、辐射带动作用突出的高标准高质量自由贸易园区，为在中国式现代化进程中更好建设美丽新疆做出更大贡献。

10年来，中国已形成22个覆盖东西南北中的自贸试验区，主动对接国际高标准经贸规则，不断推进贸易投资自由化便利化，实现制度创新，深化改革开放。未来，自贸试验区会在党中央的领导下继续发挥好改革开放综合试验平台的作用，提升市场准入水平，服务国家战略，统筹开放与安全，为全面深化改革、扩大开放探索新路径。

中国自贸试验区制度创新十年成就与未来展望

　　自2013年9月，上海自贸试验区挂牌成立起，中国自贸试验区建设已走过10年历程。10年来，我国分7个批次在22个省、自治区、直辖市设立了22个自贸试验区，辐射70个片区，基本形成可覆盖东西南北中的改革开放的新发展格局。作为推进我国高质量发展的引擎以及高水平改革开放的"试验田"与平台，十年来，自贸试验区不仅促进了国家与地方社会经济与对外贸易发展，还探索了以制度创新为核心的开放模式，推动了政府管理理念的重要变革，以及对标国际标准投资贸易规则，成为国际先行规则的衔接者和践行者。作为我国推进高水平改革开放的"试验田"，10年来自贸试验区探索了以制度创新为核心的开放模式，推动了政府管理理念的重要变革，同时还是对标国际标准投资贸易规则，成为国际先行规则的衔接者和践行者。

　　自2013年9月29日建立中国第一家自由贸易试验区以来，大胆试、大胆闯、自主改，取得了突出的成绩，以不到4‰的国土面积贡献了占全国1/6以上的进出口总值和吸引外资总量。一方面，自由贸易试验区创造了巨大的进出口规模；另一方面，自贸试验区吸引的外资规模逐步提升。据商务部统计，2022年，21家自贸试验区进出口总额达到了7.5万亿元人民币，占全国进出口额度的17.8%，2023年上半年，全国21家自贸试验区实际进出口总额3.7万亿元，同比增长8.4%，高出全国平均水平6.3%。而实际利用外资达2225.2亿元人民币，占全国外资实际利用量的18.1%。其中，高科技产业实际使用外资863.4亿元人民币。

　　一、十年改革开放与制度创新成就

　　在中国自由贸易试验区10年的扩展建设中，特别强调在自由贸易试验区这块"试验田"上，在稳定、透明、系统的法律制度环境下，创新构建一套符合国际通行规则的、完善的市场经济运行机制，构建国际化、法治化、市场化的营商环境。在此基础上，形成比较成熟的经验，并在其他自由贸易试验区复制推广。边改革，边建设，边完善。通过这种方式，逐步形成中国推进自由贸易试验区建设的思路和操作办法。同时，形成促进后续各自由贸易试验区加快建设步伐的复制推广模板。中南财经政法大学中国（湖北）自由贸易试验区研究院钱学锋教授课题组在《湖北省复制推广自贸试验区改革创新成果成效评估报告》中，将中国自由贸易试验区的复制推广概括成以下7种方式。（1）移植性复制：对于条件比较成熟、要求比较明确的改革经验，直接采用复制；（2）合并式复制：复制推广到同类事情，承接部门主动进行改革经验的合并，然后协同推广；（3）迭代式复制：一些由自贸区率先总结的经验已经被新的法律法规替代或取消的；（4）协作性复制：多部门联合决策的复制；（5）适应性复制：对于相关对接条件尚不充分或复制推广存在一定难度的改革经验，采取针对性措施复制；（6）优化式复制：先推行自贸区的一些经验，由一些新的自贸区提供更好的营商环境，被优化的经验；（7）创新式复制：在建设自贸试验区的过程中，将复制与推广结合起来，形成创新经验和案例。从上述7种复制方式可以看出，这些方式是从简单复制到创新性复制，由低级向高级发展，换言之，从简单的学习开始，到经过消化吸收，去粗取精，因地制宜展开整个复制过程，从而加快了后续批准的自由贸易试验区的建设步伐。并且形成了机制建设和政策内容从简单复制到创新复制、创新学习的过程。

从我国自贸试验区设立实践来看，各自由贸易试验区既要尝试深化经济体制改革，又要推进高质量对外开放。因此，在自贸试验区片区功能设计上，明确每个自由贸易试验区都由两个相互分工的管理区域组成。一个是海关特殊监管区，主要进行扩大对外开放的体制机制试验；另一个是非海关特殊监管区，主要试验深化经济体制改革的体制机制内容。二者统一在特定自由贸易试验区的管理之下。自由贸易试验区的一系列促进贸易便利化的措施，包括"先入区后报关""批次进出集中申报"等监管便利措施，大部分是在海关特殊监管区域内实施。海关特殊监管区域一直以来都被认为是"境内关外""一线（国境）放开、二线（自贸区与非自贸区连接线）管住"，但对标国际通行做法，我国目前的自贸区实际上仍然是"境内关内"，"一线"没有真正放开。由此可见，中国自由贸易试验区不同于传统的自由贸易园区，不同片区所采取的政策是有差别的，只在自贸区内局部地区实施"准境内关外"海关监管。

从中国自由贸易试验区的区块产业结构设计上看，各自由贸易试验区一般都设定3个片区，以便为高科技产业创新、贸易投资自由化安排、深化改革创新体制机制完善等创造试验条件，为各方面的发展试验提供足够的空间。从中国自由贸易试验区的空间类型上看，基本上形成了自由贸易海港、陆港、空港和岛港（如海南自由贸易试验区、自由贸易港为全岛建立自由贸易试验区、港）4种类型，期望在借鉴国外先进自由贸易园区经验的基础上，形成中国自由贸易试验区和自由贸易港的多种模式。同时，中国自由贸易试验区为多种模式的开放提供适宜的地理环境和运作条件。例如，海南自由贸易试验区由于划定海南全岛为自由贸易试验区，乃至自由贸易港，这为全域开放、深化市场经济体制机制改革创造非常好的条件，在一定程度上避免了改革或开放过程中可能存在的风险，以及在大胆尝试而出现漏洞时避免可能对中国整体经济运行和正常发展造成的冲击。由于中国自由贸易试验区所设立的区域不同，在功能上形成了进出口与加工为主型（福建）、出口与总部经济为主型（天津）、投融资与航运中心为主型（广东）、金融中心与投资中心为主型（上海）、科技创新与风险投资为主型（深圳）等模式。与此同时，其他自由贸易试验区都依据因地制宜的原则加以设立。

中国自由贸易试验区的发展并非单纯是数量上的增加，也特别致力于深化改革和提高对外开放平台的层次。2017年3月，在习近平总书记宣布建立中国（海南）自由贸易试验区的同时，也指出海南自由贸易试验区要向自由贸易港过渡。进而在2020年6月1日启动了自由贸易港建设。为鼓励中国（海南）自由贸易试验区深化改革和扩大开放，不仅明确了在海南全岛建立自由贸易试验区，进而建立自由贸易港，还特别明确经过几年的过渡，在2025年实现全岛封关运作，建立开放程度更高的自由贸易港。2020年6月10日，十三届人大常委会第29次会议通过了《中华人民共和国海南自由贸易港法》，自公布之日起颁布执行。这无疑使中国自由贸易港建设具有了法律支撑。经过一年的建设，到2021年6月1日时，中国（海南）自由贸易试验区取得了多方面的进展，成为被赋予更多改革开放自主权的自由贸易高水平建设平台。

在推进中国自由贸易试验区体制机制改革方面，各自由贸易试验区作了大量的工作。中国21个自贸试验区累计有302项制度创新成果在国家层面复制推广，其中以国务院发函等方式集中复制推广的自贸试验区改革试点经验共7批，合计167项。涉及投资便利化、贸易便利化、金融开放创新、事中事后监管、国企改革等方面，促进了改革红利的持续释放。

表12-1　中国自由贸易试验区改革事项范围类别统计

推广范围	改革事项类别	第一批	第二批	第三批	第四批	第五批	第六批	第七批
全国	贸易便利化领域	5	7	2	9	6	7	3
	投资管理领域	9	3	1	6	5	9	0
	事中事后监管	5	2	1	7	6	6	0
	金融开放创新领域	4	0	1	0	0	4	6
	服务业（人力资源）	5	0	0	5	0	5	0
	政府管理创新领域	0	0	0	0	0	0	5
	产业高质量发展领域	0	0	0	0	0	0	5
	知识产权保护领域	0	0	0	0	0	0	3
自贸试验区、海关特殊监管区域等特定区域	海关监管制度创新（含检验检疫制度创新）以及其他特定领域的创新	6	7	0	3	1	6	2
	总计	34	19	5	30	18	37	24

资料来源：其中第一至四批整理于中国商务部官网《自由贸易试验区专栏》，第五批、第六批整理于中国政府网；第七批整理于中国政府网《国务院关于做好自由贸易试验区第七批改革试点经验复制推广工作的通知》。

10年的实践表明，中国的自由贸易试验区与多个部门密切相关。自贸试验区改革举措不仅与商务部、国家发改委、海关总署相关，实际上，还涉及非常多的部门。表12-2展示了中国自由贸易试验区改革事项涉及负责单位的分布情况。由表12-2可以看出，每一批自由贸易先行先试的改革事项都涉及多个部门。其中，由涉及5个部门，延伸到涉及35个，甚至37个部门。这意味着，中国自由贸易试验区的改革举措需要在很多部门的允许下才能够变成现实。

表12-2　中国自由贸易试验区改革事项负责单位

负责单位		第一批	第二批	第三批	第四批	第五批	第六批	第七批
海关总署		3	13（2）	0	14（1）	4（2）	9（5）	1
国家市场监督管理总局	（原质检总局）	11	5（2）	3	2（1）	1（1）	4	1（1）
	（原工商总局）	1	1	1				
税务总局		4	1	0	1	4	1	1（1）
交通运输部		0	0	1	10	2（2）	3（2）	3
公安部		0	0	0	2	0	2（1）	0
司法部		0	0	0	1	2	3（1）	0
最高人民法院		0	0	0	2（1）	0	1	2（1）
中国人民银行		1	0	0	0	（1）	5（2）	5（5）
国家外汇管理局		3	0	1	0	0	0	0
商务部		4	2（1）	0	1（1）	0	4（4）	1（1）
中国国际贸易促进委员会		0	0	0	1（1）	0	0	0
文化部（今文化和旅游部）		1	0	0	0	0	0	0
生态环境部（原环境保护部）		0	1（1）	0	0	0	0	1
中国国家铁路集团有限公司		0	0	0	0	1	2（1）	0
国家发展和改革委员会		0	0	0	0	1（1）	0	0
国家版权局		0	0	0	0	0	1（1）	0
证监会		0	0	0	0	0	1（1）	0
移民局		0	0	0	0	（1）	2（1）	0
自然资源部		0	0	0	0	0	6（2）	0
省、市、区人民政府和行业监管部门		6	0	0	0	0	0	0

续表

负责单位	第一批	第二批	第三批	第四批	第五批	第六批	第七批
银保监会	0	0	0	0	0	9(4)	0
国家药监局	0	0	0	0	0	1	0
中央台办	0	0	0	0	0	2(1)	0
外交部	0	0	0	0	0	3(1)	0
中央宣传部	0	0	0	0	0	1	0
国家林草局	0	0	0	0	0	3(1)	0
住房城乡建设部	0	0	0	0	0	3(1)	1
中国民航局	0	0	0	0	0	3(1)	1
人力资源社会保障部	0	0	0	0	0	3(1)	1
国家医保局	0	0	0	0	0	0	1
国家知识产权局	0	0	0	0	0	0	7(4)
工业和信息化部	0	0	0	0	0	2(1)	1
国家卫生健康委	0	0	0	0	0	0	1
科技部	0	0	0	0	0	1(1)	0
国务院港澳办	0	0	0	0	0	1(1)	0
金融监管总局	0	0	0	0	0	0	4(4)
两部门	0	1	0	1	1	7	7
三部门	0	0	0	1	2	3	1
四部门	0	1	0	0	0	2	0
五部门	0	0	0	0	0	1	0
总计	34	19	5	30	18	37	24

注：表12-2中括号内数字指该负责单位参与多部门协同改革的总项数。

资料来源：第一至五批的数据来自邓富华等（2019）的工作，其中第一至四批整理于中国商务部官网"自由贸易试验区专栏"；第五批、第六批整理于中国政府网；第七批整理于中国政府网《国务院关于做好自由贸易试验区第七批改革试点经验复制推广工作的通知》。

二、中国自由贸易试验区未来发展展望

十年来，中国自贸试验区在促进经济发展，制度创新领域取得了显著成绩，但在实现自贸试验区高质量发展与制度创新方面仍然有进一步探索完善的空间。自贸试验区未来发展可以从以下方面深入探讨：

（一）中国自贸试验区属性与模式研究

中国自由贸易试验区从属性来看不同于典型的自由贸易园区，主要体现在自贸试验区作为改革开放的政策工具，非单纯经济增长工具；金融监管自由度较小，外汇不能自由兑换；投资管理（服务贸易）自由度小，资源、媒体、博彩、零售、文化等方面限制多；海关监管自由度小，非境内关外；产业类别多样，制造业重要。从这种属性看，更像是第二代经济特区，主要体现在改革开放工具，由经济改革为主向经济与行政管理改革战略目标转变；由第二、第三产业为主转变为第三与第二产业为主、特殊监管由封闭和非封闭海关监管区结合为复合型空间结构；由空间内部分区向空间外部分区转变。除了海南自由贸易港具备了典型自由贸易园区的属性之外，未来众多自由贸易试验区是否应该向自由贸易园区转型，或者哪些自贸试验区向自由贸易园区转型发展有待随着国内外政治经济格局变化。

（二）中国自由贸易试验区建设的理论框架探索

中国是世界上各种类型自由经济区（含自由贸易港和自由贸易区）类型最多，发挥的作用最大的国家，但缺少中国特色的自由贸易园区理论。中国自由贸易试验区和典型自由贸易港区最大区别是其不仅仅作为促进贸易与经济增长的有效工具，还作为经济转型与改革开放的平台。在自由贸易港区贸易创造与转移，资源禀赋理论、新自由主义空间选择以及主权分级治理理论等基础上，在社会主义市场经济条件下，如何通过自由贸易试验区逐步实现服务业开放并在此基础上深化行政体制改革，推动与引领全球化，并实现风险可控，是中国自由贸易试验区理论构建的核心内容。此外，还应建立统一的自由贸易试验区分类体系，以利于未来的分类与统一研究。例如，依据主导产业，自贸试验区可以划分为商贸物流型、工贸结合型、特殊服务型与复合综合型，而依据区位可以划分为沿海型、内地型、边境型。在分类基础上，可以对中国自贸试验区分门别类地开展深入研究。

（三）中国自由贸易试验区服务业开放经验研究

中国各类型自由经济区的开放实现了制造业的全球化与国际化。除了部分领域外，制造业形成了合理的结构与完整的体系，具有国际竞争力的主要核心技术和高科技产品以及与此相适应的管理体制与经验，然而，各个自由贸易试验区总体上把自由贸易试验区作为继各类型自由经济区之后获取新政策红利的工具，以刺激地方社会经济的可持续发展，而对深化服务业改革开放关注不够，相应的管理体制经验不足。未来社会经济发展与就业主要推动力是服务业壮大发展，特别是金融保险、文化教育、旅游购物、医疗康养、文艺体育以及媒体宣传等相关产业需要扩大开放，积累经验，逐步开放这些领域的服务业，积累相应的管理经验，实现既促进服务业发展，又能风险可控的发展目标，因此，服务业的进一步开放以及相应管理体制的改革完善是未来自由贸易试验区的重要发展方向。

附录　中国自贸试验区重要文件索引

序号	公文名称	发布日期	发布文号	发文机关
1	《国务院关于印发中国（上海）自由贸易试验区总体方案的通知》	2013-09-27	国发〔2013〕38号	国务院
2	《国务院关于推广中国（上海）自由贸易试验区可复制改革试点经验的通知》	2015-01-29	国发〔2014〕65号	国务院
3	中华人民共和国商务部公告2015年第12号，公布《自由贸易试验区外商投资备案管理办法（试行）》	2015-04-20	公告2015年第12号	国务院
4	《国务院关于印发中国（福建）自由贸易试验区总体方案的通知》	2015-04-20	国发〔2015〕20号	国务院
5	《国务院关于印发中国（天津）自由贸易试验区总体方案的通知》	2015-04-20	国发〔2015〕19号	国务院
6	《国务院关于印发中国（广东）自由贸易试验区总体方案的通知》	2015-04-20	国发〔2015〕18号	国务院
7	《国务院关于印发进一步深化中国（上海）自由贸易试验区改革开放方案的通知》	2015-04-20	国发〔2015〕21号	国务院
8	《国务院关于做好自由贸易试验区新一批改革试点经验复制推广工作的通知》	2016-11-10	国发〔2016〕63号	国务院
9	《国务院关于印发中国（重庆）自由贸易试验区总体方案的通知》	2017-03-31	国发〔2017〕19号	国务院
10	《国务院关于印发中国（陕西）自由贸易试验区总体方案的通知》	2017-03-31	国发〔2017〕21号	国务院

续表

序号	公文名称	发布日期	发布文号	发文机关
11	《国务院关于印发中国（辽宁）自由贸易试验区总体方案的通知》	2017-03-31	国发〔2017〕15号	国务院
12	《国务院关于印发中国（浙江）自由贸易试验区总体方案的通知》	2017-03-31	国发〔2017〕16号	国务院
13	《国务院关于印发中国（河南）自由贸易试验区总体方案的通知》	2017-03-31	国发〔2017〕17号	国务院
14	《国务院关于印发中国（湖北）自由贸易试验区总体方案的通知》	2017-03-31	国发〔2017〕18号	国务院
15	《国务院关于印发中国（陕西）自由贸易试验区总体方案的通知》	2017-03-31	国发〔2017〕21号	国务院
16	《国务院关于印发中国（四川）自由贸易试验区总体方案的通知》	2017-03-31	国发〔2017〕20号	国务院
17	《国务院关于印发中国（重庆）自由贸易试验区总体方案的通知》	2017-03-31	国发〔2017〕19号	国务院
18	《国务院关于印发全面深化中国（上海）自由贸易试验区改革开放方案的通知》	2017-03-31	国发〔2017〕23号	国务院
19	《商务部关于支持自由贸易试验区进一步创新发展的意见》	2017-12-26	商资发〔2017〕483号	商务部自贸区港司
20	《国务院关于做好自由贸易试验区第四批改革试点经验复制推广工作的通知》	2018-05-23	国发〔2018〕12号	国务院
21	《国务院关于印发进一步深化中国（福建）自由贸易试验区改革开放方案的通知》	2018-05-24	国发〔2018〕15号	国务院
22	《国务院关于印发进一步深化中国（天津）自由贸易试验区改革开放方案的通知》	2018-05-24	国发〔2018〕14号	国务院
23	《国务院关于印发进一步深化中国（广东）自由贸易试验区改革开放方案的通知》	2018-05-24	国发〔2018〕13号	国务院

续表

序号	公文名称	发布日期	发布文号	发文机关
24	《国务院关于印发中国（海南）自由贸易试验区总体方案的通知》	2018-10-16	国发〔2018〕34号	国务院
25	《国务院关于支持自由贸易试验区深化改革创新若干措施的通知》	2018-11-23	国发〔2018〕38号	国务院
26	《国务院关于做好自由贸易试验区第五批改革试点经验复制推广工作的通知》	2019-04-30	国函〔2019〕38号	国务院
27	《国务院关于印发中国（上海）自由贸易试验区临港新片区总体方案的通知》	2019-07-27	国发〔2019〕15号	国务院
28	《国务院关于同意新设6个自由贸易试验区的批复》	2019-08-02	国函〔2019〕72号	国务院
29	《国务院关于印发6个新设自由贸易试验区总体方案的通知》	2019-08-02	国发〔2019〕16号	国务院
30	《商务部公告2019年第46号中国（福建）自由贸易试验区企业申请原油非国营贸易进口资格条件和程序》	2019-11-01	商务部公告2019年第46号	商务部对外贸易司
31	《商务部等18部门关于在中国（海南）自由贸易试验区试点其他自贸试验区施行政策的通知》	2019-11-02	商自贸函〔2019〕619号	商务部自贸区港司
32	《国务院关于在自由贸易试验区开展"证照分离"改革全覆盖试点的通知》	2019-11-06	国发〔2019〕25号	国务院
33	《中华人民共和国海关总署公告》（2019年第199号）	2019-12-17	公告2019年第199号	中华人民共和国海关总署
34	《中华人民共和国海关总署公告》（2019年第204号）	2019-12-23	公告2019年第204号	中华人民共和国海关总署
35	《国务院关于在自由贸易试验区暂时调整实施有关行政法规规定的通知》	2020-01-15	国函〔2020〕8号	国务院
36	《国务院关于支持中国（浙江）自由贸易试验区油气全产业链开放发展若干措施的批复》	2020-03-26	国函〔2020〕32号	国务院

续表

序号	公文名称	发布日期	发布文号	发文机关
37	《国务院关于在中国（海南）自由贸易试验区暂时调整实施有关行政法规规定的通知》	2020-06-18	国函〔2020〕88号	国务院
38	《国务院关于做好自由贸易试验区第六批改革试点经验复制推广工作的通知》	2020-06-28	国函〔2020〕96号	国务院
39	《中华人民共和国海关总署公告》（2020年第80号）	2020-07-09	公告2020年第80号	中华人民共和国海关总署
40	《国务院关于印发北京、湖南、安徽自由贸易试验区总体方案及浙江自由贸易试验区扩展区域方案的通知》	2020-09-21	国发〔2020〕10号	国务院
41	发展改革委商务部令2020年第39号《海南自由贸易港外商投资准入特别管理措施（负面清单）（2020年版）》	2020-12-31	发展改革委商务部令2020年第39号	商务部自贸区港司
42	商务部关于印发《海南省服务业扩大开放综合试点总体方案》的通知	2021-04-21	商资发〔2021〕64号	商务部外资司
43	《国务院自由贸易试验区工作部际联席会议办公室关于印发自由贸易试验区第三批"最佳实践案"的函》	2021-04-29	商资函〔2019〕347号	商务部自贸区港司
44	商务部令2021年第3号《海南自由贸易港跨境服务贸易特别管理措施（负面清单）（2021年版）》	2021-07-23	商务部令2021年第3号	商务部
45	发展改革委商务部令2021年第48号《自由贸易试验区外商投资准入特别管理措施（负面清单）（2021年版）》	2021-12-27	发展改革委商务部令2021年第48号	商务部外贸司
46	《中国（新疆）自由贸易试验区总体方案》	2023-10-31	国发〔2023〕17号	国务院
47	《全面对接国际高标准经贸规则推进中国（上海）自由贸易试验区高水平制度型开放总体方案》	2023-12-07	国发〔2023〕23号	国务院

后 记

为了全面回顾我国自贸试验区发展历程，总结我国自贸试验区发展中取得的经验及如何能够促进我国自贸试验区健康发展。武义青牵头的河北经贸大学自贸试验区研究团队自2019年以来开始聚焦我国自贸试验区研究，陆续出版了《中国自贸试验区的实践与探索》《京津冀自贸试验区的实践与探索》《河北自贸试验区的实践与探索》等系列著作，并引起了较大反响。本书是研究团队系列著作的第四部，尝试以时间为轴，全面系统地梳理了中国自贸试验区建设10年来走过的历程；打破了各自贸试验区的界限，完全以时间为序，还原历史，资料客观准确。

这本工具书是大家集体智慧的结晶。武义青负责本书总体思路的确定、总体设计的把握和全书最后的通稿。刘海云、李清参与总体思路和框架设计并全程负责人员的组织协调及核查通稿工作。作者分工如下：胡彤负责上海自贸试验区相关内容的编写，李婧负责广东自贸试验区相关内容的编写，左晓曼负责天津自贸试验区相关内容的编写，陆静诗负责福建自贸试验区相关内容的编写，黄敬惠负责辽宁和河南自贸试验区相关内容的编写，李泽坤负责浙江和湖北自贸试验区相关内容的编写，刘盼负责重庆和四川自贸试验区相关内容的编写，杨岱岩负责海南和陕西自贸试验区（港）相关内容的编写，张涵负责山东和江苏自贸试验区相关内容的编写，郝国基负责广西和河北自贸试验区相关内容的编写，李雪负责云南和黑龙江自贸试验区相关内容的编写，冯笑凡负责北京、湖南和安徽自贸试验区相关内容的编写并担任责任编辑，刘海云负责新疆等自贸试验区相关内容的编写，王可意、李其鹏、路子涵负责各年度中国自贸试验区小结的撰写及中国自贸试验区重要文件索引的编写。孟广文、李清负责中国自贸试验区制度创新10年成就与未来展望的撰写。编写组其他成员参与了其他相关条目的编写及校对工作。

>>> 后 记

  在编写过程中，作者们参阅了大量主流媒体的报道，得到了中国社会科学院经济研究所、河北经贸大学、河北省政府参事室、天津师范大学、光明日报出版社等相关单位的支持。在此，谨向所有给予本书帮助支持的单位和同志表示衷心感谢。受时间、经验、作者水平等因素限制，本书难免存在不足和疏漏之处，欢迎广大读者不吝指正。

本书编委会
2023年11月